U0522444

当代视野中的马克思主义文论研究

全国马列文艺论著研究会第32届学术年会论文集
全国马列文艺论著研究会学术年刊

全国马列文艺论著研究会
三峡大学文学与传媒学院 编

主编 党圣元 章辉 李昕揆

中国社会科学出版社

图书在版编目(CIP)数据

当代视野中的马克思主义文论研究：全国马列文艺论著研究会第32届学术年会论文集 / 党圣元，章辉，李昕揆主编 . —北京：中国社会科学出版社，2016.9

ISBN 978-7-5161-8935-1

Ⅰ.①当… Ⅱ.①党…②章…③李… Ⅲ.①马克思主义—文艺理论—研究 Ⅳ.①A851.691

中国版本图书馆 CIP 数据核字（2016）第 220363 号

出 版 人	赵剑英
责任编辑	张　浠
责任校对	董晓月
责任印制	李寡寡

出　　版	中国社会科学出版社
社　　址	北京鼓楼西大街甲 158 号
邮　　编	100720
网　　址	http://www.csspw.cn
发 行 部	010-84083685
门 市 部	010-84029450
经　　销	新华书店及其他书店
印刷装订	北京君升印刷有限公司
版　　次	2016 年 9 月第 1 版
印　　次	2016 年 9 月第 1 次印刷
开　　本	710×1000　1/16
印　　张	25
插　　页	2
字　　数	381 千字
定　　价	89.00 元

凡购买中国社会科学出版社图书，如有质量问题请与本社营销中心联系调换
电话：010-84083683
版权所有　侵权必究

全国马列文艺论著研究会

顾　问
　　吴元迈　　陆贵山　　李思孝　　应必成

编　委（按姓氏笔画排列）
　　丁国旗　　马　驰　　王　杰　　冯宪光
　　孙文宪　　张永清　　邱运华　　刘方喜
　　吴晓都　　李昕揆　　季水河　　陈飞龙
　　陈奇佳　　胡亚敏　　党圣元　　徐放鸣
　　章　辉　　董学文　　赖大仁　　谭好哲

学术秘书
　　王　涛　　万　娜

目　录

代序　以习近平《讲话》精神为引领,推进和深化马克思主义
　　　文论研究 ……………………………………… 党圣元(1)

第一编　经典马克思主义文艺与文化研究

马克思主义批评理论的前史形态
　　　——试论马克思、恩格斯1833—1844年的
　　　批评理论 ……………………………………… 张永清(3)
秉持历史观点与美学观点辩证融合的原则 ………… 冯宪光(22)
马克思文艺思想研究中的文本问题 ………………… 孙文宪(25)
反抗苦难:马克思、恩格斯的苦难之思 ……………… 王天保(46)
马克思主义经典作家论人的正确美感问题及其意义 … 杨庙平(59)
历史视域中的"现代文学"
　　　——管窥马克思、恩格斯的批评意识 ………… 刘　欣(64)

第二编　中国化马克思主义文论及其当代建构

秉承马克思主义文艺观　坚守社会主义精神高地
　　　——论贺敬之同志的马克思主义文艺观 …… 陈飞龙(79)
人民需要是文艺存在的根本价值 …………………… 马　驰(104)
优秀传统文化的发扬与文艺人民性的实现 ………… 泓　峻(112)
"高峰"何以成为可能 ………………………………… 刘淮南(124)

目 录

文艺发展与文艺需求的多样化调适 …………………… 党圣元(134)
略论邓小平对列宁文艺思想的继承与发展 ……………… 吴晓都(145)
对当下我国文论话语体系建构的理论思考 ……………… 丁国旗(154)
贺敬之文论中的塑造社会主义新人论再探 ……………… 杜寒风(169)
瞿秋白《多余的话》研究视阈之探讨 …………………… 金 红(180)
论江丰延安时期的美术思想 ……………………………… 闵靖阳(191)
批评伦理与伦理批评辨析及其意义 ……………………… 张利群(201)
中国美学百年反思的几个问题
　　——中国现当代美学与马克思主义
　　美学 ………………………………………… 张 弓　张玉能(215)

第三编　国外马克思主义文艺与文化研究

福柯与马克思：一个思想史的考察 ……………………… 汪正龙(235)
马克思主义问题域中的文学事件论 ……………………… 张 进(245)
传播政治经济学与英国文化研究 ………………………… 章 辉(264)
批判理论的非社会化?
　　——霍耐特的阿多诺文化工业理论 …………………… 孙士聪(282)
后马克思主义：马克思主义的幽灵 ……………………… 李世涛(297)
美国媒介文化理论的马克思主义传统 …………………… 李昕揆(316)
晚期马克思主义文论的"话语政治"转向 ……………… 董希文(328)
"文学哲学"研究与意识形态批评
　　——马舍雷《文学在思考什么？》中的
　　方法论问题 ……………………………………… 陈然兴(342)
中国视域下西方马克思主义文学批评中的"民族"
　　概念研究 ………………………………………… 刘 芳(353)
文化政治：话语结构与理论内涵的反思 ………………… 李艳丰(364)

附录一　全国马列文艺论著研究会第32届年会
　　综述 ……………………………………………… 郭 勇(372)
附录二　"当代中国马克思主义文艺批评的理论与
　　实践"学术研讨会会议综述 ……………………… 张红翠(378)

代　　序
以习近平《讲话》精神为引领，推进和深化马克思主义文论研究

党圣元

去年 10 月，习近平总书记在北京主持召开文艺工作座谈会并发表重要讲话。前不久，值文艺工作座谈会召开一周年之际，新华社又发表了习近平同志《在文艺工作座谈会上的讲话》以下简称《讲话》全文。①《讲话》从强烈的问题意识出发，全面总结了改革开放以来我国文艺发展的现状、取得的成绩以及存在的问题，深刻阐述了文艺和文艺工作在推进中国特色社会主义事业进程中的重要地位和历史使命，创造性地回答了事关社会主义文艺繁荣发展的一系列根本性、方向性问题，体现了当前时代对于社会主义文艺性质、地位、功能等方面的最高认识，开启了中国形态化马克思主义文艺理论发展的一个新的历史时期，成为继毛泽东同志《在延安文艺座谈会上的讲话》之后，当代马克思主义文艺理论中国化的最新理论成果，是马克思主义中国化尤其是马克思主义文艺理论中国化历史进程中具有里程碑式意义的重要文献，必将载入历史史册。文艺工作座谈会的召开和《讲话》的全文发布，不仅是我国文艺界的盛事，也是文艺理论界特别是马克思主义文艺理论界的盛事。马克思主义文论研究，承担着探

---

① 习近平：《在文艺工作座谈会上的讲话》，新华网：http://news.xinhuanet.com/politics/2015 – 10/14/c_ 1116825558. htm。

代序 以习近平《讲话》精神为引领,推进和深化马克思主义文论研究

讨、阐述、构建、创新马克思主义文艺思想的学术使命,肩负着活跃、拓展、深化当代中国文艺理论与批评的现实任务。当前的马克思主义文论研究,尤其是中国形态化的马克思主义文论研究,要以《讲话》为思想和行动指南,强化意识形态责任,认真研究、深入领悟、积极宣传,紧紧抓住这一新的历史契机和思想起点,推动、深化中国形态化马克思主义文论研究,使当代中国的马克思主义文论研究和学科建设在中华民族伟大复兴中国梦实现过程中承担起应尽的使命和职责。

一 开展马克思主义文论研究,必须坚持守正与创新的辩证统一

当前,马克思主义文论研究中面临的重要时代课题,是探索如何实现富于时代特征与民族精神的理论创新和话语创新,构建出富有时代特色、适应当前政治、经济和文化现实需求的马克思主义文论"当代话语",推动实现"马克思主义文论的中国当代形态化"。对此,一个重要的前提是:加强对马克思主义原典著作的重读、细读,准确把握马克思主义的思想真谛和精神实质,努力在马克思文论研究与文艺批评中通过向"回到马克思"借力,达到实现"发展马克思"文论学术创新与学科推进的目的。有鉴于此,必须正确处理好"守正"与"创新"之间的辩证统一关系,在"守正"中坚持"创新",在"创新"中做好"守正"。

反思几十年来我国马克思主义文论研究中曾经走过的弯路,在处理"守正"与"创新"的关系上存在着两种片面倾向:一是教条地"屈从、顺从原典",抛开了新的历史条件下实现马克思主义文论创新的时代要求和时代课题,拘泥于马克思主义经典作家在特定历史条件下、针对具体情况作出的某些个别论断和具体行动纲领,过度依赖于对马克思主义经典作家文本内涵的解读与阐释,把马克思主义文论变成了一种与现实生活、社会实践、时代精神相脱离的"文本解释学";二是抛开马克思主义"原典"著作而片面地强调所谓的马克思

代序　以习近平《讲话》精神为引领,推进和深化马克思主义文论研究

主义文论的理论创新,抛弃马克思主义文论研究中有关马克思主义经典作家在特定时代和实践背景下的原有理论判断,认为"回到原典"只能把马克思主义变成一种缺乏"现实观照"的、"为文本而文本"的经院哲学。以上两种倾向的共同缺陷在于,它们均割裂了"守正"与"创新"的辩证统一关系。事实上,在马克思主义文论研究乃至全部马克思主义研究领域,"守正"都是"创新"的必要前提。所谓"守正","最重要的是坚持马克思主义基本原理和贯穿其中的立场、观点和方法。这是马克思主义的精髓和活的灵魂[①]。"只有"守正"才能正本清源,深入开掘马克思主义"原典"的源头活水;没有"守正"而空谈"创新"的马克思主义,必然导向"虚无主义"和"修正主义"。同时,"创新"才是"守正"的目标,只有"守正"而没有"创新"的马克思主义,容易走向"教条主义"和"本本主义"。因此,"守正"或者说"回到原典",绝不是仅仅为了简单地"回到马克思",而是服务于更为深远的理论目标——"发展马克思",恢复马克思主义与时俱进的创新精神,回答新的时代课题。

今天,在我国经济发展进入"新常态"的时代背景之下,推进马克思主义文论研究的根本途径,更应当努力做到"守正"与"创新"的统一,实现"回到马克思"与"发展马克思"的统一。那么,应该如何通过"回到马克思"并实现最终"发展马克思"的目的呢?我们知道,早在20世纪70年代,匈牙利著名的马克思主义理论家乔治·卢卡奇(George Lukacs,1885—1971)就在其《关于社会存在的本体论》一书中首次倡导要"返回到马克思自身":"在马克思主义的术语中,产生了一种十足的和完全任意的主观主义,……但如果今天马克思主义要再次成为一种哲学发展的活力,那么必须在所有问题上返回到马克思自身。"[②]卢卡奇所谓的"返回到马克思自身",目的是为了重建马克思在其著作中所阐述的本体论,这在当时西方修正

[①] 习近平:《在哲学社会科学工作座谈会上的讲话》,新华网:http://news.xinhuanet.com/ttgg/2016-05/18/c_1118891128.htm。

[②] [匈]卢卡奇:《关于社会存在的本体论·上卷——社会存在本体论引论》,白锡堃、张西平、李秋零等译,重庆出版社1993年版,第659页。

代序　以习近平《讲话》精神为引领,推进和深化马克思主义文论研究

马克思主义和苏联模式风行的时代具有强烈的现实针对性和合理意义。然而,我们这里所说的"回到马克思",与40年前卢卡奇所谓的"返回到马克思自身"不同,它有着更为丰富的思想内涵。"回到马克思"并不是简单地回到马克思、恩格斯等经典作家当年的文本和思想,而是立足于当前新的经济社会状况、时代精神和实践需要,以马克思主义"原典精神"切入中国的"当下现实",为创造性地发展"马克思主义文论的当代中国形态化"提供坚实有力的理论基础和科学方法。换言之,我们所说的"回到马克思"是一种当代语境下的"回到马克思",是站在当代思想的前沿阵地和理论高点去回溯历史,或者说,"回到马克思"是与"发展马克思"紧密联系、有机统一的。当代中国的马克思主义文论研究,必须将"回到原典"和"切入现实"相结合,"把坚持马克思主义和发展马克思主义统一起来,结合新的实践不断作出新的理论创造,这是马克思主义永葆生机活力的奥妙所在"①,也是马克思主义文论研究中在赋予原典著作以新的生命力的同时不断进行富有时代特色的理论和话语创新的题中应有之义。

二　开展马克思主义文论研究,要始终面向动态中的文艺、文化和社会现实

理论的生命来自现实。是否对现实具有阐释效力,是判定一种理论有效与否的根本准则。这对致力于强调不能"只是用不同的方式解释世界,问题在于改变世界"②的马克思主义者而言更是如此。马克思曾经断言:"理论在一个国家实现的程度,总是取决于理论满足这个国家的需要的程度。"③从发展的角度看,产生于欧洲

---

①　习近平:《在哲学社会科学工作座谈会上的讲话》,新华网：http://news.xinhuanet.com/ttgg/2016-05/18/c_1118891128.htm。

②　[德]马克思:《关于费尔巴哈的提纲》,载中共中央马克思恩格斯列宁斯大林著作编译局译:《路德维希·费尔巴哈和德国古典哲学的终结》,人民出版社2005年版,第55页。

③　[德]马克思:《〈黑格尔法哲学批判〉导言》,载中共中央马克思恩格斯列宁斯大林著作编译局译:《马克思恩格斯选集》第1卷,人民出版社1995年版,第11页。

代序　以习近平《讲话》精神为引领,推进和深化马克思主义文论研究

的马克思主义之所以于20世纪初逐渐在中国大地上生根、发芽、开花、结果,并最终成为我们党和国家的根本指导思想,就在于马克思主义通过不断地面对当时的"中国经验""中国问题""中国现实",满足了中国的现实需要,即在学习西方的过程中抵御了西方列强的侵略,实现了中华民族的救亡图存和现代国家建设。就像毛泽东在《反对本本主义》中阐述对马克思主义应该采取正确的态度时所说:"我们说马克思是对的,决不是因为马克思这个人是什么'先哲',而是因为他的理论,在我们的实践中,在我们的斗争中,证明了是对的。我们的斗争需要马克思主义。我们欢迎这个理论,丝毫不存什么'先哲'一类的形式的甚至神秘的念头在里面。"由此,毛泽东同志总结得到的结论是:"马克思主义的'本本'是要学习的,但是必须同我国的实际情况相结合。"① 经过几代中国共产党人的不懈探索,现在,我们中国的共产党人已经熟练掌握了这一马克思主义发展的基本规律:坚持马克思主义不能抛开中国问题、中国经验和中国现实,要始终根据不断变化的实际运用和发展马克思主义。

正是由于坚持马克思主义不能脱离中国现实,而要根据不断变化的实际运用和发展马克思主义,中国形态化的马克思主义才在不同的历史阶段和时代条件下呈现出了不同的话语体系和阐释方法。近代以来,民族独立、人民解放的历史任务为"革命的马克思主义话语"提供了现实基础。社会主义建设时期到来以后,"革命的马克思主义话语"逐渐失去了与现实、实践相结合的条件,马克思主义话语随之根据新的社会现实条件,实现了从"革命"到"建设"话语的转换。当前,随着社会主义市场经济体制改革的逐步深入,中国经济发展步入"新常态"这一新的历史阶段,面对这一新的时代条件和现实状况,许多曾经适应于革命或计划经济条件下的概念、范畴、命题已经过时,那种曾经盛行的匍匐在经典之下的经学阐释方法必须放

---

① 毛泽东:《反对本本主义》,载《毛泽东选集》第1卷,人民出版社1966年版,第111—112页。

弃。新的状况迫切需要在既不违原典精神又能体现传承创新精神的前提下，创生、形成一批符合当今时代之现实需求、具有思想深度与理论内涵的话语系统和阐释方法。也就是说，当前，马克思主义要继续获得蓬勃的生命活力，唯一的出路是不断正视和面对现实中出现的各种问题，努力将当下中国社会思想、文化和文艺实践过程中的"中国经验"实现马克思主义哲学化，体现出马克思主义的实践品格。此处，"中国经验"的提法，本身即意味着我国在现实层面还处于探索发展的过程之中，在理论层面尚没有上升到哲学高度，尚具有理论和实践的双重不确定性。因此，自觉地将"中国经验"马克思主义哲学化仍然是当前学科性研究中的一个重大问题。具体到马克思主义文论而言，要实现马克思主义文论的中国当代形态化，不能仅仅依靠学术史的撰写，也不能单纯存在于对理论的推演之中，而必须化入中国当代文艺文化的具体实践之中，在具体介入当代文艺实践的过程中实现，从具体的文学文化现象中提炼和生发。也就是说，当代中国的马克思主义文论研究，必须见证中国的现实，向当下中国的社会现实、思想文化现实、文学艺术现实充分敞开，在关注现实的过程中，强化与当代中国现实密切相关的问题意识，呼应时代主题，在研究中增强对于现实中的思想文化和文学艺术现象的介入、反思和批判。由此，始终直接面向中国经验进行哲学层面的提炼和升华，是马克思主义文论中国化研究中提问方式转型的一项基本原则，也是其最直接的理论资源和内容，这不仅是当下思想文化建设、文艺理论批评学科发展的需要，也是增强马克思主义文论研究之阐释有效性和现实发言权的必然所在。

三 开展马克思主义文论研究，必须充分重视与中国传统文化的会通

如何处理马克思主义与中国传统文化两种思想资源之间的关系，是当前马克思主义文论研究中另一个亟待解决的核心问题。作为两种不同的文化意识形态，马克思主义与中国传统文化既有"相异性"

亦有"相通性"。二者的"相异性"主要表现为：中国传统文化是在我国传统农业社会环境中形成且适应于中国传统社会之政治、经济状况的思想文化形态；马克思主义是在自由资本主义获得较快发展、欧洲工业革命基本完成、社会大生产发展到较高阶段后所产生的思想体系。迥异的产生环境、滋生土壤，使得建立在对资本主义发展历史、现状和未来趋势进行深刻认识和把握基础之上的马克思主义能够为近现代中国提供中国传统文化所无法提供的新东西。但马克思主义与中国传统文化之间在具有"相异性"的同时，也在许多方面具有"相通性"：比如，关于天下为公、大同世界的思想，关于以民为本、安民富民乐民的思想，关于苟日新日日新、革故鼎新、与时俱进的思想，关于脚踏实地、实事求是的思想，关于经世致用、知行合一、躬行实践的思想，以及在对待人类社会的发展上所持有的历史的、辩证的态度等。事实上，也正是二者之间的这些"相通性"，才构成了近代以来不断发展中的马克思主义中国形态化的内在基础和逻辑依据。

近现代以来，中国改革和现代化建设的伟大实践既有马克思主义的指导，也有中国传统文化智慧的支持。但是，马克思主义和中国传统文化这两大思想资源并不是互不影响地、平行地起作用的，而是互补、共生和会通的。可以说，正是二者在中国的大地上的互补、共生和会通，才最终形成了具有生机和活力的中国化马克思主义，构成了中国特色社会主义的实践逻辑，指导中国革命和建设取得一个又一个伟大胜利。由此，我们的当务之急，同样是要努力把这两大思想资源有机地结合在一起，以形成一种新的思想文化。我们知道，包括儒家思想在内的中国优秀传统文化中蕴藏着解决当代人类面临的难题的重要启示，中国优秀传统文化的丰富哲学思想、人文精神、教化思想、道德理念等，可以为人们认识和改造世界提供有益启迪，可以为治国理政提供有益启示，也可以为道德建设提供有益启发。但是，作为主要适应中国传统社会政治和经济状况的文化形态，不可能也不应简单地直接移植；要使之成为能够指导当前中国人民实现民族振兴的思想资源，必须"坚持取长补短、择善

代序　以习近平《讲话》精神为引领,推进和深化马克思主义文论研究

而从",对其"去粗取精、去伪存真",进行科学的改造和扬弃。① 我们在这样做的时候,应当以马克思主义为指导,用马克思主义的方法,采取马克思主义的态度,坚持古为今用、推陈出新,有鉴别地加以对待,有扬弃地予以继承,既不能片面地厚古薄今,也不能片面地厚今薄古。就像习近平总书记所指出的:"优秀传统文化是一个国家、一个民族传承和发展的根本,如果丢掉了,就割断了精神命脉。我们要善于把弘扬优秀传统文化和发展现实文化有机统一起来,紧密结合起来,在继承中发展,在发展中继承。"②当年,以毛泽东为代表的中国老一代共产党人,在思想文化方面所做的主要工作就是在马克思主义的指导下使中国传统文化当代化,从而形成了"新民主主义文化"。就像毛泽东同志所说,"我们信奉马克思主义是正确的思想方法,这并不意味着我们忽视中国文化遗产……的价值"③;"学习我们的历史遗产,用马克思主义的方法给以批判的总结",这是我们的一项重要任务。④ 今天,我们同样需要在马克思主义的指导下通过实现中国传统文化的当代化,以形成"中国特色社会主义文化"。在一定意义上,"中国特色社会主义文化"就是当代中国的马克思主义。我们能否真正实现"中国梦",能否真正在民族解放的基础上推进民族振兴,在很大程度上取决于此。

具体到中国当代马克思主义文论研究,其中国式提问的基本原则之一,就是要继续大胆吸收中国传统哲学智慧和传统文化精华,这不仅要求中国化的马克思主义、马克思主义文论应该具有中国作风和中国气派,更为重要的是,要始终突出实践逻辑,运用中国哲学和文化智慧来解决实践提出的中国问题。以此出发,需要我们拆除马克思主义文学观与中国传统文论、儒家文学思想精华之间的文

---

① 习近平:《在纪念孔子诞辰2565周年国际学术研讨会暨国际儒学联合会第五届会员大会开幕会上的讲话》(2014年9月24日),见新华网http://news.xinhuanet.com/politics/2014-09/24/c_1112612018.htm.

② 中共中央宣传部编:《习近平总书记系列重要讲话读本》,学习出版社、人民出版社2014年版,"第六部分 创造中华文化新的辉煌——关于建设社会主义文化强国"。

③ 毛泽东:《毛泽东文集》第3卷,人民出版社1996年版,第191页。

④ 毛泽东:《毛泽东选集》第2卷,人民出版社1991年版,第533—534页。

代序 以习近平《讲话》精神为引领,推进和深化马克思主义文论研究

化意识形态阻隔,打通马克思主义文论与中国传统文论、儒家文学思想的对话途径,实现马克思主义文学观与中国传统文论、儒家文学思想精华的会通。由此,我们所面对的,就不是马克思主义与中国优秀传统文化之会通"是否可能"的问题,而是二者之间之会通"如何可能"的问题。或者说,"如何"认识马克思主义与中华传统思想文化之间在思想和价值分野方面之异同、"如何"打破历史形成的两者之间的意识形态阻隔、"如何"超越以往研究中"体用论"窠臼的束缚、"如何"在马克思主义与中华优秀思想文化对话过程中实现互容互看、互济相成,不仅直接关系着当代中国马克思主义文论研究之未来,更是马克思主义文论中国形态化研究的题中应有之意。

实现马克思主义同中国优秀传统思想文化互诠互释的会通,既要反对把马克思主义文论中国化的过程视为向中国传统文论的完全复归,即所谓在核心价值理念方面完全复古化、儒家化;更要反对把马克思主义文论当代化的过程视为对中国传统文论的又一次抛弃,以致当代文论在思想文化血脉上与传统文论更加隔膜甚至彻底断裂。具体来说,实现马克思主义文论与中国传统文论、儒家文学思想之间的"会通",要注重在以下三个层面进行努力:第一是"互通",即发掘二者在辩证思维、民本观念、知行合一、注重实践、强调集体等方面的相通性,这是实现马克思主义文论当代中国形态化的基础;第二是"互补",即充分挖掘二者的相异性,努力推动二者在社会功能、学科视野、研究方法等方面的相互补充,这是推动实现马克思主义文论当代中国形态化的关键所在;第三是"互融",即在互通、互补的基础上,实现二者的综合创新,建构出中国形态化的马克思主义文论。在此互通、互补、互融三个环节构成的"会通"过程中,既要以历时性的方法探寻马克思主义文论中国化的时代背景、历史进程、理论前提与内在机理,又要以共时性的方法探究马克思主义文论中国化与马克思主义文论苏俄化、西方化之间的根本差异和共同规律,明了哪些是马克思主义文论中国化的特殊规律、哪些是普遍规律,明辨哪些问题可以进入马克思主

义文论中国形态化的问题域,又有哪些异域的方法路径、经验教训可以为我们借鉴和吸收。

四 开展马克思主义文论研究,必须借鉴国外马克思主义发展的理论成果

当前我国的马克思主义文论研究,整体而言仍然存在着偏重本土视角的研究倾向,而在通过着眼于比较、共时地关注国外马克思主义相关研究成果方面还相对缺乏。马克思主义文论研究要应对全球化趋势给我们带来的挑战,必须积极学习、借鉴国外马克思主义发展的最新成果,"既要立足本国实际,又要开门搞研究。对人类创造的有益的理论观点和学术成果,我们应该吸收借鉴"①。这是因为,其一,当前我们依然处于中国与世界互为方法的时代,不同国别、地域的马克思主义对我们来说仍旧是一个不可或缺的视角,我们在现实关怀、文化意识、问题意识、批判意识、方法论哲学等方面仍然需要国外马克思主义的启发和借鉴。其二,从世界范围来看,当代西方马克思主义文论和文化研究,已经成为西方学术研究中的显学,他们在关于文学批评、文艺理论、文化研究与美学等方面所取得的令人瞩目的研究成就及他们在研究中所形成的方法论,对于我国的马克思主义文论研究具有重要的借鉴意义。因此,在强调本土视域必不可缺的同时,及时掌握、积极借鉴不同国别、地域马克思主义文论与文化研究的最新成果,对于我国当代文论和美学建设具有重要的启发意义,是当代中国马克思主义文论研究需要高度重视的问题。

在借鉴国外马克思主义发展的理论成果的过程中,要特别注意以德国法兰克福学派、英国伯明翰学派为代表的"文化马克思主义"和发端于美国的生态马克思主义(the Ecological Marxism)、有机马克思主义(the Organic Marxism)为代表的"新马克思主义"对我国马

---

① 习近平:《在哲学社会科学工作座谈会上的讲话》,新华网 http://news.xinhuanet.com/ttgg/2016 - 05/18/c_ 1118891128. htm。

代序　以习近平《讲话》精神为引领,推进和深化马克思主义文论研究

克思主义文论研究的借鉴和启发意义。① 就西方"文化马克思主义"而言,它把文化视为社会结构整体的一部分,重视环境因素之于文学和文化产品的作用和影响,并将其关注的议题扩展到阶级、种族、性别、身体、话语、权力、大众传媒、日常生活、流行文化、视觉图像流等领域,这启发我们:文学研究也可以接过文学作品中触及的许多现实问题,像文学创作那样直接对"社会"说话;文学和文化研究中强调社会、环境等因素,不仅不会丢掉文学,反而更可能在文化、社会、政治、现实等多重关系网络中精确地定位文学。就生态马克思主义和有机马克思主义而言,他们通过揭示当代人类整体生态环境面临的的严重危机,打破了"生态殖民主义""生态帝国主义"、当代西方社会依存的"无极限增长"理念以及西方传统绿色理论中强调人与自然之二元对立的思维结构,把实现人与人关系的变革同实现人和自然关系的变革有机地结合起来,提出了"以人为本"的生态理论和融合马克思主义和西方过程哲学思想的有机马克思主义这种新的思维方式。这不仅有助于丰富我们的马克思主义文论研究,启发我们重新思考人和自然在世界中的位置,而且教会了我们如何充分发挥马克思主义文论和美学的批判精神以帮助提升人们的审美意识,推动了我国马克思主义文论视域中生态美学学科的形成。

中国马克思主义文论研究在借鉴当代西方文化马克思主义的思想、观点、方法和经验的同时,"对国外的理论、概念、话语、方法,要有分析、有鉴别,适用的就拿来用,不适用的就不要生搬硬套"②,要注意规避它们在发展过程中遭遇的问题和教训。比如,法兰克福学派仅仅注意到了中心化的、霸权式的一体化力量,却忽视了

---

① "生态马克思主义"和"有机马克思主义"两个概念均发端于美国。美国德克萨斯州立大学教授阿格尔在其《西方马克思主义概论》一书中第一次运用了"生态马克思主义"这一概念;美国学者克莱顿和海因泽克则在他们合著的同名著作中最早提出并阐述了"有机马克思主义"的概念。前者详见本·阿格尔《西方马克思主义概论》,中国人民大学出版社 1991 年版;后者详见 [美] 菲利普·克莱顿和贾斯廷·海因泽克《有机马克思主义》,孟献丽等译,人民出版社 2015 年版。

② 习近平:《在哲学社会科学工作座谈会上的讲话》,新华网 http://news.xinhuanet.com/ttgg/2016 - 05/18/c_ 1118891128.htm。

代序　以习近平《讲话》精神为引领,推进和深化马克思主义文论研究

大众在规避、抵抗资本主义文化工业操控的努力;若非英国伯明翰学派对法兰克福学派精英主义倾向的纠正,我们可能至今仍难以注意到大众在接受、消费和使用大众文化产品过程中的主动性以及大众文化积极的政治意义。伯明翰学派的局限性也非常显著:他们过分强调文化的改造而忽视了社会制度的变革;他们对民众的反抗能力过于自信,却忽视了现实中民众的真正素质和资本主义制度威力的强大;他们过于强调跨学科研究,却一定程度上忽视了学科分类的合理性。这是我们今天在马克思主义文论研究中需要特别注意的地方。这就要求我们要注意明辨存在于西方及其他第三世界国家马克思主义文论研究的方法路径、成功经验、失败教训。我们相信,将世界马克思主义文学批评、文艺理论、文化研究、美学等领域的最新研究成果"拿来"为我所用,以一种宽大的胸襟、宏阔的视野,在马克思主义文论研究中引入"共时视角""世界视域"和"比较方法",有助于深化我们对于马克思主义文论中国形态化的学理认识,拓宽当代马克思主义文论研究的问题域。

马克思主义文论的中国形态化,实际上是一个同中国经济社会和思想文化发展并行前进的过程。作为当下中国国家意识形态创新性建构的有机组成部分,马克思主义文论中国形态化建设,是中国经济崛起后对文化崛起的渴望与布局所提出的文化主张的一部分。置身于这一全新的历史处境和时代格局,马克思主义文论研究要坚持以习近平总书记《在文艺工作座谈会上的讲话》为思想和行动指南,坚持回归原典、立足现实、紧跟时代、面向世界,为推动和深化中国当代马克思主义文论研究、开辟当代中国马克思主义文论研究新境界作出新的更大的贡献!

【作者简介】党圣元,中国社会科学院外国文学研究所研究员,博士生导师。

第一编

经典马克思主义文艺与文化研究

马克思主义批评理论的前史形态*
——试论马克思、恩格斯1833—1844年的批评理论

张永清

时至今日，面对浩如烟海的马克思主义文论的相关研究文献，我们对任何问题的关注都极有可能要么陷入某一既定理论范式的牢笼。从马克思主义批评理论这一问题出发，我们发现：国内外以往的诸多研究径直将马克思、恩格斯1844年以后的相关批评思想与实践即"初始形态"①作为马克思主义批评的"理论基点"，而对他们此前的文学活动等作了现象学式的"悬搁"处理。这种相关的研究态势都或多或少存在着对马克思、恩格斯自身批评观念、批评实践整体性的"任性"割裂，缺少对马克思主义批评理论完整性的关注。因此，无论是从马克思、恩格斯自身

---

* 本文为教育部人文社科项目规划项目"马克思、恩格斯（1844年8月28日之前）的批评理论"（2014010203）阶段性成果。

① 拙文《时代境遇中的马克思主义批评理论》根据理论界关于"何谓马克思主义"的相关讨论，提出了马克思主义批评理论的五个"历史形态"与一个发展形态。其中，五个历史形态分别是前史、初始、科学、政治以及文化形态，一个"发展形态"指的是当代马克思主义批评理论的"中国形态"。之所以说前者是"历史形态"是因为它们曾作为某一历史时期的理论潮流引导、规范甚至左右、主宰着所处时代的批评格局、批评走向，形成了它自身独有的问题域、话语系统、文体风格，体现了它所处时代的批评精神；之所以说后者是"发展形态"是因为它还没有形成真正属于自己的、相对比较完备的理论形态、核心问题以及批评特征等，还需要在对以往的批评形态与其他理论资源充分吸纳的基础上进行不断地创新和构建。此外，还需要说明的是，那篇文章只是提出了问题，对一些重要问题只做了极其粗略的描述，尤其是关于马克思主义批评理论五个历史形态的划分依据以及它们之间的关系等问题，都未能做更深入的剖析。鉴于此，笔者将以系列论文的形式对其中的一些重要问题做进一步的思考与探索。本文主要围绕"历史形态"这一论题做相关探究。

第一编 经典马克思主义文艺与文化研究

批评观念、批评实践的"嬗变"考虑,还是从马克思主义批评理论的完整性出发,我们都有必要重新"追溯"它的"理论基点";由"历史起点"和"逻辑起点"构成的理论基点产生于马克思主义批评的"前史"时期,这一时期的相关思想构成了他们批评理论与实践的"前史形态"。问题还在于,相当一部分研究者并不否认"前史形态"是马克思、恩格斯思想整体性的一个必然组成部分,但认为它不是马克思主义的因而不属于马克思主义批评理论不可或缺的有机组成部分。与此相反,我们认为,马克思、恩格斯1833年至1844年8月这一时期的文学及其相关活动是马克思主义批评理论不可或缺的有机组成部分,它不仅构成了马克思主义批评理论的"前史形态"而且还是马克思主义批评理论其他五种批评形态的"基础"、"基石",它在马克思主义批评理论史中有其无可替代的意义和作用。鉴于此,我们主要就以下三个主要问题做探索性的理论思考:缘何提出"前史形态"这个问题以及马克思、恩格斯在"前史"时期的文学及其他活动的基本情况;国内外既有研究的基本状况;国内外研究存在的主要问题以及加强对"前史形态"研究的理论意义和现实意义。下面我们就围绕上述问题分别展开论述。

一

客观地讲,由于不同的研究者关注的问题及其视角不同,对马克思主义思想发展的阶段划分自然就会存在不同甚至是本质性的差异,比如关于"两个马克思""认识论断裂"以及所谓的"恩格斯主义"等问题的相关争论。众所周知的"巴黎相见"[①] 未必是学界公认的划

[①] "巴黎相见"并非马克思、恩格斯两人的首次见面,而是他们的第二次"握手"。第一次是在1842年11月,马克思当时正担任《莱茵报》主编,由于"自由人"的问题,马克思对前往英国途中专程绕道科伦来访的恩格斯十分冷淡。此外,在编排体例上,《马克思恩格斯全集》中文新版与旧版存在的显著差异之一就在于前者就是以"巴黎相见"来"划界"的:第一、第二、第三卷收录的是马克思、恩格斯1844年8月之前的论著,其中,第一卷是关于马克思1833年至1843年3月(退出莱茵报)期间的著作;第二卷是关于恩格斯1833年12月至1842年10月(去英国前)的著作;第三卷则是关于两人此后到1844年8月前的著作。在我们看来,这样的编排既符合两人思想发展的实际状况,也体现了对历史事实的充分尊重。

马克思主义批评理论的前史形态

分马克思主义"之前"与"之后"的"里程碑",但一定是马克思、恩格斯两人"思想独立期"与"理论共创期"的"分水岭"。就文学活动尤其是批评理论这一问题而言,"1844年8月28日"左右的"巴黎相见"之所以是划分"前史形态"和"初始形态"的基本"坐标"就在于:一方面他宣告了各自独立从事文学、哲学、政治等活动历史的结束;另一方面它又昭示着两人携手"共创"马克思主义历史的开启,《神圣家族》[①]即是肇端。毫无疑义,"巴黎相见"之前的马克思和恩格斯各自"独立"从事文学活动、政治活动、思想活动和理论研究工作,不存在任何"合作"的情况。如果说两人之间还存在思想影响的话,那么这种影响还只是单向度的而非交互性的,主要是恩格斯对马克思的思想产生了影响,比如《国民经济学批判大纲》对《1844年经济学哲学手稿》的影响。[②]

还需要明确指出的是,在我们粗略概括的马克思主义批评理论六大形态中,只有"前史"和"初始"这两种形态属于马克思、恩格斯本人思想整体的有机部分,其他几种形态都是由不同历史时期的思想家和理论家发展而成的。在此之所以强调这种区分,是因为它不仅关系到如何准确理解"前史"与"初始"这两种形态在马克思、恩格斯本人的批评观念和批评实践方面存在的共性与差异性等问题,而且关系到这两种形态在整个马克思主义批评理论整体格局中的位置与功能等问题。从某种意义上讲,马克思、恩格斯的文学批评观念、批评思想等固然与其哲学、宗教、政治等思想密切关联,但更为重要的是,他们早期的文学观念、审美趣味、批评理论与实践等更为集中地体现在其文学创作、文学评论中。基于这种基本判断,与以往研究注重"初始形态"以及与其他形态之间的断裂性、差异性不同,我们

---

① 由于恩格斯在巴黎只停留了10天左右后就回到了家乡巴门,因此只写了一小部分,大部分由马克思撰写,但出版时,马克思将恩格斯署为第一作者。有关《神圣家族》的相关情况,具体见恩格斯在巴门期间给马克思的四封信:1844年10月初、11月19日,1845年1月20、3月17日,《马克思恩格斯全集》1972年版第27卷,第9、13、26、30页。

② 根据现有的考证和研究,马克思《1844年经济学哲学手稿》大约写于1844年5月底6月初至8月,先于"巴黎相见"。

把探究的重点转换到了"前史形态"以及这一形态与其他形态之间的关联性、同一性等问题上。

我们主要从创作、评论、书信以及政论、哲学论著等方面重点考察马克思、恩格斯的文学观念及其相关活动。与现有的其他各种划分方式略有不同的是，我们以马克思、恩格斯是否主要从事文学活动为依据，将1833—1844年8月这一"前史"时期也分为前后两个阶段：对马克思而言，前一阶段（1833—1841.4）①即特利尔、波恩、柏林时期，后一阶段（1841.5—1844.8）即《莱茵报》、克罗茨纳赫、巴黎时期；对恩格斯而言，前一阶段（1833—1842.10）即巴门、不来梅、柏林时期，后一阶段即（1842年11—1844.8）英国时期。总体看来，前史时期的马克思有论著170部篇左右，恩格斯有论著94部篇左右。十分有趣的现象是，马克思、恩格斯两人在前一阶段均为"文学青年"，而在后一阶段又"不约而同"地"放弃"文学，因此，前一阶段是他们从事文学活动的最为重要的历史时期。

从现有的文献资料看，在马克思前期的126部论著中，除3篇中学作文和1篇博士论文外，其余的均为诗歌②等文学作品。从创作看，马克思的文学活动最早始于1833年，时年15岁，文学活动最晚结束于1837年年底1838年年初，前后持续大致有5年左右时间，但主要是在波恩大学和柏林大学的前两年尤其是1836年。从参与的其他文学活动看，作为法律专业学生的马克思在大学的第一年不仅选修了希腊罗马神话、荷马研究诸问题、近代艺术史、普罗佩尔提乌斯的

---

① 马克思1841年3月30日毕业于柏林大学，1841年4月15日获得耶拿大学哲学博士学位，意味着马克思大学生活的彻底结束。

② 它们分别为：中学时期2首，大学时期118首，未完成的悲剧、小说各1部。其中，马克思大学时期的诗歌主要分为三个部分：第一部分为献给燕妮的诗，有《爱之书》第一、第二部和《歌之书》一部；第二部分为献给父亲的诗集；第三部分则是马克思的姐姐索菲亚抄录于纪念册和笔记本的诗歌，这些诗歌有些与前两部分重合，有些则是前两者所没有的。第一部分的三本诗集分别有12、22、23首，总计57首；第二部分有36首诗歌，1部未完成的悲剧《乌兰内姆》，以及1部未完成的幽默小说《斯考尔皮昂和菲利克斯》；索菲娅的纪念册摘录39首，笔记本摘录10首，总计49首，其中与前两部分重复的有22首，实际为27首。具体见《马克思恩格斯全集》第1卷，人民出版社1995年版，第467—926页。

哀歌等文学艺术方面的课程（它们占其修课总量的百分之四十），而且还参加了波恩大学的青年诗人小组。从这一时期父子之间的18封书信看，创作诗歌、编写剧本、筹办文学刊物等内容构成了其中8封书信的主题，而戴上"诗人"的桂冠无疑是青年马克思的第一人生"梦想"，这样的理想使得他的父亲不无忧虑："如果看到你成了一个平庸的诗人，我会感到伤心的。"① 与前一阶段形成了鲜明对比的是，马克思在后一阶段已从文学转向了政治、哲学、经济学等活动，在诸如《评普鲁士的书报检查令》《黑格尔法哲学批判〈导言〉》《论犹太人问题》等44部篇政治、哲学、经济等方面的论著中，既无创作也无批评方面的任何专论。② 不过，尽管文学不再是马克思首要但依然是其十分关注的"话题"之一，他关于悲剧、美学、内容与形式以及诗人与作品之间关系等的深刻论述主要是通过散见于上述这些论著尤其是《1844年经济学哲学手稿》中这一非系统的方式来呈现的。从发表的角度看，马克思以《狂歌》为总标题于1841年1月23日在《雅典神殿》杂志第4期发表的《小提琴手》和《夜恋》这两首小诗，是他在大学期间以自己的名义正式发表的第一部作品，也是他一生中唯一发表的文学作品。此外，如果仅就保留下来的文献资料看，马克思一生从未写过一篇完整的美学论文或一篇正式的文学评论。

　　恩格斯在前一阶段共有65[③]部论著，其中，文学创作与评论等占37部篇，其他如政论、通信、哲学等28部篇。从创作看，恩格斯的文学活动最早始于1833年，时年13岁，文学活动最晚结束于1842年6月，前后持续大致有9年左右时间，但主要是在不来梅期间

---

① 《马克思恩格斯全集》第47卷，人民出版社2004年版，第524页。
② 尽管马克思在1842年3月20日、4月27日致卢格的信中谈及了自己论宗教艺术、浪漫主义等文章，但并未保留下来。具体见《马克思恩格斯全集》第47卷，人民出版社2004年版，第26—28页。从文献留存角度看，马克思在整个前史时期没有一篇文学评论方面的专论。
③ 《马克思恩格斯全集》第2卷收录57部篇，人民出版社2005年版；《马克思恩格斯全集》第47卷收录7部篇，人民出版社2004年版。此外，还有1首中学的诗作《伊托克列斯和波吕涅克斯决斗》收录于《马克思恩格斯全集》第41卷，人民出版社1982年版，第644—647页。

第一编　经典马克思主义文艺与文化研究

(1838.9—1841.3)①。与马克思完全专注于创作活动不同，恩格斯不仅当时就是小有名气的"青年德意志"诗人，而且还是有一定影响力的"青年德意志"的文学评论家。从这一时期的56②封书信看，恩格斯有关文学、宗教、政治、哲学等问题的讨论就占了三分之一。不过，恩格斯不像马克思那样主要是在"父子之间"而是在"同学之间"展开讨论。这些书信不仅表达了他成为"巴门诗人"③的文学理想，而且还谈及了他作为诗人的前途，"据说我作为一个诗人已经完了，许多人正在为此争论不休"④。在后一阶段，恩格斯与文学也渐行渐远，即从文学彻底转向政治、哲学、经济等活动，在诸如《英国对国内危机的看法》《伦敦来信》《国民经济学批评大纲》《论卡莱尔的〈过去和现在〉》《大路上的运动》等29部有关社会、政治、经济等方面的论著中，恩格斯同样是既无一部作品也无一篇美学或文学方面的专论，其相关的文学艺术思想也散见于上述论著中。从发表的情况看，恩格斯于1838年首次发表诗作《贝都英人》；在前史时期发表了十余首诗歌、3篇游记、9篇文学评论；在此后的"初始时期"也有诸如《诗歌和散文中的德国社会主义》等评论的正式发表。顺便指出的是，无论是创作、评论还是政论、通讯等，前一阶段的恩格斯发表时都用"笔名"而非"实名"；只有到了后一阶段即以1842年12月8日刊于《莱茵政治·商业和工业日报》上的《英国对国内危机的看法》一文为肇端，恩格斯才使用"实名"发表自己的论著。

---

① 在37部篇的作品和评论中，巴门期间5篇，不来梅期间29篇，柏林期间3篇。
② 家信32封，给卢格3封，给许·金2封。其中，在给格雷伯兄弟的19封书信中，内容不仅有恩格斯的文学创作、文学评论，而且有恩格斯的宗教、政治、哲学思想的发展历程的真实展示，是研究恩格斯文学与思想、批评观念等的珍贵文献。比如，诗歌《佛罗里达》以及以报刊为名的《讽刺短诗》(1839.1.20)，评论《当代文学》(以青年德意志为题，1839.4.8—9)，悲喜剧《刀枪不入的齐格弗里特》(1839.4.24—5.1)，德文六步韵诗《诗作》(1839.4.29)，文学评论《当代文学文稿》(1839.5.24—6.15)、小诗《德意志的七月的日子》(1839.727)等，具体见《马克思恩格斯全集》第47卷，人民出版社2004年版。
③ 《马克思恩格斯全集》第47卷，人民出版社2004年版，第173页。
④ 同上书，第277页。

还需要特别指出的是，马克思、恩格斯在"前史"时期前后两个阶段的这种"巨变"即放弃文学梦想不仅有来自家庭、社会、时代等诸多"外在"因素的深刻影响，也有他们对自身文学天赋等内在因素的客观认识与正确判断。比如，马克思写道："对当代的抨击，漫无边际、异常奔放的感情，毫无自然的东西，纯粹的凭空想象，现有之物和应有之物的截然对立，以修辞学上的刻意追求代替充满诗意的构思，不过或许也有某种热烈的感情和奋发向上的追求……无边无际的、广泛的渴求在这里以各种形式表现出来，使'精炼'变成了'冗长'。"① 再比如，恩格斯写道："我对自己的诗和创作诗的能力，日益感到绝望……每当我读到一首好诗的时候，我内心总是感到苦恼：你就不能写出这样的作品！"② 正因如此，马克思才在1837年年底1838年左右"忍痛割舍"了心爱的文学，一头扎进黑格尔及其左派的哲学世界，之后转向费尔巴哈、空想社会主义等哲学和社会理论著作，其思想经历了从费希特主义、青年黑格尔主义、费尔巴哈主义到孕育"历史唯物主义"的"蜕变"过程。与马克思的情况相似，恩格斯尽管于1839年11月声称他"正处于要成为黑格尔主义者的时刻"③，这只表明他正经历着从文学的"青年德意志分子"转向哲学的"青年黑格尔主义者"的思想"阵痛"期，只有到了1841年，恩格斯才彻底放弃了文学的优先性而将哲学、政治等置于首要地位，此后他不仅参加了青年黑格尔派、"自由人"团体等哲学活动，而且在英国期间还了解了英国社会、宪章运动以及工人阶级状况等，从不同于马克思的路径"孕育"出了"历史唯物主义"思想的幼芽。

二

众所周知，马克思、恩格斯的著作迄今也未全部出齐；即使已出版的论著也并非完全是按照写作的时间先后问世的，这是因为这些著

---

① 《马克思恩格斯全集》第47卷，人民出版社2004年版，第7页。
② 同上书，第94—95页。
③ 同上书，第224页。

第一编　经典马克思主义文艺与文化研究

作既包括他们生前也包括他们去世后出版的,再加之这些著作在不同时期被不同理论有选择地接受和吸纳,从而呈现出了形式各异的思想特质与批评形态。围绕本文探究的核心论题,我们拟从国外与国内两个方面对批评理论"前史形态"的相关研究做粗略描述和概要分析。简言之,国外的研究可以大致划分为:1890—1920年代、1930—1960年代、1970年代至今三个时期;国内的相关研究也可以大致分为1930—1970年代、1980年代至今两个时期。下面我们对此问题做分别论述。

我们先来看国外的相关研究。首先,从最严格意义上讲,1890—1920年代不仅是批评理论"前史形态"研究的萌芽与胚胎期,而且也是列宁主义与西方马克思主义的产生与形成期。① 就"前史形态"的相关研究而言,只有极个别论著、传记等注意到了马克思、恩格斯的文学创作及评论,还谈不上对其作全面、系统、深入的专门研究。我们认为,这主要源于两面的原因:一方面,无可否认的是尽管确有部分著作及相关文献资料在这一时期得以问世,诸如《马克思恩格斯和拉萨尔的通信》(1902)、《恩格斯早期著作集》(1920)、《马克思传》(1919)等的出版以及《新时代》《德意志评论》等刊物登载的部分创作、评论、书信等,但其他"原始"文献资料毕竟尚未得到整理与出版,客观上势必影响人们的思想认识和理论判断;另一方面也许是更为重要的原因,即与以考茨基等为代表的第二国际多数理论家的认识偏颇密切相关,他们主要把马克思、恩格斯视为经济、社会而非哲学、文学、美学等理论的奠基者与创建者。换言之,在他们看来,由于马克思、恩格斯的文学及其批评活动只具"业余性"而不具"专业性",自然就不需要对其文学思想、批评观念、审美理想

---

① 《怎么办》(1902)、《党的组织与党的出版物》(1905)、《唯物主义和经验批判主义》(1908)等论著标志着列宁主义的形成。1923年,卢卡奇的《历史与阶级意识》、柯尔施的《马克思主义与哲学》问世以及法兰克福社会研究所的成立,则标志着西方马克思主义的出现。对研究所而言,只有霍克海默于1931年接任所长之后,其研究重心与旨趣才发生了根本性转变,即由此前追求的经济学、历史学式的实证性分析转向哲学、文化等跨学科的总体性社会批判,因此对文学艺术真正产生影响则要到了1930年代,参见马丁·杰伊《法兰克福学派史》,单世联译,广东人民出版社1995年版,第28页。

马克思主义批评理论的前史形态

等进行认真挖掘与细致阐发，因而就将研究的重心置于把"历史唯物主义"等基本原理"拓展"到文学、艺术和美学领域这一问题上。在这样的认知视野里，梅林、普列汉诺夫在当时被公认为马克思主义美学与文学批评等方面的奠基者，梅林主要通过"走向康德"而普列汉诺夫则主要通过引进"实证主义"来完成这种建构。比如，1920年代的苏联文学理论界有一种观点认为，尽管梅林既是马克思、恩格斯著作尤其是文学文献资料的最早整理者与编辑者，是最早对马克思、恩格斯相关文学活动作具体分析和判断的研究者，同时也是在文艺批评领域内运用历史唯物主义的开拓者，但在基本原理的系统化方面，是普列汉诺夫而非梅林才是马克思主义美学理论的真正奠基者，卢那察尔斯基的相关论断就十分典型地体现了此种认知。[①] 顺便提及的是，"拉普"在1930年代之所以被清算，其严重错误之一就在于他们要为"恢复普列汉诺夫的正统而斗争"。

其次，1930—1960年代是"前史形态"研究的形成和发展时期，同时也是马克思主义批评理论的两大传统[②]即列宁主义与西方马克思主义的确立和繁盛期。对批评理论的"前史形态"而言，1930年代具有极其重要的标志性意义，这是因为里夫希茨、卢卡奇等在理论与批评方面完成了两项"首创性"工作：其一，他们完全"恢复"了马克思、恩格斯在马克思主义美学、文学、艺术领域内不可动摇的"奠基者"地位，当然，这一活动并非孤立进行而是与"去普列汉诺夫化"[③]、确立列宁作为马克思主义批评理论的继承者尤其是发展者的地位等同步推进的；其二，他们不仅对马克思、恩格斯的前史时期

---

① 详见《作为文学批评家的普列汉诺夫》，[苏联]卢那察尔斯基《关于艺术的对话：卢那察尔斯基美学文选》，吴谷鹰译，生活·读书·新知三联书店1991年版，第300—301页。

② 与柯尔施、葛兰西、里夫希茨、希列尔等不同的是，卢卡奇在两大批评潮流中都扮演了极为重要的角色，理论地位十分独特：他不仅是"西方马克思主义"的先驱者，而且是"正统马克思主义"最具代表性的人物之一。另外，希列尔还有希里尔、谢勒等译法。

③ 具体见里夫希茨《马克思恩格斯论艺术》，人民文学出版社1960年版，第12页；《卢卡奇自传》，李渚青、莫立知译，桂冠图书公司1990年版，第130页。

第一编　经典马克思主义文艺与文化研究

的创作、评论等作了较为全面的审视，而且将文学、美学观念与其哲学、经济等思想之间的关系作为一个整体来把握。之所以能够取得上述的理论突破，与以下两个重要因素密不可分。1. 马克思、恩格斯的部分"原作"及资料选编本①首次面世，它们毋庸置疑地为哲学、美学、文论等的研究提供了最基本也最坚实的文献基础，比如，《1844年经济学哲学手稿》不仅在哲学上引发了两个马克思的争论，而且开启了马克思美学理论研究的先河。2. 开拓性研究论著的相继问世。1933年，里夫希茨的《马克思的艺术哲学》出版，小册子共有14部分，其中，前九部分主要讨论前史时期论著中的文学艺术问题。里夫希茨十分自觉地将审美和艺术问题与马克思的思想整体发展联系起来研究；十分关注马克思早期书信以及散见于其他著作里的美学、艺术思想②；比如，他认为马克思在其精神生活的第一阶段完全被浪漫主义所主宰③，以及马克思的诗歌具有席勒式的语言和风格等。同样是在1933年，希列尔的《文学批评家恩格斯》一书首次对恩格斯的文学批评思想做了较为全面、系统的阐释，其中的第一章主要关注的就是恩格斯在"前史时期"的创作和评论；认为恩格斯的文艺思想不是"片言只语"式的"意见"，而是呈现出某种整体性的典范④。卢卡奇早在1930—1931年间就完成了《马克思、恩格斯和拉萨尔之间的济金根论争》一文；在1935年的《作为文艺理论家和文艺批评家的弗里德里希·恩格斯》一文中，他不仅对恩格斯不同时期的批评理论作了整体性剖析，而且首次提出了"伟大的现实主义"这一理论问题。

在1940—1960年间，除了以科尔纽的《马克思恩格斯传》等为

---

① 1932年，《1844年经济学哲学手稿》《德意志意识形态》以及马克思、恩格斯"五封书信"等出版；1933年，由卢那察尔斯基主编、里夫希茨和希列尔编辑的《马克思恩格斯论艺术》。

② 由于马克思致燕妮的三本诗集在1950—1960年代才得以搜集整理完毕，里夫希茨在这一时期对原始文献的掌握还不能说已十分完备，但也比较详尽了。

③ Mikhail Lifshitz: *The Philosophy of Art of Karl Marx* London, p14.

④ 详见吴元迈《关于马克思恩格斯的文艺遗产——西方对马恩文艺遗产研究的历史考察》，《江淮论坛》1982年第5期。

马克思主义批评理论的前史形态

代表所秉持的"正统"观点外，再度出现了通过相关研究来质疑甚至根本否定美学、文学、艺术是马克思主义理论有机部分的"另类"声音，它是以两种迥然不同的形式呈现出来：其一，以德国的彼特·德梅兹的《马克思、恩格斯和诗人们》（1959）的论著等为代表，通过对马克思、恩格斯创作、评论、书信等文本的具体分析；其二，以法国的列斐伏尔、费歇尔、戈德曼等为代表，认为马克思、恩格斯关于美学、文学的思想已经"过时"了，转而挖掘他们的哲学、社会学、经济学思想，力图在此基础上与其他理论资源进行整合后创新马克思主义美学与文论。

再次，1970年代以来则是批评理论"前史形态"研究的反思和深化期。《马克思恩格斯全集》俄文第二版、英文版等在这一时期的陆续出齐为"前史形态"等相关研究提供了相对完备的资料基础。除此之外，这一时期的研究总体上还呈现出以下几个显著特征。其一，从研究的地理图谱看，英美地区成为相关研究的重镇，主要以英国的柏拉威尔、伊格尔顿、威廉斯以及美国的詹姆逊、维塞尔、莱文等为代表。此外，一个不争的事实是：在批评理论的两大传统中，"苏联的"影响力在"日渐式微"而"西方的"影响力在不断扩大，威廉斯的论断具有一定的代表性："马克思主义文化及文学理论首先是由普列汉诺夫根据恩格斯晚期著作的观点加以系统化，随后又由苏联占主导地位的马克思主义流派加以普及的。……我那时还从不同的视角阅读了英国30年代马克思主义者特别是克里斯托弗·考德威尔的著作，有关考德威尔的争论颇具代表性。"[①] 人们十分熟知的是，英国马克思主义的文化批评在这一时期经历了"葛兰西转向""阿尔都塞主义"等思想的洗礼，在此就不再赘述。其二，从探究问题时的"切口"看，存在着程度不一的"视角反转"倾向。比如，柏拉威尔认为，自己之所以刻意区别于此前里夫希茨等的《马克思恩格斯论艺术》（1933）那种以"主题"形式编选材料的结构方式，是因

---

① ［英］雷蒙德·威廉斯《马克思主义与文学》，王尔勃、周莉译，河南大学出版社2008年版，第3—4页。

第一编　经典马克思主义文艺与文化研究

为它往往混淆了马克思不同时期的言论以及马克思和恩格斯共同的见解，按照年代顺序组织材料的结构方式则能更好地呈现出马克思批评观念的起源及演进。① 再比如，与此前诸多研究者多从哲学、经济学、社会学等视角审视它们对马克思的文学、美学的深刻影响不同的是，维塞尔在《马克思与浪漫派的反讽》（1979）中则以诗学作为基本理论立场来审视它在马克思的哲学等思想发展过程中的功能与作用等。其三，相比较而言，尽管诸多研究者在批评理论是马克思主义理论系统中的有机构成部分这一问题上取得了高度"共识"，但依然将论述的重心放在"初始形态"方面，对"前史形态"往往都是一笔带过，诸如伊格尔顿的《马克思主义与文学批评》、詹姆斯的《马克思主义与形式》等著作中的相关论断即是"佐证"。当然，也有以莱文等为代表的一些研究者不仅有意识地区分"前史时期"马克思、恩格斯的哲学思想，而且还注重它们与文学之间关系的探究，比如莱文认为："在1839年至1940年年末这段时间，青年恩格斯是一个文学研究者，主要关注的是黑格尔与艺术有关的思想。青年恩格斯试图在美学领域确认黑格尔的重要性。"②

为了避免论述上的重复，我们将以国外相关研究作为基本理论参照来简述国内的相关研究：第一阶段即1930年代至1970年代末，其问题框架与理论范式基本上是"苏联化"的即列宁—斯大林主义的，第二阶段即1970年代末1980年代初至今，其问题框架与理论范式则基本上经历了由起初的"苏联化"到中后期的"西马化"发展态势。概言之，理论界在第一阶段主要关注的是典型、物质生产与艺术生产的不平衡、美学的与历史的观点、悲剧、莎士比亚化、席勒式、文艺的上层建筑性与意识形态性，以及现实主义与浪漫主义等问题。此外，与1950年代国内就围绕《1844年经济学哲学手稿》讨论而形成的美学热相比，由于文献资料等方面的原因，整个第一阶段还谈不上

---

① ［英］希·萨·柏拉威尔：《马克思和世界文学》，梅绍武等译，生活·读书·新知三联书店1982年版，第1页。
② ［美］莱文：《不同的路径：马克思主义与恩格斯主义中的黑格尔》，臧峰宇译，北京师范大学出版社2009年版，第143页。

马克思主义批评理论的前史形态

对批评理论"前史形态"的真正研究，其中心工作之一主要集中在马克思、恩格斯的相关著作及其研究论著的翻译方面，但绝大部分中译本不是直接源于德文本而主要是通过俄文本以及日文、英文本等。需要特别说明的是，与苏联相似，1930年代[①]对我们也同样具有"肇始性"意义，瞿秋白、陆侃如、胡风、孟式钧、稚吾、曹葆华等几乎是在"在第一时间"分别从俄文、日文、英文、法文等翻译了马克思、恩格斯有关悲剧、现实主义等问题的"5封书信"，以及里夫希茨论马克思的2篇论文、希列尔论恩格斯的5篇论文等。在1940—1970年间，里夫希茨等的《马克思恩格斯论艺术》多个节译本、全译本与格·索洛维耶夫的《马克思恩格斯论文学》等译本的相继出版；梅林的《马克思传》，梅尔的《恩格斯传》，科尔纽的《马克思恩格斯传》，以及格姆科夫的《恩格斯传》与《马克思传》等不同译本也陆续出版，上述这些文献充其量只能为"前史形态"的相关研究提供"第二手"资料，只有到了第二阶段，随着《马克思恩格斯全集》中译本第40卷、第41卷于1982年的出版则才能说是为"前史形态"的研究提供了"第一手"资料。此前，柏拉威尔的《马克思和世界文学》、伊格尔顿的《马克思主义与文学批评》以及《卢卡奇文学论文集》等中译本已于1980年出版，这些研究著作的部分内容与"前史形态"密切相关。从某种意义上讲，它们共同促成了批评理论"前史形态"国内研究[②]前后不超过三年的小高潮。因此，尽管它不是第二阶段理论研究的"重中之重"，但也是这一阶段十分抢眼的"亮点"之一。不过，1985年之后，随着"西马"等

[①] 刘庆福：《苏联有关马、恩文艺论著的编译和研究论著在中国的传播》，《苏联文学》1983年第2期。

[②] 这一时期代表性的论文如下：陈历荣：《恩格斯青年时代的文艺创作活动》，《西南师大学报》1980年第3期；曹俊峰：《恩格斯早期文艺观》，《复旦学报》1981年第1期；陈辽：《论马克思主义产生前的马克思文艺思想》，《徐州师范学院学报》1983年第1期；《青年恩格斯的文学活动》，《锦州师范学院学报》1983年第2期；许崇信：《青年马克思—学习〈马克思恩格斯全集〉第四十卷札记》，《湖南师大学报》1983年第1期；王春元：《恩格斯早期美学思想初论》，《文学评论》1983年第2期；赖耀先：《浅谈青年马克思的诗歌创作》，《福建师大学报》1983年第1期；林保全：《略谈对马克思青年时代诗歌的评价》，《广西师大学报》1985年第3期。

思想潮流的席卷而来，时至今日这一问题也很少再被人"问津"。

三

在前一部分对国内外的相关研究做"历时性"描述基础上，我们在这一部分着重审视其研究存在的整体性问题。由于马克思、恩格斯在"前史时期"是独立从事文学、哲学活动的，这也就要求我们"分开来谈"。

先来看对马克思的相关研究。究竟如何认识"诗人"马克思的诗作？理论界存在着以梅林等为代表的"狭义化"与以维塞尔等为代表的"扩大化"两种截然相反的观点。梅林在《马克思传》中作出了如下论断："这些青年时代的诗作散发着平庸的浪漫主义气息，而很少响彻着真实的音调。而且，诗的技巧是笨拙的，这种情况在海涅和普拉顿之后是不应该再出现的……在缪斯放在马克思的摇篮里的诸多天赋中，毕竟没有韵文的才能。"① 梅林这种"就诗论诗""就事论事"的认知方式深刻影响了此后的众多传记作者和研究者：美学、艺术方面的研究者认为它们是"失败之作"而不再关注；哲学、社会学等领域的研究者则认为这些"保留下来的作品只在推动马克思个人心理研究方面值得重视"②，"这些诗歌使我们感到兴趣毋宁说是在传记和心理方面，而不是在文学方面"③。与此相反，维塞尔在《马克思与浪漫派的反讽》（1979）中不仅把"诗歌"拓展到了马克思一生的思想活动中，而且提高到了全新的高度："对马克思而言，无产阶级本质上是一种诗力。如果我的论点是对的，那么，理解马克

---

① 梅林：《马克思传》，樊集译，生活·读书·新知三联书店1965年版，第19页。
② [德] 伊林·费彻尔：《马克思：思想传记》，黄文前译，北京师范大学出版社2013年版，第5页。
③ 具体见 [法] 奥古斯特·科尔纽《马克思恩格斯传》（1），刘丕坤、王以铸、杨静远译，生活·读书·新知三联书店1963年版，第73页；[英] 希·萨·柏拉威尔《马克思和世界文学》，梅绍武等译，生活·读书·新知三联书店1982年版，第9—10页；[美] 乔纳森·斯珀伯《卡尔·马克思：一个19世纪的人》，邓峰译，中信出版社2014年版，第33页。

思的诗是理解马克思哲学的关键。"① 维塞尔认为，不应将马克思的诗仅仅评价为不成熟的浪漫主义诗歌就弃之不顾，抑或仅仅将其放在传记或回忆录里，而应将其早期的浪漫诗定位为渴望主题，并从整体之诗、异化之诗、反抗之诗三个维度来探究马克思哲学等思想的发展②。值得注意的是，国内的相关研究在21世纪之前基本上受到了梅林、里夫希茨等思想观点的深刻影响，而在此之后，维塞尔的观点正受到越来越多的关注。

在我们看来，对马克思"前史时期"的文学、美学思想的相关研究还存在着以下三个方面的突出问题。其一，往往注重对马克思美学思想的研究而轻视对其文学思想的探讨。比如，将马克思《1844年经济学哲学手稿》视为其哲学、美学思想的发源地这一"定论"已经足以看出对其在美学方面真知灼见的高度肯定，但对其文学思想而言，如前所述，由于研究者已经认同或接受了梅林等的判断，因而对其文学思想的研究还不够充分。其二，在对马克思诗歌创作进行分析的过程中，存在着整体性与具体性的双重缺失。整体性缺失表现在：一些研究者要么纯粹从诗歌技巧与形式的角度审视作品，要么纯粹从内容出发只探究马克思思想的崇高面，因而不自觉地以一种极其片面的方式把艺术的笨拙性与思想的深刻性"对峙"起来，从而将作品的整一性割裂开来。具体性缺失则表现为：一些研究者提炼出的某种思想不是"细读"作品的结果而是用诗歌来"印证"某种外在的既定观念，因而无论最终将马克思的诗歌视为"浪漫主义"的还是"现实主义"的等都一样缺乏说服力。事实上，马克思这一时期的部分诗作中还流露着十分明显的宗教意识以及希腊精神，还有一些诗作则体现出了他的批评观念、批评风格等，但它们在以往的研究中都是阙如的。其三，对马克思的文学与哲学思想关系的探讨看起来十分充分，实际上还不够细致与深入。比如，《1844年经济学哲学手稿》无疑受到了黑格尔的影响，此说是否也适合于马克思的诗歌创

---

① ［美］维塞尔：《马克思与浪漫派的反讽——论马克思主义神话诗学的本源》，陈开华译，华东师范大学出版社2008年版，第6页。
② 同上书，第13—14页。

第一编　经典马克思主义文艺与文化研究

作？再比如，阿尔都塞认为，除了博士论文和《1844年经济学哲学手稿》外，马克思起先是康德和费希特派，之后是费尔巴哈派，但从来都不是青年黑格尔派①，我们又如何在阿尔都塞们和卢卡奇们这种截然不同的论断之间进行取舍，这些思想又与马克思的诗歌创作究竟是一种怎样的关系？我们认为，要想作出符合文本实际的判断，不能只在各种论断之间简单地"选边站"，而应回到诗歌作品自身和当时的思想语境中，这样才能确切解决马克思的诗歌缘何就是费希特式的而非黑格尔式的、浪漫主义的而非现实主义的等问题。比如，浪漫主义作为一种影响广泛的社会思潮，涵盖了政治、哲学、宗教、法律、文学等方方面面，如果马克思曾经是浪漫主义者，那么他接受的是哪一层面的浪漫主义；马克思后来对浪漫主义的拒斥究竟是政治、哲学方面的原因还是审美趣味、艺术理想等方面的原因，凡此种种都需要我们立足于马克思的诗歌创作，再结合他当时的哲学、政治思想等做具体分析。

再来看对恩格斯的相关研究。究竟如何认识诗人与评论家恩格斯的创作与评论？理论界同样存在着以卢卡奇等为代表的"有意拔高"与德梅兹等为代表的"无端贬损"两种迥然相异的观点。卢卡奇在《作为文艺理论家和文艺批评家的弗里德里希·恩格斯》（1935）一文中提出了一个核心论断："恩格斯在文学领域的活动始终是由无产阶级解放斗争的伟大任务决定的。……他们在文艺理论领域的斗争，从开始阶段起，就已经是针对着无产阶级在阶级意识上的资产阶级化。"② 这一判断是卢卡奇"从后往前看"恩格斯的必然结果，但这并不完全符合恩格斯"前史时期"文学活动的实际情况，对思想演进的考察而言，"从前往后看"才是更为恰当的方式。德梅兹于1959年出版的《马克思、恩格斯与诗人们》一书为他个人赢得了所谓的"马克思主义新批评"称号。单就书中的各部分标题看，恩格斯在全

---

① ［法］路易·阿尔都塞：《保卫马克思》，顾良译，商务印书馆2006年版，第18页。
② 卢卡奇：《作为文艺理论家和文艺批评家的弗里德里希·恩格斯》，《卢卡奇文论文集》，中国社会科学出版社1980年版，第1—2页。

书九个部分中就占据了三分之一,是德梅兹重点论述的对象。除此之外,他还对马克思、梅林、普列汉诺夫、卢卡奇以及阿多诺、戈德曼等作了详略有别的理论阐发。与卢卡奇的"褒奖"相反,德梅兹是一种典型的"酷评",他不仅沿袭了恩格斯文学上的"领路人"谷兹科的观点,认为无论就创作还是就评论看,恩格斯都不过是"青年德意志的办事员",甚至有"模仿过度"之嫌,而且还认为马克思、恩格斯在文学艺术方面根本没有值得称道的理论建树等。① 从接受与传播范围看,卢卡奇的观点对"苏东"地区与国内的相关研究产生了广泛的影响,而德梅兹的相关观点则在西方学界产生着持续的影响。②

  同样,对恩格斯"前史时期"文学思想的研究同样存在着以下三个方面突出的问题。其一,从恩格斯的文学活动轨迹看,绝大多数研究者都认为他是从青年德意志"起步"的,但这种论断显然缺乏相关根据,根本不符合实际。正是恩格斯本人在1838年9月17—18日致格雷培兄弟的信中明确写道:"我现在告诉你们一件很重要的事情:我的西班牙浪漫诗碰壁了,那个家伙显然是一个反对浪漫主义的人"③;在1839年4月8—9日的信中说:"我应当成为青年德意志派,更确切地说,我已经是一个彻头彻尾的青年德意志派了"④,在同年的5月24日—6月15日信的署名处还明确标明:弗里德里希·奥斯瓦尔德、青年德意志派。由此可见,恩格斯是作为浪漫主义者开始其文学活动的,而以成为"黑格尔主义者"终结其文学生涯的。其二,多数传记作者和研究者主要还是从哲学立场、政治倾向、社会理想等方面来探究恩格斯的诗歌创作,而很少关注恩格斯在诗歌形式

---

  ① Peter Demetz: *Marx, Engels and the Poets: Origins of Marxist Literary Criticism*, Translated by Jeffrey L. Sammons, Chicago University of Chicago Press, 1967, pp. 13 – 15. 它是作者在其耶鲁大学的博士论文基础上修改而成,1959年德文首版于斯图加特,作者时年37岁;1967年的英文版是修订版。
  ② 具体见[美]莱文《不同的路径:马克思主义与恩格斯主义中的黑格尔》,臧峰宇译,北京师范大学出版社2009年版,第141—142页。
  ③ 《马克思恩格斯全集》第47卷,人民出版社2004年版,第93页。
  ④ 同上书,第139页。

与技巧方面的成败得失,更谈不上将内容与形式作为一个有机整体来看待。其三,对恩格斯的文学评论未能给予足够的重视,从未进行过深入研究。前文部分已提及,与马克思一生未写过一篇专门的美学论文或文学评论不同的是,恩格斯这一时期就撰写了11篇评论,当时刊发的就有9篇,涉及作家论、作品论等内容,它们既是研究恩格斯"前史时期"批评理论与实践的重要文本,也为理解与把握恩格斯批评观念的演变提供了文本基础,比如,在"前史"与"初始"这两个不同时期,恩格斯都有关于歌德、卡尔·倍克、欧仁·苏论以及青年德意志等的评论,多数研究往往采取的是孤立化而不是整体化的方式来把握。此外,迄今为止,我们也未能认真探究恩格斯与谷兹科、白尔尼等之间的文学、思想关系,自然也就很难对德梅兹的"非难"作出恰切的理论回应。

以上我们分别探究了马克思、恩格斯研究存在的突出问题,这一部分我们还需指出在对两者的研究过程中存在的共性问题。在我们看来,一些研究者在面对马克思、恩格斯的诗歌文本时往往采取了一种描述性而非分析性的研究方式,无法区分两者之间存在的共性与差异性。比如,细读文本后,我们就不难发现:"自由"不仅是马克思、恩格斯所处时代的主题,也是他们诗歌创作的基本主题之一;不同的是,马克思的诗歌更多地追求的是一种个人的情感自由,因而其诗歌的基调是"主情"的,而恩格斯的诗歌更多地呼唤的是一种个人的思想自由与政治解放,因而其诗歌的基调是"主理"的。不过,无论他们两位的诗歌是"主情"还是"主理",都未能做到他们后来所概括的"莎士比亚化",即未能处理好情感与形式或思想与形式之间的有机关系,自然也就不自觉地落到了"席勒式"的窠臼之中。从这个意义上,这一时期的创作甘苦也融贯在此后的批评理论与实践中。此外,尽管马克思、恩格斯都具有广博且深厚的文学修养,但两人的诗歌与评论同样也呈现出明显的差异:生长于自由主义家庭的马克思更加注重古希腊罗马传统,普罗米修斯成了马克思一生的精神象征;而出身于虔诚主义家庭的恩格斯则不仅注重德意志民族的文学传统如民间故事,而且比马克思更熟悉"当代德国文学",浮士德、齐

马克思主义批评理论的前史形态

格弗里特等成为恩格斯当时的精神象征。

总之,我们有必要回返马克思主义批评理论的"前史时期",即马克思主义批评的理论基点,进而加强对批评理论"前史形态"的深入研究。那么,我们应该用何种态度与方式来展开相关研究?首先,必须回到根基处即回到马克思、恩格斯"前史时期"的诗歌、评论等文本自身,诚如阿尔都塞所言:"这是整个当代思想史中最大的丑闻:每个人都谈论马克思,人文社会科学中的所有人几乎都在说自己多少是个马克思主义者。但是谁曾经不怕麻烦地去仔细阅读过马克思、理解他的创新性并接受他的理论结果了呢?"[1] 其次,回到文本但又不能止步于文本,它还要求我们必须将文本放置于文本得以产生的时代语境与思想整体格局中,同时还必须立足于我们所处的当下的社会现实与文学现状中,只有这样才能最终构建具有中国特色的马克思主义批评理论。

【作者简介】张永清,中国人民大学文学院教授、博士生导师。

---

[1] [法]路易·阿尔都塞:《黑格尔的幽灵:政治哲学论文集》[1],唐正东、吴静译,南京大学出版社2005年版,第348页。

秉持历史观点与美学观点辩证融合的原则

冯宪光

马克思、恩格斯关于文艺在整体社会结构中是社会意识形态形式和文艺是人在精神活动中掌握世界的一种特殊方式这两个方面的思想，是历史唯物主义关于社会和人的研究在文艺活动中的展开和运用，是马克思主义世界观、历史观在文艺上的根本观点。这两个根本观点又具体运用于具体的文艺实践的论述之中，成为马克思、恩格斯关于文艺创作和文艺批评的原则和方法的文艺思想。马克思、恩格斯一方面经常阅读经典文学作品，同时关注当时欧洲当代的文艺作品创作，特别是社会主义文学的创作。斐迪南·拉萨尔是19世纪早期工人运动活动家，机会主义代表人物之一。1859年3月14日，恩格斯在广告上看到拉萨尔写的一个剧本《弗兰茨·冯·济金根》已经出版，写信请拉萨尔把剧本寄来。3月28日左右，马克思、恩格斯都收到了这个剧本。马克思在4月18日、恩格斯在5月18日分别写信给拉萨尔，对剧本进行了细致分析，与拉萨尔错误的创作思想进行论争。

马克思在信中从两个方面批评了拉萨尔剧本的不足，第一点指出了"纯粹是形式问题——既然你用韵文写，你本来可以把你的韵律安排得更艺术一些"[①]。信中还对拉萨尔剧本中艺术上的许多问题提

[①] 《马克思恩格斯文集》第10卷，人民出版社2009年版，第169页。

秉持历史观点与美学观点辩证融合的原则

出了批评。第二点指出作品在内容上的根本错误是"你所构想的冲突不仅是悲剧性的，而且是使1848—1849年的革命政党必然灭亡的悲剧性的冲突。因此我只能完全赞成把这个冲突当作一部现代悲剧的中心点。但是我问自己：你所探讨的主题是否适合于表现这种冲突？"[1] 马克思认为拉萨尔没有用历史唯物主义世界观来认识济金根的悲剧本质。恩格斯在信中同样表达了类似意见，并且把马克思和他自己对拉萨尔作品的批评从文艺批评方法上归纳为"是从美学观点和史学观点，以非常高的亦即最高的标准来衡量您的作品的"[2]。这就是由马克思主义奠基人所开创历史观点和美学观点相结合的马克思主义文艺批评原则。

习近平总书记在2014年文艺工作座谈会上的讲话指出，"要高度重视和切实加强文艺评论工作，运用历史的、人民的、艺术的、美学的观点评判和鉴赏作品"[3]。这个重要论述再次重申了马克思和恩格斯这两位马克思主义奠基人关于历史观点与美学观点辩证融合的文艺批评原则。这是当代视野中中国化马克思主义文艺理论对经典马克思主义文论的一种阐释。是否坚持历史观点与美学观点的辩证融合是马克思主义文艺批评与其他文艺批评的重要区别。只有美学观点，没有历史观点，不是马克思主义文艺批评，而只有历史观点，没有美学观点则是庸俗马克思主义文艺批评。

历史观点的要义是要在文艺批评中始终贯彻历史唯物主义的基本原理，这是政治标准、思想标准，也是文化标准。这是马克思主义文艺批评的性质底线。而美学观点是文艺批评实际操作中的利器，文艺活动在社会实践活动的分类中是审美活动，对于审美活动的分析必须依靠人类美学的成果，美学观点的运用是对文艺创作和欣赏进行细致的审美经验的分析，不然就是隔靴搔痒，言之无物。文艺批评的理论和实践显然应当秉持历史观点和美学观点的辩证融合。

首先，历史观点和美学观点应该结合一体，不能在批评实践中人

---

[1] 《马克思恩格斯文集》第10卷，人民出版社2009年版，第169页。
[2] 同上书，第177页。
[3] 习近平：《在文艺工作座谈会上的讲话》，《人民日报》2015年10月15日第2版。

为地分为两个阶段或者两个步骤。在马克思主义看来，文学文本在价值形态上是意识形态文本甚至是政治文本，但是它在社会生活中的实际存在却一定是审美文本，存在的事实形态一定是审美话语。面对这样的对象，在进行可操作的文艺批评时，一定要把美学观点具体贯彻到文艺批评的过程始终，而历史观点的历史唯物主义思想则必须融进美学观点之中，才能发生它应有的作用。只有如此才能达到二者的真正融合，而不是二者的分离。文艺批评只有从审美经验的实在分析中才能科学地阐释作品的意识形态面貌。其次，对历史观点与美学观点的内涵要进行与时俱进的研究和阐释。历史观点的历史唯物主义的实质是不能变更的，但是中国的文艺批评家应当根据中国社会主义革命和建设实践，特别是中国特色社会主义建设的实践，去丰富、扩展历史观点的内涵，这是目前做得不够的。另外，艺术活动在现代化维度上的延伸和发展，在现代美学和当代世界文艺批评理论中出现了许多新问题以及阐释这些新问题的新方法。中国当代文艺处于全球化的文化语境，开放的文艺环境使中国当代文艺呈现出丰富复杂的新异面貌。现实的文艺批评如果不随机变换自己的美学观点的模式、结构、意识、方法、话语，就会在新的文艺事实面前陷入无力阐释的失语。这是文艺批评在当下必须突破的一个瓶颈。不解决这个问题，它在多元化批评话语中始终会尴尬地缺场，失去的是马克思主义文艺批评的公信力。中国当代文艺批评必须使历史观点与美学观点高度融合，加强自身的现代化建设，跟随当代社会、文化、艺术发展的脚步，寻找时代精神与社会形态、生活方式与文艺形式生产之间的新型关系，有效地发挥文艺批评的功能。

【作者简介】冯宪光，四川大学文学与新闻学院教授，博士生导师。

马克思文艺思想研究中的文本问题[*]

孙文宪

马克思阐述文学、艺术和美学问题的文本，是读解马克思文艺思想的原始材料和基本资源，也是进一步研究马克思主义文论的理论基础和逻辑起点。可是，从现有的资料来看，除了早期的几篇评论之外，马克思和恩格斯都没有对文学艺术和美学问题做过专门、系统地理论阐述；马克思阐述文学艺术的那些言论，大多是以尚未充分展开的观点、命题或例证的文本形态，夹杂在研究其他问题的各种著述特别是政治经济学的著述之中。[①]这种语录式的话语形态和语境错位的阐述方式，形成了马克思文学阐释文本的特点，它让许多研究者对马克思是否有系统的文学思想心存疑虑，更由此带来了另一个至关重要的问题：马克思的文艺论述对马克思主义文学理论的建构究竟产生了怎样的影响？由文本问题引起的这些思考和争论都在提醒我们：被视为马克思主义文论的文本基础和理论前提，

---

[*] 本文为国家社科基金重大项目［11&ZD078］"马克思主义文学批评的中国形态研究"、国家社科基金项目［10BZW023］"马克思主义文艺理论的问题域及其批评话语的形成研究"成果。

① 马克思和恩格斯对文学艺术和美学问题的讨论是有区别的。从整体上看，恩格斯的言论偏重于对文学艺术问题的具体研讨，其见解大多与19世纪的现实主义文学思潮有直接关联，讨论基本上在古典美学论域中展开。而马克思对文学艺术问题的讨论则是在哲学美学和艺术哲学层面上展开的，其相关言论的知识语境也不限于美学和文艺理论，而是带有跨学科的特点，成为20世纪以后的马克思主义文论发展的重要思想来源；本文讨论的主要是马克思的文学言论。

第一编 经典马克思主义文艺与文化研究

其实并不像人们想象的那样是一个已经获得共识并为后续研究奠定了坚实基础的平台；从研究的历史和现状来看，这实际上还是一个存在着诸多争议的话题。然而这个直接影响到马克思主义文论研究的文本问题，却被许多人忽略或者有意无意地回避了。当年伊格尔顿在编选《马克思主义文学理论读本》时就曾被这个问题所困扰：他一方面坚持认为，"如果'马克思主义'一词要有意义的话，从逻辑上讲就必须有与它不相容的东西"，强调马克思主义文论的建构与发展必须以马克思的理论学说为基础；另一方面又指出，一些西方马克思主义者把马克思的观点视为过时的"古典信条"，以致在他们的研究中对其理论大打折扣；伊格尔顿担忧"不清楚捐弃了所有这些原则之后是否仍然算一个马克思主义者"。踌躇于二者之间的他为此有了这样的感慨："马克思主义的危机在一定程度上似乎表现为：很难说如何才算是一个马克思主义者。"① 伊格尔顿的纠结让我们意识到，运用和发展马克思主义文学理论其实并不像人们所想的那么简单，它涉及对马克思文学言论的理解，涉及如何认识马克思的文学思想与马克思主义文学理论之间的关系；所有这些，都涉及对马克思文艺思想的理解，如何读解马克思论文学艺术的文本也因此成了一个需要首先讨论清楚的问题。

一

质疑马克思文学言论文本的理论价值并产生了广泛影响的表述，来自著名的文学理论家韦勒克。他在《近代文学批评史》第三卷的"德国批评家"一章里，虽然用了整整一节的篇幅讨论马克思和恩格斯的文学见解，但结论却是他们对文学艺术的看法并没有形成一套可以称之为"文学理论"的知识系统；即使在探究文学与社会的关系上，他们也没有提出完整的理论。韦勒克说："马克思和

---

① ［英］伊格尔顿：《马克思主义文学理论》，马海良译，载伊格尔顿《历史中的政治、哲学、爱欲》，中国社会科学出版社1999年版，第105页。译文略有改动。

恩格斯的主要文学言论，零零散散，随口道出，远谈不上定论。它们并不等于一套文学理论，甚或探究文学与社会关系的理论。"尽管他随后又指出，在这些零散的言论之间还能找到某种连贯性，不过他认为这种连贯性并不存在于讨论文学问题的各种见解之中，而是"通过其总的历史哲学贯通起来"①，也就是说马克思关于文学的种种言论只是因为他的理论学说才有了某种联系。韦勒克认为马克思的批评话语既非出自专业研究的认识，又因为缺乏论证，互不连贯，所以不足以构成一套文学理论的系统知识。不过，韦勒克把马克思文学言论的连贯性归结于他的"历史哲学"，倒让我们有了这样的猜测：他是否已经意识到马克思的文学见解形成于不同的知识语境，是建立在他的理论学说的知识基础之上的；只是因为排斥以文学学科之外的知识阐释文学的"外部研究"，坚持现代文学理论知识阐释文学的"合法性"，才让韦勒克这样的饱学之士也不能摆脱囿于学科的门户之见，忽略了在现代文学理论之外还有其他文学研究范式的存在。强调这一点是因为我们下面的讨论要特别指出，与韦勒克一样，正是因为盲从于学科知识的划分，才限制了对马克思批评话语意涵的深入读解。

恐怕不能把韦勒克的批评完全归咎于对马克思主义的成见，因为与之相似的质疑在马克思主义理论家那里也并不少见。例如苏联著名的文学理论家卢那察尔斯基在1935年的一篇文章中就说，关于文学艺术问题，"在马克思和恩格斯的著作里，只有为数不多的零星见解，因为他们并不曾有过怎样把辩证唯物主义的各项基本原则用于艺术领域的打算"②。另一个苏联学者波克罗夫斯基说得更绝对："历史过程的理论，我们早已有之，而马克思主义的艺术创作理论，却还有待于建立。……这跟通史和政治经济学不一样。在那方面，我们的伟大导师们留下了一系列经典范本。可是在文学史方面，除了普列汉诺

---

① [美] 韦勒克：《近代文学批评史》第3卷，杨自伍译，上海译文出版社2009年版，第319页。
② 转引[苏] 里夫希茨《马克思恩格斯论艺术》，见《马克思论艺术和社会理想》，吴元迈译，人民文学出版社1983年版，第329页注释①。

第一编　经典马克思主义文艺与文化研究

夫和梅林的若干著作以外，什么都没有。"① 据说当时持有类似看法的大有人在，他们认为"在马克思和恩格斯的著作里，除了最一般的历史观以外，再不可能找到其他什么东西，所以，马克思主义的文学艺术理论必须从新建立"；"甚至像普列汉诺夫和梅林这样的马克思主义著作的卓越代表也都认为，在这个领域里，他们这些人还不得不只是根据一般历史唯物主义的观点来从新建立这门科学。"② 像韦勒克一样，他们也把马克思讨论文学艺术问题的文本特点，作为质疑马克思是否表达了系统的文学思想的主要根据。

为纠正这种影响甚广的看法，苏联学者里夫希茨开始收集、整理马克思和恩格斯关于文学艺术和美学问题的各种论述。在长达数十年的时间里，经过多次修订，他终于完成了《马克思恩格斯论艺术》的编辑。③ 里夫希茨试图通过他所编辑的这个文本证明，马克思广泛地涉猎和思考过各种各样的文学艺术问题，只要掌握并认真研读这些文字，不难发现他的阐述已形成了系统的理论格局。为强化人们的认知，里夫希茨还撰写了一部讨论马克思艺术哲学的专著，对他收集的重要材料做了几乎是一一对应的解读。④ 他显然是想通过自己的阐释，更清晰地勾勒出马克思文学研究的理论架构。由里夫希茨开创的整理马克思和恩格斯关于文学艺术和美学言论的工作，为研究马克思的文学思想和马克思主义文学理论提供了具有实证意义的文本基础，因此受到各国学者的普遍关注。由于这一工作的重要性，中国学者在

---

①　转引〔苏〕里夫希茨《马克思恩格斯论艺术》，见《马克思论艺术和社会理想》，吴元迈译，人民文学出版社1983年版，第329页。

②　〔苏〕里夫希茨：《马克思恩格斯论艺术》，见《马克思论艺术和社会理想》，吴元迈译，人民文学出版社1983年版，第330、327—328页。

③　里夫希茨在1933年与舍列尔合作编撰了第一本《马克思恩格斯论艺术》，1938年出版了增订本。1957年重新编撰的《论艺术》扩充为两卷本，中译本分四册于1960—1966年出齐；1976年经过编者修订，又出了《马克思恩格斯论艺术》两卷本的第二版，中译本分四册于1982—1983年出版。

④　此书没有完整的中译本，相关文字可参见里夫希茨的《马克思的美学观点》《上篇：从革命的民主主义者到科学共产主义》和《下篇：成熟年代》等论文。见里夫希茨《马克思论艺术和社会理想》，吴元迈等译，人民文学出版社1983年版。

1980年代也编辑出版了自己的《马克思恩格斯论文学与艺术》。①

但里夫希茨编选的文本实际上并没有终结对马克思言论已有的各种非议,反倒引出了新问题,英国马克思主义理论家马尔赫恩的看法就具有一定的代表性。他说:"马克思和恩格斯都是素养很深的人,热衷于探索他们自己建立的理论对于文学现状和实践究竟有怎样的意义。他们著作中'论文艺'的标准材料有大约500页左右(关于马克思个人与文学、文化关系的权威性论述也几乎同样长)。从他们的论述中没有发展出更多的理论。……这些最低限度的思考构成了马克思和恩格斯许多文章对文化的论述,虽然它们未必形成了一套理论,但它们提供了至今仍有效的一种观点。"② 马尔赫恩还用注释特别说明,他的上述结论就是根据里夫希茨编辑的《马克思恩格斯论艺术》和柏拉威尔的《马克思和世界文学》所提供的文本材料作出的。③

与韦勒克断然否认马克思有自己的文学理论不同,马尔赫恩指出马克思的文学言论虽说未必相当于一套完整的理论,但某些观点至今还有影响,对马克思主义文论的建构具有"发端"的意义,构成文论研究的"古典主义的或科学社会主义的相位"。如此定位的理由是"从他们的论述中没有发展出更多的理论","由马克思和恩格斯创立"的文学理论仅仅"强劲地持续到19世纪后半期和20世纪前半期",在后续的"批判相位"和"批判古典主义相位"阶段,马克思主义文论的发展就越来越偏离了"古典"轨道,"这个发展演变的过程今天仍在继续"④。马尔赫恩的描述是否妥当暂且不论,我们关注的是他为什么把马克思的文学言论视为一种"古典主义"见解,而且认为马克思主义文论在20世纪后期的走向已与马克思无关了呢?

我们认为,问题就出在里夫希茨的《论艺术》对马克思文学言论的梳理上。或者更准确地说,问题出在里夫希茨整理的文本对马

---

① 陆梅林辑注:《马克思恩格斯论文学和艺术》,人民文学出版社1982年版。
② [英]马尔赫恩编:《当代马克思主义文学批评》,刘象愚等译,北京大学出版社2002年版,第3—4页。
③ 同上书,第34页注释③。
④ 同上书,第3页。

第一编　经典马克思主义文艺与文化研究

思文论思想的知识分类上；马克思的文学言论所以被马尔赫恩指认为"古典主义"，显然与里夫希茨的分类梳理呈现的"理论体系"有关。

对里夫希茨来说，为了使马克思的文论话语呈现出一个体系化的知识结构，就必须对他的零散言论进行分类性的梳理。可是他似乎没有意识到，"分类"的作用并不是把各种言论划分到不同主题的名下，"分类"的实质是把马克思的文学言论分门别类地置放到一定的文学知识系统之中。借福柯的话说，"分类"就是要让马克思的零散言论呈现出一种"知识的秩序"，而"知识秩序"则是以特定"知识型"的认知方式对其所做的排列组合。① 从这个角度看里夫希茨的分类梳理，可以说他的最大失误就是用"现代文学理论"的知识结构来整合马克思的文学言论，先验地认定马克思对文学艺术问题的思考就是在现代文学理论的思维框架和知识基础上展开的，它意味着马克思的文学思想与现代文学理论具有同质性。就方法论而言，里夫希茨违背了研究先于分类的要求。就是说，要对马克思的文论话语进行分类梳理，首先需要确认马克思文学思想的特点，分类梳理应该是根据马克思文学思想的特点来呈现相关知识及其结构系统，即研究和确认马克思文学思想的特点是对其言论进行分类梳理的基础和前提。然而里夫希茨却背离了"研究在先"的要求，直接用现代文学理论的知识结构来整合马克思的言论，人为地将其置于现成的理论系统之中。其后果就像福柯说的，"分类学限定了存在物的一般规则，同时也限定了人们借以有可能认识存在物的种种条件"②。如此操作的分类梳理确实凸显了马克思的文学言论不乏理论的系统性，可是从认知马克思文学思想特质的角度来说，里夫希茨的梳理却产生了他始料不及的后果：用现代文学理论知识遮蔽了马克思对文学问题的独到见解，模糊了马克思主义文学理论不同于现代文学理论的异质性。

从带有"总论"性质的《论艺术》第一卷的编排来看，里夫

---

① 参阅［法］福柯《词与物——人文科学考古学》，莫伟民译，上海三联书店2001年版，第10页。
② ［法］福柯：《词与物——人文科学考古学》，莫伟民译，上海三联书店2001年版，第99页。

希茨对马克思文学言论的梳理,几乎完全是按照现代文学理论的知识框架来分类和归纳的。① 例如在第一部分"文艺创作总论"中,里夫希茨把马克思和恩格斯的言论分门别类地放置在"思想性与现实主义""革命悲剧问题""现实历史中的悲剧和喜剧""唯心主义的悲剧观""黑格尔的美学"和"散论"等名目之下,以"文艺创作""现实主义""悲剧""喜剧"和"美学"的知识分类,把马克思的批评话语与现代文学理论认可的"文学问题"和由此构成的"理论知识"对应起来。不同的地方仅在于指出,马克思对文学理论基本知识的理解还有"思想性""革命"或"唯心主义"等限制。可是即使加上这些限制,也只能说明马克思与现代文学理论有"方法"或"视角"上的区别,而在文学研究"基本问题"的认知上和"基础知识"的构成上,二者并没有本质的不同。置于"散论"中的言论,也被里夫希茨分别置放在"理论思维以及艺术对世界的掌握""思想和语言""材料在艺术中的作用""即兴之作与诗歌""论作品风格的意义""论文字论战"和"论翻译"等现代文学理论所关注的话题之中,似乎马克思完全认同了现代文学理论提出的文学问题,与其一样也热衷于讨论"语言文字""材料""即兴""作品风格"之类的"纯文学"话题。但只要看看被放置在这些话题中许多言论,就会发现如此"分类"其实与马克思的见解并不相容。

除了"文艺创作总论"外,里夫希茨还在"唯物主义的文化史观""阶级社会中的艺术"和"艺术和共产主义"的题目下整理了马克思和恩格斯的另一些言论。从题目上看,如此分类似乎注意到马克思文学思想与现代文学理论并不完全一样,强调了马克思的文学见解与唯物史观的关系,关注文学艺术的阶级性和文艺审美活动与资本主义的矛盾冲突。但是放在这些题目下的言论,实际上还是按照现代文学理论的知识来分类的,例如在"阶级社会中的艺

---

① 参见本文附录的里夫希茨编《马克思恩格斯论艺术》第一卷目录,中国社会科学出版社1982年版,第1—4页。

第一编　经典马克思主义文艺与文化研究

术"题目下,马克思的言论是作为"艺术感觉的历史发展"与"艺术创作和审美感受"的知识来读解的。如果仅从文学问题和理论概念上看,里夫希茨的分类梳理所呈现的文学理论知识结构,与现代文学理论几乎相差无几,可以说他竭力想把马克思的批评话语装入现代文学理论的框架之中,最好能把这些言论和观点与已有的文学理论概念一一对应起来,从文学理论的知识构成上提醒人们,现代文学理论所关注的基本文学问题马克思几乎都涉及了,以此证实马克思的言论在知识结构上已具备构建文学理论体系的条件。可是,正如本尼特所说,"这样做的代价是,马克思主义批评只是在方法层面上与资产阶级有所区别(用不同的分析原则处理同一类问题),而在批评对象的理论构形这一关键层面上却丝毫没有区别"①。就此来看里夫希茨的整理和分类,恐怕只能说他编辑的文本只是表明了马克思对于文学艺术问题确实有着持久的关注和思考,他的言论绝不像某些人所说的那样,只是随口道出的泛泛而谈。至于马克思的文学思想而不是研究方法与一般的文学理论究竟有什么区别,其实并不在里夫希茨梳理工作预设的目标之内,他显然还没有探究马克思批评话语特质的自觉意识。若从这个角度看,作为研究马克思文学思想的基础文本,《论艺术》还有待完善,更何况用现代文学理论的知识来分类梳理马克思的言论只能误导人们的读解,马尔赫恩的"古典主义"之论或许就是因此而来的。

值得注意的是,以现代文学理论的知识来读解马克思的文学思想,在马克思主义文论研究中其实是一个长期存在的普遍现象。20世纪80年代,在中国学界关于马克思主义文论是否具有系统性的那场讨论中,有人根据马克思文学言论的零散特点,断言他没有完整系统的文学思想;而反驳这种看法的学者,则认为马克思和恩格斯的言论涉及文学的审美属性、创作特点、艺术形象、文艺思潮以及欣赏批评等问题,已形成了与现代文学理论相似的知识构架,从而得出他们

---

① [英]本尼特:《马克思主义与通俗小说》,见马尔赫恩编《当代马克思主义文学批评》,刘象愚等译,北京大学出版社 2002 年版,第 206 页。

的文学理论具有体系性的结论。两种截然相反的观点看似针锋相对，但在立论的基础上却有惊人的一致性，即都把现代文学理论的知识架构和认知模式，作为衡量马克思主义文论是否具有理论体系的条件和根据。这就向我们提出了一个问题：马克思对文学问题的认识究竟与现代文学理论有没有区别，或者说，马克思主义文学批评究竟有没有不同于现代文学理论的特质？

要回答这个问题，恐怕不是仅靠深入分析马克思的相关言论本身就能做到的；从文本理论的角度看，制约我们深入理解马克思文学言论的最大障碍是如何解决上述的文本问题，就是说要把握马克思的文学思想，关键在于对文本读解方式的选择。从"问题域"入手去理解马克思文学言论的意涵，进而思考马克思主义文学批评的性质和特点，或许是一种可行的思路。

二

强调"问题域"（problematic）对理解马克思主义的重要性始于阿尔都塞，"问题域"概念的提出既是他对人本主义思潮泛滥的一种批判性的回应，对如何研读马克思来讲，也可以说是一个有方法论意义的理论建树。阿尔都塞指出，许多西方马克思主义者之所以用人本主义曲解马克思，一个重要的原因就在于他们有意无意地割裂了马克思不同时期著述之间的关系，孤立地理解和强调《1844年经济学哲学手稿》中的某些观点和言论。为此阿尔都塞提出，只有在马克思理论研究的问题域中去读解他的著述才能真正理解马克思主义；就是说，阿尔都塞把掌握马克思理论研究的问题域视为避免片面理解马克思的著述与言论的重要方法和基本途径。

"问题域"在中文里有多个译名，如"总问题""问题式""问题结构""问题性""问题设定"以及"问题框架"等。多种译名的存在说明人们对"问题域"有不尽一致的理解，不过从中也可以看出，不同的译名其实也是对含义复杂的"问题域"的某种意涵的凸显。例如"总问题"强调了，一个理论家的研究虽然会涉及许多方面，但他对不同论题的解决都是在他所思考的根本性或基础性的问题中展开的。"总问题"既强调了它对一个理论家不同论题的研究具有规范作用，同时也说明不同论题的具体研究其实是"总问题"展开的分支，对于它们的思考都是在基本问题中展开的。用阿尔都塞的话说，"正是问题域的概念在思想的内部揭示了由该思想的各个论题组成的一个客观的内在联系体系，也就是决定该思想对问题做何答复的问题体系"①。

而译名"问题式"则凸显了它具有制约理论家思维方式的"结构""范式"或"模式"的特点，它是一个理论家生产各种思想和理论的基本方式，对理论家会发现和提出什么样的问题具有导向性。今村仁司在解释"问题域"时强调的正是这个特点。他说，问题域"包摄了思维者，意味着屡屡在不知不觉间就将思维强制到一定方向的'思维结构'。'问题域'，在形式上使多种问题的确定成为可能，同时也使提出回答那些问题的多种答案成为可能，是极其严格地限定了的思维的结构"②。他强调的是"问题域"对思维方式的制约和引导的功能。

从上述的意涵中可以看出，"问题域"与结构主义所说的"结构"以及哲学解释学关注的"问题"有着相近的意思。说"问题域"是一个和"结构"相似的概念，是指我们可以把"问题域"视为一个对理论家的思想生产具有规范性的思维场域或思维结构，他对各种论题的发现和解释都是在这个场域结构中展开的，他的思维方式和认知方法又受这个场域的规定和引导。哲学解释学强调"问题"在解释活动中的"优先性"，意在说明任何思想理论都是在它特有的"问题"中形成的，因为"在所有经验里都预先设定了问题的结构。如果没有问题被提出，我们是不能有经验的"。对

---

① ［法］阿尔都塞：《保卫马克思》，顾良译，商务印书馆 2006 年版，第 54 页。原文将 problematic（法文 problèmatique）译为"总问题"，为行文统一，引文都改译为"问题域"。下同，不再赘述。

② ［日］今村仁司：《阿尔都塞：认识论的断裂》，牛建科译，河北教育出版社 2001 年版，第 287 页。

理论研究来讲，提出"问题"的必要性就在于"问题的出现好像开启了被问东西的存在"①。正因为有"问题"或"问题域"，世界在理论家的眼中才有了需要思考的意义。所以从一个理论家的"问题域"中可以发现，他把自己所要探讨的现象是作为一个什么样的"问题"来思考和"塑形"的，他的研究对象由此形成，他解释这个对象的理论也因此随着问题而展开。因此我们只有进入一个思想家的"问题域"，了解他的思考因何而生，才有可能摆脱仅在其话语表层上读解其思想的局限，实现对其著述深层意涵的理解。从问题域入手去认识思想家还有一个重要的意义，那就是我们可以通过他理论研究的问题域，去思考和探索他的研究可能打开的世界和可能建构的对象。这意味着把握问题域不仅能够让我们更好地理解和解释一个思想家的理论学说，而且也为我们发展他的理论学说提供了路向。从这个角度来看，前文提到的那个曾让伊格尔顿为难的问题，即如何判断一种文学批评是不是"马克思主义的"，在这里似乎有了回应，那就是要看这种批评能否在马克思的问题域中去思考和阐释各种文学现象。

基于这种认识，我们认为把握马克思理论研究的"问题域"，是从他的那些零散的、尚未充分展开的文学言论中探索其文学观念和研究思路的可行途径。正如阿尔都塞所说，"如果用问题域的概念去思考某个思想整体……我们就能够说出联结思想各成分的典型的系统结构，并进一步发现该思想整体具有的特定内容，我们就能够通过这特定内容去领会该思想各'成分'的含义，并把该思想同当时历史环境留给思想家或向思想家提出的问题联系起来"②。为了更清晰地阐明这个意思，阿尔都塞又用注释做了进一步说明："……正是问题域的概念在思想的内部揭示了由该思想的各个论题组成的一个客观的内在联系体系，也就是决定该思想对问题做何答复的问题体系。因此，为了从一种思想内部去理解它的答复的含义，必须首先向思想提出包

---

① [德] 伽达默尔：《真理与方法》上卷，洪汉鼎译，上海译文出版社 2004 年版，第 470、471 页。
② [法] 阿尔都塞：《保卫马克思》，顾良译，商务印书馆 2006 年版，第 53—54 页。

第一编 经典马克思主义文艺与文化研究

括各种问题的问题域。"① 就是说，我们若把马克思对文学艺术问题的阐述视为其理论研究整体对象的有机组成部分，认识到产生这些文学见解的问题和对问题的思考均源于马克思理论研究的"问题域"，把马克思关于文学的各种言论放在他的"问题域"中去读解，就意味着我们有可能还原这些言论生成的理论语境，找到读解这些言论意涵的方式和发现它们之间潜在的逻辑关系。

那么，马克思理论研究的"问题域"又是什么呢？从马克思自己的著述来看，明确研究的"问题"所在，通过"问题化"来构建自己的研究对象，根据"问题"来分析复杂的材料和形成研究的思路，始终是他从事理论研究活动的重要特点和基本方式。例如，马克思对《资本论》所要研究的"问题"、因"问题"形成的对象和围绕"问题"展开的思路，就有明确的表述，他说："我要在本书研究的，是资本主义生产方式以及和它相适应的生产关系和交换关系。到现在为止，这种生产方式的典型地点是英国。因此，我在理论阐述上主要用英国作为例证"；"本书的最终目的就是揭示现代社会的经济运动规律"；"我的观点是把经济的社会形态的发展理解为一种自然史的过程。不管个人在主观上怎样超脱各种关系，他在社会意义上总是这些关系的产物。"② 《资本论》是马克思在多年政治经济学研究基础上所做的重要著述，也是其思想理论最为系统的阐发，所以明确《资本论》的"问题"，为我们把握马克思理论研究的"问题域"提供了依据。

马克思对《资本论》研究"问题"的这一表述得到了众多学者的认同；认为马克思理论研究的问题域是"资本与现代性的关系"，已成为许多学者的共识。如吉登斯通过比较马克思的社会学思想与涂尔干和韦伯的区别，指出马克思理论研究的特点就在于从资本主义的角度对现代性作出了自己的解释。吉登斯说："尽管《资本论》所涉

---

① [法]阿尔都塞：《保卫马克思》，顾良译，商务印书馆2006年版，第54页注释①。

② [德]马克思：《资本论》第一卷"第一版序言"，见《马克思恩格斯文集》第5卷，人民出版社2009年版，第8、10页。

及的大多是经济分析,但马克思在这一著作中的首要兴趣是资产阶级社会的动力学。也就是说,《资本论》的首要目标就是要考察资产阶级社会生产基础的动力,揭示资产阶级社会的'经济运动法则'。"① 伊格尔顿也认为:"马克思主义的典型特征是特别注意资本主义的矛盾:它无法自禁地同时生产财富和贫困,二者互为物质条件。这反过来使马克思主义对现代性问题表现出一种特有的立场。"② 美国学者劳洛则指出:"对于资本主义的发展变化的分析,才是马克思的真正遗产和他的研究工作的旨趣所在。"③ 而阿比奈特对马克思的理论研究作了这样的分析:"马克思理论体系的特征,是对资本主义经济和技术机制的一种日益迫切的感觉……在马克思看来,由商品形式引发的生产合理化趋势代表着世界的未来;因为依赖于绝对权威和古老的农本主义的封建经济最终是无法与建立在城市的新型贸易和生产方式竞争的";"马克思认为资本主义的现代性既是落后的又是进步的,既是野蛮的又是文明的"。④ 这些分析都说明马克思毕生的理论研究是在思考资本与现代性的关系的"问题域"中展开的,马克思因此强调资本主义生产方式的出现是人类进入现代社会的标志,现代性发展的动力源于资本对剩余价值的追逐;资本主义社会的基本矛盾、危机以及因此产生的异化和阶级斗争,都是现代性问题的体现。由此形成了马克思对现代性问题的反思和批判:揭示资本作为现代性原则的普遍贯彻所引发的一系列问题,马克思对现代社会的认识也因此有了不同于其他思想家的特点,更深刻地揭示了现代社会的二重性。一方面,马克思对资本现代性给予了充分的肯定,指出"只有资本才创造出资产阶级社会,并创造出社会成员对自然界和社会联系本身的普

---

① [英]吉登斯:《资本主义与现代社会理论——对马克思、涂尔干和韦伯著作的分析》,郭忠华等译,上海译文出版社2007年版,第54页。
② [英]伊格尔顿:《马克思主义文学理论》,伊格尔顿《历史中的政治、哲学、爱欲》,马海良译,中国社会科学出版社1999年版,第108页。
③ [美]劳洛:《马克思主义哲学和共产主义》,欧阳康主编《当代英美哲学地图》,张建华译,人民出版社2005年版,第628页。
④ [英]阿比奈特:《现代性之后的马克思主义——政治、技术与社会变革》,王维先等译,江苏人民出版社2011年版,第1、3页。

第一编　经典马克思主义文艺与文化研究

遍占有。由此产生了资本的伟大的文明作用；它创造了这样一个社会阶段，与这个社会阶段相比，一切以前的社会阶段都只表现为人类的地方性发展和对自然的崇拜"①。强调只有经过这个历史阶段人类社会才能摆脱愚昧落后而获得巨大发展的机会。另一方面，马克思又对资本现代性做了深刻的批判，强调其具有不可避免的背反性，指出资本现代性的历史"只不过是现代生产力反抗现代生产关系、反抗作为资产阶级及其统治的存在条件的所有制关系的历史"②。从马克思的阐释可以看出，揭示资本主义即现代社会的运作方式和规律，构成了他展开各种研究的基本论域。马克思的所有著述和思考，包括他没有专门阐述的文学艺术和美学问题，其实都是在这个"问题域"中展开的。基于这种认知，我们认为马克思对文学艺术问题的思考，实际上是在一个与现代文学理论全然不同的知识语境和理论基础上展开的。批判资本现代性的"问题域"，给马克思的文学批评话语赋予了与社会历史活动相关的也是现代文学理论的审美话语所没有的丰富意涵。

强调马克思理论研究问题域对于理解他的文学言论的规定意义，也是为了阐明，从知识构成上看马克思主义批评与现代文学理论的区别，我们应注意学科的划分和建构在文学观念形成过程中的重要作用。也就是说，人们往往把学科的划分和构建视为一种纯粹的学术行为的产物，习惯于讨论知识的普适性而忽略了知识的学科性，忽略了知识的形成与学科之间的关系。可是正如特纳所说，"学科的连贯协调性是具有统治力的国家文化的产物"，"知识实践是学术圈内的权力关系和社会结构建构的。学科的兴衰是权力联盟作用的结果"③。这说明无论构建者是否自觉，学科的建立都与国家体制存在某种关

---

① ［德］马克思：《政治经济学批判》（1857—1858年手稿），见《马克思恩格斯文集》第8卷，人民出版社2009年版，第90页。
② ［德］马克思、恩格斯：《共产党宣言》，见《马克思恩格斯文集》第2卷，人民出版社2009年版，第37页。
③ ［英］特纳、瑞杰克：《社会与文化：稀缺和团结的原则》，吴凯译，北京大学出版社2009年版，第5、6页。

联。借用福柯的理论来解释：学科知识的建立和权力有关，我们不能简单地把学科的建构视为单纯的学术行为。因为学科的意义就在于构建一套认识某种现象的观点，并由被其认可的这套观点、概念和范畴形成学科知识系统。它意味着学科的一个基本功能就是通过专业知识的教育和学术训练，形成特定的认知程序和思维规则。在这个意义上看学科，可以说学科在貌似纯粹的知识建构中，隐含着对思维规范的训练，学科正是通过专业术语、理论观点和与之配套的方法来实现对某种现象的解释，进而完成学科对事实的塑形。学科与权力之间的这种关系，说明学科所认同的知识以及这些知识建构的专业体系，在一定程度上要适应和满足权力与体制的需要。因此在考察现代文学理论的形成与学科的关系时，我们不可忽视体制、权力的维度。

但是我们对现代文学理论的认知，似乎很少关注其作为学科划分的产物与知识、权力、社会体制之间的关系，很少思考作为学科知识的现代文学理论实质上是由特定的社会文化打造并服务于这种社会文化的，而学科生产的现代文学理论知识又反过来制约着我们对文学活动的理解。当然，这并不是完全否认学科的划分和构建对文学知识生产的积极作用，而是强调我们应清醒地意识到学科知识可能带来的双重效果，即我们既要看到学科构建的最大优势就在于知识的专业化，它细化和深化了我们对文学的认识；但也正是现代文学理论的专业知识构成了认识文学现象的边界，排斥了非专业的域外知识和思维方式对文学研究的必要性，限制了不同路向介入文学研究的可能，直至文学知识的凝固化和认识文学能力的故步自封。对于我们所要讨论的问题来讲，指出现代文学理论是学科划分和构建的产物，是为了强调，当我们忽略了学科审视维度时，势必会混淆马克思主义文论和现代文学理论在文学知识构建上的不同，以致错失对马克思主义批评特质的探索和认识。

三

把马克思关于文学艺术的各种言论放在其理论研究的"问题域"

第一编　经典马克思主义文艺与文化研究

去理解，会发现马克思文学研究与现代文学理论的重要区别，就在于他所关注的并不是现代文学理论所说的那种脱离了历史语境的、具有普适意义的、纯审美的文学艺术；马克思关注的是在与资本相关的现代社会生产方式和生产体制中展开的文学活动。从马克思的批评话语中可以看出，马克思主义文学理论并没有像现代文学理论那样，给"文学是什么"提供一个揭示其"本质"的答案，而是在追问资本与现代性关系的问题域中，揭示文学艺术在现实的社会生活中实际上是怎样存在和运作的。问题的这种提法，体现了马克思一再强调的对理论研究至关重要的历史观点。这里的"历史观点"是指"坚持承认社会与文化现实总要在过程中把握"①，即强调历史的"时间性"或"过程性"给予文学活动的影响，其要义在于指出文学和文学活动具有与社会历史发展相关联的多样形态，文学活动的性质与特点要受制于特定的社会体制和生产方式，显示了马克思的文学研究与现代文学理论的重要区别，就在于后者总是把文学艺术从其历史运动的形态中抽象出来，将其作为一个仅为审美而存在的静止或抽象的对象来阐释。从马克思强调"我们仅仅知道一门唯一的科学，即历史科学"②中可以看出，他对文学问题的思考并不是在现代文学理论的知识系统和认知方式中展开的。只有把马克思的文学思想和相关研究作为其理论学说的有机组成部分，进入马克思主义的知识系统，才有可能真正理解其中的意涵。正是在这个意义上，我们把马克思主义文学批评视为一种自成系统的理论研究范式，强调马克思主义批评的特点就在于它是在有别于现代文学理论的知识语境中展开的文学研究。

这里所说的"范式"观念，源于科学哲学家库恩。要特别说明的是，这个"范式"是指被库恩进一步阐述的那个概念。由于人们常常把库恩所说的"范式"简单地理解成一个与"范例"或"模式"相近的概念，库恩在随后的研究中对"范式"做了更深入的解

---

① ［美］格洛登等主编：《霍普金斯文学理论和批评指南》，王逢振等译，外语教学和研究出版社2011年版，第970页。
② ［德］马克思、恩格斯：《德意志意识形态》，见《马克思恩格斯文集》第1卷，人民出版社2009年版，第516页注释②。

释，指出为避免把"范式"和"研究模式"混为一谈，他宁愿用"学科基质"或"科学共同体"来说明"范式"的特点，二者的根本区别在于"学科基质"概念不仅表明"范式"具有"研究模式"的意义，同时它更强调"研究模式"还和一定的知识系统以及与之对应的问题意识相关，指出特定的理论思想、知识系统和研究群体在基本问题上的共识，是"研究模式"得以形成和实施的基础与前提。① 就是在这个意义上，我们强调马克思主义文学批评是一种自成系统的"文学研究范式"，用"范式"说明马克思主义的基本原理和知识系统对文学研究的规范性。

以此来看马克思的文学研究，可以说其特点体现在两个方面：其一，在批判"资本现代性"的语境中，马克思对文学问题的阐述并没有简单地接受现代文学理论以审美界说文学的性质与功能的观点，而是关注文学活动和特定社会的运作机制以及意识形态之间的复杂关系，关注社会的政治和经济体制给予文学的性质与功能的影响，关注现代社会的物化机制以及异化现实对文学审美活动的介入，揭示文学艺术所具有的多重价值和多种功能，特别强调文学活动对人性塑造和社会变革的参与。其二，在反思"资本现代性"的语境中，马克思的文学阐释拓展了现代文学理论构建的研究领域，发现了新的文学问题和研究对象，如艺术生产问题、艺术生产与物质生产的不平衡关系、文学艺术的审美活动与商品生产及市场经济的关系，科学技术的发展给予文学艺术的影响、审美研究与文化研究的关系、现代社会对艺术生产的管理及其政策、大众文化或文化工业的问题，等等。从这些特点中可以看出，文学艺术研究语境的重构和问题意识的转变，形成了马克思主义批评作为一种文学研究范式的这样一些特质：在马克思主义理论研究的问题域中思考和深化对文学艺术的性质与特点的认知；提出打破学科限制的"域外思维"和多学科研究的必要性；用马克思主义的理论知识充实研讨文学艺术问题的学理基础；探索新的文学问题和研究对象；拓展文学研究的思维空间，形

---

① 参见 [美] 库恩《科学革命的结构》，金吾伦等译，北京大学出版社 2003 年版，第 157—167 页。

成马克思主义文学批评的理论、范畴和命题,等等。

如此理解马克思主义文学研究的特点,是因为近百年来文学研究的发展趋势已经显示了对现代文学理论研究范式的种种质疑和变革。确认文学艺术的审美本质是现代文学理论的重要建构,这一认识始于康德,经过黑格尔的系统阐发和浪漫主义运动的实践与张扬,终于成为现代文学理论关于文学基本知识的一种经典性的表述。正如研究者所说,"从现代美学史的通常观点看,现代美学的主要事实是无利害性观念的发展,这既包括自然美和艺术经验中的无利害性,也包括艺术创作的无利害性。无利害性观念是指:我们对审美性质的反应,我们创作艺术作品的动机,都是自主的,与我们其他一切实践的和认知的兴趣无关,这是一个特殊的维度,在这个维度中,我们可以摆脱我们通常的一切烦恼和约束,享受运用感官和想象之乐。……此后它作为'形式主义'的和'为艺术而艺术'的意识形态流传到19世纪后期,随之进入20世纪"①。然而在康德之前,因为与人类的社会生活有着广泛的联系,文学艺术活动一直被视为一种广义的文化活动,人们更关注的是文学艺术在现实生活中的实用价值,强调文学艺术的认识、教育、德育和娱乐等功能,而文学艺术的审美功能则被视为只是众多实用功能中的一种,被放置在从属和辅助的位置上。在中国,有孔子的"兴、观、群、怨"说;在西方则有贺拉斯的"寓教于乐,既劝谕读者,又使他喜欢"的定位。② 学者们通过对文学艺术历史发展过程的研究发现,用审美界说文学艺术的本质是很晚近才有的思想,"在现代思想中,艺术通常与美联系在一起;不过在历史上,艺术与实用和知识的联系可能更为紧密和广泛。把艺术和美联系在一起的现代看法反映了19世纪把艺术理论合并于美学的倾向"③。威廉斯

---

① [美] 鲍德温等编:《剑桥哲学史》(1870—1945) 上册,第七翻译委员会译,大象出版社 2008 年版,第 388 页。
② [古罗马] 贺拉斯:《诗艺》,见《诗学·诗艺》,罗念生译,人民文学出版社 1962 年版,第 155 页。
③ 美国不列颠百科全书出版公司编:《西方大观念》[《西方世界的伟大著作(论题集)》] 上卷,华夏出版社 2008 年版,第 51 页。

的关键词研究也告诉我们，一直到19世纪中叶Aesthetic才在英语中被普遍使用。① 现代文学理论将文学指认为一种为审美而存在的活动，确实推动了文学研究和文学知识的学科化，使文学艺术在审美的领域中获得了长足的发展，但也使文学艺术越来越远离现实的世俗生活，成为本雅明说的"礼仪"和"崇拜的庆典之物"。② 审美本质的确认既推动了文学艺术的发展，又使其越来越脱离了对社会现实生活的介入和干预。

在马克思的文学研究的语境中，美和审美的内涵与现代文学理论所说的审美已经有了很大的不同。二者的共同点在于都把审美活动视为一种不同于理性认识的感性活动，强调审美感性与身体及精神活动的关系。二者的区别则在于：现代文学理论所说的美与审美，主要是指艺术形式及其对感性活动的影响，而马克思则把美学问题作为其实践哲学的研究对象，强调对象化劳动对美和审美的规定性。就此而言，可以说实际上存在着两种不同的美学话语系统，我们应在马克思的美学话语系统中去理解马克思主义批评的审美意涵。更重要的是，虽然也强调审美对文学艺术的规定性，但是马克思并没有接受把审美性视为本质规定的文学观，而是像伊格尔顿说的，马克思"一直对审美价值保持了某种沉默"③。

与现代文学理论以审美性界说文学艺术的本质不同，马克思是在"艺术生产"的意义上阐释文学艺术活动的性质与特点的。只有在马克思理论研究的问题域中，我们才可能对马克思的"艺术生产"论有更深刻的理解。艺术生产论的要义，在于强调由生产关系、生产方式、社会体制等因素组成的运作机制对文学艺术活动的制约，是把文学艺术活动放在特定的生产关系和生产方式中，通过社会运作体制和

---

① [英]威廉斯：《关键词：文化与社会的词汇》，刘建基译，生活·读书·新知三联书店2005年版，第2—3页。
② [德]本雅明：《机械复制时代的艺术作品》，阿伦特编《启迪：本雅明文选》，张旭东译，生活·读书·新知三联书店2008年版，第240—241、249页。
③ 转引[英]托尼·贝尼特《马克思主义与通俗小说》，马海良译，马尔赫恩编《当代马克思主义文学批评》，北京大学出版社2002年版，第208页。

第一编 经典马克思主义文艺与文化研究

各种社会关系去认识文学艺术及其活动的特点。从这个意义上讲，可以把马克思的艺术生产思想视为他阐释文学艺术问题的核心范畴，通过艺术生产理论所展开的研究空间和阐释方式，显示了马克思主义文学研究范式特有的结构和思路，由此构成的"问题"和与之相应的"对象"，可以概括为如下几点：

1. 生产活动是人类社会赖以生存的基础，而进入现代社会之后，特别是当商品生产成为社会生产的主要方式之后，文学艺术活动就越来越受制于生产关系和生产方式的影响；把文学艺术活动视为一种生产活动，意味着我们对文学艺术的性质与特点的考察，既要关注这种活动本身的特点和性质，又要关注社会生产的一般规律对它的制约。

2. 文学艺术活动要受生产与消费一般关系影响，其不仅涉及后来的接受美学所讲的文学形成于接受与创作的互动问题，更重要的是打破了现代文学理论仅从作者主体讨论文学艺术的思路，以受众的介入和文化市场的存在，颠覆了现代文学理论把文学艺术活动界说为个性表现的美学观，向今天的文学研究提出了在这种互动关系中重新认识文学艺术的性质和特点的新课题。

3. 提出了在"物化"关系上审视文学艺术的问题。"物化"是指在现代社会中，作为精神产品的文学艺术因此有了被商品化的可能性甚至必然性，它使作家艺术家因此有了作为生产者和非生产者的双重身份，也使文学艺术在这种"物化"关系中形成了现代文学理论或是避而不谈，或是简单地将其视为有害于文学艺术的性质与特点。而"艺术生产"论则指出，"物化"其实是文学艺术特别是现代社会的文学活动存在的基本状态，是文学艺术产品必然具有的一种属性。所以马克思主义文论既讨论审美性与商品性之间的矛盾对立，又研究二者平衡的可能性和必要性，更指出随着现代社会科学技术的发展，新的文学艺术种类例如电影的生产与消费，只能存在于商品生产的市场环境中。它向文学理论研究提出了必须在"物化"基础上重新阐释文学艺术的吁求。

4. 艺术生产论给文学艺术研究提出了新的维度和视域，那就是我们必须关注文学艺术活动与社会体制的关系。艺术生产具有社会性，文学艺术活动是在特点社会体制和生产关系运作的，这使文学研究必须关注文学活动与社会制度、机构体制、出版业、传播媒体、评价机制、文艺政策等发生关系，使文学艺术理论不能不打破"内部研究"的藩篱，以多重关系诠释文学艺术活动的特点，认识文学艺术的性质和功能。

5. 正因为文学艺术活动是在多重关系中展开的，文学艺术必然要和政治、意识形态、社会伦理等非审美因素发生密切的关联。这些非审美因素不仅是制约、干预文学艺术审美活动的要素，而且还会成为文学艺术的题材、主题乃至内涵、属性。从这个意义上说，非审美因素和文学艺术活动的关系并非总是外在的、矛盾的、对立的；相反，它们实际上构成文学艺术及其生产活动的内在要素，在这个意义上可以说，马克思主义文学批评的特点就在于它从不把文学艺术视为单纯的审美活动，而是把文学艺术作为一种文化现象或文化事件来阐释的。

6. 媒介和技术是任何艺术生产都不可或缺的要素，更是现代艺术生产赖以生存的基础。文学理论因此需要关注媒介技术介入文学艺术的问题，把媒介和技术视为对文学艺术的性质与特点具有制约性和规定性的因素。

7. 艺术生产论为大众文化研究提供了理论。大众文化作为现代社会的产物，既是艺术生产的一个典型形态，又向研究者提出了用艺术生产理论来予以阐释的要求。阿多诺对大众文化的阐述之所以既有其不可否认的贡献，如深刻地揭示了大众文化的商品性、模式化，以及成为资本主义社会实现意识形态控制的重要方式等，又相当突出地暴露了其无视大众文化对社会生活的批判意义，原因之一就是没有艺术生产的观念。

马克思用艺术生产诠释文学艺术活动的特点，意义就在于强调文学艺术活动既是一种特殊的精神生产，审美是其不可或缺的维度，同时又强调了文学艺术活动要受生产方式、生产关系、意识形态等因素的制约和规范，显示了马克思主义文学批评作为一种文学研究范式所具有的特点和意义。

【作者简介】孙文宪，华中师范大学文学院教授。

反抗苦难：马克思、恩格斯的苦难之思

王天保

尽管亚里士多德对悲剧内涵的描述主要是针对作为一种戏剧形式的"悲剧"概念而言的，但其核心观念对于作为一种情感经验的广义的"悲剧"概念来说仍然是有效的。苦难之所以成其为"悲剧"，原因有二：一、遭受苦难的人要么是好人，要么是普通人，而不能是坏人，坏人倒霉是罪有应得；二、这种苦难能够震撼人心，引起人们"恐怖""怜悯"的情感。马克思、恩格斯所关注的工厂工人都是非常朴实的劳动者，他们的生存环境非常悲惨，劳苦工人的生存状况是能够引起人们的"恐怖""怜悯"的情感，理应属于"悲剧"之列。

迄今为止，重要的悲剧理论都是以悲剧经验为直接研究对象的，通过对悲剧经验的描述和阐释来建构悲剧理论。而且传统的悲剧理论主要是以个体的悲剧经验为出发点，在阐释的过程中最终达到抽象的、普遍性的理论高度。马克思、恩格斯关注的则是作为一个社会群体的工人的生存悲剧，而且他们并不以描述工人阶级的苦难为主要任务，而是以反思苦难的根源、探索消除苦难的途径为主。20世纪西方女性主义对女性生存悲剧的反思与马克思、恩格斯对工人苦难的反思在思路上有相似之处：常常以群体的苦难为研究的出发点，以群体的解放为最终目标。究竟是以个体的苦难为研究对象还是以群体的苦难为研究对象，是以苦难为现实宿命还是以解放为现实目标，都不应该成为悲剧理论的藩篱。当然，群体的苦难可能不像个体的苦难那样具有感染力，个体的苦难更容易引起人们的"恐怖""怜悯"的情

反抗苦难：马克思、恩格斯的苦难之思

感。但是面对群体的苦难，我们能够无动于衷吗？

苦难是随着人类自我意识的诞生而出现的一种心理体验。当这种苦难意识由自我意识拓展至为对群体命运的反思的时候，宗教也就应运而生了。宗教也是以群体的苦难为出发点的。佛教有"八苦"（生苦、老苦、病苦、死苦、怨憎会苦、爱别离苦、求不得苦、五蕴盛苦）、"八正道"（正见、正思惟、正语、正业、正命、正精进、正念、正定）之说，但佛教从形而上的角度理解苦难、解脱苦难，忽略了导致苦难的各种具体的社会原因。犹太教则用"弥赛亚"安慰遭遇苦难的犹太人，基督教以"罪"解释苦难的根源，而对天堂的描述则给人以希望。在这些宗教观念中，解脱苦难的方式停留于精神层面，从未落实到现实的层面。青年马克思对此曾经有过论述：

> 宗教里的苦难既是现实的苦难的表现，又是对这种现实的苦难的抗议。宗教是被压迫生灵的叹息，是无情世界的情感，正像它是无精神活力的制度的精神一样。宗教是人民的鸦片。
>
> 废除作为人民的虚幻幸福的宗教，就是要求人民的现实幸福。要求抛弃关于人民处境的幻觉，就是要求抛弃那需要幻觉的处境。因此，对宗教的批判就是对苦难尘世——宗教是它的神圣光环——的批判的胚芽。①

在马克思、恩格斯看来，工人阶级的苦难绝非他们不可避免的宿命，而是源于资本主义的生产关系和生产方式。一旦工人阶级通过革命"废除资产阶级的所有制"，人与人之间的剥削关系也将被废除。"人对人的剥削一消灭，民族对民族的剥削就会随之消灭。民族内部的阶级对立一消失，民族之间的敌对关系就会随之消失。"② 工人阶级在成为统治阶级之后，通过一些措施，将彻底改造"资产阶级旧社会"，使社会成为一个新的"联合体"："在那里，每个人的自由发

---

① 《马克思恩格斯选集》第1卷，人民出版社2012年版，第2页。
② 同上书，第419页。

展是一切人的自由发展的条件。"① 在这种"联合体"中，社会悲剧必将终结。

一　工人的苦难

19世纪40年代以后，英国、法国、德国这几个资本主义国家的阶级斗争非常尖锐。虽然在"大历史"的书写中，历史总是不断地向前发展，但是在工业无产阶级的"小历史"中，劳苦大众的苦难生活似乎没有和平地走向终结的任何征兆。马克思、恩格斯在他们的著作中，对工人的苦难有较多的描述。

马克思在《1844年经济学哲学手稿》中写道："如果社会财富处于减退的状态，那么劳动者所受的痛苦最大。"②"即使在对劳动者最有利的社会状态下，劳动者也不能避免劳伤、早死、沦为机器和资本奴隶（资本的积累是作为某种危害他的东西而与他相对立的）、新的竞争以及一部分劳动者的饿死或乞讨。"③ 也就是说，不管资本主义社会的经济状况是好是坏，总有一部分劳动者不可避免地陷入苦难之中。马克思所描述的"异化劳动"也是一种具有悲剧意味的社会现象。由于异化劳动的存在，劳动者与自己的"类本质"之间、劳动者与自己的劳动产品之间、劳动者与他人之间的关系都变得不正常了。在反思1848年到1850年法国的阶级斗争时，马克思也提到了法国工人阶级凄惨的生存状况："1845年和1846年的马铃薯病害和歉收，更使得到处民怨沸腾。1847年的物价腾贵，在法国也像在欧洲大陆其他各国一样，引起了流血的冲突。金融贵族过着糜烂生活，人民却在为起码的生计而挣扎！"④

当时英国的资本主义经济是欧洲的领头羊，但是英国工人阶级的生存状况依然十分严峻：很多工人的工资仅能让他们免于饿死；工人

---

① 《马克思恩格斯选集》第1卷，人民出版社2012年版，第422页。
② 《1844年经济学哲学手稿》，刘丕坤译，人民出版社1979年版，第7页。
③ 同上书，第8页。
④ 《马克思恩格斯选集》第1卷，人民出版社2012年版，第450页。

反抗苦难：马克思、恩格斯的苦难之思

们的居住环境非常糟糕，疾病蔓延，以至于他们的身体受到严重的伤害；社会根本不关心工人阶级的知识教育和道德教育，再加上高强度的劳动，使一些工人在酗酒、纵欲中寻找刺激；机器的运用使社会生产力得到提高，但工人的工资并没有得到提高，有些非技术工人的工资反而下降了；工人的工作环境非常恶劣，早早地夺走了工人的健康乃至生命。由于英国资产阶级与无产阶级之间的矛盾越来越尖锐，恩格斯得出结论："革命是不可避免的，要从既成的形势中找到和平的出路已经太晚了，但是革命可以进行得比我在这里所描述的温和些。这与其说将取决于资产阶级的发展，倒不如说将取决于无产阶级的发展。无产阶级所接受的社会主义思想和共产主义思想愈多，革命中的流血、报复和残酷性将愈少。……假如能够在斗争展开以前使全体无产阶级共产主义化，那末斗争就会很和平地进行。但是现在这已经不可能了，太晚了！"① 在 1815 年宣告成立的松散的"德意志联邦"境内，尽管资本主义经济的发展相对落后于英国和法国，但阶级矛盾也激起了群众的反抗。1844 年 6 月爆发了西里西亚纺织工人起义，1848 年 3 月维也纳、柏林先后爆发起义，1949 年 5 月"德国很大一部分地区都爆发了公开的起义"②。

在《资本论》中，马克思也提到了儿童、妇女、工厂工人悲惨的生活环境。在今天的人看来，机器的运用可以生产更多的生活资料，人们的生活水平应该得到整体性的提高。但是在 19 世纪，机器的使用带来的却是工人劳动强度的加大和部分工人的失业，那些没有技术的工厂工人的生活反而更加艰难。工厂工人为了维持生活劳动过度，不得不让自己的子女过早地工作，这些未成年人的未来发展也因

---

① 《英国工人阶级状况》，人民出版社 1956 年版，第 351—352 页。在 1892 年德文第二版的序言中，恩格斯对自己的观点进行了修正。"本书，特别是在末尾，很强调这样一个论点：共产主义不是一种单纯的工人阶级的党派性学说，而是一种最终目的在于把连同资本家在内的整个社会从现存关系狭小范围中解放出来的理论。这在抽象的意义上是正确的，然而在实践中在大多数情况下是无益的，甚至是有害的。只要有产阶级不但自己不感到有任何解放的需要，而且还全力反对工人阶级的自我解放，工人阶级就应当单独地准备和实现社会变革。"参阅《马克思恩格斯选集》第 1 卷，人民出版社 2012 年版，第 70 页。
② 《马克思恩格斯选集》第 1 卷，人民出版社 2012 年版，第 652 页。

此被葬送。"把未成年人变成单纯制造剩余价值的机器,就人为地造成了智力的荒废……这种智力的荒废甚至使英国议会最后不得不宣布,在一切受工厂法约束的工业中,受初等教育是'在生产上'使用 14 岁以下儿童的法定条件。工厂法关于所谓教育的条款措辞草率;由于缺少行政机构,这种义务教育大部分仍然徒有其名;工厂主反对这个教育法令,使用种种阴谋诡计回避这个法令;——这一切明显地暴露出资本主义生产的本性。"①

其实工人阶级对社会的要求并不高。在 1848 年的法国的"二月革命"中,朴素的工业无产阶级只是希望政府能够保证工人以劳动求得生存的权利,但是在当时的社会条件下,这种起码的要求也不可能得到满足。马尔萨斯用"人口过剩"来解释资本主义社会中的工人阶级的艰难处境,但是在马克思、恩格斯看来,这种解释是非常荒诞的,资本主义生产方式的无序竞争导致生产资料的配置不当才是无产阶级苦难的根源。在 19 世纪 40 年代初,恩格斯就对马尔萨斯的这种观点进行了批判。马克思也批判过马尔萨斯。马尔萨斯把资本主义社会中的人口过剩理解为"绝对过剩",而马克思则认为这只是"相对过剩"②。如何看待资本主义社会中的人口过剩成为评价工人阶级苦难的关键点。

马克思认为,工人的过度劳动与工人的相对过剩之间形成了一种恶性循环。而与资本主义生产关系协调一致的意识形态片面强调抽象的平等、自由,忽视了事实上的不平等、不自由。

马克思、恩格斯对工厂工人的苦难的反思包括两个方面:一是对资本主义制度、资本主义生产关系的反思,资本主义鼓励自由竞争,结果使社会生产陷入无序状态,从而使一部分工人陷入苦难之中。二是对资本主义意识形态的反思,追逐利益、金钱的社会心理过度膨胀,已经越过了道德底线。工厂主为了获得尽可能多的剩余价值,拼命地压榨工人。在他们看来,当时的资本主义社会无意也无力改变这

---

① 《马克思恩格斯全集》第 23 卷,人民出版社 1972 年版,第 439 页。
② 同上书,第 695—696 页。

种状况。相对于工人的苦难而言，当时的一些社会改良措施太软弱，起到的作用微不足道。工人阶级夺取政权，改变社会制度和社会治理方式，是终结这种苦难的唯一选择。当今时代，西方资本主义社会的发展状况可能让一些人觉得马克思、恩格斯的这种论断危言耸听。但是从另外一个角度来看，如果没有马克思、恩格斯的当头棒喝，如果不是法西斯主义制造的苦难让资产阶级猛然警醒，资产阶级能否这么快地改弦更张，改变社会管理和生产管理的方式，就很难说了。

二 无产阶级革命失败的悲剧

面对苦难，工人阶级应该反抗还是忍耐？马克思、恩格斯的回答是：工人阶级必须反抗，各国工人阶级只有团结合作、共同反抗，他们战胜资产阶级的可能性才会大一点。如果说在19世纪40—50年代，工人阶级的苦难让马克思、恩格斯看到了工人阶级革命的必要性的话，那么到了19世纪70年代，生产力的发展则让他们更强调工人阶级革命的合法性："由于现时生产力如此巨大的发展，就连把人分成统治者和被统治者、剥削者和被剥削者的最后一个借口，至少在最先进的国家里也已经消失了；居于统治地位的大资产阶级已经完成了它的历史使命，它不但不能再领导社会，甚至变成了生产发展的障碍，如各国的商业危机尤其是最近的一次大崩溃以及工业不振的状态就是证明；历史的领导权已经转到无产阶级手中，而无产阶级由于自己的整个社会地位，只有完全消灭一切阶级统治、一切奴役和一切剥削，才能解放自己。"[①] 尽管资产阶级似乎已经失去了统治的合法性，但让他们主动地改变社会生产关系是不太可能的。在这种情况下，工人阶级就不得不进行暴力革命。

19世纪70年代以后，马克思曾提到，社会变革有可能以和平的方式进行，但他对这种前景并没有给予太大期望。马克思在1871年接受记者采访时曾表达过这种看法。他先是说"用和平宣传能更快

---

① 《马克思恩格斯选集》第3卷，人民出版社1995年版，第336页。

第一编　经典马克思主义文艺与文化研究

更可靠地达到这一目的的地方，举行起义就是不明智的"，但当记者说英国有可能采用非暴力的方式实现变革时，他并不赞同："我在这一点上不像您那样乐观。英国资产阶级在它还垄断着表决权时，总是表示准备接受多数的决议。但是，请您相信，一旦当它在自己认为是生命攸关的重大问题上处于少数时，我们就会在这里遇到新的奴隶主的战争……"① 晚年的恩格斯更倾向于通过选举权与资产阶级作斗争，但这也是因为19世纪50年代以来，革命的形势变得更加严峻，面对榴弹炮、滑膛枪、新式的街道，发达资本主义社会中的工人阶级发动武装起义显然不是明智的选择。

在19世纪70年代以前，马克思、恩格斯强调工人阶级的解放只有通过暴力革命才能实现，但回顾19世纪40年代到70年代英、法、德等国的工人阶级革命，我们看到的是一次次失败。

恩格斯在《英国工人阶级状况》中曾预言，英国工人阶级的苦难必将导致暴力革命，但这场革命并没有如约到来，恩格斯后来也谈到这一点："1848年的法国革命拯救了英国资产阶级。胜利的法国工人的社会主义口号吓倒了英国小资产阶级，瓦解了比较狭小然而比较实际的英国工人阶级运动。宪章运动正当它应当显示全部力量的时候，却在1848年4月10日外部崩溃到来以前，就从内部崩溃了。"② 英国的工人阶级革命尚未开始就失败了。由于德国工人阶级的力量有限，1848—1849年的德国革命取得的成果非常有限，最终也被镇压下去了。

法国工人阶级最有斗争精神，但1848—1851年的法国工人阶级革命最终也失败了。马克思连续写了两篇文章（《1848年至1850年的法兰西阶级斗争》和《路易·波拿巴的雾月十八日》）总结这一阶段的法国革命失败的原因。当然，任何一次革命的失败都有两方面的原因：一方面是由于反动派的无耻，另一方面是由于革命者的无力。由后者导致的悲剧更具有悲剧性。革命者的无力主要表现在三个

---

①《马克思恩格斯全集》第17卷，人民出版社1963年版，第683—686页。
②《马克思恩格斯选集》第1卷，人民出版社2012年版，第461页。

反抗苦难：马克思、恩格斯的苦难之思

方面：

一是革命队伍内部的凝聚力不够。工人阶级必须作为一个整体起来进行革命才有可能取得胜利，但"阶级"内部往往存在诸多差异。在"无产者"这个群体中，存在"流氓无产阶级"和"工业无产阶级"之分。工业无产阶级对这一群体有时缺乏清醒的认识，比如在1848年的法国革命中就是这样。在"工人"这一群体中，有高级技工和"工厂工人"之分。除了"实际操作工作机的工人"和"这些机器工人的单纯下手（几乎完全是儿童）"之外，"还有为数不多的负责检查和经常修理全部机器的人员，如工程师、机械师、细木工等。这一类是高级的工人，其中一部分人有科学知识，一部分人有手艺，他们不属于工厂工人的范围，而只是同工厂工人聚集在一起"①。高级技工和"工厂工人"对待革命的态度有差别。无产阶级和城市小资产者、农民既有共同的革命诉求，也存在明显的分歧。正是因为社会群体之间的关系非常复杂，无产阶级的革命道路也异常曲折。在1848年的革命中，巴黎的无产阶级曾经把别动队误认为自己的队伍，在错综复杂的力量角逐中，路易—拿破仑·波拿巴最终登上了历史舞台。马克思在《路易·波拿巴的雾月十八日》中曾以讽刺的语调写道："法国资产阶级反对劳动无产阶级的统治，它把政权送给了以十二月十日会的头目为首的流氓无产阶级。"②

二是缺乏勇往直前的革命勇气。马克思对比了18世纪的革命与19世纪的革命："资产阶级革命，例如18世纪的革命，总是突飞猛进"；"相反，无产阶级革命，例如19世纪的革命，则经常自我批判，往往在前进中停下脚步，返回到仿佛已经完成的事情上去，以便重新开始把这些事情再做一遍；它十分无情地嘲笑自己的初次行动的不彻底性、弱点和拙劣；它把敌人打倒在地上，好像只是为了要让敌人从土地里汲取新的力量并且更加强壮地在它前面挺立起来；它在自己无限宏伟的目标面前，再三往后退却，直到形成无路可退的局势为

---

① 《马克思恩格斯全集》第23卷，人民出版社1972年版，第461页。
② 《马克思恩格斯选集》第1卷，人民出版社2012年版，第756页。

第一编 经典马克思主义文艺与文化研究

止"①。

三是缺乏坚强有力的革命领袖。在这次革命中,"无产阶级在议会和报刊方面的一些比较杰出的领袖,相继被捕判罪,代替他们挂帅的是些愈益模棱两可的人物。无产阶级中有一部分人醉心于教条的实验,醉心于成立交换银行和工人团体,换句话说,醉心于这样一种运动,即不去利用旧世界自身所具有的一切强大手段来推翻旧世界,却企图躲在社会背后,用私人的办法,在自身的有限的生存条件的范围内实现自身的解放,因此必然是要失败的"②。

革命者自身存在的弱者是导致革命失败的一个重要原因,而革命的失败又导致千千万万革命者被捕、被流放、被杀害,在一定程度上可以说,工人阶级给自己酿制了一杯苦酒,这种现象具有强烈的悲剧意味。更具有悲剧意味的是,这种现象在 1871 年的法国工人阶级革命中又一次重演。

法兰西第二帝国在普法战争中的失败是法国工人阶级进行革命的一次绝佳机会,但是由于革命队伍的种种失误,这次的革命在建立了一个短暂的工人阶级政权之后也失败了。在革命的过程中,暴力、流血是不可避免的。当社会矛盾以阶级对立的形式表现出来的时候,当社会群体与社会群体之间充满仇恨的时候,暴力和流血会更加无序、冷酷。在巴黎公社遭到资产阶级的围攻之时,工人阶级"在英勇地自我牺牲时,也曾把一些房屋和纪念碑付之一炬"③;因为"梯也尔从冲突一开始时就采取了枪杀公社方面被俘人员的人道做法,公社就不得不为保护这些被俘者的生命而采用了普鲁士人扣留人质的做法。这些人质中已经接连有人因凡尔赛方面不断枪杀俘虏而丧命"④。资产阶级炮轰巴黎、枪杀妇孺的野蛮行径更是令人不耻,随意报复的行为更让人不寒而栗。

其实,马克思、恩格斯很早就意识到,共产主义革命是一种前所

---

① 《马克思恩格斯选集》第 1 卷,人民出版社 2012 年版,第 672 页。
② 同上书,第 676 页。
③ 《马克思恩格斯选集》第 3 卷,人民出版社 1995 年版,第 76 页。
④ 同上书,第 78 页。

未有的生产关系的大变革，需要各个民族国家的工人阶级协同合作才能得以完成。所以，在1847年，他们就组织成立了共产主义者同盟，随后又推动了国际工人协会的成立。恩格斯在《共产主义原理》中曾明确提出："共产主义革命将不是仅仅一个国家的革命，而是将在一切文明国家里，至少在英国、美国、法国、德国同时发生的革命，在这些国家的每一个国家中，共产主义革命发展得较快或较慢，要看这个国家是否工业较发达，较多的财富和比较大量的生产力。"① 马克思在反思巴黎公社失败的原因时也提出了类似的观点："革命应当是团结的，巴黎公社的伟大经验这样教导我们。巴黎公社之所以失败，就是因为在一切主要中心，如柏林、马德里以及其他地方，没有同时爆发同巴黎无产阶级斗争的高水平相适应的伟大的革命运动。"②

革命者在策略上的失误也是导致这次革命失败的重要原因。马克思在1871年4月两封信中都指出了这一点。也许正是因为马克思、恩格斯看到了革命过程中惨痛的牺牲和代价，以及工人阶级自身存在的种种弱点，他们对待革命的态度在1850年前后有了一些微妙的变化。

一方面，当革命已经发生的时候，马克思、恩格斯仍然无条件地支持革命，维护工人阶级，对资产阶级进行无情的鞭挞："资产阶级旧社会已经完全腐朽了"；要解决阶级矛盾，"各国政府必须铲除资本对劳动的专横统治，即铲除它们自身的寄生虫生活的条件"③。马克思、恩格斯高度评价了巴黎公社这一短暂的革命政权，将其视为共产主义社会的萌芽："巴黎无产阶级在宣布二月革命时所呼喊的'社会共和国'口号，的确是但也仅仅是表现出这样一种模糊的意向，即要求建立一个不但取代阶级统治的君主制形式而且取代阶级统治本身的共和国。公社正是这个共和国的毫不含糊的形式。"④ 马克思肯

---

① 《马克思恩格斯选集》第1卷，人民出版社2012年版，第306页。
② 《马克思恩格斯全集》第18卷，人民出版社1964年版，第180页。
③ 《马克思恩格斯选集》第3卷，人民出版社1995年版，第79—81页。
④ 同上书，第55页。

定了巴黎公社的许多举措：公社的委员、法官均有选举产生，公职人员与工人的工资相当等。革命中牺牲的工人被视为"英雄"，而非历史发展过程中的"祭品"。

另一方面，在思考、制定工人阶级的斗争方略的时候，马克思、恩格斯并不支持工人阶级不顾历史条件盲目进行革命。在1850年9月15日的中央委员会会议上，马克思曾与沙佩尔发生过争执。沙佩尔是一位具有牺牲精神的工人领袖，但他和维利希所主张的斗争策略在马克思看来是不切实际的。马克思在会议上说："我一向反对无产阶级的反复无常的意见。我们献身的党，幸运的恰恰是还不能取得政权。无产阶级即使取得政权，它推行的不会直接是无产阶级的措施，而是小资产阶级的措施。我们的党只有在条件允许实现它的观点的时候，才能取得政权。"① 如果我们把这段话拿来与出版于1848年的《共产党宣言》比较，就不难发现马克思、恩格斯对革命形势的判断已经发生了变化。他们在随后的一篇文章中也表达了类似的观点："在这种普遍繁荣的情况下，即在资产阶级社会的生产力正以在资产阶级关系范围内一般可能的速度蓬勃发展的时候，还谈不到什么真正的革命。只有在现代生产力和资本主义生产方式这两个要素互相发生矛盾的时候，这种革命才有可能。……新的革命只有在新的危机之后才有可能。但是新的革命的来临像新的危机的来临一样是不可避免的。"② 尽管马克思、恩格斯对革命的到来仍然充满信心，但在认真反思革命的经验教训之后，他们不断地强调革命的"条件"。在条件不成熟的情况下发动革命，只能以悲剧告终。

三 以坚定的革命理想面对社会苦难

悲剧只是令人感到恐怖和怜悯的经验，悲剧与悲观之间不能画等号，也不存在必然的联系。虽然一些悲剧理论中或多或少包含着悲观

---

① 《马克思恩格斯全集》第8卷，人民出版社1961年版，第639页。
② 《马克思恩格斯全集》第7卷，人民出版社1959年版，第513—514页。

的因素，但也有一些悲剧理论包含着希望的种子。理想是对未来的希望，与悲剧并不是矛盾的。马克思、恩格斯虽然看到了无产阶级革命一次次的失败，但他们的共产主义社会理想一直都很坚定。

马克思、恩格斯认为在无产阶级革命成功之后建立理想社会是可能的，但他们同时也指出理想社会的建立绝非一蹴而就。马克思在评价巴黎公社的历史贡献时，并没有把巴黎公社描绘为神秘的"乌托邦"，他清醒地指出，巴黎公社的建立只是一个起点，只是让新的社会生产关系得以顺利发展的平台，要真正建立共产主义社会还有很长的路要走："工人阶级并没有期望公社做出奇迹。他们不是要凭一纸人民法令去推行什么现成的乌托邦。他们知道，为了谋求自己的解放，并同时创造出现代社会在本身经济因素作用下不可遏止地向其趋归的那种更高形式，他们必须经过长期的斗争，必须经过一系列将把环境和人都加以改造的历史过程。工人阶级不是要实现什么理想，而只是要解放那些由旧的正在崩溃的资产阶级社会本身孕育着的新社会因素。"① 虽然"把环境和人都加以改造的历史过程"可能会很漫长，但由于资本主义生产关系严重阻碍了生产力的发展，革命是非常必要的。只有通过革命，社会生产力才会得到更好的发展，才能为建立共产主义社会奠定牢固的物质基础。这是马克思、恩格斯的之所以宣传革命的理由之一。

1875年，马克思在《德国工人党纲领批注》中对建立共产主义社会的历史过程有更为具体的描述。在"共产主义社会第一阶段"，"劳动"仍然是个人所享受权利的尺度："生产者的权利是和他们提供的劳动成比例的；平等就在于以同一的尺度——劳动——来计量……在劳动成果相同、从而由社会消费品中分得的份额相同的条件下，某一个人事实上所得到的比另一个人多些，也就比另一个人富些，如此等等……但是这些弊病，在经过长久阵痛刚刚从资本主义社会产生出来的共产主义社会第一阶段，是不可避免的。权利永远不能

---

① 《马克思恩格斯选集》第3卷，人民出版社1995年版，第60页。

超出社会的经济结构以及由经济结构制约的社会的文化发展。"① 只有到了生产力已经得到充分发展的"共产主义社会高级阶段","才能完全超出资产阶级法权的狭隘眼界,社会才能在自己的旗帜上写上:各尽所能,按需分配"②。在"共产主义社会第一阶段",尽管分配方式仍然带有资产阶级社会的烙印,但是在这一阶段,生产方式已经发生了根本性的变革,所以马克思认为,共产主义社会的"按劳分配"不同于资本主义社会的工薪制度。

我们可以想象一下马克思、恩格斯面对历史境遇:革命的一次次失败,革命条件的不成熟,即便革命成功,建立共产主义社会的过程仍然是漫长的。在这种困难的历史境遇之中,他们仍然能够坚持自己的社会理想,这种积极面对社会悲剧、敢于反抗社会悲剧的态度是值得肯定的。

【作者简介】王天保,郑州大学文学院教授。

---

① 《马克思恩格斯选集》第1卷,人民出版社2012年版,第304—305页。
② 同上书,第305—306页。

马克思主义经典作家论人的正确美感问题及其意义

杨庙平

美感问题对于整个美学原理体系来说是一个很重要的组成部分。现代美学几乎可以说基本围绕着美感问题而展开的。马克思主义创始人也很重视美感问题。他们对于美感也发表了许多极富启发的深刻见解。这些可贵的美学思想资源值得我们认真对待。当然，这也为我们批判继承现代美学的积极成果提供了一种方法论的借鉴。

一 马克思主义创始人论美感问题

马克思主义创始人在美感问题上有一点不同于现代西方美学家。这就是他们多次旗帜鲜明地表述：美感有正确与错误之分。恩格斯在《诗歌和散文中的德国社会主义》一文中对于歌德的批评的一个重要原因就是："我们并不是责备他没有热心争取德国的自由，而是嫌他由于对当代一切伟大的历史浪潮所产生的庸人的恐惧心理而牺牲了自己有时从心底出现的较正确的美感。"① 同样，在《致玛·哈克奈斯》的信中，对于现实主义的经典定义中，恩格斯也重申了这样的看法。他说："现实主义，据我看来，除了细节的正确（真实、准确）之

---

① 《马克思恩格斯全集》第 4 卷，人民出版社 1961 年版，第 257 页。

外，还要正确（真实）再现典型环境中的典型性格（典型人物）。"①

正确的美感与正确的历史观密不可分。马克思主义创始人推崇的两位经典作家其实在美感问题上也值得我们学习。一个是莎士比亚。马克思主义创始人在历史剧创作中倡导"莎士比亚化"。何谓莎士比亚化？按照恩格斯的说法就是首先要具有"较大的思想深度和意识到的历史内容"②。用马克思的话来说，就是要"能够在更高得多的程度上用最朴素的形式把最现代的思想表现出来"③。他们都提到创作上避免席勒式的历史剧创作。我们不可否认席勒在历史剧创作中有诸多优点；但是马克思主义创始人指出的一点很重要，即"把个人变成时代精神的传声筒"④，这是席勒历史剧创作的致命缺陷。其实，这里马克思主义创始人也是在指出拉萨尔本人的致命缺点。因为拉萨尔在《关于悲剧观念的手稿》中就强调：像遭受失败的大多数革命一样，闵采尔也是因为"在构成革命的力量和狂热的思辨观念与表现上十分狡智的有限理性之间，看起来似乎存在着某种不可解决的矛盾"⑤。这显然是一种主观的、唯心主义历史观。另一个是巴尔扎克。恩格斯称之为伟大的"现实主义大师"，说他"在政治上虽然是一个正统派"，但是他毕竟能看到历史发展的主流，也就是自己主观上讨厌的"政治上的死对头，圣玛利修道院的共和党英雄"，这些才是那个时代人民群众的真正代表。因而，他在创作中有时候"就不得不违反自己的阶级同情和政治偏见"。恩格斯称之为"真正艺术家的勇气"，"现实主义的伟大胜利"⑥。

正确的美感与健康积极的生活态度密不可分。这里尤其要提到价值观的问题。马克思主义创始人针对拜物教、拜金主义问题多次谈到人的美感。马克思在《巴黎手稿》中说："私有制使我们变得如此愚

---

① 《马克思恩格斯全集》第37卷，人民出版社1971年版，第41页。
② 《马克思恩格斯全集》第29卷，人民出版社1972年版，第583页。
③ 同上书，第573页。
④ 同上书，第574页。
⑤ [苏联] 米·里夫希茨编：《马克思恩格斯论艺术》第一卷，中国社会科学出版社1982年版，第15页。
⑥ 《马克思恩格斯全集》第37卷，人民出版社1971年版，第4I、42页。

马克思主义经典作家论人的正确美感问题及其意义

蠢而片面,以至一个对象,只有当它为我们拥有的时候,就是说,当它对我们来说作为资本而存在,或者它被我们直接占有,被我们吃、喝、穿、住等的时候就,简言之,在它被我们使用的时候,才是我们的。"虽然造成这种情况的根源是马克思所说的异化劳动,但是结果不光是劳动者——"忧心忡忡的、贫穷的人",还是饱食终日、无所事事的食利者——"经营矿物的商人",他们对真正的美都是"无动于衷""视而不见",因为他们的"有音乐感的耳朵、能感受形式美的眼睛"都被一种真正的动物感觉所吞没。结果必然就是,异化劳动者的美感被饥饿感的吞没,食利者的非劳动者的美感则是被唯利是图的发财欲望遮蔽"①。

正确的美感与良好的社会环境密不可分。马克思在谈到古希腊艺术为何具有"永久的魅力"时指出,这与当时的一去不复返的社会条件有关。比如他说"古希腊神话不只是希腊艺术的武库,而且是它的土壤。"希腊人既不是"早熟的儿童",也不是"粗野的儿童",而是"正常的儿童",因为希腊人生活在一种历史上的人类发展最完美的童年时代,他们拥有正常小孩子应该有的一种正常的思维方式、幻想方式——古希腊神话。②

正确的美感与人的全面的、自由自觉的生产劳动密不可分。马克思主义创始人始终认为,全面的、自有自觉的生产劳动对于人类社会及其成员具有本体论的地位。马克思在《手稿》中说:包括人的美感在内的"五官感觉的形成是迄今为止全部世界历史的产物",是人类通过自己的物质实践活动改造世界的历史的产物。③ 人的正确美感既不是上帝先天神秘的恩赐,也不是某种动物性本能,而是在千百年来人类的无数次的改造社会、改造自己的实践过程中形成的。恩格斯在《劳动在从猿到人转变过程中的作用》一文中,对人的包括美感在内的感觉、思维系统的发展,以及人的包括艺术技巧在内的实践技

---

① 《马克思恩格斯全集》第42卷,人民出版社1979年版,第126页。
② 《马克思恩格斯选集》第2卷,人民出版社1972年版,第112—114页。
③ 《马克思恩格斯全集》第42卷,人民出版社1970年版,第126页。

能的发展所做的分析,很好地说明了人的正确美感的形成过程。①

二 马克思主义创始人对于正确的美感与人的科学思维方式关系的探讨

马克思在政治经济学研究中特别重视科学的思维方法,认为这对政治经济学研究至关重要。马克思以人口问题为例,提出从"表象"开始,经过"分析""抽象"达到"简单的概念"——"简单的规定";于是再回到人口问题,"这回人口就不是一个混沌的关于整体的表象,而是一个具有许多规定和关系的丰富的总体了"。马克思把这个思维过程概括为:从完整的表象蒸发为抽象的规定,再从抽象的规定在思维行程中导致具体的再现。马克思在这里一方面避免了费尔巴哈式的直观唯物主义;另外一方面也避免了黑格尔式的把实在理解为一种"幻觉",一种"自我综合、自我深化和自我运动的思维的结果"②。

列宁、毛泽东也很重视科学的思维方法。他们概括的唯物主义反映论原则值得我们珍视。尤其是毛泽东在《实践论》中对人的思维认识概括为由"感性认识"从实践开始,经过实践得到了"理性认识",再回到实践中去,接受实践的检测、修正,可能要经过多次的反复,才能达到真正的"主观和客观、理论和实践、知和行的具体的历史的统一"③。毛泽东在《人的正确思想是从哪里来的?》一文中再次重申了这种由"物质变精神",再从"精神变物质"的认识过程。他还说:一个正确的认识,往往需要经过这样多次的反复,才能够完成。这才是马克思主义的认识论,才是辩证唯物论的认识论。④毛泽东的"没有调查就没有发言权"也是指这一点。他也说过《红楼梦》要读五遍才有发言权。更加难能可贵的是,毛泽东看到由于世界在时间和空间上的无限性,因而人对世界的认识也具有无限性。

---

① 《马克思恩格斯选集》第3卷,人民出版社1972年版,第509—510页。
② 《马克思恩格斯选集》第2卷,人民出版社1972年版,第102—104页。
③ 《毛泽东选集》第1卷,人民出版社1991年版,第292、296页。
④ 《毛泽东文集》第8卷,人民出版社1999年版,第320—321页。

可以说，科学的思维方法是人们获得正确美感的真正保证。用正确的美感来代替病态、变态的所谓美感。用真正的正确美感来驱除神秘主义、非理性主义的虚假美感。用科学的正确美感来指导我们的审美活动，来指导我们的艺术创作。

三　建立真正科学的马克思主义认识论美学

马克思、恩格斯对古希腊艺术的研究，对莎士比亚的研究，对巴尔扎克的研究，在此基础上形成的现实主义美学思想；列宁对车尔尼雪夫斯基的研究，对托尔斯泰的研究，在此基础上形成的马克思主义反映论美学思想；毛泽东对包括《红楼梦》在内的中国古典小说的研究，对中国现代作家的代表——鲁迅的研究，在此基础上形成的革命的两结合的中国马克思主义美学思想——《在延安文艺座谈会上的讲话》。

在马克思主义美学体系构建过程中，以蔡仪为代表的中国的美学家具有开创之功。从当时的世界范围情势来看，蔡仪的《新美学》是马克思主义美学体系建构的最早尝试。当时的欧洲和苏联都还没有这样的美学著作。蔡仪先生后来的美学研究都是在这个基础上展开的。他也终生致力于马克思主义认识论美学体系的建构。三卷本的《新美学》（修订本）就是他在美学研究领域的最终成果。

我们要在蔡仪等前辈美学家的基础上继续努力。我们对人类正确美感的形成要从科学的角度，从社会实践的角度，从历史文化发展的角度等多方面展开深入细致尤其是实证的研究。马克思主义创始人继承和发展了黑格尔的美学观点和历史观点结合的研究方法，为美学研究提供了真正科学的方法论。经典马克思主义作家在谈论人的美感问题是具有鲜明的科学方法论的特点：一是结合唯物认识论基本原理来研究人的美感；二是结合具体社会历史语境来探讨人的美感的具体社会历史内容；三是结合人类社会实践来认识人的正确美感的能动性。

【作者简介】杨庙平，广东省韩山师范学院文学院副教授。

历史视域中的"现代文学"
——管窥马克思、恩格斯的批评意识[*]

刘 欣

恩格斯在《诗歌和散文中的德国社会主义》（1847）中提出，又在1859年致裴·拉萨尔的信中重申的文学批评的"最高标准"，即美学观点和史学观点[①]，已被马克思主义文学批评家和文艺理论家奉为名副其实的"最高标准"，论者多强调批评中美学观点和史学观点的"辩证统一"，或对内容与形式，内、外部研究的同等重视等，实际上是将马克思、恩格斯纳入现代文学学科的知识谱系中，去证明他们是合格的或优秀的文学批评家。问题在于如果仅从狭义的文学批评角度看待马恩的批评实践，我们能得到的只有"内容形式两手抓、两手都要硬"式的老生常谈，而不能领会马克思主义创始人批评实践的真正创造性。韦勒克曾指出，虽然马克思与恩格斯谈论文学的文本不成体系，构不成一套完整的文学理论或文学社会学，但这些关于文学的言论却并不凌乱或不可理解，原因在于"它们是由其总的历史哲学贯通起来的"[②]。文学批评是马克思、恩格斯总体性批评实践的组成部分，而非偶尔涉及的兴之所至，在他

---

[*] 本文刊载于《华中学术》2016年第14辑。
[①] ［德］恩格斯：《恩格斯致裴·拉萨尔》，《马克思恩格斯选集》第4卷，人民出版社2004年版，第561页。
[②] ［美］韦勒克：《近代文学批评史》第3卷，杨自伍译，上海译文出版社1991年版，第288页。

们以现代文学为批评对象的批评实践中,在他们对现代文学生产的背景即现代世界的批判性分析中,始终贯穿着强烈的历史感和对作为历史主体的人的关切,其批评实践所蕴含的历史意识为现代文学批评提供了一个总体性视角。

一 "现代文学"与批评的发生

"现代文学"一词出现在恩格斯的《现代文学生活》(1840)中,恩格斯变布丰(Buffon)的 le style c'est l'homme(风格即人)为 le style c'est la litterature(风格即文学),将现代风格视为现代文学本质特征。根据尧斯(Hans Robert Jauss)的考证,法语中的 la modernité 和德语中的 die Moderne 都是新词,19 世纪中"现代性"逐渐从与浪漫主义的等同中脱离出来,如海涅认为现代性与浪漫主义已经从同义词变为反义词。19 世纪 30 年代的年轻德国运动赋予现代一词更新更明确的意义:收缩为现在的、当前的、现实的意思。[1] 至少在恩格斯的使用中,现代文学一词已经脱离了浪漫主义的范畴,指涉一种与现代社会(1789 年法国大革命之后)息息相关的文学现象。

将哲学、政治经济学批判作为方法,以"改变世界"为目标的马克思主义创始人为何花笔墨谈论现代文学?自青年时代起对文学的热爱显然不能完满地回答这一问题。从马克思、恩格斯的批评文本中可以看出,他们是将文学批评作为其总体批判的一部分来写作的。在 1843 年致阿·卢格的信中,马克思将政治的批判、明确的政治立场和实际斗争作为总体批判的出发点,"并把批判和实际斗争看作同一件事情"[2],这种对"现存的一切"的"无情批判"在马克思的规划中也包含人的理论生活,即将哲学、宗教、科学、文学等精神生产实践当作批评的对象,批判的哲学的任务就在于"对当代的斗争和愿

---

[1] 参见[德]尧斯《现代性与文学传统》,载周宪主编《文化现代性读本》,南京大学出版社 2012 年版,第 190—206 页。
[2] [德]马克思:《马克思致阿尔诺德·卢格》(1843),《马克思恩格斯全集》第 47 卷,人民出版社 2004 年版,第 66 页。

望作出当代的自我阐明"①。现代文学，作为现代世界的产物，最能体现"现代性"带给社会历史的变化，以及现代主体的精神面貌，成为其批评实践的主要对象。恩格斯早期的批评文本，如《伍珀河谷来信》（1839）对其家乡的文学生活十分关注，《卡尔·倍克》（1839）、《时代的倒退》（1839）、《现代文学生活》（1840）将目光对准彼时当下的文学状况，直接介入文学生产；我们不能再熟悉的"著名信件"中涉及的文本：拉萨尔的《济金根》、玛·哈克奈斯的《城市姑娘》、敏·考茨基的《旧和新》都属于现代文学范畴。

通过文学批评，尤其是对现代叙事性作品的批评，来看文学能否说明现代的真正矛盾和现代人的真实愿望，在何种程度上再现了历史的真实，这是马克思主义创始人批评现代文学的基本方法。这要求文学作品真实地叙述在具体历史语境中行动着的人的"故事"，从而展示历史中真实存在过的冲突矛盾及其精神，把握历史前行的动力。

那么是否意味着马克思、恩格斯用同一方法和标准批评文学文本（虚构叙述）与历史文本（历史叙述）呢？总体而言答案是肯定的，马克思、恩格斯的历史理论要求一切叙述性作品都具备真正的历史意识，所以除了提及虚构叙述作品在形式上的美学特征（如语言、人物形象、情节结构、戏剧性、感染力等）之外，他们更注重的是作品是否能再现或预见历史真实。马克思指出："历史的全部运动，既是它的现实的产生活动——它的经验存在的诞生活动，——同时，对它的思维者的意识来说，又是它的被理解和被认识到的生成运动。"②历史在这里不仅是生产活动及其产品的发展史，更是能被人对象化的对象。人对某种历史必然性的理解构成了人的历史意识，而真正的历史意识就在于能够洞悉历史发展的趋势和根本动力，即以主体的人作为前提的现实历史。③人的实践活动都应体现出这种真正的历史意识，所以马克思强调历史叙述、虚构叙述都应表现出历史必然性，对

---

① ［德］马克思：《马克思致阿尔诺德·卢格》（1843），《马克思恩格斯全集》第47卷，人民出版社2004年版，第67页。
② ［德］马克思：《1844年经济学哲学手稿》，人民出版社2008年版，第81页。
③ 同上书，第97页。

历史视域中的"现代文学"

历史必然性的强调并不是要求叙述去还原历史的绝对真实,用对历史的线性描述体现某种"历史哲学",而是说应尽力去洞悉不以个体心理意识为方向的历史的真正动力。马克思对历史事件的重复现象的理解、对资产阶级革命动力的论述,以及对《济金根》《小拿破仑》《改变》《鲁滨逊漂流记》等作品的批评都反映了他对叙述中历史意识的重视。马克思1859年致裴·拉萨尔的信实际上是从历史意识的角度批评《济金根》的,马克思肯定了该作品的情节结构和美学效应,但指出拉萨尔对他自己的叙述对象,即历史事件、人物及其悲剧性的认识是有偏差的,济金根以骑士的身份发动叛乱失败的悲剧没有洞悉历史的必然趋势,却存在以贵族代表取代农民和城市革命分子力量的危险,马克思写道:"革命中的这些贵族代表——在他们的统一和自由的口号后面一直还隐藏着旧日的皇权和强权的梦想——不应当像在你的剧本中那样占去全部注意力,农民和城市革命分子的代表(特别是农民的代表)倒是应当构成十分重要的积极的背景。这样,你就能够在更高得多的程度上用最朴素的形式恰恰把最现代的思想表现出来。"① 要求戏剧作品把握"最现代的思想"就是要求虚构作品能够把握人物在特定历史时期体现出的阶级意识(济金根的阶级意识无疑是虚假意识),洞悉革命阶级赢得主导权的必然趋势。可见现代文学之所以成为马克思主义创始人的批评对象在于其与历史叙述一样,可以表现和传递真正的历史意识,起到唤醒读者的作用。

深谙德国古典美学和文学史的马克思、恩格斯十分清楚文学与时代的辩证关系,即一方面文学等精神生产归根到底是受物质生产决定;另一方面文学也会对时代起反作用,他们也早已认识到文学是内容与形式的辩证统一。文学作为特殊的精神生产实践要想在新的历史条件下取得成功,就必须在把握时代精神(如颓废、绝望、希望)、揭示现代人的生存现状等方面有所贡献。文学批评要想做到言之有物、评之有据,需要有明确的历史意识。如马克思在《〈政治经济学

---

① [德]马克思:《马克思致裴·拉萨尔》,载《马克思恩格斯选集》第4卷,人民出版社2004年版,第554页。

批判〉导言》中认为批评家对鲁滨逊故事的解读（过度文明的反动和要回到被误解了的自然生活中去）是在用美学的幻想宣扬超历史、阶级的理念，而关键在于进行生产的个人从不是孤立的，鲁滨逊的故事只是"对于十六世纪以来就做了准备、而在十八世纪大踏步走向成熟的市民社会的预感"①。这里马克思对文学批评提出了要求：洞悉虚构叙述中的历史意识，提防美学假象。

问题在于，文学作为一种特殊的精神制品不可能像历史或哲学中的论断和结论一样，直接表达某种历史意识，那么马克思主义创始人在具体的文学批评如何体现出这种历史意识？

二 "现代文学"与文学传统

马克思、恩格斯在批评中注意在与古典文学的比较中审视现代文学，看现代作品是否能在文学史中经受住考验，同时又能在一定程度上适应自己的时代；现代风格在哪些方面仅仅重复了历史，又在哪些方面具备历史合理性。

在他们看来，历史不是直线上升或下降的路，历史是会重复的，仿佛会转回到它的旧轨道上，马克思写道："黑格尔在某个地方说过，一切伟大的世界历史事变和人物，可以说都出现两次，他忘记补充一点：第一次是作为悲剧出现；第二次是作为笑剧出现。"② 黑格尔在《历史哲学》（第三部第二篇）中认为历史事件的重复使偶然和可能的东西成为现实的和得到确认的东西，也就是说重复发生的历史事件也具备合理性。马克思则认为在历史的进程中制度与自由的矛盾、对立及其解决（旧制度灭亡）是决定性力量，现代的旧制度以其盲目自信和必然的灭亡上演自己的悲剧，而当这种旧制度竟然以新事物的姿态成为现实时，旧制度的守护者和轻信他们的人民就共同演

---

① ［德］马克思：《〈政治经济学批判〉导言》，载《马克思恩格斯选集》第 2 卷，人民出版社 2004 年版，第 5 页。

② ［德］马克思：《路易·波拿巴的雾月十八日》，载《马克思恩格斯选集》第 1 卷，人民出版社 2004 年版，第 584 页。

出了一幕闹剧,这种落后意识形态的抬头和历史意识的退化在特定时期必然有其在文学艺术上的体现。德国19世纪三四十年代自由思想被教会生活和国家生活逐渐扼杀,旧制度频频复辟,文学艺术中也出现了这种倒退现象。恩格斯的《时代的倒退征兆》(1839)一文通过批判冯·施特恩堡、杜勒、倍克、弗莱里格拉特等人创作中的复古倾向,对当时的文学生活作出了诊断。在恩格斯看来,从中世纪封建主义以来的各种旧思想虽然必然将被历史前进的步伐踏得粉碎,但这些旧的意识形态如同幽灵一般,时刻准备把自己消亡了的权利再次强加于现代,在文学艺术中"不知不觉的倒退"的趋势也与各种时代风尚一起,大有成为时代精神的野心。冯·施特恩堡的小说对"优裕社会"的展现被恩格斯视为对一系列资产阶级小说中类似情境的低俗模仿,在其中旧秩序又重新找到了合理性;倍克的诗歌有些地方如同17世纪的产物,只是涂上了现代的悲伤厌世的色彩;弗莱里格拉特恢复的是亚历山大里亚诗体,完全倒退到霍夫曼瓦尔道的时代。恩格斯认为这些作家对文学史中前辈大师的重复根本不能适应时代,有的只是浮夸的辞藻,这背离了历史前进的方向,所以只是一出笑剧,即愚蠢的体现。在恩格斯看来这股逆流不仅仅是关于文学的,甚至已经将自己打扮成"时代风尚"的模样,侵入人们的日常生活,成为控制现代人的意识形态:"你只要拜访一下陈设时髦的沙龙,就会看到,你周围那些陈设的式样是谁的精神产物。极端专制时代的各种洛可可式的丑陋形象重新被抬出来,为的是把那些使'朕即国家'这样的制度感到舒适自在的式样强加于我们的时代精神。"[①] 这样恩格斯就将批评现代文学这一实践纳入现代社会总体批判的宏大主题内,在意识形态和审美形式两方面清算现代文学生活中的病态现象,这一洞见的产生不是靠单纯的形式分析,而必须具备历史意识,将现代文学视为整个文学传统的延续,在与传统的比较中,现代文学是简单的、怀旧式的重复"旧体制"还是达到有所突破、适应时代的高度

---

① [德] 恩格斯:《时代的倒退征兆》,载《马克思恩格斯全集》第2卷,人民出版社2005年版,第108页。

就能判然可辨。

恩格斯在《德国民间故事书》（1839）中对奥·马尔巴赫和卡·西姆罗克出版的德国民间故事书做了一番批判性考察。恩格斯明确要求现代的民间故事书要能给读者提供传统民间故事书不能提供的东西，即对现代民族国家的主体意识的激发："民间故事书还有一个使命，这就是同圣经一样使他们有明确的道德感，使他们意识到自己的力量、自己的权利和自己的自由，激发他们的勇气并唤起他们对祖国的热爱。"① 但唤起健康、真正的"德意志精神"是德国民间故事书在历史上其他时期也可以完成的任务，恩格斯所期待的现代的德国民间故事书必须"适应自己的时代"，向人们叙述清楚当下的状况、行动的方面及其合理性："我们还有权要求民间故事书适应自己的时代，否则就不要称其为民间故事书。如果我们着重考察一下目前的状况，考察一下争取自由的，并使自由具有各种表现形式的斗争，即正在发展的立宪主义，对贵族压迫的反抗，人们同虔诚主义的思想斗争，乐观精神同阴郁的禁欲主义残余的斗争，那么，我就看不出我们为什么不该要求民间故事书也面向没有受过多少教育的人，向他们说明这样做的实情和合理性。"② 即使是编辑出版民间故事书，恩格斯也要求这种现代产物能够在吸收传统故事书优点的基础上具备时代意识，为意识形态斗争和现实行动服务。又如恩格斯1888年致玛·哈克奈斯的信认为《城市姑娘》将一个老故事如实地叙述成一个新故事。将老故事叙述成一个新故事之所以还会取得一定的成功，就在于作者以新的历史意识赋予旧的内容以新形式。内容与形式是统一的，现代文学如果想要在传统文学的基础上有所创新，必须输入立足当下情境的历史意识。恩格斯认为现代文学中是有这样的作品的，如卡·谷兹科的小说《布拉泽多和他的儿子们》（1838），该作的成功之处在恩格斯看来就是"像描写唐·吉诃德一样，以喜剧手法来描写布拉泽多"③。布拉泽多作为"未来的"唐·吉诃德，是一个甚至比其原型更成熟的悲剧

---

① [德]恩格斯：《德国民间故事书》，载《马克思恩格斯全集》第2卷，人民出版社2005年版，第84页。
② 同上书，第84—85页。
③ 同上书，第123页。

性角色,如果用现代文学惯用的严肃手法描写他,他只能被展现为平庸、矛盾、悲伤厌世的先知,所以应尊重《唐·吉诃德》的传统,写出现代的、具备真正喜剧因素的悲剧。

对历史意识的敏感和重视当然不能被视为用内容压倒形式,马克思、恩格斯对把历史意识当作黑格尔"世界精神"式的空洞概念,进而在文学批评中生搬硬套的做法向来反感,他们主张的是在对历史境况的客观呈现中使历史发展的趋势和推动历史发展的动力自然而然地成为现实历史的一部分。

三 "现代文学"与现代性批判

如此,文学批评这种理论生产在马克思、恩格斯那里成为一种话语批判实践,即其总体性批判的重要一环,现代文学作为现代性滋养的产物进而构成马克思、恩格斯现代性批判的对象。

按照一般理解,恩格斯的"历史观点"是在泰纳(Taine)"三动因"(种族、时代、环境)的基础上提出的一种现实主义式的文本观,人物、事件、叙述方式都应符合所表现的时代的历史真实。韦勒克提醒我们注意马克思、恩格斯文学批评显露出"可以理解的演变":"早年卷入德国三四十年代的论战形势,经过严格的经济决定论的阶段,终而采取后期现实主义和自然主义框架中比较成熟而容忍的态度。"① 也就是说韦勒克将马克思、恩格斯青年的文学批评看作应时之作,而经过中期的"经济决定论"后,19世纪90年代恩格斯采取多元决定论也只是继承了法国社会历史学派的传统,灵活地运用泰纳种族、时代、环境的三分法。实际上,泰纳的文学批评和文学史写作中的"历史主义"是成问题的,虽然他声称自己的"现代美学"② 从历史而非从主义出发,并为了穷尽产生艺术品的根源,事无巨细地顾及了地理环境、社会风貌、作家轶事等,却只能提供描述作

---

① [美] 韦勒克:《近代文学批评史》第3卷,杨自伍译,上海译文出版社1991年版,第288页。
② [法] 泰纳:《艺术哲学》,人民文学出版社1981年版,第10页。

第一编　经典马克思主义文艺与文化研究

品产生的一般背景，无法凸显批评对象的独特之处，批评者称其为实证主义批评家。马克思主义文学批评虽然同样注重推动现代文学生产的"种族""时代""环境"，但与泰纳不同的是，马克思、恩格斯在对现代人—现代世界关系的论述中，在对生产方式的现代转型和发展趋势的分析中，洞悉了"现代性"给文学生产带来的颠覆性影响。这是历史意识在其文学批评及理论中最深刻的体现，也是贯穿其不同时期批评活动的一条红线。

伊夫·瓦岱指出，"现代性"不是一个断代史概念，但仍是一个历史性概念："现代性就像拼图游戏或者迷宫，是一个让人迷失方向的历史空间，在那里我们既要前进却又缺少前进的路标，每个集体，每个人——尤其是每个艺术家——必须在那里找到自己的路，但却不能确定无疑地去信赖大家共享的知识或信仰可能带给他的整体观念。"① 现代性作为历史处境是作家们必须面对的首要问题：如何回应其生存世界的冲击，如何以新的形式捕捉日益复杂地运动着的现实。这在瓦岱看来体现了"现代性"的价值，即作为一种新的时间意识出现的现代意识，一种新的感受和思考时间价值的方式。乔治·巴朗蒂耶同样乐观地将现代性规定为运动加不确定性，一种推陈出新的解构—重构活动，成为似乎能够确保现代文学"创新""差异""多元"伦理的保证，于是"文学现代性"或"审美现代性"成为文学批评的标准。问题在于，以资本主义、全球化为中心的"现代性"本身已是隐忧重重，黑格尔的《法哲学原理》明确地将主体性（Subjektivität）视为现代世界的优越性和危机的根源，现代本身是一个进步与异化精神共存的世界。因为这种主体性追求的是个人主义和不受约束的自由，自我满足、自我实现构成主体性的法：

> 主体的特殊性求获自我满足的这种法，或者这样说也一样，主观自由的法，是划分古代和近代的转折点和中心点。这种法就

---

① ［法］伊夫·瓦岱：《文学与现代性》，田庆生译，北京大学出版社2001年版，第4页。

他的无限性说表达于基督教中,并成为新世界形式的普遍而现实的原则。它的最初形态是爱、浪漫的东西、个人永久得救的目的等,其次是道德和良心,再次是其他各种形式。这些形式一部分在下文表现为市民社会的原则和政治制度的各个环节,而另一部分则出现于历史中,特别是艺术、科学和哲学的历史。①

主观自由的法及其确证自身的狂热体现的文学形式,就是黑格尔彼时认定的艺术最终形态浪漫主义,这种过犹不及的形式完成使命后即转入观念世界,最终为哲学取代。马克思、恩格斯继承老黑格尔的批判立场,思考了新的现代语境下文学的生产状况。

我们不能仅仅局限于马克思、恩格斯为数不多的文学批评文本(如著名信件),而应在其著作整体中把握作为总体性批判的文学批评。从《共产党宣言》《政治经济学批判》手稿到《剩余价值理论》《资本论》,贯穿着他们对现代生产方式及其相应世界状况的深刻诊断。《共产党宣言》将曾经"神圣"的诗人、学者在现代资产阶级世界中的雇佣劳动者本质揭露无遗,随着生产的不断变革和社会状况的不停动荡,不安定的现代性带给世界的总体变化也得到素描:"一切固定的僵化的关系以及与之相适应的素被尊崇的观念和见解都被消除了,一切新形成的关系等不到固定下来就陈旧了。一切等级的和固定的东西都烟消云散了,一切神圣的东西都被亵渎了。"② 文学进入现代世界体系后的状况则是:"各民族的精神产品成了公共的财产。民族的片面性和局限性日益成为不可能,于是由许多种民族的和地方的文学形成了一种世界的文学。"③《剩余价值理论》强调物质生产与精神生产的相互作用,认为只有历史地考察物质生产本身,将其视为生产的一定的、历史地发展的和特殊的形式来考察,才能够既理解统治

---

① [德]黑格尔:《法哲学原理》,范扬、张企泰译,商务印书馆 2010 年版,第 126—127 页。
② [德]马克思、恩格斯:《共产党宣言》,载《马克思恩格斯选集》第 1 卷,人民出版社 2004 年版,第 275 页。
③ 同上书,第 276 页。

第一编 经典马克思主义文艺与文化研究

阶级的意识形态组成部分，并理解一定社会形态下的精神生产；同时物质生产与精神生产不是简单的对应关系，"例如资本主义生产就同某些精神生产部门如艺术和诗歌相敌对"①。在他们的现代性批判中，蕴含着对"现代性"给文学生产带来的颠覆性影响的洞悉，如对现代人——现代世界关系的描述，对生产方式的现代转型和发展趋势的分析。正如马克思在1856年《人民报》创刊纪念会上的演说中指出的，现代中每一种事物都包含着自己的反面，在"进步"幻象中的真实图景如下："物质力量成为有智慧的生命，而人的生命则化为愚钝的物质力量：现代工业和科学为一方与现代贫困和衰颓为另一方的这种对抗，我们时代的生产力与社会关系之间的这种对抗，是显而易见的、不可避免的和毋庸争辩的事实。"② 这一诊断至今仍具有合理性。

马克思、恩格斯现代性批判的"遗产"深刻影响了马克斯·韦伯、西美尔、波德莱尔、本雅明的现代性理论。其现代性批判为文学批评提供的是一种总体视角："现代性"的展开和入侵体现为一种世界经济结构体系的复杂运动，现代文学生产的商品化、一体化、全球化也仅仅是由资本主义政治经济体制在不同阶段所表现出的"现状"，"现状"并不等于未来，超越现状的勇气是我们批评现代文学的命意所在。马克思、恩格斯的现代性批判提醒我们现代文学从来不是纯粹的审美风格演进的新环节，而是在历史总体（现代世界）中与其政治、经济结构变化相适应的文化实践的一部分，这是他们从唯物史观的视角对现代文学的正确诊断。正如弗朗西斯·马尔赫恩指出的，在马克思、恩格斯关于历史唯物主义的论述中，"我们毕竟可以看到社会结构及其转变的一般理论对理解文化实践具有最大的逻辑力量，看到那些与此相关的政治对从阶级和阶级斗争出发的种种文化承诺作出评估，看到这些政治理论极少能放弃对文学生产的实际和可能

---

① ［德］马克思：《剩余价值理论》，载《马克思恩格斯全集》第26卷（Ⅰ），人民出版社1972年版，第296页。
② ［德］马克思：《在人民报创刊纪念会上的演说》，载《马克思恩格斯选集》第1卷，人民出版社2004年版，第775页。

过程进行评论"①。

马克思认识到,服从于市场逻辑的现代文学生产受到物质生活的生产方式的制约,但绝不是简单的包含关系。在《剩余价值理论》中,马克思批判亚当·斯密没有考察精神生产与物质生产的区分,指出:"要研究精神生产和物质生产之间的联系,首先必须把这种物质生产本身不是当作一般范畴来考察,而是从一定的历史的形式来考察……如果物质生产本身不从它的特殊的历史的形式来看,那就不可能理解与它相适应的精神生产的特征以及这两种生产的相互作用。"②只有历史地考察物质生产本身,将其视为生产的一定的、历史地发展的特殊形式,才能"既理解统治阶级的意识形态组成部分,也理解一定社会形态下自由的精神生产"③。此外,在《资本论》第三卷中,马克思在论证不同生产部门按其技术特点需要不同比率的不变资本和可变资本时,特别指明这种纯粹的经济分析需要"撇开真正的艺术家工作不说(按照事物的本性来说,这种艺术家工作的考察不属于我们讨论的问题之内)"④。可见马克思区分了现代世界中的两种精神生产,一种即再生产统治阶级意识形态的精神生产,一种为真正自由的精神生产,这样马克思的论述避免了将现代文学整体上归为意识形态生产的偏颇,同时从批判的角度揭示了现代资本主义经济体制、生产关系不利于真正的文艺生产的事实,马克思的这一区分启发阿尔都塞不将真正的艺术列入意识形态之中。⑤

马克思主义创始人的文学批评是其总体性批判实践的组成部分,这要求我们从其著作整体出发,把握其文学批评的历史意识:认识现

---

① [美]弗朗西斯·马尔赫恩编:《当代马克思主义文学批评》,北京大学出版社2002年版,第3页。

② [德]马克思:《剩余价值理论》,载《马克思恩格斯全集》第26卷(I),人民出版社1972年版,第296页。

③ 同上。

④ [德]马克思:《资本论》第3卷,载《马克思恩格斯全集》第46卷,人民出版社2003年版,第859页。

⑤ 董学文等编:《现代美学新维度——"西方马克思主义"美学论文精选》,北京大学出版社1990年版,第295页。

代文学何以成为他们批评对象,以及如何在文学批评中贯彻历史意识,乃至在现代性批评中呈现现代文学的现实境况。历史意识是马恩一切批判活动的起点和终点,正如恩格斯所言:"历史就是我们的一切……我们要求把历史的内容还给历史,但我们认为历史不是'神'的启示,而是人的启示,并且只能是人的启示。"[①] 马克思、恩格斯文学批评所体现的历史意识并不是对现代文学状况的一种反应式说明,而是为理解其内在动力和复杂性提供了基本观点。

【作者简介】刘欣,文学博士,河北师范大学文学院讲师。

---

① [德]恩格斯:《英国状况·评托马斯·卡莱尔的〈过去和现在〉》,载《马克思恩格斯全集》第3卷,人民出版社2010年版,第520页。

第二编

中国化马克思主义文论及其当代建构

秉承马克思主义文艺观
坚守社会主义精神高地
——论贺敬之同志的马克思主义文艺观

陈飞龙

贺敬之同志在70多年的革命征程中肩负重要的革命文艺和社会主义文艺使命，一直战斗在党的文艺战线上，创作了大量的革命文艺作品。他早年的诗歌词彩如泣如诉、清新自然，中年诗歌的格调热情奔放、昂扬向上，晚年诗歌的诗风厚实凝重、豪放旷达。他的诗歌完全是与时代同步、与生活同行、与人民同心的。贺敬之同志还是一位著名的剧作家，他创作的歌剧《白毛女》影响了一代代中国人，成为一部艺术上和政治上都影响深远的时代经典。贺敬之同志有着非常丰厚的文艺创作实践，有着深邃的马克思主义文艺理论修养，还有着十分难得的宣传思想文化工作的经验。特别是在新时期的思想、宣传、文化战线的重要领导工作岗位上，贺敬之同志以卓绝过人的智慧，出色地完成党交付的许多文化艺术工作的艰巨任务，为马克思主义文艺理论研究和宣传，为社会主义文艺的繁荣和发展作出了杰出的贡献。

贺敬之同志在谈到理论的任务时说："理论的任务是揭示事物的本质和规律，从而用以指导实践"[①]，他还明确指出："马克思主义的思想路线要求我们理论研究必须联系实际。在文艺战线，党和国家的

[①] 《贺敬之文集》第3卷，作家出版社2005年版，第94页。

第二编　中国化马克思主义文论及其当代建构

方针政策的制定和贯彻执行对整个文艺工作所起的作用不就是一个最大的带有全局性的实际吗？联系这个实际进行认真研究不仅可以出理论，而且对社会主义文艺来说还是头等重要的文艺理论，有着不可取代的理论价值。脱离了这个大的实际，整个文艺理论研究就将陷入偏狭。进一步加强这方面的研究，是整个文艺事业大发展的需要，也是文艺理论自身发展的需要。"① 马克思主义文艺理论是一种特殊的社会意识形态，它不仅要研究文艺的一般规律，而且它还具有鲜明的实践性和独特的价值取向。我们的文艺理论研究必须联系实际，这才是我们整个文艺事业大发展的需要，也是文艺理论自身发展的需要，也只有关注社会主义文艺这个全局和文艺现实这个实际的文艺理论家，才是我们真正需要的马克思主义文艺理论家。贺敬之同志就是这样的一位马克思主义文艺理论家。收入《贺敬之文集》第三、第四文论卷的166篇理论文章蕴含着贺敬之同志深厚的马克思主义文艺理论学识和独特的辩证思维方式。当我细读着这些文章时，真的是感慨良多，也受到很大的教益和启迪。它使我的内心有了一股冲动，促使我从文本的角度尽力地想把其中贺敬之同志深厚的马克思主义理论底蕴和独特的马克思主义文艺理论思维方式解读出来。贺敬之同志是我的革命老前辈。在学习和研究贺敬之同志的马克思主义文艺观的过程中，感悟到我们的思想意识是一致的，所以在我的行文中以同志相称，以示敬意，更引以为豪。

一　学习和掌握马克思主义方法论，繁荣和发展社会主义文艺

贺敬之同志早在新中国成立之初就开始涉足文艺理论与批评，并撰写了有关文艺理论与批评的文章。用他自己的话来说："由于多年来个人在创作实践中的某些感受，也由于全国解放后做过几年编辑工作和戏剧创作的组织工作，使我对当时的文艺工作和文艺思想中的某

---

① 《贺敬之文集》第4卷，作家出版社2005年版，第192页。

些问题不能不有所思考、有所学习，因此也就不免要发表一些意见。"① 贺敬之同志从1949—1962年撰写的21篇文艺理论与批评文章，后来都被编入《贺敬之文集》第三卷。这些文章不仅涉及艺术本质、艺术特征、艺术形式、艺术技巧等基本的艺术理论问题，而且还针对当时文艺创作中存在的概念化、公式化问题进行了认真的分析，明确了文艺与政治、文艺与生活的正确关系，批判了狭隘的"配合任务"的观点，同时对于文艺作品怎样描写新人物、如何表现英雄人物以及典型问题提出了自己的理论主张，在张扬社会主义现实主义的同时，主张诗的革命浪漫主义。在这些重要的理论批评文章中，贺敬之同志多次提出要"加强马克思列宁主义及艺术理论的学习"②，"努力提高马克思列宁主义和政策思想的水平，深入生活体验，正确地运用社会主义现实主义原则，掌握艺术的方法"③。他在《〈1956年独幕剧选〉序言》一文中辩证地阐明了马克思列宁主义、党的方针政策与文艺创作的关系，他说："艺术为政治服务，作家学习马克思列宁主义，掌握党的方针政策，这是我们的不可动摇的原则。但艺术是以自己的方法来表现生活的。马克思列宁主义和党的政策给予我们认识生活和评价生活的巨大力量，可以在我们创造典型环境与典型性格的工作中给予无比重要的帮助。但它并不代替创作方法，并不取消艺术的特性。政策来源于生活，反过来又指导生活的发展。文艺作品反映政策，仍然是表现生活本身，不是去重复政策条文。文学创作要求对生活作形象化的表现，它的根本任务是描写人、创造人的典型。认清这一点对于克服公式化、概念化是十分重要的。"④ 这是精通艺术创作又深谙马克思主义文艺理论的贺敬之同志的肺腑之言。确实，马克思主义文艺学说是用辩证唯物主义的认识论和唯物主义的历史观来考察文化现象和分析文艺问题的。马克思主义文艺学的这种科学的学说和理论品格也是驱除在文艺理论领域里散布

---

① 《贺敬之文集》第4卷，作家出版社2005年版，第151页。
② 《贺敬之文集》第3卷，作家出版社2005年版，第14页。
③ 同上书，第60页。
④ 同上书，第69页。

第二编　中国化马克思主义文论及其当代建构

的各种唯心主义迷雾的利器。1962年,贺敬之同志在《有关戏剧创作的几个问题》这篇长文中论述了时代精神、如何表现英雄人物、典型和反映人民内部矛盾等四个十分重要的理论问题时,曾严肃地批评了姚文元的片面观点。他说:"这些年来,在戏剧批评中,把劳动人民内部矛盾看得非常简单,否认其中有些劳动人民以外的阶级意识的反映,以为生活仿佛像切豆腐似的,一刀切下去,这边是这边,那边是那边,否认劳动人民里边可能有资产阶级思想影响,甚至有封建阶级思想影响。例如姚文元批评《布谷鸟又叫了》的文章中的一些片面观点,不能说服人,把生活简单化。他说王必好和田支书的作风是封建残余思想,作者为什么写这个,这是人们内部矛盾嘛,于是说作者歪曲了生活。是不是劳动人民中间就不会出一个坏人,或者出了坏人就不能写了？后来有人就说我们只要写先进与落后的矛盾——实际上就只能写思想方法,甚至一般工作方法的矛盾。落后的一面不准写,结果只有写先进与更先进的差别,避开了思想意识中的矛盾。"① 后来的历史事实也证明了姚文元这种观点的片面性,这种片面的观点后来逐渐发展成为像"三突出"这样的极端理论。所以在这篇重要的理论文章中,我们可以看到贺敬之同志敢于批评错误观点的理论勇气,而像这样的批评即使在今天读起来依然让我们感到贺敬之同志的批评是那样的犀利,又是那样的以理服人,显示了贺敬之同志的敏锐思想和批评原则。充满马克思主义历史精神的深邃思想,彰显唯物主义辩证思维的科学方法,切实注重文艺实际的重要理念,这是贺敬之同志早期马克思主义文艺观的一个重要特点。

　　林彪、"四人帮"在"文伦大革命"期间炮制的"黑线专政"论,曾给社会主义文艺造成极其严重的灾难。经历文化大革命中长期冲击与挫折的贺敬之同志跟广大文艺工作者和全国人民一样欢呼粉碎"四人帮"的胜利,他曾深情地创作了《中国的十月》这首长篇政治抒情诗。在这历史的关键时刻,贺敬之同志走上了文化部副部长的岗位,成为党在文艺战线上的一名组织者和领导者。在改革开放的伟大

---

① 《贺敬之文集》第3卷,作家出版社2005年版,第177页。

秉承马克思主义文艺观　坚守社会主义精神高地

历史转变中，中国社会的各个领域都发生了巨大的、深刻的变革，文艺领域也不例外，同时也出现了许多新问题、新情况，迫切需要马克思主义文艺理论作出新的回答和理论总结。贺敬之同志一开始就把工作重点放在破除林彪、"四人帮"炮制的"黑线专政"论这一压在广大文艺工作者身上的精神枷锁上，为一大批受林彪、"四人帮"迫害的作家、艺术家平反冤假错案，解放被"四人帮"禁锢的文艺作品，并为提高文艺工作者的社会地位，付出了巨大的努力。打倒"四人帮"以后，贺敬之多次提出要恢复马克思主义、毛泽东思想的思想路线，号召用马克思列宁主义、毛泽东思想指导我们的文艺工作，指导我们的文艺创作。1978 年，贺敬之同志在《戏剧创作要为新时期的总任务服务》一文中针对"四人帮"的倒行逆施，深刻地指出："对于马克思列宁主义、毛泽东思想这个指导我们思想的理论基础所遭受的空前歪曲和篡改以及由此引起的一系列问题，我们必须给以正确的解答。"[①] 1979 年年初，贺敬之同志在音乐创作座谈会上的讲话中，大声呼吁文艺工作要回到马克思主义的科学轨道上来，回到实事求是的轨道上来。他指出："拨乱反正，是拨'四人帮'之乱，回到马克思主义的科学轨道上来，回到实事求是的轨道上来。"[②] 贺敬之同志这两次讲话为当时文艺界的拨乱反正起到了方向性的作用。在这次讲话中，他明确提出："当前，首先要解决思想问题。不仅是创作思想，更迫切的是发展文艺事业的指导思想。要用马克思列宁主义、毛泽东思想指导我们的文艺工作。要用马克思主义的观点总结历史经验，研究新情况、新问题，使我们的文艺事业在马克思主义科学理论的指引下，获得新的生机。"[③] 从上面的引述中，我们可以看到贺敬之同志在主抓新时期文艺工作时，总是殷切地希望我们的文艺界能回到马克思主义的科学轨道上来。

马克思主义是一门历史科学。它是以辩证唯物主义和历史唯物主义为指导的科学的世界观和方法论。因此，在新的历史时期，贺敬之

[①] 《贺敬之文集》第 3 卷，作家出版社 2005 年版，第 191 页。
[②] 同上书，第 211 页。
[③] 同上书，第 210 页。

第二编 中国化马克思主义文论及其当代建构

同志一开始就要求广大文艺工作者必须用马克思主义的立场、观点、方法来指导我们的文艺工作和文艺创作。在改革开放之初,贺敬之同志在好几篇文章中提到要用马克思主义的方法来解决文艺工作的实际问题。1980 年,贺敬之同志在《新的时代和作家的责任》一文中明确提出:"用马克思主义的立场、观点、方法去发现、思考和分析生活,通过作品去反映生活的真实和真理。"① 同年,他在《对当前文艺工作的几点看法》一文中指出"四人帮"形而上学猖獗,在他们的影响下产生的那些派性,那些形而上学,把我们害苦了。我们应该从这种思想枷锁中彻底解放出来。他认为看问题不要自以为是,要运用辩证唯物主义的观点,根据发展变化的客观实际来分析问题,要想取得一致的看法,就必须统一到辩证唯物主义的观点上来。他还在《对当前文艺工作的几点看法》和《总结经验,塑造新人》两篇文章中多次阐明:"彻底的唯物主义,就是科学的唯物主义,也就是要实事求是,一切从实际出发,采取辩证的方法来看待问题。我们也必须用这种正确的态度和方法来看待文艺现象,来处理文艺工作中的各种问题。我们看待文艺的发展形势,就一定要从文艺发展的实际情况出发,要研究和分析它发展的全过程。要全面地、发展地看问题。要两点论,不能一点论。""只有我们采取唯物的辩证的科学方法,才能对文艺形势有正确的认识,才能正确地坚持我们的方向,正确地确定我们的工作任务,找出解决具体问题的正确办法。"② 在具体的文艺创作中,怎样应用辩证法和唯物史观处理文艺作品中的矛盾冲突问题,这是一个比较棘手的问题。在这个问题上,贺敬之同志有他独到的见解。1982 年 12 月 3 日,贺敬之同志在中宣部召开的话剧创作座谈会上谈到发展话剧创作的几个问题时,说:"我们要有辩证唯物主义的观点,既写矛盾冲突,又要处理好矛盾冲突,要写出事物发展的过程和生活的发展趋势,表现生活里新的、前进的东西。在我们的新时期,旧的事物在衰亡,新的事物在生长,不相信这一点,他就不是

---

① 《贺敬之文集》第 3 卷,作家出版社 2005 年版,第 242 页。
② 同上书,第 266 页。

秉承马克思主义文艺观　坚守社会主义精神高地

一个马克思主义者。"① 也是在这个会议上,贺敬之同志还提出,我们文艺作品处理矛盾冲突,要注意表现正面的东西,这是矛盾的主要方面。与此同时,根据历史唯物主义的观点,我们应该注意表现人的精神和意志这个重要内容。唯意志论、精神万能是不对的,但还应当承认精神的反作用,正确地、充分地表现新时期人民的革命精神,以更好地达到团结人民、教育人民和推动历史前进的目的。这也是和写好矛盾冲突的问题分不开的。② 贺敬之同志在革命战争题材文学创作座谈会上的讲话中,明确指出:"历史唯物主义是我们的历史观,这是任何时候都不能动摇的。"③ 从以上贺敬之同志几次讲话中,我们可以清楚地看到贺敬之同志明确主张应用马克思主义的立场、观点、方法来研究文艺问题,而且他还十分娴熟地应用辩证唯物主义和历史唯物主义来处理文艺创作中的具体问题,他的这种充满辩证思维和历史精神的方法,确实能给人以心灵的震撼和思想的启迪。

　　正是由于贺敬之同志具有这样深厚的马克思主义学养,才能真正领悟马克思主义的真谛,所以他在新的历史时期在很多场合和很多文章及讲话中一直号召文艺工作者要努力学习和掌握马克思主义和马克思主义文艺理论。特别是在拨乱反正和解放思想期间,人们的思想十分混乱。贺敬之同志旗帜鲜明地多次站出来为马克思主义、毛泽东思想说话。1980 年 12 月,贺敬之同志在《对当前文艺工作的几点看法》一文中,严肃地指出:"文艺界几年来进行的拨乱反正和解放思想的工作,它的本意是恢复马克思主义文艺思想和毛泽东文艺思想的本来面目,而不是要从根本上否定它们。我们社会主义文艺的发展是决不能离开马克思列宁主义、毛泽东思想的指导的。"④ 1982 年 6 月,贺敬之同志在《工人阶级在社会主义文艺中的重要地位》一文中再次提出,搞创作,当然要学习写作技巧,丰富自己的文化和社会知识,但重要的还是要学习马克思主义和马克思主义文艺理论,提高自

---

① 《贺敬之文集》第 3 卷,作家出版社 2005 年版,第 346 页。
② 同上书,第 347 页。
③ 同上书,第 287 页。
④ 同上书,第 281 页。

第二编　中国化马克思主义文论及其当代建构

己的理论和思想水平。① 同年 6 月 18 日，贺敬之在中国文联四届二次全委会党员会上谈到当前文艺工作的几项任务时，明确要求文艺界掀起学习马克思列宁主义，学习毛泽东思想的热潮。他说："从现在开始，我们应当努力吸引和推动文艺界掀起一个持续不断的学习热潮，学习马克思列宁主义，学习毛泽东思想，学习中央的方针政策。要把学习当作我们在新时期能够做好工作的头等重要条件。只有加强学习，才能正确总结经验、发扬成绩、克服缺点，使我们的认识在马克思列宁主义、毛泽东思想的指导下，能够符合新时期的生活实际，使我们更自觉地在政治上同中央保持一致，使我们的创造性与积极性更好地发挥，并把它引导到正确的方向上来。"1982 年 8 月 19 日，贺敬之同志在全国民族音乐学第二次年会上的讲话中，要求各个艺术门类都要用马克思主义、毛泽东思想作指导，把研究马克思主义放在头等地位。他认真地提出："我想我们各项工作，包括我们的研究工作，都应该解决这个问题，都应该把研究马克思主义放在头等地位。"②

新时期以来，中国文艺界出现了很多复杂的新现象、新情况，贺敬之同志始终坚定地主张马克思主义文艺观的主导地位，坚持从马克思主义基本立场、观点出发去理解纷繁复杂的文艺问题。1984 年 4 月 14 日，贺敬之同志在中宣部文艺评论工作碰头会扩大会上谈到当前文艺评论工作的几个问题时，又语重心长地说，文艺运动、社会主义文艺事业的发展没有理论指导是不行的，没有一系列指导方针深入人心是不行的。临时的局部的生动经验，具体的评论和表扬，都是好的、需要的，但光靠这个不行。不能头疼医头，脚疼医脚，要有对基本理论和一系列方针的系统研究、宣传和教育。③ 1986 年 11 月 10 日，贺敬之同志在纪念人民艺术家王大化逝世四十周年大会上的讲话中，向青年文艺工作者耐心地提出："学习马克思主义，掌握马克思主义，坚持马克思主义的指导，仍然是我们革命文艺、社会主义文艺

---

① 《贺敬之文集》第 3 卷，作家出版社 2005 年版，第 364 页。
② 同上书，第 390 页。
③ 《贺敬之文集》第 4 卷，作家出版社 2005 年版，第 32—33 页。

的生命所在，是它的重要特征。我们现在处在全新时期，出现许多新情况、新问题。我们的时代的确跟过去不一样了，但是怎样认识这个时代，把握这个时代，反映这个时代，使得我们的艺术适应这个时代的要求，它的指导思想没有别的，仍然是马克思主义。我们现在要向青年、要向一些同志特别耐心地、结合实际地去宣传学习马克思主义的重要性，讲学习马克思主义的成功经验，告诉他们学习和掌握马克思主义对于艺术创作是大有好处的。"[①] 1990年12月，贺敬之同志在答《文艺理论与批评》记者问，在谈到当前文化工作任务的一些想法时，再一次谈到以马克思主义为指导加强文艺理论研究的问题。他说："文艺理论研究要密切联系实际，积极对当前文艺创作、文艺思想和文艺管理中带有普遍性的问题作出新的理论概括，并努力以马克思主义为指导加强文艺理论新领域的开拓和新兴学科的建设。"[②] 贺敬之同志多次提到要开展延安学、延安文艺学、文艺管理学、中国社团史等新兴学科的研究。他甚至还雄心勃勃地提出在有中国特色的社会主义文艺理论建设上，甚至是东方的艺术哲学、文化哲学、文艺学、文艺美学等方面，建设我们自己的理论体系。由上，我们可以认真地说在贺敬之同志的极力倡导下，我国新时期的文艺工作比较顺利地回到马克思主义的科学轨道上来了，文艺创作获得了新的生机。作家、艺术家对马克思主义基本理论进行了系统的学习、研究、宣传和教育，广大文艺工作者在马克思主义科学理论的指引下自觉地深入生活、接触民众，使我们的文艺创作沿着健康繁荣的方向发展。文艺理论家们也努力以马克思主义为指导加强了文艺理论新领域的开拓和新兴学科的建设。

二　遵循马克思主义世界观，努力探寻文艺的客观规律和社会主义文艺特殊规律

思想是行动的先导。马克思主义历来把世界观看成人们思想的总

[①]　《贺敬之文集》第4卷，作家出版社2005年版，第200—201页。
[②]　同上书，第358—359页。

第二编　中国化马克思主义文论及其当代建构

开关。但文艺与世界观的问题是一个很复杂的问题。贺敬之同志之所以一直强调世界观的重要性，在他看来世界观必然要涉及文艺理论研究中几个最重要的问题，如：文艺的普遍规律和特殊规律、文艺的个体与群体、文艺的主观与客观等。2002年5月，贺敬之同志在答河北电视台记者问时说，他一直不断在思考涉及世界观和文艺发展史的最重要问题有这样几点：一是文艺的普遍规律和特殊规律；二是个体与群体；三是主观与客观①。

首先，在世界观与文艺问题上，贺敬之同志对人类文艺的共同规律，对社会主义文艺的特殊规律，对资本主义的文艺规律进行过深入的研究，同时还对马克思主义文艺观的基本规律和各门类艺术规律进行过深度的探讨。1990年，贺敬之同志在《总结历史经验　研究艺术规律》一文中提出，特别要深入研究两个关系：一个是文艺的普遍规律和社会主义文艺的特殊规律的关系，一个是文艺的普遍规律和各个艺术品种的特殊规律的关系。② 他认为各个时代、各个阶级的文学艺术都要塑造艺术形象，都具有美的属性这样的共同特征，这是人类文艺的普遍规律。但他明确反对把西方现代主义、文艺商品化作为人类文艺发展的普遍规律。在贺敬之同志看来，社会主义文学艺术的思想倾向、审美情趣、服务对象和封建主义、资本主义的文学艺术是根本不同的。③ 他还明确指出："我们既要看到文艺的普遍规律，更要看到社会主义文艺的特殊规律，不能只讲普遍规律，无视以至抹杀特殊规律。具体来讲，文艺是社会生活的能动的、审美的反映，这一条基本的东西是共同规律；另外，文艺作为上层建筑的属性及其与经济基础的关系也是基本的共同规律。社会主义文艺拥有先进的马克思主义世界观，这是符合这两条共同规律的。在这两条共同规律下，我们也有我们的特殊规律。我们讲的能动的反映是革命的能动的反映，我们讲的特殊的意识形态是为社会主义服务的，对于这一点应该理直

---

① 《贺敬之文集》第4卷，作家出版社2005年版，第549—550页。
② 同上书，第368页。
③ 同上书，第368页。

气壮。"① 他还进一步提出,要研究文学艺术的普遍规律和各个艺术品种的特殊规律的关系。文学、戏剧、美术、音乐、舞蹈等都是艺术,但各门艺术的表现手段和表现形式是很不相同的。我们在研究社会主义文艺的共同规律时,也要钻研每一门艺术的特性。这方面我们做得还很不够。② 贺敬之同志在答河北电视台记者问时,还举例说:"《讲话》科学地总结和肯定了人类文艺史的一般规律,又突出地强调和论述了无产阶级文艺的特殊规律。如果否定前者,文艺发展就失去了借鉴和继承的依据;而否定后者,无产阶级的革命文艺和社会主义文艺就失去了自主性、独立精神和创新精神。这样,也就同时否定了人类文艺史必然要发展到社会主义文艺阶段这一普遍规律。"③ 贺敬之同志关于世界观与艺术规律的论述,贯穿着先进的马克思主义世界观,体现了对文艺规律严谨求实的科学探寻态度,这对于揭示人类文艺的普遍规律,充分认识社会主义文艺的特殊规律,阐明马克思主义文艺观的基本规律,深入研究各种艺术门类的特殊规律,都具有十分重要的引领作用。

其次,在世界观与文艺问题上,贺敬之同志对个体与群体问题进行过深刻的思考。在改革开放初期,有些人宣扬"艺术就是自我表现",把搞这样的东西当作什么"新的崛起"来提倡。贺敬之同志明确指出:"'新的美学原则'主张诗歌创作只是'表现自我',这就是在今天重新提出诗歌以至整个文艺创作是否还要和群众相结合、和时代相结合的问题。这个'新的美学原则',尽管它在某些方面提出了值得我们注意的问题,有些问题也有局部的道理,但我们不能同意它的基本观点。"④ 贺敬之同志认为,"自我"是不能脱离时代的。他指出,其实,自我、自我形象、抒情主人公仍是时代的产物,问题在于它是什么样的产物。艺术创作要有个性,但艺术个性并不神秘,不是要来排斥世界观的指导的。先进思想的指导,马克思主义思想的指

---

① 《贺敬之文集》第4卷,作家出版社2005年版,第369页。
② 同上书,第370页。
③ 同上书,第549—550页。
④ 《贺敬之文集》第3卷,作家出版社2005年版,第294页。

导，对于一个人民的作家、社会主义的作家来讲，不但是需要的，而且是非常重要的。① 他在《〈李季文集〉序》一文中进一步指出，对于一个真正属于人民和时代的诗人来说，他是通过属于人民的这个"我"，去表现"我"所属于的人民和时代的。小我和大我，主观和客观，应当是统一的。而先决条件是诗人和时代同呼吸，和人民共命运。② 贺敬之同志也是在答河北电视台记者问时，详尽地阐述了他对于个体与集体问题的明确想法。他认为："文艺工作者作为个体的人要生存、要发展、要通过文艺活动实现自我，这应当肯定；但同时又不能和社会群体特别是广大人民群众相背离。对于革命文艺工作者来说，不论是人生或艺术都应走和人民群众结合的道路。要在思想感情上和人民群众融合在一起，把个人命运和人民的命运融合在一起，立足点要站在人民一边，真正做到全心全意为人民服务。"③ 贺敬之同志关于在马克思主义世界观指导下处理好个人与集体的关系，鞭辟入里地分析了自我表现问题，有力地遏制了那种个人主义的文艺主张，采取充分说理，与人为善，共同探讨的方式，使绝大部分文艺工作者愿意承担起应有的社会责任感，坚持了文艺要和群众相结合、和时代相结合这个马克思主义文艺观和毛泽东文艺思想中的根本原则。

再次，贺敬之同志在文艺与世界观问题上，对文艺的主客体关系进行了长期的思索和探讨。贺敬之同志在答河北电视台记者问时谈到主观与客观的关系时，明确指出："做任何工作都要有主观能动性，文艺创作更需要主体性的发挥；但却不能由此否定对客观世界的依存关系，主观应当和客观相一致。在发挥主观能动性的同时应接受客观世界和客观真理的制约。"④ 他还指出，正确理解并实践改造思想、改造世界观，这本身不是"左"，而是发展无产阶级文艺的一条客观规律，就是说要正确地体现，要正确地解决主观和客观的关系，使主

---

① 《贺敬之文集》第3卷，作家出版社2005年版，第294页。
② 同上书，第340页。
③ 《贺敬之文集》第4卷，作家出版社2005年版，第549—550页。
④ 同上书，第550页。

观和客观相统一起来,使人们的头脑和时代相一致起来,和时代同步。① 20世纪80年代初,在主观和客观相统一起来和时代同步的问题上,当时社会上有一种说法:在过去,任何一个时代、一个国家的文艺发展,并没有哪一个什么样的党来领导,也没有规定一个什么单独的文艺方针,文艺还不是发展了甚至出现了伟大作品和伟大作家?还有人说,我们是社会主义国家,党有政治纲领,国家有宪法,何必一定要单独规定一个文艺方针呢? 1980年12月,贺敬之同志在电影局召开的制作人员影片观摩学习会上的讲话中,明确指出这种看法是不对的。他郑重地指出,首先,它并不符合历史事实。任何剥削阶级,特别是在它们取得统治地位以后,都不是对文艺漠不关心的,它们总是根据它们的阶级利益来确定对待文艺的方针的,只不过是完备、不完备,见诸文字或不见诸文字的区别罢了。旧时代的作家,他们对统治阶级的文艺方针也有一个方针,或者服从或者反对,他们对待当时的文艺现象或自己的创作,都是自觉或不自觉地采取某种方针,这就是由他们的世界观和文艺观所决定的某种文艺主张。② 所以,贺敬之同志一直旗帜鲜明地认为,由马克思主义世界观作指导的社会主义文艺与资本主义文艺有根本上的不同。他说:"社会主义文艺是为广大人民服务的,是由马克思主义世界观作指导的,是要求作品具有共产主义思想性的,是由无产阶级政党所领导并和社会主义的文艺民主相一致的。至少这样一些特点是和资本主义文艺从根本上不同的。"③ 1982年,人们在热议人性、人道主义问题时,贺敬之同志在《当前文艺思想的几个问题》一文中及时告诫大家要划清马克思主义与资产阶级世界观的界限问题。他说:"我们要划清马克思主义与资产阶级世界观的界限。社会主义国家总不能提倡个人主义、虚无主义、非理性主义、无政府主义。马克思主义有自己对人的本质、人与社会、人与人之间的关系的观点和理论。对待人性、人道主义问题,我们既不能重犯过去'左'的、简单化的错误,也要反对混淆

---

① 《贺敬之文集》第4卷,作家出版社2005年版,第253—254页。
② 《贺敬之文集》第3卷,作家出版社2005年版,第272页。
③ 同上书,第363页。

和模糊两种社会观、世界观的界限。"① 他还指出，马克思主义要发展，社会主义文艺也要发展。但所谓发展，绝不意味着要脱离马克思主义和社会主义的轨道。所以，提出"马克思主义的现代主义"口号，用西方现代派文艺的思想原则和美学原则来取代中国革命文艺的思想原则和美学原则，是不能赞同的。对这种意见，要讨论，要争鸣，要批评。讨论中我们要有自己的倾向性。总之，在世界观和人生观问题上，在文艺观和文艺方向、方针问题上，不能含混。尤其不能放松用正确的思想观点教育青年。② 1982 年 6 月 18 日，贺敬之同志在中国文联四届二次全委会党员会上的讲话中，明确提出共产党员没有宣扬和坚持资产阶级世界观的权利。他态度很明确地指出："在新时期，文艺界在政治上拥护党，赞成走社会主义道路的是绝大多数，但是不能说他们每个人都具有共产主义世界观，都是马克思主义者，也不能要求都这样。但是共产党员应该要求这样。""作为共产党员，没有宣扬和坚持资产阶级世界观、封建思想和其他错误思想而不受批评的权利，没有不受《党章》约束而仍然要做党员的权利。"③ 1983 年当文艺界出现精神污染时，贺敬之同志及时提醒大家要注意西方现代派文艺中的唯心主义、非理性主义的世界观问题。他在《正确地进行反对错误倾向的斗争》一文中，一针见血地指出，有些同志在学习西方现代派文艺的表现技巧时，把贯穿在西方现代派文艺中的唯心主义、非理性主义的世界观，社会达尔文主义、无政府主义的社会政治观，极端个人主义的人生观，"表现自我"的美学观，也都作为好东西搬过来，用这些错误的观点来观察、评价我们社会主义的时代生活，把我们的社会现实写成充满了动物般生存竞争的弱肉强食的世界，没有希望、没有出路、笼罩着危机感的社会。此外，像出版中的无政府状态，演出中的"一切向钱看"的不正之风，以及根本否定和拒绝文艺批评等问题，也都是和西方资产阶级腐朽思想作风的渗透分不开的。这些东西都助长了怀疑、反对党的领导和社会主义制度的

---

① 《贺敬之文集》第 3 卷，作家出版社 2005 年版，第 408 页。
② 同上书，第 408 页。
③ 同上书，第 372—373 页。

秉承马克思主义文艺观　坚守社会主义精神高地

错误思潮，助长了形形色色个人主义思想的泛滥，造成了不容忽视的精神污染。① 1984年5月5日，贺敬之同志在全国城市雕塑第二次规划会议上的讲话中在说到抽象派问题时，又明确指出，从指导它的美学思想的根本原则或世界观体系来说，我们不可能接受它。它是和马克思主义美学相抵触的，不适合大多数中国观众的欣赏习惯。但我们也不否认有某种抽象美的存在，因此作为具体表现手法，也许不是不可以吸收、改造和利用的。② 1996年10月1日，贺敬之同志在《〈激浊扬清集〉序》中，再次提出以西方资本主义或中国封建主义的世界观和文艺观作指导，是违背历史发展规律和我国国情的问题。他郑重地指出："当代中国的社会主义文艺事业，要以马克思主义文艺观、毛泽东和邓小平文艺思想为指导，在党的领导下，终究是会全面得到落实的。这不仅因为从理论上说不如此就不成其为有中国特色的社会主义文艺，而且实践已充分表明，不如此就不能真正地推进文艺的改革开放与开拓创新。以西方资本主义或中国封建主义的世界观和文艺观作指导，是违背历史发展规律和我国国情的。"③

在新时期，正是由于西方资本主义世界观和文艺观的大量涌入和中国封建主义的世界观和文艺观的沉渣泛起，不少人因此而迷失了方向。正如贺敬之同志所指出的，出现文艺思潮上的、文艺实践中的、文艺工作中的消极现象，原因就在于我们的头脑中马克思主义世界观，正确的世界观没有树立起来。④ 为此，贺敬之同志多次要求加强学习，牢固树立正确的世界观、人生观和价值观。⑤ 他提出，我们文艺工作者尤其需要刻苦学习马克思主义哲学著作，使自己有一个坚实的马克思主义世界观和方法论的根底，从而在反对错误倾向的斗争中真正按实事求是的原则办事。⑥ 他还明确提出，要通过学习马克思列

---

① 《贺敬之文集》第3卷，作家出版社2005年版，第483—484页。
② 《贺敬之文集》第4卷，作家出版社2005年版，第57页。
③ 同上书，第489页。
④ 同上书，第254页。
⑤ 同上书，第457页。
⑥ 《贺敬之文集》第3卷，作家出版社2005年版，第480页。

宁、学习社会，努力掌握科学的世界观，在改造客观世界的同时自觉地改造自己的主观世界。① 贺敬之同志在文艺与世界观问题上进行那么深入的思考，其目的是要求文艺工作者确立正确的世界观、人生观、审美观。

为人民群众创作更多更好的具有认识、启迪的作用和健康有益的文艺作品。他带着期待的语气说："对于作家、艺术家来讲，世界观是很重要的，但世界观只能自觉地树立，自然而然地渗透到创作实践中去。"② 他还进一步提出，真实地反映生活，这是艺术的生命所在。它要求在正确的世界观指导下，充分地反映历史发展的真实面貌和客观规律，这是它极大的优点。它要求通过典型人物和典型环境的表现，反映生活斗争的客观真理，因此具有巨大的美感作用，和令人信服的、给人以教育的强烈的思想性。③

三 秉持马克思主义科学真理，坚持和发展马克思主义文艺理论

20世纪80年代初，随着国际上反马克思主义思潮的涌入，国内某些人也肆意贬抑、丑化、排斥、攻击马克思主义，我国的思想文化界出现轻视和忽视马克思主义是真理的倾向，文艺理论界也引发了否定马克思主义文艺理论的现象。贺敬之同志敏锐地发现了这一问题。为了恢复马克思主义的威信，捍卫马克思主义在文艺领域的指导地位，贺敬之同志对他们所散布的种种谬论进行严厉驳斥的同时，还对马克思主义的科学真理和马克思主义美学的客观真理进行了详尽的阐释。1982年10月26日，贺敬之同志在报告文学座谈会上的讲话中，明确指出，马克思主义是真理，它能使我们更深刻、更全面地认识生活、认识矛盾，透过错综复杂的表面现象，看清事物的本质，把握生

---

① 《贺敬之文集》第4卷，作家出版社2005年版，第550页。
② 《贺敬之文集》第3卷，作家出版社2005年版，第213页。
③ 同上书，第280页。

活的发展趋势。① 1979年2月22日，贺敬之同志在音乐创作座谈会上的讲话中，十分自信地说，马克思主义是科学真理，社会主义是历史发展的必然，它不怕人们独立思考。只有通过深入的独立思考，人们才能真正地接受马克思主义和社会主义。② 而且，贺敬之同志也十分明确反对真理多元化的说法。他严肃地指出："从哲学上讲，真理的多元化之说是错误的，是不能接受的。世界是物质的，物质是运动的，精神是高度发展的人脑的产物。这里有什么多元？所以，马克思主义的根本观点是真理。我们搞社会主义文艺的人，在这个问题上不能含糊。在具体学科的观点上，在具体作品的题材、风格、样式上，我们从来不主张'一元化''单一化'，而是认为有'多'就有'一'，'一'不能代替'多'，'多'不能否定'一'。"③ 他还大声疾呼，我们应当是讲真理，不讲面子，为真理而斗争，不是为个人利益而斗争，也不是为小集团的利益而斗争。④ 无论遇到什么情况，贺敬之同志都满怀信心地说，马克思主义、毛泽东思想是真理，不管受到多少挫折，不管走多少曲折的道路，不管任务多么艰巨，真理是一定会胜利的！⑤

贺敬之同志在思想文化学术界保卫马克思主义真理的同时，还义无反顾地张扬马克思主义美学真理。他在《继续解放思想，掌握客观规律》一文中明确指出，马克思主义美学之所以是真理，首先就在于它第一次科学地阐明了文艺与社会生活的关系。陆游说"功夫在诗外"，"诗外"，可以理解为主要就是指的生活实践。不过在我们看来，生活恰恰是"诗内"的最重要的东西。作为一个真正的艺术家（包括作家、演员），要深入生活，站在时代潮流的前头。这不是条条框框，而是客观规律。⑥ 在《对当前文艺工作的几点看法》一文

---

① 《贺敬之文集》第3卷，作家出版社2005年版，第402页。
② 同上书，第214页。
③ 《贺敬之文集》第4卷，作家出版社2005年版，第222页。
④ 同上书，第42页。
⑤ 同上书，第259页。
⑥ 《贺敬之文集》第3卷，作家出版社2005年版，第356页。

中，贺敬之同志对马克思主义美学这一真理进行了进一步的阐释。他提出，提倡现有的作家采取各种方法和不同方式去深入生活、熟悉生活。比如现在最薄弱的就是对新的农村生活的熟悉。文艺是社会生活的反映，要很好地反映它，就必须很好地熟悉它。这个唯物主义的、现实主义的基本原理，虽然是老生常谈了，但它是真理。[1] 他主张真实地反映生活，这是艺术的生命所在。它要求在正确的世界观指导下，充分地反映历史发展的真实面貌和客观规律，这是它极大的优点。它要求通过典型人物和典型环境的表现，反映生活斗争的客观真理，因此具有巨大的美感作用，和令人信服、给人以教育的强烈的思想性。[2] 贺敬之同志针对有人对马克思主义文艺理论的基本原则认为是老一套，是过时的常识时明确指出，马克思主义文艺理论已经有了被实践证明是真理的、行之有效的一系列基本原则，我们的革命文艺的发展已经提供了一些宝贵的基本经验，党在新时期也制定了一系列文艺方针。我们已经有了这么一整套东西。应该说，我们在这方面的宣传和理论研究还不是那么很系统、很深入的，对文艺工作新的实践所发生的指导作用还不是那么很强的。文艺领域出现的错误思潮，在很多根本问题上还是反映了对这些基本原则、经验、方针的错误认识。有人认为这些东西是老一套，是常识，再宣传这些东西，没有什么意思。这种看法是不对的。[3]

正当贺敬之同志声张马克思主义的科学真理，捍卫马克思主义美学的客观真理之时，我国思想文化学术界悄然引发了一场关于坚持和发展马克思主义和马克思主义文艺理论的讨论。对一要坚持、二要发展这样的论题，开始的时候大家都觉得有新鲜感，但是对于坚持什么、发展什么、怎样坚持、怎样发展，主要是坚持还是主要是发展、坚持和发展的关系究竟怎样，这些问题也提出来了。贺敬之同志敏锐地觉察到坚持和发展马克思主义的重要性和迫切性，凭着深厚的马克思主义学养，他及时地对坚持和发展马克思主义和马克思主义文艺理

---

[1] 《贺敬之文集》第 3 卷，作家出版社 2005 年版，第 276 页。
[2] 同上书，第 280 页。
[3] 《贺敬之文集》第 4 卷，作家出版社 2005 年版，第 30 页。

论进行了详尽的阐释。1982年10月28日，贺敬之同志在《当前文艺思想的几个问题》一文中明确提出马克思主义要发展的问题。他认为马克思主义要发展，社会主义文艺也要发展。但所谓发展，决不意味着要脱离马克思主义和社会主义的轨道。在世界观和人生观问题上，在文艺观和文艺方向、方针问题上，不能含混。尤其不能放松用正确的思想观点教育青年。[①] 1984年9月15日，贺敬之同志在中宣部召开的文艺工作座谈会闭幕时的小结上专门谈到坚持与发展马克思主义的问题。他说，至于几个"为主"的问题，即对马克思列宁主义、毛泽东思想是坚持为主，还是发展为主；是坚持四项基本原则为主，还是解放思想为主，等等。这也是大家容易理解和统一认识的。因为所有这些基本论点都是小平同志讲的，它们之间的关系是相辅相成的，完全一致的。在具体问题上应该如何处理，要从有利于发展社会生产力这个大原则出发，从有利于建设两个文明的需要出发，根据我们文艺战线的实际情况，实事求是地去解决。[②] 1987年5月19日，贺敬之同志在解放军艺术学院再一次讲到坚持与发展马克思主义时说的非常明确，坚持与发展，二者不可偏废。这是因为两者是互相联系、难以分开的。不坚持就无所谓发展，不发展也坚持不住。从这个意义上讲，毛泽东文艺思想的基本精神、基本原则及一系列指导方针，对我们今天仍然是适用的。我们的理论家要去重新认识它，把它理清楚：毛泽东同志总结人类文艺史和无产阶级革命的历史经验，提出的那些基本原则，为什么在今天对我们还是适用的？我们过去做过这项工作，但近年来，被一些同志否定了。[③] 在文艺问题上，贺敬之同志还多次谈到如何坚持和发展马克思主义文艺观的问题。1981年，在中宣部文艺局召开的一次座谈会上，贺敬之同志专门谈到既要坚持又要发展马克思主义文艺观、毛泽东文艺思想的问题。他说，我们对马克思主义文艺观、毛泽东文艺思想的总的态度应该是：既要坚持，又要发展。不能借口坚持否定发展，也不能借口发展否定它的应当坚

---

① 《贺敬之文集》第3卷，作家出版社2005年版，第408页。
② 《贺敬之文集》第4卷，作家出版社2005年版，第115—116页。
③ 同上书，第244页。

持的正确原则①。1987年5月19日,贺敬之同志在解放军艺术学院又一次谈到了坚持与发展毛泽东文艺思想的问题时,说得更具体:"生活与艺术的关系、艺术的'流'与'源'关系;艺术的典型化、艺术高于生活的问题;艺术家必须熟悉生活、深入生活的问题。再比如,文艺与群众的关系,文艺工作者主观世界和客观生活的关系,世界观和艺术方法的关系,继承、借鉴和创新的关系,形式和内容的关系;思想性和艺术性的关系;歌颂和暴露的关系;人的共同性和人的阶级性的关系;普及与提高的关系;政治的一致性和艺术风格手法多样性等一系列问题,以及后来讲的'双百'方针问题,团结和批评的关系问题,统一战线问题,等等。所有这些重大基本原则问题构成了毛泽东文艺思想的丰富内容。今天看来,都还是基本正确,或是完全正确的,对我们仍有指导意义,是必须坚持的。但是,坚持又是在新的情况、新的历史条件下的运用,必然有所发展,必须结合新情况。情况确实变了,社会条件变了,历史条件变了。所以在这种情况下,坚持,不能仅仅停留在重复毛主席的论述,要和新的实践结合起来,赋予新的内容,要有新的考察,新的分析,新的阐述、见解和探索。"② 1996年7月16日,贺敬之同志在徐放作品研讨会上的讲话中再次谈到坚持与发展问题时提出理论认识在文艺创作中的转化问题。他说:"马克思主义要在坚持的基础上发展,在发展中加以坚持。如何在实践中把坚持和发展统一起来,如何把理论的认识转化为对生活的分析和反映,这都有一个艰苦的过程。有时理论的认识不一定能立即见诸生活实践和思想感情,不一定能立即变成诗的灵感、变成激情的流露。何况现实生活又极其错综复杂,充满着矛盾,有光明,有黑暗;有应该肯定的,有应该否定的;有值得歌颂的,有必须揭露的。如何用马克思主义的立场、观点、方法去观察、分析,这对我们都是一个需要认真对待和刻苦探索的课题。"③ 从以上诸多的引述中,我们可以清楚地看到贺敬之同志在坚持与发展马克思主义和马克思主义

---

① 《贺敬之文集》第3卷,作家出版社2005年版,第295页。
② 《贺敬之文集》第4卷,作家出版社2005年版,第155页。
③ 同上书,第245页。

文艺观问题上是做过深入思考的,他的论述是那么清晰又是那样的精辟。贺敬之同志充满着马克思主义哲学的睿智和闪烁着辩证唯物主义的思维方式,有力地保证了新时期文艺沿着健康的方向发展。

四 怀揣着共产主义理想和信念,建设和发展中国化的马克思主义文艺理论

作为马克思主义文艺理论家,贺敬之同志一直关心着中国化的马克思主义文艺理论建设。马克思主义首先是从俄国传到中国的。中国的马克思主义者在译介、阐释与宣传马克思主义的过程中,逐渐运用马克思主义基本原理,来研究、探讨和解决中国革命的斗争问题和社会主义的实践问题。中国化的马克思主义最初是由毛泽东主席提出来的。正如贺敬之同志所说的,中国化的马克思主义理论是我们党经过艰苦斗争并付出了血的代价创造和总结出来的。[①] 在谈到马克思主义经典作家与中国化的马克思主义关系时,贺敬之同志是这样表述的:"马克思主义跟我们的关系既有横的关系,也有纵的关系。在横的关系上,马克思主义产生在西方,西方一直到现在还有许多人在研究、坚持和发展马克思主义,有许多新鲜的东西值得我们研究、学习。但在我们国家,我们讲的马克思主义,既包括源自西方的马克思主义经典理论,同时,更主要的是与中国革命实践相结合中创造的中国化的马克思主义,所以又存在着纵的关系,即继承和发扬的关系。"[②] 中国共产党有重视文化工作的优良传统。毛泽东主席在革命战争年代里就强调"枪杆子"和"笔杆子",把"笔杆子"提到与"枪杆子"同等重要的地位,说明了我们党对文化工作的重视程度。文化工作的核心和灵魂是以什么思想为指导。在毛泽东主席和中国共产党的重视下,我们不仅翻译和诠释了大量的马克思主义文艺论述,而且依据马克思主义文艺观的基本原理对中国文艺活动的实践问题进行了长期的

---

① 《贺敬之文集》第 4 卷,作家出版社 2005 年版,第 486 页。
② 《贺敬之文集》第 3 卷,作家出版社 2005 年版,第 288 页。

第二编　中国化马克思主义文论及其当代建构

研究和探讨，并用它来解决中国文艺的实际问题。贺敬之同志曾多次提到并赞成周扬同志提出的建立和发展中国的、具有民族特点的马克思主义文艺理论学派以及建设有中国特点的马克思主义的美学理论体系问题。1980年12月，贺敬之同志在《对当前文艺工作的几点看法》一文中认为，周扬同志提出要建立和发展中国的、具有民族特点的马克思主义文艺理论学派，这个任务十分艰巨，但我们一定要努力逐步去实现它。在当前，我认为首先应当克服的是文艺理论研究和创作实际的某种脱节现象。如果这个问题不能很好地解决，就既不能对创作实践发挥更有力的指导作用，也无助于发展我们自己的马克思主义文艺理论学派。因为总结我们自己的实践经验是后者的必不可少的条件之一。① 1982年8月19日，贺敬之同志在全国民族音乐学第二次年会上的讲话中又一次提到，周扬同志早就提出我们要有中国特点的马克思主义的美学理论体系。但有些同志不赞成这个提法，我看还是应该这样提。马克思主义要同我们的国情、同中国实际相结合。我们对马克思列宁主义一要坚持，二要发展。发展，就是结合我们的实际，有我们的新贡献。②

中国化的马克思主义文艺理论是一门艰深的学术理论研究，而它的最大特点是理论联系实际。在新的历史时期，贺敬之同志作为中宣部副部长、文化部代部长一直处在中国政治权力中心的漩涡中，不管风云如何变幻，他始终保持着对马克思主义的执着追求、对中国共产党的无比忠诚、对共产主义的坚定信念。正如他的诗歌中多次吟诵和彰显的："百世千劫仍是我，赤心赤旗赤县民""未改少时初衷，不改入海之志""一滴敢报江海信，百折再看高潮来"。满怀着拳拳赤子之心和真诚炽烈的精神向往，贺敬之同志在马克思主义文艺理论中国化的过程中，反复强调要建设和发展中国的马克思主义文艺理论、文艺美学，而且他认为把中国的马克思主义文艺理论发展到一个新的高度已经具备条件。他曾十分自信地说："我们有过正面的、反面的

---

①　《贺敬之文集》第3卷，作家出版社2005年版，第288页。
②　同上书，第281—282页。

经验教训;有过反'左'和反'右'的经验教训,有过克服教条主义和资产阶级自由化的经验教训。这就使得我们有条件也有必要在这个基础上,建设和发展中国的马克思主义文艺理论、文艺美学——其中包括各个艺术门类的艺术理论。历史正向我们提出这样一个任务:总结历史经验,研究新情况、新问题,从中引出规律性的东西来,进而把中国的马克思主义文艺理论发展到一个新的高度。"①

在马克思主义文艺理论中国化的过程中,很关键的问题是要有一支马克思主义文艺理论研究机构和队伍组织。贺敬之同志一开始就十分注意中国化的马克思主义文艺理论、文艺美学队伍建设问题。1980年,他在《文艺报》《文学评论》《文艺研究》联合召开马克思主义文艺理论问题座谈会上提出,希望大家考虑一下马克思主义文艺理论研究机构问题,队伍组织问题,怎样发挥老一辈的作用和培养新生力量的问题以及出版马、恩、列、斯文艺理论著作,编写一部大众化的马克思文艺理论书,出版专门刊物,还有马克思主义文艺理论研究的中外交流问题,等等。② 在朱穆之、贺敬之等同志的呼号奔走、精心指导下,在艺术研究院有关领导和专家的共同努力下,中国艺术研究院马克思主义文艺理论研究所于1986年1月成立。2001年,贺敬之同志在接受李正忠、常丰威采访时说:"马克思主义文艺理论研究所是我提出的。当时我跟穆之同志商量,那时穆之同志是文化部部长,也得到王忍之同志的同意,那时王忍之同志是中宣部部长,得到他们的支持,这个所就成立了,风风雨雨中还坚持下来了。应该讲这些年这个所是有成绩的。"③ 同样在贺敬之同志的关心和支持下,随后《文艺理论与批评》创刊,1990年又成立了中国社会主义文艺学会。重温建所、创刊、办会的起因和方针,可以清楚地看到贺敬之同志的良苦用心和不懈努力。20多年来,马克思主义文艺理论研究所在马克思主义美学、文艺学、文艺批评、文艺思潮研究、外国文艺理论研究等方面,取得了丰硕的成果,编辑出版了《马克思主义文艺理论

---

① 《贺敬之文集》第3卷,作家出版社2005年版,第391页。
② 《贺敬之文集》第4卷,作家出版社2005年版,第368页。
③ 《文艺研究》2008年第3期。

研究》丛刊13辑;《世界艺术与美学》9辑;《外国文艺理论研究资料丛书》18种20册,完成国家艺术科学重点课题、年度课题、青年基金课题、中国艺术研究院重点课题及其他各种课题,如:《马克思主义文艺学大辞典》《新时期文艺争鸣辑要》(上、下册)、《新时期文艺新潮评析》《新时期文艺主潮》《邓小平文艺理论研究》《时代的旗帜——中国共产党与中国先进文化》《百位文艺家口述资料研究》等十余种。21世纪以来,我们所完成了《中国先进文化论》《非物质文化遗产概论》《春润文心——邓小平文艺理论科学体系》《中国马克思主义艺术理论发展史》等重点科研课题。全所同志还出版了数十种学术专著,发表了不少有社会影响的学术论文及评论,其中有多项课题和多篇论文、评论荣获文化部文化艺术科学优秀成果奖、中国艺术研究院科研成果奖等奖项。《文艺理论与批评》秉持马克思主义文艺理论,坚持社会主义文艺导向,从1986年创刊迄今已经出刊175期,产生了广泛的、良好的社会影响。正如1986年1月7日文化部党组扩大会议讨论并批准马克思主义文艺理论研究所成立时指出的:"长期以来,我国对马克思主义文艺理论的研究比较薄弱,力量比较分散,全国尚无一个研究马克思主义文艺理论的专门机构。当前在对外开放的新形势下,成立这样一个专门机构,对于研究和宣传马克思主义文艺理论,坚持并发展马克思主义的世界观和文艺观,澄清文艺领域各种非马克思主义的混乱思想,繁荣和发展社会主义文艺事业都是十分必要的。"回顾马克思主义文艺理论研究所和《文艺理论与批评》二十多年的历史,可以说,我们一直坚持了这一方向。贺敬之同志自始至终地关心和支持一所、一刊和一会的工作。

值得欣喜的是马克思主义文艺理论在新的世纪开始显露出它新的生机和活力。贺敬之同志在《〈激浊扬清集〉序》一文中说过,我国马克思主义文艺理论队伍水平在提高、走向成熟。同时我们也清醒地认识到我们前进的道路是漫长和曲折的。正如贺敬之同志所要求的,"马克思主义文艺理论队伍应有充分的精神准备,应要求自己加倍努力地进一步提高水平,改进工作,同广大文艺工作者携手连心,以迎接未来可能出现的各种艰难险阻"。同时,也像贺敬之同志所期待的,"中国的马克思主义文艺理论队伍和广大文艺工作者必须要也必定能在未来的风浪中继续前进,大踏步前进,这是可以预期的"①。

【作者简介】陈飞龙,中国艺术研究院马克思主义文艺理论研究所研究员,《文艺理论与批评》主编。

---

① 《贺敬之文集》第4卷,作家出版社2005年版,第514页。

人民需要是文艺存在的根本价值

马 驰

20世纪50年代,老一辈学者钱谷融先生发表《论"文学是人学"》一文,对当时国内流行的机械的、教条式的文学观进行了反拨。但这个符合文学规律的命题却遭到了全国性的批判,他本人也因此遭受牵连。半个多世纪过去了,当我们走出"左"的文艺路线的阴霾,重新审视文学的存在价值的时候,"文学是人学"已经成了我们的共识,正如钱谷融先生后来接受采访时所说:"文学的任务是在于影响人、教育人;作家对人的看法、作家的美学理想和人道主义精神,就是作家的世界观中对创作起决定作用的部分,就是我们评价文学作品的好坏的一个最基本、最必要的标准,就是区分各种不同的创作方法的主要依据;而一个作家只要写出了人物的真正的个性,写出了人物与社会现实的具体联系,也就写出了典型。这就是我那篇文章的内容大要。"①

毋庸置疑,"文学是人学"这一命题本身是正确的,这一命题的提出对纠正国内长时期流行的机械的、教条式的文学观确实起了重要作用。钱谷融先生《论"文学是人学"》一文里,一共谈到了五方面的问题:关于文学的任务、关于作家的世界观与创作方法、关于评价文学作品的标准、关于各种创作方法的区别、关于人物的典型性与阶

---

① 李世涛:《"文学是人学"——钱谷融先生访谈录》,《新文学史料》2006年第3期。

级性，但作者在文中并没有明确界定"文学是人学"中"人"范畴，文章没有解答文学创作"为什么人"和"怎样为"等问题。这不是钱谷融先生文章应该肩负的责任，我们更不能苛求钱谷融先生，是我们这些后学没有准确理解"文学是人学"中的"人"究竟为何？从而最终准确理解我们的文学应该"为什么人"和"怎样为"等问题。

　　1927年，鲁迅先生在黄埔军校的一次演讲中曾说过："现在中国自然没有平民文学，世界上也还没有平民文学，所有的文学，歌啊，诗啊，大抵是给上等人看的……""有人以平民——工人农民——为材料，做小说做诗，我们也称之为平民文学，其实这不是平民文学，因为平民没有开口。这是另外的人从旁看见平民的生活，假托平民底口而说的。"[①] 鲁迅先生在演讲中指出现在中国的文学家都是读书人，如果工人农民不解放，工人农民的思想，仍然是读书人的思想，必待工人农民得到真正的解放，然后才有真正的平民文学。鲁迅先生虽没有在演讲中明确回答文学"为什么人"和"怎样为"等问题，但通篇都显示出他对"民"（更准确地说是对平民）的关怀，而不是抽象地关注"人"；通篇都显示出他对平民的关怀和建立真正的平民文学的期待，鲁迅先生是为平民而代言。他还说："好的文艺作品，向来多是不受别人命令，不顾厉害，自然而然地从心中流露的东西。"[②] 从《新青年》时代开始，鲁迅先生就以睿智而深刻的理性精神和强健而坚韧的自由意志从事文学活动，既坚持了符合艺术目的性的自觉的审美创造，又充分地展开了以情感因素为旨归的自由的审美创造。在革命文学论争中，他指斥那些"先有了'宣传'两个大字的题目，然后发出议论来的文艺作品"是"教训文学"[③]；"九一八"事变后，上海的画报上出现了"白长衫的看护服，或托枪的戎装的女士们"，而一些"远路的'文人学士'便大谈'乞丐杀敌'，'屠夫成仁'，'奇女子救国'一流传奇式古典，想一声锣响，出于意料之外的人物

---

① 《鲁迅全集》第3卷，人民文学出版社1989年版，第421—422页。
② 同上。
③ 《鲁迅全集》第4卷，人民文学出版社1989年版，第18—24页。

来'为国争光'",鲁迅先生称之为"玩把戏"的文艺①;他还告诫左翼作家:"无须在作品的后面有意地插一条民族革命战争的尾巴,翘起来当作旗子";当文艺堕入某种观念的传声筒或某项具体政策的图解时,"那全部作品中真实的生活,生龙活虎的战斗,跳动着的脉搏,思想和热情"便荡然无存。② 在鲁迅先生看来,好的文艺作品是自然而然、情不自禁地创造出来的,如果一味强调创作理性的有意识地控制,那样的作品就会矫情、失真。文艺创作犹如童心的复活和再现,本来应是自然、纯真的感情之流露,倘若有意为之,往往事与愿违。鲁迅用做梦和说梦的不同来说明这个道理:"做梦,是自由的,说梦,就不自由。做梦,是做真梦的,说梦,就难免说谎。"③ 文艺创作就像做梦似的,作家一任自己的感情自然流淌,从而获得艺术的真实。"变戏法"的艺术也是一样,倘若有意而为,就会虚假;如果无心而作,反而有真。"幻灭之来,多不在假中见真,而在真中见假。"④ 有意为之、装腔作势之作,最易引起读者大众的幻灭之感。

马克思以前的各种社会观把社会或者理解为人群共同体,或者理解为人的外部环境。其实质都是把社会理解为外在于人的独立实体,都是一种"实体化"的社会观。"实体化"的社会观是人们对"社会"经验直观的产物,是以作为头脑当中的抽象的人为出发点的,这样,人的生命的丰富性就被抽象掉了,人不再是"有感觉的、有个性的、直接存在的人"而是"抽象的、人为的人,寓言的人、法人"⑤。从这种抽象的人出发,就不会真正理解由真实的人所构成的社会。马克思在批判各种已有的社会观和社会理论基础上形成了自己的社会观。马克思认为,为了真正理解社会,"首先应当避免重新把'社会'当作抽象的东西同个人对立起来。个人是社会存在物"⑥。在

---

① 《鲁迅全集》第4卷,人民文学出版社1989年版,第335—337页。
② 《鲁迅全集》第6卷,人民文学出版社1989年版,第590—593页。
③ 《鲁迅全集》第4卷,人民文学出版社1989年版,第467—469页。
④ 同上书,第24页。
⑤ 《马克思恩格斯全集》第1卷,人民出版社1956年版,第433页。
⑥ 《马克思恩格斯全集》第42卷,人民出版社1979年版,第123页。

人民需要是文艺存在的根本价值

这里,马克思确立了理解社会的出发点——"个人"。这里所说的个人不是他们自己或别人想象中的那种个人,而是现实中的个人,也就是说,这些个人是从事活动的、进行物质生产的,因而是在一定的物质的、不受他们任意支配的界限、前提和条件下能动地表现自己的。

鲁迅先生从弃医从文那一刻起,就把他意识到的"改变国民精神"的历史使命宣告于世了。他认为真正的艺术家应该具有"进步的思想和高尚的人格",从事革命文学创作的作家艺术家要做"革命人"。他说:"我以为根本问题是在作者可是一个'革命人',倘是的,则无论写的是什么事件,用的是什么材料,即都是'革命文学'。从喷泉里出来的都是水,从血管里出来的都是血。"① 革命作家在个人的自由创造中,只有融入了深厚的革命情感和进步的社会意识,才能写出革命文学。人不能在一刹那中命令自己具有某种情感或不具有某种情感,人的情感是在长期的社会实践中积淀而成的,它像喷泉里的水,血管里的血,在创作过程中自然而然地流淌出来。因此,从事"革命文学"创作的作家,必须先在革命的血管里面流淌它几年。为人民而写作,为人民代言是鲁迅先生一生的追求,他无愧于"民族魂"的称号,他的创作价值正体现在人民的需要之中。只可惜鲁迅的精神并没有在中国知识界及文人中真正扎根。

毛泽东出身农家,懂得农民的辛酸与悲苦、理想与追求。因此,农民问题是他从青少年时代开始一直关注的大问题。他对农民在历史发展中的地位和作用给予了高度评价:农民是人民的绝大多数,是革命的脊梁,革命的根本问题就是农民问题。"正如他后来在中国共产党第七次代表大会中所指出的:把'农民'两个字忘记了,就是读一百万册马克思主义的书,也是没有用的。"② 毛泽东寻求革命真理、救国救民道路的时候,始终强调要变换民质、改造民心、唤起民众,肯定人民是创造历史的动力。青年毛泽东的民族情感气质使他成为一面鲜艳而又富有感召力的民族民主革命的旗帜,鼓舞着这个民族民众

---

① 《鲁迅全集》第3卷,人民文学出版社1989年版,第544页。
② 同上。

为争取民族解放而奋斗，同时也使孕育中的文艺大众化思想从一开始就带着浓厚的民族特色和浪漫情结。我们今天可以就毛泽东文艺大众化的思想展开各种讨论，甚至也可以说毛泽东有关文艺大众化的思想充满理想主义情结，但毛泽东的"公共关怀"和"人类良知"，以及对旧世界的"批判精神"确与鲁迅有异曲同工之处。日后，毛泽东又在《中国共产党在民族战争中的地位》《新民主主义论》等著作中多次提出了文艺大众化问题，并提出"为全民族中百分之九十以上的工农劳苦群众服务"的思想。他的《在延安文艺座谈会上的讲话》，特别提出人民群众历来是作品"够资格"和"不够资格"的唯一评判者，并以戏剧与观众的关系为例，生动地说明了这样一个道理：戏唱得好坏，还是归观众评定的。一个戏，人们经常喜欢看，就可以继续演下去。

1943年11月，延安平剧院发动新剧本创作运动。在这个背景下，新编历史评剧（即京剧）《逼上梁山》诞生了。《逼上梁山》主要描写林冲的故事，但并不单纯表现林冲的个人遭遇，而是以林冲故事做线索，广泛联系北宋末年的社会斗争，突出表现了当时广大劳苦群众不堪封建统治者的压迫，纷纷起来聚义造反的现实。它不但描写了林冲由一个具有正义感的下层军官走上反抗道路的曲折过程，成功地塑造了这个"官逼民反"的典型形象；而且着力塑造了李铁、李小二、鲁智深、曹正、王月华等反封建起义造反式的英雄形象，讴歌了人民大众的造反精神及其在推动历史前进方面所起的作用。这就使《逼上梁山》在思想上与同一题材的戏曲作品有根本不同。在现代中国戏曲发展史上，《逼上梁山》的出现具有重大意义。

1944年元旦，中共中央党校俱乐部"大众艺术研究社"首次演出《逼上梁山》。该剧只演了不到10场。1月9日上午，他们接到通知，说毛泽东要看《逼上梁山》，并让先把剧本送去。由于剧本还没有成形，他们只好临时分头抄写送了去。这天晚上，毛泽东看完《逼上梁山》演出十分高兴，当夜给杨绍萱、齐燕铭写了封热情洋溢的信："看了你们的戏，你们做了很好的工作，我向你们致谢，并请代向演员同志们致谢！历史是人民创造的，但在旧戏舞台上（在一

人民需要是文艺存在的根本价值

切离开人民的旧文学旧艺术上）人民却成了渣滓，由老爷太太少爷小姐们统治着舞台，这种历史的颠倒，现在由你们再颠倒过来，恢复了历史的面目，从此旧剧开了新生面，所以值得庆贺。郭沫若在历史话剧方面做了很好的工作，你们则在旧剧方面做了此种工作。你们这个开端将是旧剧革命的划时期的开端，我想到这一点就十分高兴，希望你们多编多演，蔚成风气，推向全国去！"①人民性是毛泽东思想的重要组成部分，毛泽东的人民性思想传承了马克思主义的思想传统，并结合中国革命和中国历史的具体情况，给予了进一步的发展和完善。毛泽东的人民性思想也催生了文艺新作的涌现，使当时的解放区产生了一批小说、戏剧、诗歌等堪称经典的作品，它们至今依然充满了认识价值和历史价值，在艺术上具有永久的魅力。毛泽东人民本位文学观的确立打破了中国传统的"载道说""娱乐说"的文学观念，注入新内涵，体现了新文艺底层关怀的人文精神。这种文艺观虽然质朴，不乏很强的目的性，但却也在客观上推动了文艺启蒙作用的实现，在中国历史上真正解决了"为什么人"和"怎样为"的问题。

1942年，毛泽东《在延安文艺座谈会上的讲话》中，又提出了文艺要塑造新人形象的要求。他说："有的同志想：我还是为'大后方'的读者写作吧，又熟悉，又有'全国意义'。这个想法，是完全不正确的。'大后方'也是要变的，'大后方'的读者，不需要从革命根据地的作家听那些早已听厌了的老故事，他们希望革命根据地的作家告诉他们新的人物，新的世界。"②毛泽东的讲话，澄清了当时延安文艺界存在的一些糊涂认识，发展了恩格斯提出的文艺要"歌颂倔强的、叱咤风云的和革命的无产者"的思想，为无产阶级文艺的发展和繁荣，起了十分重大的作用。但哪些人是"新的人物"？他们"新"在哪里？毛泽东当时并没有具体解释。马克思、恩格斯在《德意志形态》等论著中，把能否改变社会环境确立为新人的重要标志。他们认为思想是重要的，但思想本身并不能实现什么东西，"为

---

① 《毛泽东书信选集》，人民出版社1984年版，第222页。
② 《毛泽东文艺论集》，中央文献出版社2002年版，第81—82页。

第二编　中国化马克思主义文论及其当代建构

了实现思想",必须"有使用实践力量"去"改变旧环境"的"新人"。

"新人"问题,邓小平于1979年10月在《在中国文学艺术工作者第四次代表大会上的祝辞》中重新提出。他说:"我们的文艺,应当在描写和培养社会主义新人方面,付出更大的努力,取得更丰硕的成果。"20世纪80年代初我国文学界结合对改革题材作品的评价对"社会主义新人"及其塑造问题从理论上进行了探讨。塑造和描写"新人"是社会主义文艺根本的、一贯的要求。随着历史条件和历史任务的不同,恩格斯曾把这些"新人"称为"倔强的、叱咤风云的、革命的无产者",苏联文学界称之为"社会主义英雄人物",我国80年代以前称之为"工农兵英雄人物"。进入社会主义建设的新时期以来,在改革的形势下,一代社会主义新人正在成长。因此,文学界普遍认为,塑造社会主义新人形象,是新的历史时代的必然要求,是社会主义文艺推动社会前进的伟大职责。

在什么是社会主义新人的问题上,评论界看法尚不尽一致,有的意见主张新人必须具有爱国主义的思想特征,有的意见强调新人必须有不同于传统的先进人物的"新"的时代特质。更多的意见则认为,社会主义新人,应当是多种多样、多姿多彩的,不应该是一个模式、一种类型。它的基本思想特征,应该是既体现社会主义的理想,同时又在性格、才智、情操等方面具有的新的境界,新的气质。社会主义新人,不论是正在成长的或已经成熟的,不论出现在硝烟弥漫的战场或日常平凡的工作岗位,不论性格、经历、命运、业绩如何,都是社会主义现代化事业的积极参与者和捍卫者,都有大无畏的主人翁精神和历史首创精神。社会主义新人的提法既继承了社会主义文艺坚持塑造新人的先进性,又适应我国新的形势,把新人的范围扩大到包括工人、农民、知识分子、各行各业的社会主义劳动者和拥护社会主义的爱国者,一个不争的事实是:我们今天的大学、科研院所、文化机构中充斥着庞大数量的各类专业工作者。他们每天都在辛苦地进行知识生产,炮制出以几何级数增长的论文、专著和文学作品。可是,他们能称得上鲁迅所谓的"真的知识阶级"吗?他们在当下大众文化主

人民需要是文艺存在的根本价值

导的市场经济社会中,更多的沦为"商"的"帮闲""帮忙"与"大众"的"帮闲""帮忙";他们不再关注身外的世界,不再站在没有声音的人、没有代表的人、无权无势的——真正人民大众的立场,不再为被侮辱被损害的人们伸张正义,不再为底层民众呐喊代言,不再对社会不平现象做出抗议,不再对社会丑恶势力进行批判;知识分子的知耻感消失了,疼痛感消失了,良知感消失了,正义感消失了,悲悯和爱也消失了。这样一个很难代表社会大众的群体,一个很难引领社会正义的食禄阶层,还有能力塑造与讴歌社会主义新人吗?

  作家艺术家们有选择"写什么"和"怎么写"的自由,但更应当谨记人民的需要是当代文艺存在的根本价值。创作主体可以歌颂真善美,也可以抨击假恶丑。揭露和批判假恶丑也可以从反面间接地肯定真善美,引导人们向那些丑陋的和龌龊的东西揖别,从而具有一定的预防、教训和警示作用,却不能从正面告诉人们应当做什么和怎样做。只有塑造能充分体现社会主义的思想体系和价值体系的新人形象和新人形象体系,才能更好地通过宣扬先进人物和英雄人物的理想信仰、人生态度、体制认同、观念模式、价值取向、行为方式和伦理道德情操,从而充分体现以正面教育为主的原则,对大众起到示范、启迪、疏导、规劝、镜鉴、陶冶、感化、鼓舞、救赎乃至提升的作用。

  【作者简介】马驰,上海社会科学院思想文化研究中心研究员。

优秀传统文化的发扬与
文艺人民性的实现

泓　峻

一

在2014年10月16日召开的文艺工作座谈会上，习近平总书记一方面强调："社会主义文艺，从本质上讲，就是人民的文艺。文艺要反映好人民心声，就要坚持为人民服务、为社会主义服务这个根本方向。"与此同时，他又指出："必须把创作生产优秀作品作为文艺工作的中心环节，努力创作生产更多传播当代中国价值观念、体现中华文化精神、反映中国人审美追求，思想性、艺术性、观赏性有机统一的优秀作品。"并特别强调，"中华优秀传统文化是中华民族的精神命脉，是涵养社会主义核心价值观的重要源泉，也是我们在世界文化激荡中站稳脚跟的坚实根基"，要求文艺工作者"结合新的时代条件传承和弘扬中华优秀传统文化，传承和弘扬中华美学精神"[1]。

实际上，近两年来，习近平曾在许多场合不断强调发扬光大中国传统文化的重要性。特别是2014年9月24日，在纪念孔子诞辰2565周年国际学术研讨会暨国际儒学联合会第五届会员大会开幕会上发表讲话时，习近平全面论述了中华民族优秀传统文化对中国和世界历史

---

[1]　《习近平主持召开文艺工作座谈会》，《人民日报》2014年10月16日。

发展与文明进步曾经发挥过的巨大作用。他说:"从历史的角度看,包括儒家思想在内的中国传统思想文化中的优秀成分,对中华文明形成并延续发展几千年而从未中断,对形成和维护中国团结统一的政治局面,对形成和巩固中国多民族和合一体的大家庭,对形成和丰富中华民族精神,对激励中华儿女维护民族独立、反抗外来侵略,对推动中国社会发展进步、促进中国社会利益和社会关系平衡,都发挥了十分重要的作用。""在长期演化过程中,中华文明从与其他文明的交流中获得了丰富营养,也为人类文明进步作出了重要贡献。"同时,他还重点强调了传统文化与当代中国的关系,认为"当代中国是历史中国的延续和发展,当代中国思想文化也是中国传统思想文化的传承和升华,要认识今天的中国、今天的中国人,就要深入了解中国的文化血脉,准确把握滋养中国人的文化土壤"[①]。2013年11月26日在山东考察时,习近平则把民族文化的复兴与实现中华民族伟大复兴的"中国梦"联系在了一起,指出:"一个国家、一个民族的强盛,总是以文化兴盛为支撑的,中华民族伟大复兴需要以中华文化发展繁荣为条件。"[②]

因此,可以说,习近平在文艺工作座谈会上提出的通过文艺创作传承和弘扬中华优秀传统文化与美学精神的主张,是以对中国优秀传统文化在当今中国与世界发展中的重要性的认识为前提的,其目的是希望当代文艺介入中华民族文化软实力的提升与民族复兴的伟大事业当中,这是在新的历史条件下中国共产党赋予文艺工作的一项重要使命。

在中国共产党的文艺路线中,坚持文艺的人民性,是带有根本性、指导性的方针。那么,文艺的人民性这一中国马克思主义文艺理论的根本立场,与继承发扬优秀传统文化这一新的文艺使命能否统一,怎样理解二者之间的关系,就成为一个颇为值得探讨的理论问题。

[①] 习近平:《在纪念孔子诞辰2565周年国际学术研讨会暨国际儒学联合会第五届会员大会开幕会上的讲话》,《人民日报》2014年9月25日。

[②] 《习近平在山东考察时强调:认真贯彻党的十八届三中全会精神,汇聚起全面深化改革的强大正能量》,《人民日报》2013年11月29日。

第二编　中国化马克思主义文论及其当代建构

二

如何对待本民族传统文化,曾经是国际共产主义运动中面对的一个十分复杂的难题。对这一问题,不同的马克思主义文艺理论家有不同的理解。而且,在不同的历史时期,面对不同的现实语境时,无产阶级政党也会对传统文化采取不同的态度。而无论对传统文化采取什么立场态度,使用什么策略,实际上都是以传统文化是否有利于无产阶级文化的建立,以及是否有利于文艺人民性立场的实现为判断标准的。

"五四"以来的中国现代文艺,被称作"新文艺"。"五四"新文艺是在批判与否定中国传统的"旧文艺",学习与借鉴西方文艺的基础上建立起来的。中国共产党领导下建立的"左翼"文艺运动,形成于20世纪二三十年代。这一文艺运动一方面受到"五四"新文艺精神的直接影响,另一方面也试图以"革命文学"的口号为引导,超越"五四"文艺传统。在"革命文学"时期以及"左联"时期,文艺的"阶级性""人民性",以及"文艺的大众化""文艺的宣传功能"等问题,是文艺家们关注的重点。无产阶级文艺与传统文化的关系问题,基本上还没有进入这一时期中国左翼文艺家的视野。

然而,就在同一时期,这一问题,却在国外左翼文艺家那里,特别是在苏共领导的文艺运动中,得到了十分认真的讨论。

就包括列宁、斯大林在内的苏联理论家而言,他们对传统文化与无产阶级文艺关系的思考与论述,主要是在文艺的"民族性"这一概念下展开的。而在俄语中,"民族性"本来就是一个与人民性密切相关的概念。俄语在表达"民族的"这一概念时,有两个词语,一个是同时具有"人民的"这一含义的 народный 一词,一个是与"人民的"没有关系的 национализм 一词。实际上,当我们面对普希金、别林斯基等俄国19世纪具有民主主义思想的作家与文论家的作品与批评文章时,要区分他们谈论的是文学的"人民性",还是文学的"民族性",是比较困难的,因为他们所使用的都是 народный 这个词，因此需要通过上下文的语境来具体分析：当这个词指涉的对象是与贵族文艺相对的面向普通民众的文艺时，倾向于人民的语义；当它所指涉的是与国外的文艺形式相对的本土文艺时，则倾向于民族的语义。而且，"民族的"与"人民的"两个词同义，或者干脆就是同一个词的现象，在法语、德语以及俄语以外的其他斯拉夫语中同样存在。葛兰西就曾注意到这一颇有意味的语言现象，并把它引入自己对民族性与人民性关系的思考之中。

在19世纪初期，民族独立的诉求与民族意识的培养，是俄国进步思想家十分关注的问题，因此，普希金、别林斯基等人在这一时期使用народный一词时，实际上是比较倾向于其"民族性"的语义的。① 后来，随着俄国民粹思想与资产阶级民主革命思想的传播，在别林斯基、车尔尼雪夫斯基等人的文论中，народный一词的词义逐渐向强调关注普通民众的人民性倾斜。但是，即便如此，文艺与民族文化传统的关系问题，在俄国文论家那里也并没有完全被遮蔽，到了苏联时期，在列宁、斯大林等人那里，甚至又进一步得到了凸显。正是在思考这一问题的时候，列宁提出了著名的"两种民族文化"的论断。而斯大林在面对这一问题时，则更为明确地指出："无产阶级的全人类文化，不但不排斥，反而以民族的文化为前提，反而要滋生民族文化，正如民族文化不但不排斥，反而补充无产阶级的全人类文化，使它更加丰富。"②

当传统文化与文艺的人民性之间的关系问题进入中国马克思主义文论家的视野时，这些观点发挥了巨大的影响力。

三

中国左翼理论家开始认真思考文艺与传统文化的关系问题时，也是在文艺的民族性这一概念下展开的，其时间大概在20世纪30年代

---

① 陈训明：《普希金关于文学民族性与人民性的论述》，《国外文学》2002年第2期。
② 斯大林：《论民族问题》，生活书店1939年版，第347页。

中期。有意思的是，虽然汉语中"人民性"与"民族性"两个概念并不像它们在俄语中那样具有语言学上的关联，但左翼理论家在此时对文艺的"民族性"问题进行思考时，仍然与强调文艺的底层取向的"人民性"问题纠缠在了一起。因为就在同一时期，大众语的问题、文艺大众化的问题，也成为包括左翼文艺家在内的整个中国文化界十分关注的热点问题。

民族性问题与文艺大众化问题的提出，一个最为现实的诱因，就是日本侵华，以及全民抗战的到来。具体地讲，在抗日战争爆发前后，中国国内的民族意识上升，中国共产党的政策与任务也因此发生了重大改变。一方面，在建立"抗日民族统一战线"的口号之下，对民族认同感的强调暂时超越了对阶级斗争、党派利益的强调。而共同的民族文化之根，被视为国共双方能够走到一起、建立统一战线的重要基础之一；另一方面，出于抗战动员的需要，又必须让抗战文艺能够以通俗的形式深入到最下层的民众。而且，国难当头之时，许多上层人士与知识精英也意识到，下层民众才是抗日战场上的主力军，是抗战成功的希望所在，民粹主义的思想因此也开始抬头。

从抵抗外侮，建立中华民族的认同感与民族自信心的角度，许多人强调中国传统文化的正面价值，强调文艺应当具有自己民族的形式与民族的气派。这里所说的民族形式与民族气派，应当包括传统艺术中的诗、词、文、赋、乐、舞、书、画等古典形式，以及其中所包含的士大夫文人的审美趣味；而从让文艺起到动员发动民众的作用，并用文艺作品歌颂人民群众抗战的英勇事迹与发掘民众中抗战的力量这一目的出发，许多人又强调抗战文艺应该取大众化的形式，并把文艺关注的重点投向民间，投向那些在战场上浴血奋战的最普通的士兵，从社会的最基层发现抗战所需要的义勇精神与爱国热情。这两种同样基于抗战需要形成的文艺立场的分歧，正是俄文中 народный 一词所表达的"民族性"与"人民性"两个义项之间的分歧所在。在这里，民族性与人民性的分歧固然存在，但其逻辑起点却是共同的，在逻辑展开中的相互纠结也是必然的。

20 世纪 30 年代与 20 世纪 40 年代之交，在中共领导下的左翼文艺阵线内部，曾经就文艺的民族形式问题，展开一场十分热烈的讨论。在讨论过程中，强调利用与改造旧的民族形式，以创造不同于"五四"文艺的新文艺的声音，最终成为主流的声音。左翼理论家们明确指出，民族形式的问题，就是"中国民族旧文艺传统的继承与发扬的问题"①。这显然是一种与"五四"时期差异很大的文化观念。在这里，新文艺与旧文艺之间，不再是断裂的、相互取代的、你死我活的关系，而是一种继承、改造、转化的关系。这种态度，意在保证民族文化传统的一脉相承，并使文艺的受众以文艺作品为中介获得民族身份的认同感。

但是，在提倡民族形式的左翼理论家看来，"五四"新文艺存在的问题，不仅仅包括其所采用的文艺形式是外来的，缺少中国自己的特色，同时还包括它过于文人化，脱离了大众的审美趣味与欣赏水平。而且，从后一种观点看，欧化的形式，正是其文人化、脱离大众的重要表现。因此，在试图纠正"五四"新文艺存在的问题时，民族化与大众化两个视野也是叠加在一起的，这种叠加，或者说是左翼文艺家在文艺的民族性与人民性之间进行选择时的纠结，使他们不可能赞同同样具有文人化特征，脱离大众审美趣味与欣赏水平的古典文艺形式。在这种情况下，既具有民族自身的审美特征，又较为通俗易懂的传统民间文艺形式，便被推举为文艺民族性的最理想的形态。这使得对文艺民族形式的提倡，最后基本上落实在了对传统民间文艺形式的改造与利用之上。

毛泽东的文艺思想，也是在这一时期开始形成的。实际上，左翼文艺内部关于民族形式的讨论，就与毛泽东的提倡与引导有着直接的关系。而且，对文艺民族形式的提倡最终变成对传统民间文艺形式的改造与利用，也与毛泽东本人的文艺立场所产生的影响密切相关。在延安时期开始形成的毛泽东的文艺思想中，人民性是其最为本质的特性。而且毛泽东的人民性立场，具有更为鲜明的底层取向，这一取向

---

① 艾思奇：《旧形式利用的基本原则》，《文艺战线》第 1 卷第 3 号，1939 年 4 月 16 日。

第二编　中国化马克思主义文论及其当代建构

集中体现在毛泽东对农民的态度上。在毛泽东看来，文艺工作者在设定自己的服务对象时，应该充分考虑到当时占中国人口绝大多数的农民这一群体。号召作家为农民而创作，创作适应农民的欣赏水平与欣赏习惯的文艺作品，让文艺真正走进农民的生活，为他们所喜闻乐见，从而发挥提高农民、教育农民、引导农民、解放农民的功能，这应该是毛泽东区别于此前任何一个文艺理论家的地方所在，它构成了毛泽东延安文艺思想中一项最为核心的内容。而对农民而言，民族化的形式只能是民间形式：戏曲、秧歌、民歌、说唱文学、语言通俗易懂的白话小说……

而且，毛泽东对传统文艺的关注，不仅在其形式方面，也在其思想内容方面。从内容上进行分析时，毛泽东吸收了列宁"两种民族文化"的观点，把传统文化资源分成了具有人民性的进步文化与反人民的封建落后文化两种形态。正是有了对传统文化的这种分析，当《在延安文艺座谈会上的讲话》强调"对于中国和外国过去时代所遗留下来的丰富的文学艺术遗产和优良的文学艺术传统，我们是要继承的"，"对于过去时代的文艺形式，我们也并不拒绝利用，但这些旧形式到了我们手里，给了改造，加进了新内容，也就变成革命的为人民服务的东西了"[①]时，继承什么，改造什么，是十分明确的。其结论，与民族形式讨论中最终的落脚点是基本一致的。

然而，与当时许多参与文艺民族形式讨论的左翼理论家相比，毛泽东的深刻之处在于，他并不仅仅把文艺的民族形式的提倡，当成为建立抗日民族统一战线、动员民众抗战而采取的临时性的文化策略，而是一开始就把它上升到了在未来的中国要建立什么样的新文化与新文学这一高度上进行思考的。

毛泽东对民族形式的强调，是与他对"马克思主义中国化"问题的思考联系在一起的。这涉及中国共产党怎样将中国经验运用到从国外引进的马克思主义理论当中去这一对中国革命来讲更具根本性的

---

① 毛泽东：《毛泽东选集》第 2 卷，人民出版社 1991 年版，第 855 页。

优秀传统文化的发扬与文艺人民性的实现

问题。而且，对中国经验的强调，也是中国共产党在国际共产主义运动中确立自己的民族身份，建立自己理论话语的一种探索。不同的眼界，使得毛泽东在看待中国文化传统的价值时，具有了更多战略性的眼光。1938年，在党的六届六中全会上作政治报告时，他指出"我们这个民族有数千年的历史，有它的特点，有它的许多珍贵品"，"从孔夫子到孙中山，我们应当给以总结，承继这一份珍贵的遗产。这对于指导当前伟大的运动，是有重要帮助的。共产党员是国际主义的马克思主义者，但是马克思主义必须和我国的具体特点相结合并通过一定的民族形式才能实现"。他称这种融入了中国经验，与中国的具体特点相结合的"马克思主义"为"新鲜活泼的、为中国老百姓所喜闻乐见的中国作风和中国气派"①。

到了1940年，在《新民主主义论》中，毛泽东又进一步把"民族形式"的问题引进了对文化问题的论述当中。他说，新民主主义的文化应该是"我们这个民族的，带有我们这个民族的特性"，"民族的形式，新民主主义的内容——这就是我们今天的新文化"。② 而这种新文化，与他"不但要把一个政治上受压迫，一个经济上受剥削的中国，变为一个政治上自由和经济上繁荣的中国，而且要把一个被旧文化统治因而愚昧落后的中国，变为一个被新文化统治因而文明进步的中国"③ 的伟大理想是联系在一起的。

因此，毛泽东对"人民"这一概念的使用，"新民主主义"理论的构建，既体现着他鲜明的阶级立场，也体现着他试图超越一个阶级的局限，建立一个更具包容性的共和国的理想。这个共和国既应是不同阶级的联合体，也应是几千年中华文明史的延伸。其所要建立的新的文化，也应当是包容性的，包容不同的阶级，也包容传统的不同方面。而这种包容性的最终实现，取决于中国共产党从革命党到执政党地位的转变，以及"人民"概念的进一步扩展。

---

① 毛泽东：《毛泽东选集》第2卷，人民出版社1991年版，第534页。
② 同上书，第706—707页。
③ 同上书，第663页。

第二编　中国化马克思主义文论及其当代建构

四

"人民",一方面是一个与"敌人"相对的概念,在这个意义上它具有排他性,突出的是同一社会中不同人群之间政治立场与阶级立场的对立;另一方面,这一概念又"被视为中国社会中具有广泛共同利益且具革命性的阶级集合,是基于阶级又超越阶级的联合体"[①],在这个意义上,它强调的是不同阶级间利益与立场的共同性。而当"人民"与特定的现代民族国家结合在一起时,把属于不同阶级的人们联结为"人民"这一共同体的,除了共同的经济、政治利益之外,实际上还包括共同的民族身份,以及他们所享有的共同的民族文化。当然,这种共同的民族文化可以是通过属于人民的不同阶级共同创造的新文化,但即便如此,也不可能是凭空创造,而是必须建立在民族传统文化的基础之上。这是文艺的民族性与人民性两个问题总是产生纠结的最深层次的原因。

20世纪四十年代,在抗日战争最艰难的阶段,当毛泽东提出在中国建立一个新民主主义国家的政治构想时,其国家的实质就是无产阶级领导的、联合了国内不同阶级的现代民族国家。只是由于国共之间的严重对立,以及作为革命党面对的巨大的生存压力,使得毛泽东在新中国成立前对"人民"这一概念进行解释时,尽管强调它包括了"占全国人口百分之九十以上的"工人、农民、士兵和城市小资产阶级,但在许多时候还是把重点放在了其区分敌我的意义之上。而新中国成立之后,毛泽东作为一个执政党的领袖,在许多场合再谈起"人民"的概念时,已经开始把重点放在了其阶级包容性的一面。在《关于正确处理人民内部矛盾的问题》一书中,毛泽东强调:"人民这个概念在不同的国家和各个国家的不同历史时期,有着不同的内容。"并借助于这种理解,把人民概念的外延扩展到了"一切赞成、

---

① 胡亚敏:《中国马克思主义批评的人民观》,《文学评论》2013年第5期。

拥护和参加社会主义建设事业的阶级、阶层和社会集团"①。

　　毛泽东还试图以"人民性"为标准，对传统文化进行鉴别分析，以便"去其糟粕，取其精华"，批判性地加以利用。而当新中国的学者循着毛泽东的思路，用是否具有"人民性"这一标准去从事学术研究时，就远比简单地用阶级分析的观点分析中国古代遗产有更大的学术空间。而且，既然"人民这个概念在不同的国家和各个国家的不同历史时期，有着不同的内容"，那么什么是古典作品中的人民性，就是可以讨论、可以界定的。而在有些学者看来，"现实性、革命性、民主性、社会性、民族性、群众性，等等，都可以概括到人民性的范畴中去。反压迫、反剥削、反映阶级矛盾的人道主义，反映民族矛盾、热爱祖国的爱国主义，反封建制度、反封建上层建筑的反封建主义，等等，当然是进步文学中人民性的主要内容"②。这种对人民性的宽泛解释，不一定符合毛泽东本人的意思，但应该说正是毛泽东用人民性的观点分析民族文化遗产的做法，以及人民性这一概念本身的包容性，为这种理解提供了可能。

　　20世纪七八十年代之交，在试图走出极左文艺的误区，纠正"文化大革命"中阶级斗争扩大化给文艺创作与文艺研究带来的严重失误时，"人民性"的问题被再一次提出。在"拨乱反正"的过程中，中国共产党否定了"以阶级斗争为纲"这样的政治路线，放弃了"文艺为政治服务""文艺从属于政治"等束缚文艺健康发展的口号，文艺的人民性，让文艺为最广大的人民群众服务，成为中国共产党对文艺工作者提出的新的政治要求。这一要求被广大文艺工作者看成执政党思想解放的一个重要标志。邓小平1979年《在全国第四次文代会上的祝词》发表后，之所以得到文艺工作者的热烈拥护，就是因为这个原因。而当邓小平将社会主义建设必须依靠的力量由工人、农民、知识分子进一步扩展到"拥护社会主义的爱国者和拥护祖国统一的爱国者"时，则表明在新的历史条件下，对民族国家的

---

① 毛泽东：《关于正确处理人民内部矛盾的问题》，人民出版社1957年版，第1页。
② 刘大杰：《中国文学史中的思想斗争问题》，《上海文学》1959年第10期。

第二编　中国化马克思主义文论及其当代建构

认同，已经上升为"人民"这一共同体之间最大的公约数。

然而，在 1979 年那样一个改革开放刚刚起步，中国社会转型刚刚开始，政治、经济、文化都百废待兴的年代，邓小平《在第四次文代会上的祝词》关注的重点，在如何清除极左文艺的流毒以"拨乱反正"之上。对于传统文化的价值问题，邓小平的讲话涉及的很少，而且基本上沿用了"推陈出新""古为今用"这样的说法。

二十多年之后，当人类历史进入 21 世纪时，中国的经济社会发展已经到了一个全然不同的新阶段，综合国力显著增强。此时，党和国家的领导人开始认识到，"当今时代，文化在综合国力竞争中的地位日益重要。谁占据了文化发展的制高点，谁就能够更好地在激烈的国际竞争中掌握主动权"①，对中国传统文化的认识因此也上升到了一个新水平。在 2001 年召开的第七次全国文代会上，江泽民强调："中华民族的精神，不仅体现在中国人民的奋斗历程和奋斗业绩中，体现在中国人民的精神生活和精神世界里，也反映在几千年来我们民族产生的一切优秀文艺作品中，反映在我国一切杰出文学家、艺术家的精神创造活动中。"在 2006 年召开的第七次全国文代会上，胡锦涛强调："中华民族的优秀文化，生生不息，绵延不绝，是我国人民几千年来克服艰难险阻、战胜内忧外患、创造幸福生活的强大精神力量。每一个中华儿女都为我们伟大的民族拥有这样源远流长、博大精深的文化而感到自豪。"②

实际上，无论是江泽民，还是胡锦涛，他们在历次文代会上的讲话，其主调都是坚持与发扬文学的人民性。他们对传统文化的评价，无一不是从国家的文化战略、现代化建设、民族精神的培养、满足人民的文化需要等角度立论的。而习近平在文艺工作座谈会上的讲话中关于"中华优秀传统文化是中华民族的精神命脉，是涵养社会主义核心价值观的重要源泉，也是我们在世界文化激荡中站稳脚跟的坚实根基"的论述，则把对这一问题的认识，提升到了一个新的高度。

---

①　胡锦涛：《在中国文联第八次全国代表大会、中国作协第七次全国代表大会上的讲话》，http://cpc.people.com.cn/GB/64093/64094/5026509.html，2006 年 11 月 10 日。

②　同上。

优秀传统文化的发扬与文艺人民性的实现

在今天，国家文化软实力的提升，中华文化世界影响力的扩大、中华民族核心价值观的发扬，不仅是国家发展的需要，它们与广大人民群众的切身利益也密切相关。一个国家的人民在实现了民族独立、物质生活水平逐渐得到提高之后，提高文化品位，提升对自己民族文化的自信心，获得强烈的民族自豪感，必然成为一种内在的精神需求。从这个意义上讲，广大文艺工作者按照习近平总书记的要求，通过自己的作品"传承和弘扬中华优秀传统文化，传承和弘扬中华美学精神"，就是文学的人民性在新的历史条件下的最好的体现。

习近平在十八届中共中央政治局常委同中外记者见面时强调"人民对美好生活的向往，就是我们的奋斗目标"，文艺工作者以传承民族优秀文化的方式介入到民族复兴的伟大实践中，为实现人民的"中国梦"做自己的贡献，可以看作新的历史条件下文学的人民性与民族性的一次新的交汇。

【作者简介】泓峻，山东大学威海校区文化传播学院教授，博士生导师。

"高峰"何以成为可能

刘淮南

一

可以说，对于中国文艺界几十年来的实际，人们的概括往往是有成绩也有问题。不过，对问题的概括是一回事，而对之的分析却是又一回事。或者说，具体到对实际问题的分析乃至于依据的理论时，可能往往会暴露出我们思维深处的欠缺。这样说的意思是，一般地甚至笼统地承认问题是谁都可以做到的，但是，真正能够找准问题甚至能够触及产生问题的深层次原因的分析乃至于理论依据的却又并不多见。虽然，问题意识是大家一再强调的，但是问题意识的强调与对问题的具体选取，可能又不是一回事。甚至可以说，有些人虽然强调问题，但是又找不着真正的问题，以至于在实际中回避问题。应该说，这既与社会的方面分不开，也与文艺理论自身的有待发展分不开。从社会方面来说，出于狭隘的政治原因或者经济目的而夸大成绩、互相吹捧是多少年来存在的现象。而在文艺理论与批评方面，缺乏对"经典"何以成为可能的深入探究，很少对此问题之所以长期存在做深入解剖，同样也是客观的事实。甚至可以说，我们的理论与批评很大程度上是没有成为辨析文艺作品价值高低、激励创作健康发展的"磨刀石"的。自然，它们对创作的影响也就难以达到应有的地步，作家们对理论与批评的并不买账，也就可想而知了。这样说，并不是

"高峰"何以成为可能

要否定我们已有文艺理论与批评的成绩,而是说已有的文艺理论与批评存在着亟须发展的地方。

其实,谁又不知道我们的文艺理论与批评需要发展呢?建构中国的马克思主义文艺理论不就是这方面的意思吗?而且,多年来在此方面所取得的成绩大家也是有目共睹的。然而,在承认成绩的同时,也要看到创作实际中存在着"有数量缺质量、有'高原'缺'高峰'"①的事实,自然也就不应该在成绩面前止步不前,不会不顾问题的存在而只是就成绩沾沾自喜。换句话说,建构的任务依然任重而道远。

自然,在看到"有数量缺质量、有'高原'缺'高峰'"的事实时,重要的已经不是"高原"的存在,而是"高峰"的缺乏了。或者说,我们需要"高原",但是更需要"高峰",因为多少年来我们缺乏的恰恰是"高峰"。当然,对于"高峰",人们又可以进行各种各样的解释,尤其是在一些廉价的批评中,"高峰"的存在似乎是不少的。不过,我的理解却是,只有那些就描写对象进行了深入且独到的感受与体验、理解与表达的,而且能够与已有经典不同而并立的作品,才是可以成为"高峰"(也就是"经典")的。换句话说,人们可以从作品的容量方面解释"高峰",也可以从流传的方面解释"高峰",但是从作家艺术家的创作方面予以解释,应该更能够说明"高峰"的产生原因。因为,正是作家艺术家的才能和努力,正是这种才能和努力达到了原创的程度,方可形成其作品丰富而独特的内涵,进而产生深远的社会影响,以至于能够传得开且留的下。屈原的《离骚》是这样,苏东坡的诗文是这样,曹雪芹的《红楼梦》是这样,鲁迅的《阿Q正传》也是这样。

为此,深入反思中国作家艺术家的创作实际,自然也是反思缺"高峰"的原因,或者说,为什么中国的作家艺术家多年来很少拿出"高峰"性的作品呢?

---

① 习近平:《在文艺工作座谈会上的讲话》,载中共中央宣传部《习近平总书记在文艺工作座谈会上的重要讲话学习读本》,学习出版社2015年版,第10页。

回答这个问题，需要从外部因素和作家艺术家自身两个方面着眼。从外部因素来看，长期封建社会中形成的文人的依附性思维方式是必须重视的，极"左"思潮和现实中依然存在的拜金主义又加重了这种依附。这些均是不应该回避和忽视的。而就作家艺术家自身而言，由于依附性思维方式的存在，由于怀疑精神的不足和批判意识的缺乏，客观上往往导致了他们"自己"的缺乏，自然也导致了文学艺术应有的个体性的缺乏。或者说，创作者对生活的感受和体验往往被先入为主的其他因素左右了。而到了技术手段发达的今天，从众的、千篇一律的创作也就成了新的、明显的事实，以至于粗制滥造、机械化生产式的创作并不少见。而与此相应，网络上一小时十几万甚至更多文字的"划拉式阅读"，也就相应产生了。

可见，培育作家艺术家的个体性，激发他们创新求异的品格，依然是今天社会方面和作家艺术家的任务，同时也是文艺理论与批评的任务。从社会方面来说，思想解放的进一步落实，民主氛围（自然包括艺术民主和学术民主）的进一步加强，个人权利的进一步保障，均是生产"高峰"必不可少的外部条件。从作家艺术家方面来说，增强自己的个体意识和相关意识，特别是从精神上和思想上增强追求自由的品格，都是十分必要的。试想，当作家艺术家不是社会学意义上积极的个体而是统计学领域中消极的个人时，当他们的自主性和独立性没有充分体现时，其作品中的个体性能够充分吗？对生活的感受和体验乃至于理解和表达能够是"自己"的吗？自然，对读者的感染力又能够达到什么程度呢？在这种情况下，"高峰"的难产也就可想而知了。

问题还在于，尽管说多年来社会的发展日新月异，民主意识也有了长足的进步，但是依附性的思维方式依然存在，只不过是由过去的依附于狭隘的政治转向了今天的依附于经济利益罢了。正是因为依附于经济利益，所以低俗、媚俗和庸俗便成了并不罕见的事情，充斥着对金钱、名利的炫耀及崇拜的创作同样司空见惯。

平心而论，我们难以全面反对人们的追逐利益，同样，作家艺术家也不是生活在真空当中。但是，在解决了生活的基本需求之后，在不需要为衣食住行发愁之后,作为作家艺术家的责任和追求又在哪里呢?这是从社会到作家艺术家本人都应该经常思考的问题,同时也是文艺理论与批评应该关注的问题。

从文艺理论来说,虽然涉及的内容很多,但是有两个方面比较突出:一是要处理好文艺与政治的关系,二是要重视作家艺术家的个体性。就第一个方面来说,主要是对政治的理解不要再狭隘化了。本来,政治的内涵是丰富的,除了政治设施、方针政策外,还有政治理念(包括政治理想、政治情感)。如果只是将之限于具体的方针政策,必然是对政治的狭隘化,因为具体的方针政策往往考虑的是局部的利益。至于政治理念,因其往往是关于人类美好生活的想象和设计,自然具有强大的感召力。这时,政治理念中对美好生活的想象和设计与文学对自由的想象和追求也就具有了许多相通及相同之处。所以,区分为了大多数人的政治和为了少数人的政治,区分为了长远利益的政治和为了一时、一地或一事的政治都是十分必要的。可见,想让文艺脱离政治就如让文艺脱离生活一样是幼稚可笑的,也是根本不可能的。就此方面,邓小平所说的"不继续提文艺为政治服务这样的口号,因为这个口号容易成为对文艺横加干涉的理论依据,长期的实践证明它对文艺的发展利少害多。但是,这当然不是说文艺可以脱离政治的。任何进步的、革命的文艺工作者都不能不考虑作品的社会影响,不能不考虑人民的利益、国家的利益、党的利益"[①]对于进一步理解政治的丰富内涵显然具有积极的作用,同时也有利于更好地处理文艺与政治的关系。可见,文艺与政治是性质不同但又具有相通之处的两个领域。或者说,文艺有着自己的应该为人们尊重的独立性。

就第二个方面来说,则是要尊重并激励作家艺术家的创作自由。我们都知道,文艺创作不同于工业生产,要体现个性、体现特色,而且,个性的程度往往成为作家艺术家层次和作品层次的标志。所以,尊重作家艺术家的创作个性,培育他们的创作个性,也是尊重艺术规律的具体内容。尤其应该注意的是,对于创作个性而言,是否达到了

---

① 《邓小平文选》第二卷,人民出版社1983年版,第255—256页。

自由以及自由的程度如何是更为重要的内容。这样说的意思是，单纯地强调创作个性，可能会忽视了创作个性当中隐含的深层次的不同。因为，就个性来说，它是每个人在其成长历程中自然形成的，或者说是自然地存在于每个人身上的，因此，作家艺术家的创作个性鲜明的话，就会使其在当时的文坛上受到人们的重视，从而占有一席之地。但是，某一层次上不同的个性很可能又会导致共同的思想和行为，成为另一层次的共性。比如，就元诗"四大家"的虞集、杨载、范梈和揭傒斯与当时诗坛的一些诗人比较时，他们是体现了各自的个性，可是在更高的层次上，"雅正"又成了他们共同提倡和遵循的准则，自然也成了他们的共性。而"雅正"除了体式典雅之外，实质就是歌舞升平。对之，"四大家"不仅没有脱俗，而且就是所谓"雅正"的推动者。① 为此，我以为在创作个性的基础上还应该提出并重视"自由个性"，强调"自由个性"，因为一般的创作个性在高一层面上可能又是共同的，没有差异的，而不同的"自由个性"在文学史上却是难以重复的。上面提到的屈原、苏东坡、曹雪芹和鲁迅的创作，就是不可重复的，就是"自由个性"的产物。

  这里，还应该就"个性"和"个体性"进行区分。如果说，"个体"更多地强调了"人"的价值和潜能，并把每个人看成一种独立存在的话，那么，这一称谓相对于传统的对群体、对共性的重视来说，更强调人的独立性和自主性。自然，"个体性"相对于个性来说其独立的内涵也就更为突出，自由的内容也就更为鲜明。因而，不依附于他人，不盲从于已有应该是它的特点。也可以说，它是成为"自由个性"的中介，某种程度上甚至就是一种"自由个性"。我们强调增强作家艺术家的个体性，培育并激发他们的个体性，显然有利于他们创造性的提高，有利于作品价值性的提升，也有利于"高峰"（经典）的产生。可以想象，当摆脱了依附性的思维方式、能够从"自己"出发时，这样的创作必然会出现新的品格，也自然会自成

---

  ① 参见刘淮南《萨都剌与元诗"四大家"之比较》，《中国文学研究》2016年第1期。

一家。

　　由此，对于文艺批评来说，在说长道短的时候，"长"是否表现在个体化的艺术世界的建立上，"短"又与这种个体化的艺术世界具有多大的距离，作家艺术家应该再在哪些方面努力，就会成为批评中新的出发点和新的内容。也就是说，这样的批评不是恭维，不是吹捧，而是实实在在的"批评"。自然，这样的批评肯定会别开生面，从而使得整个批评更有活力，也使其"磨刀石"的作用能够更好地显示出来。

　　于是，"苛求"自然应该成为批评中明显的维度，换句话说，已有的作品实际和应有的理想实际（或者相关经典）之间究竟存在多少距离，同样将是批评中会被人们采用、甚至经常采用的方式。大家知道，人民需要文艺，而且更需要好的文艺，需要能够给他们更多精神提升的文艺，这些都是事实。那么，批评的对象是否属于好的文艺？与最好的文艺还有多大的距离？便是"苛求"的具体方面。如果这种批评方式成了常态，那种一味地吹捧和造势的批评自然将会在这种常态中相形见绌。而在这样的批评气候中，切中要害、入木三分的效果也将会充分显示出来。

二

　　不可否认，我国的文艺理论长期以来受到了经验主义、实证主义和实用主义的影响，对于这种状况，有的论者已经指出：这"不仅直接关系到文艺理论，而且也间接关系到我国社会主义文艺的命运和前途"[①]。这一观点可谓振聋发聩。同时，论者的观点也说明，就文艺理论的基本问题进行深入的研究，特别是就其对文艺创作的促进和推动，就"高峰"的产生原因等方面进行深入的探讨，不仅十分必要，而且非常重要。

---

　　① 王元骧、董学文：《关于文艺理论研究的两份信·王元骧的信》，《文艺报》2012年6月4日。

第二编　中国化马克思主义文论及其当代建构

所以,"问题意识"应该与"批判维度"结合起来。我们不仅应该认识到经验主义、实证主义和实用主义的不良影响,还应该注意到导致经验主义、实证主义和实用主义的原因。在我看来,它们与依附性的思维方式分不开又是肯定的,甚至可以说就是这种思维方式的结果。可以想象,在依附性的思维方式中人们又怎么会去思考或进一步地思考"高峰"何以成为可能呢?而对于作家艺术家来说,不仅会在面对前人的创作时产生"影响的焦虑",还会在面对经济利益时产生"诱惑的焦虑"。在这样的"焦虑"中,时代的需要和人民的需要又会被放到什么样的位置呢?"高峰"又会成为多少人努力的方向呢?

在建构21世纪中国的马克思主义文艺理论与批评的过程中,在强调问题意识应该与批判维度结合起来时,还要特别注意到马克思主义经典作家的批判意识。马克思曾明确地说过:"辩证法对现存事物的肯定的理解中同时包含对现存事物的否定的理解,即对现存事物的必然灭亡的理解;辩证法对每一种既成的形式都是从不断的运动中,因而也是从它的暂时性方面去理解;辩证法不崇拜任何东西,按其本质来说,它是批判的和革命的。"[①] 而且,马克思主义经典作家的批判实践同样给了我们很多启发。大家知道,马克思的哲学是在批判了费尔巴哈、黑格尔等人哲学的基础上创立的,他的政治经济学也是通过对现代社会中最主要的经济范畴如商品、货币和资本的批判,揭示了物质关系背后隐藏的人的关系。至于在文艺理论与批评方面,马克思、恩格斯对拉萨尔剧本《弗兰茨·冯·济金根》的意见,就是我们知道的很好例子。从马克思来说,虽然也称赞了剧本的情节和结构,并认为"它比任何现代德国剧本都高明"。但是,马克思谈得更多的还是剧本中存在的问题,这方面的篇幅是前面称赞部分的好几倍,特别是其对于具体创作中的意见。比如:"这样,你就能够在更高得多的程度上用最朴素的形式把最现代的思想表现出来……这样,你就得更加莎士比亚化,而我认为,你的最大缺点就是席勒式地把个

---

① 《马克思恩格斯选集》,人民出版社1972年版,第218页。

"高峰"何以成为可能

人变成时代精神的单纯的传声筒。"而且指出，剧本"在性格的描写方面看不到什么特出的东西"[①]。恩格斯同样是既谈成绩更谈问题，而且谈问题的篇幅也明显多于谈成绩的。尤其是，将"较大的思想深度和意识到的历史内容，同莎士比亚剧作的情节的生动性和丰富性的完美的融合"作为"戏剧的未来"的期盼，还有"我们不应该为了观念的东西而忘掉现实主义的东西，为了席勒而忘掉莎士比亚"[②]的强调，都是给人以很多启发、让人获益匪浅的。可以说，马克思、恩格斯对拉萨尔均没有一味地恭维，而是进行了点中穴位的"苛求"，特别是，还就剧本的实际和应有的追求谈了各自的看法，也进行了对理想创作的期盼。而"莎士比亚化"和"席勒式"，同样也成了我们耳熟能详的理论语用。

然而，尽管"莎士比亚化"和"席勒式"是大家非常熟悉的，它们对于文艺创作的利弊也是谁都清楚的，可在我们的批评实际中，又有多少人对当代创作中存在的"席勒式"进行过认真的分析呢？或者说，多少年来充斥在我们创作中的"席勒式地把个人变成时代精神的单纯的传声筒"和"在性格的描写方面看不到什么特出的东西"这种现象是并不少见的。但是，我们的理论家、批评家为什么没有拿出类似于上述马克思、恩格斯的理论和批评呢？很显然，没有很好地就文艺理论和批评的职能进行深入思考，则是明摆着的事实。这样，经验主义、实证主义和实用主义才能够影响深远、冥顽不化，甚至在不少人的潜意识中还难以被发觉。

可见，我们的文艺理论与批评如果难以有效地对文艺创作产生积极的影响，难以促使文艺创作中逐步出现一定数量的能够与世界一流作品相媲美的或者是与中国古代、现代的一流作品相媲美的作品，那么，建构的任务不仅任重而道远，而且，建构的方向亦需要调整或重新思考。可以说，无助于实践的理论是空洞的，看不到实际问题的批评是无的放矢、不负责任的。这样的文艺理论与批评，可能只是一些

---

① 北京大学中文系文艺理论教研室编：《马克思 恩格斯 列宁 斯大林 论文艺》，人民文学出版社1980年版，第89—91页。

② 同上书，第98—100页。

第二编　中国化马克思主义文论及其当代建构

人的生存方式而已,而"建构""创新"也不过是这些人嘴上的说说罢了。

所以,建构21世纪中国的马克思主义文艺学,应该认真关注到中国当代文艺创作中少有能够与古代和现代一流作品相媲美以及世界一流作品相媲美的实际,也就是缺"高峰"(或者说经典匮乏)的实际。这种实际虽然也反映了社会中的一些问题,但是,将之完全归因于社会而与文艺理论和批评无关显然也是不应该的。也可以说,既然人们在其他领域的创造力依然能够很好地发挥,既然精品并不只是其他领域的专利,那么,文艺领域应该、也能够产生出自己的精品(经典或者"高峰")来。只要文学艺术家在这方面能够坚持不懈,只要文艺理论与批评能够很好地、有效地激发出作家艺术家的个体性和创造性,那么,"思想精深、艺术精湛、制作精良"的作品就会成为现实,它们在价值引导、精神引领和审美启迪方面同样会产生难以估量的重要作用。

当然,不同的历史时期和不同的地域及国家,往往产生着不同风格、不同层次的文艺作品,这本来是无可厚非的。但是,对于中国当代的文艺学来说,泛泛而论其他历史时期或者其他国家存在着不同层次的创作而很少谈论现实中经典匮乏的实际,也使得我们的文艺理论与批评很难将艺术风格、艺术价值及其进一步体现为自己的问题来加以研究。换句话说,很少有人将经典何以成为可能作为问题,很少有人就最好的、好的、一般的、差的甚至有害的作品进行价值上的比较分析,可能还是理论与批评中存在的一个问题域,至少可以说,这样的理论和批评状况在实际中还不算正常。在我看来,正常的文艺理论与批评,应该是与文艺创作良性互动的,应该是能够就各种文艺现象进行价值上的有效分析和有效影响的。换句话说,在积极、健康、向上的前提下,进一步提高创作水平并改变批评方式,是文艺发展的应该,也是促使"高峰"产生的应该。

大家知道,文学艺术方面的"高峰"往往也是一定时代和文化的标志。当我们在谈论古希腊及其文化的辉煌时,总是离不开"荷马史诗"、悲剧和雕塑这些具体内容;而在说到唐宋元的文化时,也会谈论到唐诗、宋词、元曲以及唐宋八大家。而这也恰恰是文学艺术对这些时代的贡献,对这些时代中文化的贡献。如果离开这些具体的内容,上述时代的文化又如何能够为人们称赞呢?或者说人们会称赞这些时代的什么呢?那么,在实现中华民族伟大复兴的今天,文学艺术不同样应该为这种复兴作出应有的贡献吗?同时,社会的发展和教育程度的普遍提高使得人们在各方面的创造性均体现得越来越明显,对国家和民族的贡献也越来越突出。如果在这种贡献中缺乏文学艺术方面明显的创造性,缺乏应有的"高峰",缺乏传得开且留得下的作品,那么,这个时代的文学艺术以及文艺理论与批评又会有多少值得称赞的内容和成绩呢?

【作者简介】刘淮南,忻州师范学院中文系教授。

文艺发展与文艺需求的多样化调适

党圣元

作为一项特殊而复杂的精神生产活动,文艺创作不仅体现和反映了异彩纷呈、无比丰富的社会生活,满足着不同民族、种族、性别、职业、年龄等不同接受群体的精神、文化、审美和文艺需求,而且渗透着创作主体独特的人生经验、艺术个性和审美情趣,这决定了文艺创作必然在内容与形式、题材与体裁、语言与风格等各个方面存在多样性、复杂性和差异性。文艺多样化作为文艺发展的重要规律,也同样是中国当代文艺理论和文艺实践中的一个重要问题。在当下中国语境中,正确把握文艺发展的多样化规律,理解文艺发展多样化的主要特征和基本内涵,认清文艺发展多样化与文艺需求多样化之间以及多样化与多元化、多样化与自由化、多样化与主旋律之间的复杂关系,不仅有助于正确贯彻"弘扬主旋律、提倡多样化""文艺为人民服务、为社会主义服务""百花齐放、百家争鸣"的文艺方针,而且对于推动中国当代文艺事业的发展繁荣具有重要意义。

一 文艺发展多样化及其格局的形成

马克思主义经典作家以及毛泽东、邓小平、江泽民、胡锦涛、习近平等党和国家领导人在论及文艺时均强调文艺在内容、形式、风格、流派、功能等方面的多样化和多样性特征。马克思在《评普鲁士最近的书报检查令》一文中说："你们赞美大自然令人赏心悦目的千姿百态和无穷无尽的丰富宝藏，你们并不要求玫瑰花散发出和紫罗兰一样的芳香，但你们为什么却要求世界上最丰富的东西——精神只能有一种存在形式呢？"① 列宁也特别指出："无可争论，写作事业最不能机械划一、强求一律、少数服从多数；无可争论，在这个事业中，绝对必须保证有个人创造性和个人爱好的广阔天地，有思想和幻想、形式和内容的广阔天地。"② 毛泽东提出的"百花齐放，百家争鸣"方针（1956），邓小平在中国文学艺术工作者第四次代表大会（1979）祝辞中对文艺风格类型多样化的倡导，江泽民在全国宣传思想工作会议（1994）上发出的"弘扬主旋律，提倡多样化"的号召，胡锦涛在十七届六中全会（2011）上关于"推动社会主义文化大发展大繁荣"的讲话，以及习近平在全国文艺工作座谈会（2014）上提倡的文艺要"体裁、题材、形式、手段充分发展，观念、内容、风格、流派切磋互鉴"等，可以说都是对文艺多样化规律的深刻揭示。在马克思主义经典作家以及党和国家领导人的这些论述中，文艺的"多样化"大体可以表现为以下几个方面：第一，风格类型的多样化，即文艺可以存在"雄伟和细腻，严肃和诙谐，抒情和哲理"等各种不同的风格类型。③ 也就是说，文艺"有的时候要雄壮的东西，有的时候也需要轻快的东西，有刚也要有柔，有统一也要有变化"④。第二，功能指向（需求满足）的多样化，即文艺要既能使人受到"教育"和"启发"，亦能让人获得"娱乐"和"美的享受"。也就是说，文艺要能够在交流情感、认识社会、启迪教育、政治意识形态、休闲娱乐以及文化审美等不同层面发挥作用，要"把满足人民精神文化需求作为文艺和文艺工作的出发点和落脚点"，努力适应

---

① 《评普鲁士最近的书报检查令》，载《马克思恩格斯全集》（第1卷），人民出版社1995年版，第110页。
② 《列宁论文学与艺术》，人民文学出版社1983年版，第68—69页。
③ 邓小平：《邓小平论文艺》，人民文学出版社1989年版，第6页。或见邓小平《邓小平文选》第2卷，人民出版社1994年版，第163页。
④ 北京师范大学中文系编：《文学理论学习参考资料》（下册），春风文艺出版社1981年版，第838页。

第二编　中国化马克思主义文论及其当代建构

"人民对包括文艺作品在内的文化产品的质量、品位、风格等的要求"①。第三，题材内容的多样化，即文艺既可以反映"英雄人物的业绩"，也可以表现"普通人们的劳动、斗争和悲欢离合"，既可以表现"现代人的生活"，亦可以展示"古代人的生活"②；不仅"文学、戏剧、电影、电视、音乐、舞蹈、美术、摄影、书法、曲艺、杂技以及民间文艺、群众文艺等各领域都要跟上时代发展"③，单就某一种文艺类型（譬如电视）而言，历史、战争、家庭、谍战、爱情、恐怖、谍战、玄幻、宫廷等题材也要不断翻新并相互交叉。第四，借鉴资源的多样化，也即毛泽东在《新民主主义论》和《在延安文艺座谈会上的讲话》中所说的"古为今用、洋为中用"，也就是说，对于古代和外国的文艺作品，表演艺术中进步和优秀的东西，都应该学习和借鉴。对此，列宁一再强调，只有在批判地继承人类全部文化的基础上，才可能建设新的无产阶级文化；或如习近平同志所说："我们社会主义文艺要繁荣发展起来，必须认真学习借鉴世界各国人民创造的优秀文艺。只有坚持洋为中用、开拓创新，做到中西合璧、融会贯通，我国文艺才能更好发展繁荣起来。"④

改革开放之前，由于受"非敌即我"的政治观念以及"写中心"和塑造无产阶级英雄典型等文艺创作规定的影响，我国文艺生产的简单化、模式化倾向十分明显，从内容到形式、从题材到体裁上的单一、刻板，成为当时文艺创作的主要特征。改革开放之后，随着社会实践的拓展与深入，人民的精神生活变得丰富多彩，文艺也逐渐由原先的单一、刻板走向多样化。20世纪90年代特别是进入21世纪以来，随着我国社会主义市场经济体制的确立与逐步深入，市场、资本、商业等要素在文艺领域大幅度介入和渗透，各种新媒体在日常生

---

① 详见《习近平主持召开文艺工作座谈会强调：坚持以人民为中心的创作导向，创作更多无愧于时代的优秀作品》，《人民日报》2014年10月16日第1版。
② 邓小平：《邓小平论文艺》，人民文学出版社1989年版，第6页。
③ 详见《习近平主持召开文艺工作座谈会强调：坚持以人民为中心的创作导向，创作更多无愧于时代的优秀作品》，《人民日报》2014年10月16日第1版。
④ 同上。

文艺发展与文艺需求的多样化调适

活中的广泛普及，我国的文艺发展状况变得更为复杂，文艺多样化发展趋向更为明显，文艺的"多样性"内涵不断扩容，其表现除包括上述风格类型、功能指向、题材内容、借鉴资源等四个方面外，还突出表现在以下三个方面：

第一，作品性质的多样化。就文艺作品的性质而言，在我国当前多样化的文艺格局中，不仅存在着居于主流的"社会主义主旋律文艺"，亦有处于边缘地位的"非主流文艺"和作为主旋律文艺之对立面的"反主流文艺"。对于作为主流的"主旋律文艺"，在获得国家大力支持与鼓励的背景下，涌现出了一大批优秀的文艺作品；处于边缘地位，以先锋艺术、地下电影、另类文学等形式出现的"非主流文艺"，旗帜鲜明、个性十足，近年来表现得十分活跃；处于主流文艺之对立面的、以否定姿态出现的"反主流文艺"也不时出现，突出表现为：一是部分作品肆意抹杀我国与西方资本主义国家在制度上的根本区别，通过表现所谓的现代孤独感、荒诞感等，把我国社会现实描绘成"他人即地狱""生存即恐惧"的阴暗景象；二是部分作品突出展示人类的动物本能和原始欲望，无节制地追求感官刺激，刻意渲染暴力、色情、拜金主义、"包二奶""一夜情"等与社会主义核心价值观相悖的价值取向，文艺创作近乎成为本能呈现和欲望发泄的公共舞台。总体来说，"反主流文艺"不仅无益于提高人们的审美趣味和艺术美感，甚至可能摧毁我国长期以来在道德伦理、理想信念建设方面所做的努力。

第二，创作主体的多样化。创作主体的多样化在今天突出表现在两个方面：一是创作主体年龄的分层化和青少年作家群的崛起。当前我国的文艺创作者群体，既有出生于新中国之前、伴随着新中国成长起来的老一代作家，亦有经历过十年"文化大革命"浩劫和"知青下乡"运动的中年作家群；既有沐浴着改革春风而成长起来的"八零后"，也有在市场经济洗礼中成长起来的"九零后"和"零零后"等青少年作家群。在不同时代背景下成长起来的文艺创作者群体，在生活经历、人生经验、性格气质、审美趣味等方面相应地存在着巨大差异。特别是作为"网络文学"创作主体的青少年作者群的崛起，尽管他们所创作的作品在质量上良莠不齐，但作者的数量、创作的规模、写作的速度等却十分惊人，已然成为当代文坛的一道青春靓丽的风景。二是创作主体身份的多元化与"体制外"作家群的涌现。过去相当长一段时间，由于受我国文化体制的影响，大多数作家属"体制内"作家。自20世纪90年代以来，随着市场经济体制转型和文化体制改革，作家的身份出现明显分化并逐渐呈多元化趋势，"体制外"作家逐渐突入人们的视野。如果说早期自由作家因位居边缘、身处"体制之外"而多生活拮据的话，今天，许多自由文艺工作者则借助于互联网及网络版权的运作，不仅能够做到经济自立，甚至很多一夜暴富。比如，在2013年第八届中国作家富豪榜子榜单——"网络作家富豪榜"中，"唐家三少""天蚕土豆""血红""我吃西红柿"梦入神机等网络写手仅年度版税收入就均超过1000万元，尽管他们皆位于"体制之外"，但吸金能力、写作速度、在读者中的影响等却丝毫不逊于"体制内"作家。大量自由文艺工作者的涌现以及标新立异的创作个性，形成了当代文坛上创作风格、表现手法的千变万化。

第三，文艺传播媒体的多样化。从文艺的传播媒体来看，当前文艺的多样化有更加突出的体现：在电影、电视之后，更是依托互联网出现了蔚为壮观的"互联网文艺"（比如网络小说、漫动画、手机游戏等）现象。通过对网络文学进行电影、电视、游戏、动画、漫画等"改编"，一大批网络文学作品被推到文学网站之外，并进入影视、游戏、动画、漫画等艺术领域。仅以电影为例，自2001年蔡智恒的同名小说《第一次的亲密接触》被改编为电影后，改编自网络作品的影片《搜索》（陈凯歌导演，高圆圆、姚晨、赵又廷等主演）、《致我们终将逝去的青春》（赵薇导演，韩庚、赵又廷、杨子姗等主演）等，无论在观众反应、票房收入，还是在经济刺激、商业拉动方面，均充分显示出借助于传播媒体多样化进行"改编"这条网络文学产业化之路的广阔前景。

可以说，从风格类型到功能指向，从题材内容和借鉴资源，从作品类型到创作主体，从数量、产地、体裁到传播载体，文艺多样化在当代不仅表现得异常复杂，而且成为一种不可遏制的发展趋势，成为中国当代文艺发展最显要的特征之一。更进一步言之，这不再仅仅是题材、体裁、风格等"表层"的多样化问题，更涉及对文艺之本质、价值、功能等更为"根本层面"的多样化。也就是说，从表面上看，文艺的多样化是数量、产地、内容、体裁、风格等表层的差别，实际上却蕴含着巨大的精神差异。也就是说，不同背景下成长起来的作家群体，在创作姿态和文艺功能认知方面存在着重大差别；"体制内"作家同"体制外"作家在创作旨趣以及与国家主流意识形态的关系上非常不同；传播方式的不同也常常折射出精神追求上的根本差异，比如借助于互联网进行创作的网络写手们的创作路数和交流方式，就与传统的手写模式截然不同，这在网络小说与传统小说、纸上漫画与网络漫动画之间表现得极为清晰。在此情形下，"主旋律文艺固然声势雄壮，另类文艺也旗帜鲜明。标新立异者理直气壮，哗众取宠者乐此不疲，先锋派我行我素，媚俗者招摇过市。文艺确乎已进入一个众声喧哗的时代、一个花样翻新的时代"[①]。作为文艺发展的重要规律，文艺的多样化有助于文艺发展的繁荣，符合"提倡多样化"和"百花齐放、百家争鸣"等国家基本的文艺方针。但同时必须清楚的是，"多样化"不等于"多元化"和"自由化"，文艺的"多样化"应当是以"二为"——文艺为人民服务，为社会主义服务——为基本方向的、在"主旋律"文艺引领下的文艺多样化。只有认清这一点，才能更好地实现文艺的繁荣发展。

二 经济社会发展与文艺需求的多样化

当前，随着生产力的高度发展，科技水平的迅速提高和国际交往的日益深广，我国居民的生活水平发生了深刻变化，绝大部分地区人们已经远远超出纯属为了维持生命和日常生活之物质满足，而有了更多精神、文化、审美层面的需求。这符合美国著名心理学家亚伯拉

[①] 龚政文：《文艺多样化·主流文艺·先进文化》，《理论与创作》2001年第1期。

第二编　中国化马克思主义文论及其当代建构

罕·马斯洛的"基本需求层次"理论。按照马斯洛的说法，在人们获得"生理""安全"等维持生命和日常物质需求的满足之后，就会寻求"社交""尊重""自我实现"等精神文化层面的需求与满足。① 人们在精神文化生活层面的需求多样化，是大众社会地位提升的重要体现，是现代社会步入文明的重要标志，也是新媒体时代最为宝贵的社会文化生态。一个宽容、文明、开放的社会，尤其应当在精神、文化、审美、文艺等层面接受和满足大众的多样化需求。江泽民曾经指出："社会生活是丰富多彩的，人民群众的精神文化需求也是多方面、多层次的。只要是能够使人民得到教育和启发、得到娱乐和美的享受的精神产品，都应受到欢迎和鼓励。"② 在社会主义现代化建设的新时期，"对于满足人民精神生活多方面的需要"，文艺工作"负有其他部门不能代替的重要责任"③。在当前时代和历史条件下，经济尤其社会主义市场经济的发展、技术特别是当代传播与媒体技术的发展以及市场与科技的相互作用，是制约人们精神文化需求多样性的两个主要因素。

第一，人民群众在文艺、文化上的多样化需求与我国的经济发展状况关系密切。改革开放特别是 20 世纪 90 年代以来，我国开始实行以公有制经济为主体、多种经济成分共同发展的经济政策，随着我国社会主义市场经济体制逐步确立，我国经济生活呈现出空前复杂和迅速变化的局面。伴随着经济社会的持续快速发展，人们不仅有了较为充裕的闲暇时间发展自己多方面的才能和兴趣爱好，除包括电影票房、电视娱乐和音像制品等传统文化娱乐领域外，以网络游戏、手机游戏、在线视频、在线音乐、数字影像等数字娱乐为代表的新文化娱乐领域不断涌现，人们对于精神文化的新需求快速翻新。当前，我国正在迈入文化消费的快速增长期，人们精神文化层面的需求更加旺盛、需求总量越来越大、对精神生活的质量要求也越来越高，人民群

---

① ［美］亚伯拉罕·马斯洛：《人的动机理论》，华夏出版社 1987 年版。
② 江泽民：《在全国宣传思想工作会议上的讲话》，载《论党的建设》，民族出版社 2002 年版，第 133 页。
③ 邓小平：《邓小平论文艺》，人民文学出版社 1989 年版，第 5 页。

众文化消费多层次、多方面、多样化特征更加明显,人们求知、求乐、求美的愿望更加强烈。精神文化需求的多样化,要求生产出更多高品位、高质量、多姿多彩的优秀文化产品,而文艺生产和发展的多样化,正是因经济发展而带来的需求多样化的结果。

第二,如果说物质需求满足后,人民群众对文艺、文化的需求首先是一种可能性的需求的话,那么,技术尤其是当代日新月异的电子传媒技术则使这种可能性转化为现实性。也就是说,经济的发展并不直接导致人们思想境界的提高,也不能自然而然地充实人们的精神生活,在物质生活丰裕的条件下,有些人仍然陷入精神空虚甚至颓废的状态。从科技层面看,信息技术的进步,电脑、手机在普通居民中的普及,互联网用户的剧增,对人们的精神文化生活产生了深刻影响,悄然改变了人们的文化娱乐习惯。电视于20世纪90年代在我国大范围普及之前,人们的精神文化需求仅能通过书本、影院等少数途径获得满足。如果说电视的普及使大范围的人们得以借助于电子媒介在自己家中获得精神文化需求满足的话,那么,随着20世纪90年代中期互联网正式接入我国(1994年),短短二十年里,互联网不仅发展成为我国产业中产值增长最快的细分产业之一,而且迅速晋升为大众日常生活中最为重要的休闲娱乐方式。近年来,智能手机、平板电脑、手持电子阅读器等覆盖全网络的移动互联网终端正在成为满足人们精神文化需求的主要媒体依托,越来越多的移动互联网用户选择了随时随地、方便快捷的上网方式。互联网特别是移动互联网的快速发展和网络带宽的升级,成为推动人们精神文化需求获得多样性满足的最主要的动力。

三 文艺发展与需求多样化的调适

当前,我国文艺发展已迈入多样化时代。文艺发展的多样化与人民群众日益丰富的精神文化层面的多样化需求存在直接关联。然而,在文化发展多样化与文艺需求多样化中间,均存在着一些理解上的偏差和一些值得警惕的问题。比如,在文艺发展的多样化方面,部分人割裂"多样化"与"主旋律"之间的关系,片面地将"多样化"理解为文艺的"多元化"或文艺的"自由化",这是完全错误的。在文艺需求的多样化方面,由于市场、资本、商业等因素对社会生活的介入,部分人在文化消费层面出现了一些过度娱乐化甚至低俗化、庸俗化、粗俗化的消费需求,这样的文化需求,不仅不利于提升人们的审美情趣,反而容易侵蚀人们的意志、理想和信念。如何既满足人们在精神、文化层面的多样化需求,同时促进文艺的多样化发展和繁荣,成为文艺理论界应当予以特别关注和解决的重要理论与实践问题。

第一,文艺发展的"多样化"不等于文艺的"多元化"和"自由化"。"二为方向"(文艺为人民服务、为社会主义服务)和"双百方针"(百花齐放、百家争鸣)是我国关于文艺发展的基本指导思想。其中,"二为"代表着文艺发展的根本方向,"双百"只能是在"二为"前提下的"双百"。也就是说,尽管当前我国文艺呈现出了多样化的发展格局,但这并不意味着不同的文艺类型之间可以等量齐观、不分主次。前些年里,一部分人抛开文艺的"二为方向"去讨论文艺的"双百"方针,其结果不但不能实现真正意义上的文艺多样化,而且容易陷入资产阶级自由化的泥淖。这方面的教训十分深刻。也就是说,我国文艺发展的"多样化"既不是失去方向的"自由化",也不是没有主次的"多元化";文艺的"多样化"要予以积极鼓励,文艺的"自由化"和"多元化"则必须予以坚决反对。我国当代的文艺发展"多样化",绝不是放任自流、各行其是的"多样化",而必须是在"二为方向"统领下的文艺发展与繁荣;强调文艺发展的"二为"方向,不仅不会妨碍和削弱文艺的多样化,而且有助于指导和促进我国当代文艺多样化的健康发展。

第二,正确认识文艺需求"多样化"中存在的弊端。人民群众文化需求的多方面和多层次性,既为文艺的多样化发展开辟了广阔的天地,也对文艺的多样化提出了更高的要求。然而,精神文化需求多样化层面存在的一些弊端必须引起高度重视,思想领域出现的一些消极现象值得警惕。当前,我国思想文化领域存在甚至流行一些与社会主义核心价值观、社会主旋律思想相对抗的杂音、噪音与不和谐音,

文艺发展与文艺需求的多样化调适

如部分人的社会主义理想信念不坚定,一些人的世界观、人生观、价值观扭曲变形,一些反社会、反人性、反科学的腐朽思想文化趁虚而入,拜金主义、享乐主义、利己主义有所滋长。不仅如此,由于无法正视社会生活中客观存在的阴暗面和局部丑恶现象,由于难以适应急剧的社会变革和激烈的社会竞争,人们的精神困惑空前增多,部分人对现实感到失望,神秘主义、邪教、有神论思潮有所蔓延。尤其是在当前的新媒体语境下,大众精神和文化的多样化需求更容易通过以互联网为代表的新型媒体之"毫无禁忌"和"无所遮拦"的通畅与自由得到全面、无底线的释放。也就是说,受市场、资本的侵蚀,加之新媒体的助力,大众的多样化需求极易受到变动不居、不断转型的社会结构和阶层变化的影响,使得社会文化思潮相比于传统的社会结构显得更为激进、易变、浮躁,即社会和人们的需求更容易陷于法国社会学家迪尔凯姆所谓的"失范"(anomie)状态。按照迪尔凯姆的说法,社会的"失范"是由个人私欲的增长和道德调节的缺位所造成的,由此,要重建社会秩序并实现对人们精神和文化需求的调适,在个体层面需培育和完善公民的规范意识和良好的个人品德,在群体层面要加强职业伦理和职业规范建设,在社会层面则应构筑与时代发展相适应的社会核心价值体系,在为社会发展提供强大精神支撑的同时,加强对文化需求"多样化"的正确引导。①

第三,在文艺事业与文化产业的协调发展中实现文艺发展与文艺需求的多样化统一。发展文化产业是社会主义市场经济条件下满足人民多样化精神文化需求的重要途径,当代文艺尤其影视艺术的大发展是这方面最好的例证。但辩证地看,作为"产业"之一的文化市场的趋利倾向容易产生负面影响,比如部分影视剧为提高上座率、收视率、点击率和销售量,以大数据寻找观众的兴趣点,拼命迎合观众口味,以商业标准取代艺术标准,其后果是各种"雷剧""神剧""脑残剧"的不断上演,但由此而过于低俗化和过度娱乐化的制作却很

---

① [法]埃米尔·迪尔凯姆:《自杀论》,商务印书馆1996年版;《社会分工论》,生活·读书·新知三联书店2000年版。

大程度上降低了影视作品的艺术水平。这就要求我们在以发展文化产业作为满足人民群众日益丰富的精神文化需求之途径的同时,要避免把文艺、文化发展完全交给市场。用习近平同志的话说,就是"文艺不能在市场经济大潮中迷失方向,文艺不能当市场的奴隶,不要沾满了铜臭气"①。这是因为,许多商业性、娱乐性的文艺产品可能并不考虑"政治"目的和"教育"功能,难以"把社会效益放在首位",而纯粹出于"经济"或"商业"动机。它们不仅自觉不自觉地传播错误的价值观,而且可能对社会主义核心价值体系建设造成负面影响。由此,在积极发展文化产业的过程中,一方面要注重强调文艺、文化产品的社会效益,努力打造出既"叫好"又"叫座",既能体现社会效益又能实现经济效益的文化产品。另一方面,要大力扶持和发展公益性的文艺事业,通过资金投入、政策扶持等方式,努力引导生产出更多传播当代中国价值观念、体现中华文化精神、反映中国人审美追求,思想性、艺术性、观赏性有机统一的优秀作品。只有实现文化产业与文艺事业的协调发展、"双轮驱动",才能不仅有助于推动文艺的多样化发展,而且能够最大限度地满足人民群众多样性、多层次的文化、审美需求。

【作者简介】党圣元,中国社会科学院外国文学研究所研究员、博士生导师。

---

① 详见《习近平主持召开文艺工作座谈会强调:坚持以人民为中心的创作导向,创作更多无愧于时代的优秀作品》,《人民日报》2014年10月16日第1版。

略论邓小平对列宁文艺
思想的继承与发展

吴晓都

改革开放三十余年来,中国的文学艺术理论和批评获得了空前的繁荣与发展。这些巨大的成就是在包括邓小平理论在内的中国特色社会主义理论的正确指引下,全国文艺理论研究者和批评家们辛勤探索的结果。而作为邓小平理论重要思想构成之一的邓小平文艺思想对于新时期以来的中国文艺理论界的思想解放起了巨大的推动作用,它指导文艺界澄清了许多重大的理论问题,引领文论研究和文艺批评坚持"二为"方向和"双百"方针,反思文论与批评领域的经验和教训,继承中外文论研究的优良传统,实事求是,勇于创新。邓小平文艺思想在文艺大发展大繁荣的21世纪的当下仍然具有深远的指导和启迪意义。

一 "二位"方向与"艺术属于人民"的文艺政策

在经历"十年浩劫"后,改革开放开启了科学的春天,也带来文艺的春天,营造了文艺思想园地的百花齐放百家争鸣的新局面。实践是检验真理的唯一标准,1978年春天的这次理论标准的讨论和邓小平同志对文艺工作的系列重要讲话使文艺思想界澄清了思想界过去的迷雾,砸碎了"四人帮"横加在文艺创作和文论研究及批评上的桎梏,文艺理论界和批评界的工作者更加准确地把握了马克思主义文

第二编　中国化马克思主义文论及其当代建构

艺思想的精髓与科学体系。而在全国第四届文代会上邓小平同志在祝词中提出的文艺"为人民服务，为社会主义服务"的文艺方针为文论研究和文艺批评方法探索明确了宗旨和方向。

邓小平同志提出文艺"为人民服务，为社会主义服务"的方针是对马克思主义文艺思想的科学的完整的继承和发展。无产阶级的文艺为最广大的劳动者代言，社会主义的文化为最广大的人民服务历来就是马克思主义经典作家始终关注的人类文化发展的重大主题。在19世纪，马克思和恩格斯在当时的文艺研究就设想了未来无产阶级文化的建设的方向，而随着国际共产主义运动的蓬勃壮大和快速发展，特别是十月社会主义革命在俄国的成功和世界上第一个社会主义国家的建立，原本只是由工人阶级参与的社会主义文化革新运动逐渐更新了它的概念与范畴。在列宁为首的俄国共产党人领导下，新兴的社会主义国家的文化建设实践不断开拓和丰富了工人阶级文化革新的内涵和外延。具体说来，就是在苏维埃国家建设之初，针对时代的变化和主题，列宁提出了"艺术属于人民"的文艺思想。列宁在领导从农业国俄国向工业国苏联过度的新型社会主义国家在文化建设的过程中，与时俱进地扩大了社会主义文化建设主体内涵，扩充了新型文化建设的队伍，扩展了文化建设主体，拓宽了文化服务的对象。列宁在与德国革命家蔡特金关于苏维埃文化建设的发展路向和途经的讨论中就明确指出，在苏维埃时代，社会主义文化建设已经不再仅仅是工人阶级的事业，认为那同时也是农民的事业。因为，世界上第一个社会主义的国家是由俄国工人和农民两大劳动主体建立的政体联盟。文化建设的主体不是像早期马克思主义经典作家所设想的那样，由单一的工人阶级来孤军奋战，而是必须团结占俄国人数大多数的觉悟了的农民兄弟来一起参与新兴的社会主义国家的文化建设。艺术属于人民，这便与时俱进地扩大了社会主义文化建设的主力军和生力军。这里的人民的概念，已经不再是经典作家原来设想的单一的城市无产阶级，也即工人阶级，改变了单一的无产阶级作为社会主义文化建设主体的历史局限。这种内涵的扩展符合俄国变化了的实际状况，有利于更加广泛地团结更多苏俄文化人士和劳动大众一起来建设社会主义的

略论邓小平对列宁文艺思想的继承与发展

新文化。于是，新兴农民作家和旧俄国社会过来的同情下层人民和"同路人"的作家都团结在人民艺术的旗帜下，共同为苏维埃的文化建设，特别是文艺建设作出了努力，并且取得了文化建设的实绩，繁荣了20世纪初期苏俄文艺。《静静的顿河》的作者肖洛霍夫和《第四十一》的作者拉夫列尼约夫等优秀作家作品的涌现就是这种文艺思想哺育的成果。

艺术属于人民这个口号与观念，也是针对当时那些"庸俗社会学"的文艺观念而提出的。列宁批评了那些不利于文化发展的极左的教条，保障了最广大的人民享有文化艺术的权利。

列宁在《共青团的任务》中指出，必须用人类全部的文明成果来建设我们的新文化。千百年来人类共同创造的文化财富也必须由全体人民来享用、传承和发展，包括工人、农民、进步知识分子在内的人民大众正是这些文化和文明成果的真正主人。正是在这个最广阔的文化继承和发展的时代需求上，列宁提出了有利于文化发展的"艺术属于人民"这个经典论断。这是对马克思主义文艺观在20世纪初继承与发展的成功范例。

邓小平同志在反思社会主义建设的经验教训时，延续了马克思主义优良的学风，注重对马克思主义经典作家的文艺思想在继承中发展，在发展中继承，而在这其中，又特别注重有过社会主义建设实践列宁的思想和经验。邓小平认为，在如何建设社会主义的问题上，与同时代和后来者相比，"可能列宁思路比较好，搞了个新经济政策"[①]。这当中也包括文化建设问题。邓小平同志在新时期之初，在论述文艺发展方针时重申了马克思主义经典文化理论，特别是列宁文艺思想的精髓，批判了"四人帮"极左文艺观念，及时调整了过去的文艺创作方针，把"文艺为工农兵服务"的提法调整和完善为"文艺为人民服务，为社会主义服务"。

文艺为人民服务的提法就强调了我们的文艺应该为更加广大的人

---

① 《改革是中国发展生产力的必由之路》，《邓小平文选》第3卷，人民出版社1993年版，第139页。

民大众服务,这里的人民的概念就包容了工、农、兵、知识分子和城乡其他劳动者,彰显了在新时期,我们的文艺是为最广大的社会主义的建设者服务的宗旨,使我们的文艺能够最大限度地反映人民的审美诉求,满足人民文化生活的需要,有利于用优秀的文艺作品鼓舞人民,团结人民。邓小平同志对马克思主义的阐释和对我国文艺方针的调整充分体现马克思主义实事求是的精神,符合中国文化发展的国情,有利于新时期文艺的繁荣。

提出和重视文艺为人民服务的方针,就要求我们的文艺工作者必须像列宁所要求的那样,使文艺创作"必须在广大劳动群众的底层有其最深厚的根基。它必须为这些群众所了解和爱好。它必须结合这些群众的感情、思想和意志,并提高他们。它必须在群众中间唤起艺术家,并使他们得到发展"①。在这里作为马克思主义经典作家,列宁就重申了文艺的"人民性"问题。就是说,文艺的"人民性"与人民群众喜闻乐见的审美接受方式和表达方式密切关联。

而在邓小平同志文艺"为人民服务"的思想中,文艺的"人民性"实际上,又与文艺的"民间性"紧密相关。文艺创作者真正要在作品中体现人民性,就必须很好地掌握历史悠久的民间文艺创作传统,而这些传统又往往蕴藏在旧有的文艺形式之中。邓小平同志十分熟悉中华传统文化,也谙熟文艺创作的这个基本规律。所以,他早在解放战争时期就指出:"采用旧形式反映新内容的方法也是必要的,因旧形式在民间具有根深蒂固的潜势力,深为民众所喜爱,且本身亦有可利用的价值。但采用旧形式必须以表现现实内容为主,方法则应是批判的有选择的利用。"② 创作的素材和题材从人民中来,从民间来,运用传统的形式表达新时代的内容和主题,展现人民生活的新面貌,这始终是新中国文艺生存和发展的重要特点之一。古为今用,推陈出新,在坚实的民间文化的基石上充分发挥中华民族的传统文艺形式的潜力和作用,对于发展和繁荣人民的文艺,满足接受民族文艺传

---

① 《列宁文艺思想论集》,中国社会科学出版社1986年版,第376页。
② 《一二九师文化工作的方针及其努力方向》,载《邓小平文选》第1卷,人民出版社1994年版,第27页。

统形式熏陶的广大人民大众的文化需求,是我们文艺发展不可忽视的重要途径与方法之一。邓小平重视文艺的传统,并要求从传统的文化资源中寻求新时代可资借鉴的形式以表达新内容的思想是对列宁文艺人民性思想的忠实继承和新发展。

二 发挥创造精神与创作自由

文学史实和文学发展的规律早已证明,文艺的发展离不开宽松的文化环境。邓小平同志指出:"我们要永远坚持百花齐放、百家争鸣的方针。"① 他强调:"世界上的事物是变化多端的,社会越发展越复杂,没有'百花齐放、百家争鸣',我们的思想就会简单化,就跟不上世事、社会发展的变化。"② 与时俱进地坚持双百方针,这也是马克思主义文化建设和发展的一个基本要求。列宁领导的苏维埃国家文化建设,实际上是马克思主义文化理论第一次在社会主义国家中实践与探索。列宁遵从文艺发展的基本规律。这就是在苏俄文化界尊重和保障艺术家和文学家们的创作自由,真正让创作在社会主义文艺家园的作家们拥有"个人创造性和个人爱好的广阔天地,有思想和幻想、形式和内容的广阔天地"。而列宁的文艺政策保障了作家的创作权利并取得了实效。而这一点也为尊重史实的文学史家所承认。美国文学史家马克·斯诺宁在《现代俄国文学史》中就特别提到在苏俄新经济政策实施期间,俄罗斯文艺界传统流派与现代流派并存,继承与创新并重,特别是小说界出现了一个"文艺复兴"时期,大量反映新时代题材的"新史诗"小说应运而生,创作高度繁荣。为马克·斯诺宁赞誉的这个文艺繁荣局面,正是列宁在坚持文艺的党性原则的前提下主张保障各种艺术流派生存权利,维护广大俄罗斯作家创作自由文艺政策的积极成果。新经济政策时期苏联文学"新史诗"的兴起

---

① 《目前的形势和任务》,载《邓小平文选》第二卷,人民出版社1994年版,第256页。
② 《在甘肃省、兰州市干部会议上的报告》,载《邓小平年谱(1904—1974)》(下),中央文献出版社2009年版,第1354页。

繁荣了俄苏叙事文学,带来了被称为俄罗斯文学的"文艺复兴",是20世纪俄罗斯文学发展的少有的黄金时期,这是不争的事实。

邓小平同志在第四次全国文代会上的祝词中也继承列宁的文艺思想的这个方面的要义,也特别强调了"文艺这种复杂的精神劳动,非常需要文艺家发挥个人的创造精神"。20世纪80年代以来,具有地域文化特色新生作家群广泛的崛起、具有现代意识的新诗繁荣和融入现代意识戏剧的涌现等文艺新成就也正是体现了邓小平文艺思想而充分保障作家创作自由的新时期文艺政策实施的积极成果。

三 多样化与文明成果的全面接受

邓小平文艺思想是从一个文化大国的悠久传统的语境来建构的。他指出:"我国历史悠久、地域辽阔,人口众多,不同民族不同职业、不同年龄、不同经历和不同教育程度的人们,有多样的生活习俗、文化传统和艺术爱好。雄伟和细腻,严肃和诙谐,抒情和哲理,只要能够使人们得到教育和启发,得到娱乐和美的享受,都应当在我们的文艺园地里占有自己的位置。英雄人物的业绩和普通人们的劳动、斗争和悲欢离合、现代人的生活和古代人的生活,都应当在文艺中得到反映。我国古代和外国的文艺作品、表演艺术中一切进步的和优秀的东西,都应当借鉴和学习。"[①] 邓小平同志的文艺观具有反映历史与现实的宏大的时空包容度。他要求文艺工作者在创作中眼光远大,题材多样,典型塑造各异,追求思想的深度,古为今用,洋为中用,以中国现代文学先驱鲁迅拿来主义的海纳百川气度,多方吸收古今中外的文艺资源以创造丰富多样的文艺产品。这与列宁主张吸收人类创造的全部文明成果来建设社会主义文化的思想有高度的内在的继承性和一致性。

---

① 《在中国文学艺术工作者第四次代表大会上的祝词》,载《邓小平文选》第2卷,人民出版社1994年版,第210页。

四　重视艺术责任与思想提高

在论及文艺的使命和文艺家的责任方面上，邓小平文艺思想历来坚持强调文艺家所肩负的重大社会责任感。邓小平同志指出："不论是对满足人民精神生活多方面的需要，对于培养社会主义新人，对于提高整个社会的思想、文化、道德水平，文艺工作都负有其他部门所不能替代的重要责任。"[①] 中国文论注重文以载道，西方文论也有寓教于乐的传统，东西方进步的文艺传统自古以来都有重视文艺的社会责任和教育功能的传统。俄国革命民主主义文论提出"文学是生活的教科书"，当然，这不仅仅是要求文学作品向读者，青少年读者传授普通的生活知识或生活技能，而更重要的重在强调通过优秀的文艺作品培养读者高尚的道德情操，启发觉悟，使之成长为一个有益于社会和人民的人。法国进步作家雨果说过："作品改造读者的心灵"，在此进步的文学社会功用观基础上，俄罗斯的进步文艺界提出了"作家是人类灵魂的工程师"的文艺教育观念。而今我们进入了建设中国特色的社会主义的新时代，我们的文艺工作者应该重温和进一步践行邓小平同志关于加强文艺工作者社会责任感注重培养社会主义新人的重要思想，努力创造形式新颖激励向上的文艺作品，以提高整个社会的文明素质和道德文化水平。尤其是在从传统的计划经济社会向资源全面市场化配置的市场经济社会转型的时期，在创造满足人民精神生活多方面需要的文艺产品的同时，更要坚守文艺创作的道德伦理底线，坚持用优秀的文艺作品鼓舞读者，为全面建设小康社会营造一个积极、健康和高尚文化氛围。

五　从"文化行业"到文化产业

当今，中国的文化事业和文化产业在蓬勃地健康发展。特别是作

[①]《在中国文学艺术工作者第四次代表大会上的祝词》，载《邓小平文选》第2卷，人民出版社1994年版，第209页。

为社会主义市场经济的重要组成部分的文化产业像初升的朝阳,生机正旺,收获颇丰。面对今天的文化发展成就,我们更应该重温邓小平同志关于精神产品生产和文化产品生产的重要论述。因为,今天的文化产业格局也是在邓小平理论的启发与指引下逐步形成的。邓小平同志早在20世纪70年代就强调了重视文化生产和精神产品生产的问题,他那时就提醒文艺工作者应该为人民,即为最广大的社会主义文化产品的需求者与消费者培育文化生产行业。他指出:"文化也是一门行业,一个领域,这个领域是为劳动者服务的。随着生产的发展,精神需要就增大了。"① 也就是说,像不断增强的人民的物质需要一样,人民大众的文化需求也会随着社会主义生产和市场经济的不断增强扩展而提高。社会主义的文化建设不仅仅局限是一个精神层面的工作,也不仅仅是对社会主义意识形态领域的阵地坚守与发展,而且同样也是一种为人民大众提供健康有益消费产品的现代文化产业生产活动,通过这个对于国民经济十分重要的产业活动能够向社会主义市场经济的实践主体提供丰富多彩的文化产品。社会主义的文化行业,今天文化产业在满足人民精神需求和文化消费需求的同时,也能为国家发展创造可观经济收入。而邓小平同志关于文化"是一门行业"的思想,实际上也是马克思主义文化理论在当代的合乎规律的发展,是对列宁文化产业思想雏形的合理继承与创新发展。

列宁在苏维埃国家建立之初就敏锐地发现了现代文化生产活动巨大的经济价值与创造潜力。他在与苏俄文化学家、教育家、时任苏维埃俄国教育人民委员的卢那察尔斯基讨论刚刚兴起的电影事业发展的前景时,就敏锐地预见了电影这个新兴的文化行业在普及大众文化的同时,会给苏维埃国家带来非常可观的经济收入。人们十分熟悉列宁有关共产主义的一个著名公式:"共产主义就是苏维埃政权加全国电气化。"而电影正是随着苏维埃俄国电气化的普及而登上苏联社会主义文化建设的平台的。列宁精辟地指出:"应该坚定地明白,对于我们而言,在所有的艺术门类中,电影是最重要的一种。"今天看来,

---

① 《邓小平年谱(1975—1997)》(上),中央文献出版社2009年版,第361页。

在当时，电影不仅是先进的文化载体，先进的传媒技术，而且在列宁心目中，这种先进的新型的文化载体本身就蕴藏着巨大的经济价值。他及时指示苏维埃文化工作者要尽快地把握电影技术和电影艺术，尽快发挥电影文化在宣教活动中的重要作用，同时也启发主管电影事业的领导者要及时充分地发挥电影这种新媒体蕴含的经济作用，增加苏维埃国家的经济收入。列宁确信，只要管理得法，电影事业会有很大的收益。列宁甚至还具体指示要多拍一些健康有趣的影片，推广普及到广阔的农村去。虽然，列宁还没有用文化产业这个概念，但是，他的这个具有预见的文化生产的思想与我们今天在邓小平理论指导下创新发展的文化产业的思路有内在的一致。

当今，包括影视、出版、文创、演艺、微博、微信等在内的文化产业正是为社会主义最广大的劳动者服务，满足人民精神需求一个个的经济潜力巨大的发展文化行业，在这些文化产业领域里已经取得了举世瞩目的成就。由此可见，邓小平同志关于文化也是行业的思想，是继承了马克思主义结合中国当代文化建设发展的实际去探索的结晶，这些重要的文化建设思想对于中国文化产业今后的发展仍然具有重要的启迪意义。

邓小平文艺思想博大精深，具有马克思主义罕见的预见力和实践探索品格，值得我们文艺理论研究者和文艺批评工作者反复学习，细心领会，真诚践行。

【作者简介】吴晓都，中国社会科学院外国文学研究所研究员。

对当下我国文论话语体系建构的理论思考

丁国旗

客观地说，今天具有中国特色的社会主义文论话语体系的确立与形成面临着至少三种理论资源，一是经过两千多年历史发展的中国古代文艺理论，二是在中国新民主主义革命和社会主义建设中逐渐发展起来的马克思主义文艺理论，三是中国长期以来在与西方交流交往中引进来的西方文艺理论。20世纪以来的百余年间，由于历史原因，这三种文论资源在不同的历史时段，发展是不平衡的，受重视程度也是不一样的。从新时期以后30多年的时间来看，我们一直重视对西方文论的引介学习与研究，而对我国古代文论传统却有所忽视，缺乏转化和创新性研究，对在社会主义革命和建设中发展起来的马克思主义文艺理论同样重视不够，缺乏有创见性的理论成果。由于历史原因，如果说新时期之前，我国文论呈现出较明显的"政治化"倾向，那么新时期之后，我国文论则表现出了更为明显的"去政治化"特征，而这种"去政治化"又是通过文论的"西化"来实现的。今天西方文论在我国高校和科研机构中占有绝对的话语优势，拥有绝对多的学习者、研究者和崇拜者，有学者甚至以是否能用英文写作并发表论文作为衡量学术水平高低的标准，当然这种看法显得有些莫名其妙，但透过这种主张，我们所看到的则是我国文论"西化""洋化"的严重程度。因此，面对当前我国文论存在的一些问题，冷静审视当下我国文论发展的基本状况、基本格局以及世界文论发展的基本趋势，尽快扭转以往过于"西化"的学术倾向，重视我国古代文论、当代中国马克思主义文艺理论研究，就是摆在理论界的一件重要任务。以下本文将作出较为详细的分析与论证。

一 如何看待我国古代文论

一般认为，西方文论以其思辨的严密、科学和系统性为特色，而我国古代文论则以直观感悟的思维方式，多是描述性、比喻性的阐述，很难有理论上的系统建构。实际上，并非这样。我国古代文论不仅拥有丰硕的理论成果，而且以一种独特的塑造模式形成了自己的文艺理论体系，在创作论、文体论和鉴赏论等多方面都有系统的理论阐述。就创作论而言，我国古代文论形成了以心物感通的感兴论为主线的创作论理论体系。如《礼记》较早提出的"人心之动，物使之然也"，陆机《文赋》中论述灵感时强调的"若夫应感之会，通塞之际，来不可遏，去不可止；藏若影灭，行犹响起"，刘勰《文心雕龙》《物色》篇谈到的"物色之动，心亦摇焉"，"情以物迁，辞以情发"，钟嵘《诗品·序》中提出的"气之动物，物之感人"，等等，这些都是对物感情起的很好表达和阐释，它们共同构成了我国古代文论创作体系的基本内容。另外从更具体的层面看，如在创作的主体要求方面，我国古代文论也有着非常清晰的论述和阐发，如创作主体方面的"文气"说（刘勰、曹丕等）、作为诗歌创作重要关节的"妙悟"说（严羽等）、关于作家的主体能力的"才、识、胆、力"说（叶燮等），以及强调作家学养积累的"神思"、作为创作主体综合因素的"胸襟"等，历来文论家对此都有非常详细的论述与总结。这些观点与有关创作的其他命题一起，构成了我国古代关于创作原理比较完整的理论体系。

由此来看，我国古代文论的体系性不是由某一个理论家，而是由许多理论家共同完成的，理解我国古代文论的体系性必须以熟悉我国古代文论的发展历史为前提。对于中国古代文论的体系性理解，不能以西方的标准来衡量，西方的美学家和文艺理论家都是自成体系，自

第二编　中国化马克思主义文论及其当代建构

成一格的。如我们非常熟悉的柏拉图、亚里士多德、康德、黑格尔、谢林、海德格尔、德里达、福柯等，他们都有系统的哲学观点，都以独树一帜的体系性理论著称。但对于我国古代文论而言，个人的体系性远不如西方文论家那样明显，或者说个人体系常常是很难存在的。中国哲学、美学以至于文艺理论的体系性，是以中国文化大背景为根基，"体现在两千多年来的文艺思想的诸家论述和流变之中的"①。这就是说，我国古代的文论（美学）范畴并不是某一个人创造或建构体系，而是多由个人或某一思想流派提出概念，而后再经由后代文论家、艺术家不断运用，不断丰富，从而逐步形成为具有活力的理论范畴、理论体系。就整体而言，中国的传统思想主要以儒、道、释三家为主，同时兼有玄学、理学和心学等思想派别的影响，这样中国古代文论也便形成了与之相对应的比较系统的文论传统。"儒家文艺思想是由孔夫子、孟子开创而一直到封建社会末端都在文艺领域占有主流地位的意识形态，道家文艺思想是由老子、庄子开创，而其中的一些重要的文艺观念也是贯穿于整个封建社会始终的。佛家思想从汉代进入中国本土后与玄学相结合，开始对文艺创作和评论产生影响，迄唐宋而至高峰，其后到明清时代甚或成为文艺思潮如明代李贽'童心'说、汤显祖的主情论和公安'三袁'的'性灵'说的哲学根基。儒、道、释这三个大的思想系统，既相互视为异己、又彼此交融，但其文艺观念则形成了中国古代文论的最重要的三大脉络。"②

当然，我国古代文论的体系性并不是单一的粗线条的，而是多元多样、多方向多层次的。不同的体系之间既有外部的相互关联，又有内部的范畴交叉，或者说每个自成体系的理论叙述都是我国古代文论整体中的某一方面、某一部分，同时透过这任何一个方面或一个部分又能窥探到我国古代文论所应有的整体性特征。与西方理论追求理论的个体自恰性不同，我国古代文论则具有整体自恰性特征，这一特性与中国文化固有特征又是分不开的。欧美文化重视科技与理性，强调

---

① 张晶：《中国古代文论的当代价值及其实现》，《文学理论前沿》2005 年第 2 辑。
② 同上。

二元对立，重视发展，强调对自然的征服，等等，而"中国文化中有教无类的观念与民胞物与的思想，则有极大的包容性"①，这就使中国文化同西方文化相比，具有更大的宽容性和柔韧性，对问题的看法更加灵活和辩证。正是从这一点看，中国文化对于未来世界的发展必将产生更大的作用，因为当西方急功近利的发展模式越来越让人们看到它对世界和平与稳定所带来的威胁，而中国文化所强调的"天人合一"以及其自身内部趋于文化成熟之境的"高度妥当性与调和性"②，加之中国人在长期文化影响下所形成的"平静而受到庇佑的心态"③等，都是由技术理性主导的当代社会所缺乏的。文化如此，文论也如此。"中国古代文论家和艺术理论家，基本上本身都是诗人、作家或艺术家，都有颇为丰富的创作实绩，他们对文学艺术的论述，很少有纯然的理论思辨，大多数都是在对文学艺术作品的审美感悟中，直接感发的，带有非常强的原生态性质和审美体验性。"④ 因此，我国古代文论强烈的人文精神，对文艺规律的尊重，以及总体辩证观等都是西方文论所无法比拟的。西方文论和美学理论，往往在一个元范畴或命题之下作出非常周延而细致的论述，使读者感到玄奥难懂，这就造成西方很多的文艺理论或美学著作都以深奥费解著称，其所建构起的理论体系在实践运用中难免要大打折扣。

如上所述，正因为我国古代文论并不追求那种突出个人创造以及具有很强的体系性逻辑论证，而是靠多朝多代多人共同努力才完成的，因此，如"气韵""情景""风骨""言不尽意""性灵"等这些范畴，虽然都有其最初的提出者及相应的意义阐释，但其意蕴往往并不止于初始时的范围，而是在其千百年的传承和运用中不断地被增添进许多新的内涵，这样也就大大拓宽了我国古代文论的适用界域和时

---

① 许倬云：《中国文化与世界文化》，广西师范大学出版社2006年版，第223—224页。
② 梁漱溟：《中国文化的命运》，中信出版社2010年版，第33页。
③ 辜鸿铭：《中国人的精神》，李晨曦译，生活·读书·新知三联书店2010年版，第45页。
④ 张晶：《中国古代文论的当代价值及其实现》，《文学理论前沿》2005年第2辑。

间跨度，也使它显示出极强的大众化特性，较之西方文论而言，具有明显的开放性、延展性、阐释力，具有强大的造血功能和生成性质，更加易于进行当代性转换，更加易于同当下的文艺现实相结合。

我国古代文论不仅是有体系的，而且它还有自己迥异于西方的一套话语体系。杜书瀛先生就对我国古代的"诗文评"传统进行了研究，认为"诗文评"是中国古代评诗论文的一门特殊学问和独立学科，其命名虽起于明代，其诞生则源于魏晋。与西方的"文学批评"不同，"诗文评"重在"品评""品说""赏鉴""赏析""玩味""玩索"，其"感性"特色更浓厚些；而"文学批评"则重在"评论""评价""评说""评析""裁判"，其"理性"特色更强一些。同时，在这表面差异的背后，更有中西不同民族在哲学思想、思维方式等文化本性上的区别与不同。在杜先生看来，今天我们不应再套用西方的学术名称和学科称谓硬将"文学批评"强加在我国古代文论的头上，而要郑重其事地还给它本来就有的称呼"诗文评"，同时"中国文学批评史"也应该叫作"'诗文评'史"①。这里我们姑且不说，是不是一定要将当下已经叫习惯了的西方术语"文学批评"改称为我们的"诗文评"，但就作者对我国"诗文评"所作出的深刻研究而言，不仅让我们更清楚地看到了我国古代文论鲜明的体系性特征，同时也将我国重品评和赏玩的文化审美情趣与其大众特色揭示了出来，对展示我国古代优秀传统文化文论思想具有重要的现实意义。

随着世界各国经济文化交往越来越多，一个未来的"世界文化"格局正在形成，哪一个民族在文化交往中具有更多的贡献和优越性，也就意味着这个民族的文化将在这个"世界文化"的格局中占有重要的地位，在未来的文化交往与交流中获得更多的发言权。从某种程度上说，这个民族也就能更多地保住自身的文化传统与文化血脉，使文明延续、文化传承。因此，今天我们必须重视和加强对我国传统文化的研究，使其优秀的部分更好地传播与推广，焕发出活力，这样不仅可以更好地弘扬民族精神，提升民族自信，同时也可以推动整个世

---

① 杜书瀛：《论"诗文评"》，《文学遗产》2011年第6期。

界文化的更好发展。在这样一个文化发展文化形成的大背景下，努力发掘我国古代文论的优秀部分，让它在未来世界文化艺术理论中占有一席之地，就不仅能更好地保持与维护中国民族文论传统，同时也必然会为世界文论提供重要的理论资源，使世界文论更加健康、更加人性与完美。2014年3月27日，习近平总书记在联合国教科文组织总部的演讲中说，"中国人民在实现中国梦的进程中，将按照时代的新进步，推动中华文明创造性转化和创新性发展，激活其生命力，把跨越时空、超越国度、富有永恒魅力、具有当代价值的文化精神弘扬起来，让收藏在博物馆里的文物、陈列在广阔大地上的遗产、书写在古籍里的文字都活起来，让中华文明同世界各国人民创造的丰富多彩的文明一道，为人类提供正确的精神指引和强大的精神动力"①。这里笔者借用习近平的相关论述提出"让中国传统文论活起来"这一观点，因为这既是建设中国特色社会主义文论新体系的现实要求，也是弘扬中华优秀传统文化的题中之义。

二 如何看待马克思主义文艺理论

从20世纪初马克思主义文艺理论进入中国以来，大体经历了三个发展阶段。从"五四"运动到抗日战争爆发为第一阶段，时间跨度从1919年到1937年，主要是对马克思主义文艺理论的引介与译入；从1937年到1977年为第二阶段，这一阶段主要围绕毛泽东《在延安文艺工作座谈会上的讲话》的形成、发展与巩固而展开；新时期之后，也就是1978年以来，为我国马克思主义文艺理论的丰富与新的发展阶段，在这一阶段中，大量国外的马克思主义文论成果得以引入与研究，而中国化马克思主义文艺理论也得到了进一步的发展。以下笔者将对这三个阶段略做梳理与陈述。

马克思的名字在我国最早出现在1902年梁启超写的《进化论革

---

① 习近平：《在联合国教科文组织总部的演讲》（2014年3月27日，巴黎），见中国日报网2014年4月1日。http://language.chinadaily.com.cn/news/2014—04/01/content_17396012.htm。

第二编　中国化马克思主义文论及其当代建构

命者颉德之学说》中，而有关马克思、恩格斯著作的最早译文则是在 1906 年由孙中山领导的同盟会机关刊物《民报》第二号上发表的《共产党宣言》的几个片断和十项纲领。① 由于当时人们对于马克思、恩格斯并没有太多的了解，所以马克思、恩格斯的其他文章虽也有人译成中文，但都不能很好地传递他们学说的本有之意。直到 1917 年，随着俄国十月革命的爆发，尤其是 1919 年"五四"运动的发生，面对落后的经济、分裂的政治、失败的外交，中国的政治家、知识分子和青年学生们开始真正思考中国的前途和命运，而马克思主义也就在这样的背景下，作为改变中国以求富强的一种思路被中国知识界所认识与接受。1919 年，北京大学教授和图书馆馆长李大钊发表了《我的马克思主义观》一文，该文介绍了马克思在《〈政治经济学批判〉序言》中关于基础和上层建筑理论和艺术作为意识形态部门之一的观点，这是已知马克思主义文论与美学观点在我国的最早介绍。② 1921 年中国共产党成立，包括列宁等人在内，马克思主义文艺论著开始更多地被介绍进来。例如，1925 年 2 月 13 日在上海民国日报副刊《觉悟》上，有介绍列宁论列夫·托尔斯泰的文章，1926 年 12 月 6 日《中国青年》第 144 期上，发表了后来影响深远的列宁的《论党的组织和党的文学》的节译文。

　　概括来看，从 1919 年到 1937 年，我国理论界对马克思主义文论的介绍和研究，主要有两条途径。第一条途径主要是从日本引进了一些马克思、恩格斯的著作，例如，著名作家鲁迅、冯雪峰、郭沫若，著名文学评论家胡风，文学理论家蔡仪等，都从日文转译介绍了许多马克思主义理论家关于文艺的著作。鲁迅翻译了普列汉诺夫的《艺术论》，卢那察尔斯基的《艺术论》《文艺与批评》等；冯雪峰翻译了普列汉诺夫的《艺术与社会生活》、卢那察尔斯基的《艺术之社会的基础》、沃罗夫斯基的《作家论》、弗里契的《艺术社会学底任务及问题》、梅林的《文学评论》等；胡风从日译本翻译了《与敏娜·

---

　　① 张允侯：《马克思恩格斯著作在中国的出版和传播》，《历史教学》1963 年第 7 期。
　　② 刘庆福：《马克思恩格斯文艺论著在中国翻译出版情况简述》，《北京师范大学学报》1983 年第 2 期。

考茨基论倾向文学》（今译《恩格斯致敏·考茨基》）等；郭沫若摘取马恩《神圣家族》中第五章和第八章有关文艺的重要段落，从德文原本翻译出版了《艺术作品之真实性》等。第二条途径主要是从俄文翻译了普列汉诺夫、列宁等人的一些著作，在这方面贡献较大的是瞿秋白和周扬等人。如瞿秋白编译了《现实——马克思主义文艺论文集》，翻译了恩格斯、普列汉诺夫、拉法格的部分文艺论著，编译了《马克思恩格斯和文学上的现实主义》《恩格斯和文学上的机械论》两篇文章，于1934年9月在《文学新地》创刊号上，翻译发表了列宁的《列甫·托尔斯泰像一面俄国革命的镜子》，他还译介了《社会主义的早期"同路人"——女作家哈克纳斯》的一些生活和创作材料，以帮助人们更好地了解马恩的文艺理论观点。1935年，译者易卓翻译了"恩格斯致拉萨尔"和"马克思致拉萨尔"两封信件，至此在20世纪30年代，马克思、恩格斯关于文艺问题的五封著名书信①都已在中国有了多种公开发表的节译或全译文②。另外，1933年4月，周扬在《现代》杂志上发表了自己的研究成果——《关于社会主义现实主义和革命浪漫主义》一文，第一次较为系统地向中国文艺界介绍并阐释了苏联文学界正在讨论、提倡的社会主义的现实主义创作理论。③

　　1937—1977年的第二阶段中，马克思主义文艺理论在我国得到了更好的发展，同时更为重要的是，在这一阶段中产生了中国化的马克思主义文艺理论的创新性成果，这就是毛泽东《在延安文艺工作座谈会上的讲话》。"延安讲话"在我国乃至国际马克思主义文艺理

---

　　① 这五封书信分别是《马克思致拉萨尔》（1859年）、《恩格斯致拉萨尔》（1859年）、《恩格斯致敏·考茨基》（1885年）、《恩格斯致玛·哈克奈斯》（1888年）、《恩格斯致保·恩斯特》（1890年）。

　　② 就全译文而言，1932年瞿秋白翻译了《恩格斯致玛·哈克奈斯》和《恩格斯致保·恩斯特》（译文可见瞿秋白《海上述林》，鲁迅编，1936年出版）；1934年胡风从日译本翻译了《与敏娜·考茨基倾向文学》（见《译文》第1卷第1期，今译《恩格斯致敏·考茨基》）；1935年易卓翻译了"恩格斯致拉萨尔"和"马克思致拉萨尔"（见1935年11月1日上海出版《文艺群众》第2期）。

　　③ 关于从日文或俄文译介的详细情况，可参看拙文《马克思主义美学在中国百年回眸》（《马克思主义美学研究》2010年第2期）中的相关论述。

第二编 中国化马克思主义文论及其当代建构

论发展史上都是里程碑式的作品,它不仅指导与影响着中国的抗战文艺,同时也对世界上其他国家的反法西斯革命文艺创作产生了重要影响。

从1937年到1945年八年抗日战争,无论是国统区或是解放区,对马克思主义文艺论著的译介都成绩显著。如在国统区出现了由欧阳凡海编译的《马恩科学的文学论》和由苏联马恩列学院文艺研究所编、楼适夷从日文转译、从马克思、恩格斯著作中摘录辑集而成的《科学的艺术论》。在延安,1940年5月新华书店出版了《马克思、恩格斯、列宁论艺术》(曹葆华、天蓝合译)一书。另外这一时期延安的《解放日报》还发表了一些马克思列宁文论的单篇译文,如《恩格斯论现实主义》、列宁《党的组织与党的文学》《列宁论文学》等。马克思主义文论经典著作的翻译,对于当时我国文艺理论的发展,尤其是对于毛泽东文艺思想的确立与形成,产生了深刻而直接的影响。1942年5月延安文艺工作座谈会召开,毛泽东两次到会并讲话。《在延安文艺座谈会上的讲话》中,毛泽东认为,1919年"五四"运动以来的文艺,是为城市小资产阶级服务的,而现在他提倡要建立为工农兵服务的文艺。文艺不是无功利的,它必须"服从党在一定革命时期内所规定的革命任务"[①],而在当时,就是要服从战争即"抗日"的需要。为了更好地推动革命文艺的发展,他提出了"以政治标准放在第一位,以艺术标准放在第二位"[②]的文艺批评标准,进一步论证了革命文艺的目标与任务。与列宁强调文学的"党性"原则相比,毛泽东的文艺思想更加强调文艺的"服从"与"从属"地位。"延安讲话"在共产党领导下的根据地产生了广泛的影响,同时也受到了国统区、敌占区,以及香港等地左翼文学界的普遍关注。1944年3月,由延安解放社出版、周扬编选的《马克思主义与文艺》一书,就不仅收录了马克思、恩格斯、列宁的文艺论著,还收入了斯大林、普列汉诺夫、高

---

① 毛泽东:《在延安文艺座谈会上的讲话》,《毛泽东选集》第三卷,人民出版社1991年版,第866页。
② 同上书,第869页。

尔基、鲁迅、毛泽东有关文艺的评论和意见，这本书多次重印，对传播"延安讲话"文艺思想起到了很大的作用。

毛泽东《在延安文艺座谈会上的讲话》中的文艺思想对我国文艺界的影响，不仅在新民主主义革命时期，新中国成立之后它的影响持续存在，并得到了进一步的加强与巩固。从1949年到1966年，我国的文艺理论发展资源主要来自两个方面，一是来自红色根据地的文艺思想，以毛泽东的《讲话》为代表；二是从苏联引进的文艺思想，以引入的文学艺术理论教材为代表，主要有维诺格拉多夫的《新文学教程》、季莫菲耶夫的《文学原理》、谢皮洛娃的《文艺学概论》、涅陀希文的《艺术概论》，以及毕达可夫在北京大学的讲授稿《文艺学引论》，柯尔尊在北京师范大学的讲授稿《文艺学概论》等，这些著作对当时我国文艺理论知识的普及工作起到了重要作用。除此之外，20世纪50年代以后，马克思的《1844年经济学哲学手稿》、马恩关于民歌的一些论述和他们搜集的民歌作品、斯大林关于"社会主义现实主义"创作原则和语言的非阶级性问题等的相关著述等，也开始被翻译进来。苏联当代美学家里夫希茨主编的《马克思恩格斯论浪漫主义》《马克思恩格斯论艺术》等书也在五六十年代陆续译介进来。所有这些，对于新中国成立后我国文学艺术创作及理论的形成都产生了重要的影响。

由于过分强调文艺的政治标准，新中国成立后"十七年"我国马克思主义文艺理论受到了国家政治、政权等因素的多重影响，加之人们所接触到的理论资源主要就是马克思主义经典作家的文论思想，我国传统的古代文论被搁置了起来，西方当代文论也几乎全被挡在国门之外，理论界更多地把精力放在了对已有马克思主义文艺理论体系的建构之上。借助于马恩经典作家的文艺论述、"延安讲话"的文艺思想以及从苏联引介进来的马克思主义文艺理论资源，50年代到60年代初，中国美学界发生了一场"美学大讨论"，这场讨论的主要目的就是要在中国建立起马克思主义文艺与美学的新体系。1966年，这场有关文艺问题的讨论最终被一种更为激进的理论所取代，过于强调文艺政治因素的极"左"文艺思潮被江青等人推向了顶峰，于是

第二编 中国化马克思主义文论及其当代建构

"文艺黑线专政论"①"三突出"原则②等被提了出来。这些原则和方法完全违背马克思主义文艺的基本理论，与马克思主义的基本立场、方法、传统相违背，将马克思主义文艺思想拖入极端与荒芜的灾难之中。

1976年"四人帮"垮台后，中国社会迎来了"改革开放"的新时期，我国马克思主义文艺理论开始进入第三阶段。1978年"实践是检验真理的唯一标准"的思想大讨论，冲破了长期以来"左"倾错误思想的束缚，促进了全国性的马克思主义的思想解放运动。1980年7月，中央作出决定，不再提"文艺为政治服务""文艺从属于政治"的口号，给学术研究松了绑，允许学术间"自由展开讨论"③，为我国马克思主义文艺研究营造出了良好氛围。在新时期最初几年，文学理论界发生了两场大的讨论，一场是关于"人性""人道主义"的讨论，一场是关于马克思《1844年经济学—哲学手稿》的讨论。这两次讨论，一方面打破了"人道主义""共同人性"、阶级性与人性的关系及其在艺术中的表现等的理论禁区，澄清了人们对于这些问题的模糊认识，使过去长期遭到批判的"文学是人学"的观点重新得到了学界的肯定；另一方面通过对《手稿》的讨论，使"异化劳动""感性""人的本质力量""对象性""自由"等这些关乎马克思

---

① "文艺黑线专政论"是1966年年初由江青等人整理的《林彪同志委托江青同志召开的部队文艺工作座谈会纪要》（简称"《纪要》"）中提出的。《纪要》总结概括了新中国成立后"资产阶级的文艺思想、现代修正主义的文艺思想"的具体表现，并将之归纳为"黑八论"，即"写真实"论、"现实主义广阔的道路"论、"现实主义的深化"论、反"题材决定"论、"中间人物论"、反"火药味"论、"时代精神汇合"论以及电影界的"离经叛道"论，使正确的文艺观点、正常的文艺探讨遭到了严厉批判与打击。

② "三突出"这个概念最早出现在1968年5月23日《文汇报》于会泳发表的《让文艺舞台永远成为宣传毛泽东思想的阵地》一文中，1969年姚文元将它改定为"在所有人物中突出正面人物；在正面人物中突出英雄人物；在英雄人物中突出中心人物"，并且把它上升为"无产阶级文艺创作必须遵循的一条原则"。（《智取威虎山》剧组的文章《努力塑造无产阶级英雄人物的光辉形象》，《红旗》1969年第12期）1972年，"四人帮"又把"三突出"拔高为"无产阶级文艺创作的根本原则""进行社会主义文艺创作必须遵循的坚定不移的原则"，是"实践塑造无产阶级英雄典型这一社会主义文艺根本任务的有力保证"。（"小峦"〈写作组名〉《坚定不移，破浪前进》，《人民戏剧》1976年第1期）

③ 见1980年7月26日《人民日报》社论《文艺为人民服务，为社会主义服务》。

对美和文艺问题理解的重要概念，同样得到了理论界的重视。以上讨论，在一个"后文化大革命"时代的中国，有着极强的现实意义和理论价值。朱光潜、蔡仪、李泽厚、蒋孔阳等美学家的参与讨论及其在讨论中所形成的新的文艺见解与观点，对新时期之后我国马克思主义文艺理论的健康繁荣都产生了重要影响。

进入20世纪80年代中期以后，随着中外交流的日益增多，国内学术界开始重视对西方马克思主义文艺理论家著作的译介及编选工作，对西方马克思主义文艺理论的研究一时成为时代的显学之一。到90年代以后，国内学者对于西方马克思主义理论家的态度也从过去简单的拒斥与批判转变为真正意义上的学术研究，"西马非马"的思想倾向逐渐淡化，"西马"理论在马克思主义文艺理论发展史上的应有地位，得到了许多研究者的认同与肯定。像费希尔、卢卡奇、葛兰西、马歇雷、勒斐伏尔、古德曼、阿尔都塞、本杰明、阿多诺、马尔库塞、威廉斯、詹姆逊、伊格尔顿、齐泽克等这些"西马"学者，都已成为中国学者和文学系研究生们非常熟悉的名字。今天，对"西马"文论的研究也仍然是我国马克思主义文艺理论研究的重要内容之一。

21世纪以后，马克思主义文艺理论的"中国化"问题成为理论界提出的新任务。所谓"中国化"实际上就是将马克思主义理论的现实化、问题化，做到有的放矢，解决中国实际问题。马克思主义文艺理论"中国化"的提出，既是马克思主义文艺理论在中国发展的现实要求，同时也是在中外学术交流不断增强的背景下，中国学术走向世界的必然选择。"理论在一个国家实现的程度，总是决定于理论满足这个国家的需要的程度。"① 今天我们比任何时候都更需要马克思主义，今天我们比任何时候也更需要发展马克思主义。然而，包括马克思主义文艺理论在内的马克思主义理论中国化的最终实现却并非一件容易的事情，它需要几代学人的努力与探索。

从马克思主义文艺理论在我国的发展历程来看，笔者认为以下几点

---

① 《马克思恩格斯选集》第1卷，人民出版社1995年版，第11页。

是非常重要的。一是马克思主义文艺理论是经过近百年的发展,经过几代学人的努力与奋斗才最终成为指导我国文艺前进的方针与指南,今后我们依然要以它为指导繁荣发展具有中国特色的社会主义文艺与理论。二是马克思主义文艺理论不是教条,而是活着的理论,我们一定要根据变化了的文艺现实,不断丰富与发展马克思主义文艺理论,使其更好地引导我国文艺健康发展。三是马克思主义文艺理论在其发展过程中形成了诸多流派,我们一定要在实践运用中对这些流派有所辨析与甄别,既注意汲取它们的营养,又要能看到它们的不足或适用的局限。总之,我们一定要对马克思主义文艺理论的指导地位抱有坚定的信念,坚守学术理想,根据中国的文艺实践不断发展马克思主义,唯其如此,才能在新的历史条件下,把马克思主义文艺理论推向一个新阶段。

三　处理现有文论资源的正确途径

2014年3月29日,习近平在同德国汉学家、孔子学院教师代表和学习汉语的学生代表座谈时说,"掌握一种语言就是掌握了通往一国文化的钥匙"①。他所强调的就是要了解不同文化之间的差异性,重视对于差异文化的尊重与学习,做到相互包容、友善相处。在此前两天,即3月27日,他在巴黎联合国教科文组织总部的演讲中说,"文明因交流而多彩,文明因互鉴而丰富。文明交流互鉴,是推动人类文明进步和世界和平发展的重要动力"②。的确如此,历史上西方从我们这里学到了很多的东西,我们也向西方学到了很多东西。一个懂得向他人学习的民族,一定是强大的民族,是受人尊重的民族,是一个自信的民族。弘扬民族文化并不需要与他者文化相冲突与对立,中华文化的特点和魅力正在于其强大的"包容性",中华文明发展五

---

① 《习近平同德国汉学家、孔子学院教师代表和学习汉语的学生代表座谈》,《人民日报》2014年3月30日。
② 习近平:《在联合国教科文组织总部的演讲》(2014年3月27日,巴黎),见中国日报网2014年4月1日。http://language.chinadaily.com.cn/news/2014—04/01/content_17396012.htm。

千年的历史早已证明了这一点。尤其是在今天全球化的语境中,懂得向他者文化学习,取人之长补己所短,才能真正懂得世界,了解世界,更好地发展自己。改革开放30多年来,我们就是根据自身发展的需要,在向别国学习的基础上,走向经济繁荣与文化发展的。今后我们还要继续努力,在这方面做得更好。

当然,学习他者文化并不能丢掉自己的文化传统与文化优势,学习别人首先要以自己原有的文化为基础,没有自身文化作为根基,对他者文化的学习就会变成无源之水,最终使自己成为他者的附庸。"随着全球交往的日益频繁,每一个民族都应该明白,学习别国的前提是保存好自己的传统,保持自身文化的丰富多样才是对世界文化的真正贡献。欧美不是中心,每一个民族都可以以自己独特的艺术与文化成就成为世界的中心。"[①] 盲目排外是错误的,盲目媚外也是错误的。由于历史原因,新时期之后,我们在文论方面过于重视对西方文论,尤其是当代西方文论的学习与研究,对西方文论的狂热追求与崇拜已经到了令人痛心的地步。由于对西方文论的过分依赖,以至造成我们几乎完全丢开了两千多年来的我国古代文论传统,丧失了对自身文化的自信力,尤其是对百年来在新民主主义革命和社会主义建设实践中所形成的马克思主义文艺理论也是态度暧昧,甚至有抵触情绪。这种现象对我国文论的正常发展是极不利的,值得学界警醒与反思。

要发展与形成具有中国特色的社会主义文论新体系,就必须在实践中正确处理中国古代文论、马克思主义文艺理论与西方文论在今后我国文论发展中的位置与关系。笔者认为,对中国文论进行创造性转化和创新性研究,使其重获生命力,成为我国社会主义文论新体系的重要内容,是我国文论发展的主要目标;开创马克思主义中国化研究新境界,努力使其在与中国社会实践、文艺实践紧密结合中实现民族化、时代化、大众化和具体化,加强其对文艺领域一切工作的指导能力与指导意义,是我国文论健康发展的根本保证;汲取西方文论的最新成果,根据我国文艺实践与理论的现实需要,交往互鉴,有取有

---

① 丁国旗:《我们的文化自信从何而来?》,《湖南社会科学》2012年第1期。

第二编　中国化马克思主义文论及其当代建构

舍，使西方文论成为我国社会主义文论的有益补充，是我国文论保持活力的重要途径。古代文论是我国古代文艺理论家留给我们的宝贵财富，是我们构建社会主义文论新体系的根基与基础，我们必须改变过去对它视而不见的态度，重视它、研究它、发掘它，使其不断焕发新的活力，为今所用。我国马克思主义文艺理论是中华民族近百年来为争取民族独立与解放，为实现民族复兴与进步，在血与火的革命斗争与建设实践中，根据我国文艺的发展实际而逐渐建立起来的，是马克思主义文艺理论中国化的重要成果，要实现我国文艺文化的大发展大繁荣，就必须坚定不移地高举马克思主义文艺理论这面大旗，以保证我国的文学艺术事业始终走在为人民服务这条正确的道路之上。笔者认为，我国古代文论和马克思主义文艺理论是今后我国文艺理论发展的主体与根本，之所以这样说，是因为这两种理论在中国具有深厚的历史基础和文化基础，它们早已深入人心，并且在我国文论总体构成中同等重要，不可偏废。至于西方文论，由于它是对西方文艺实践或文艺思潮的理论总结，它主要针对的是西方的文艺现实，具有西方的思维习惯和文化传统，因此，我们绝不能过高估计西方文论在我国文艺理论建设中的价值与效用。另外，在东西意识形态冲突日益复杂的今天，我们更应该对包括西方文论在内的西方文化思潮保持一份警惕，尤其不能再像过去那样对其盲目崇信，唯命是从。总之，实现我国古代文论的创新与转化，开创马克思主义文艺理论中国化研究的新境界，对西方文论营养的有鉴别吸收，这是建构具有中国特色社会主义文论体系的正确选择与必然途径。只要我们牢牢把握我国文论建设的这一大的方向，就能确保社会主义文论建设的主体地位，创作出无愧于时代，无愧于民族，无愧于人民，无愧于人类的优秀作品，就能更好地落实以人民为中心的创作导向，弘扬社会主义核心价值观，早日完成具有中国特色社会主义文艺理论话语体系建设工程，为最终实现民族伟大复兴的中国梦作出我们应有的贡献。

【作者简介】丁国旗，中国社会科学院文学研究所研究员，研究室主任。

贺敬之文论中的塑造社会主义新人论再探

杜寒风

贺敬之文论中的塑造社会主义新人论，是他探索走社会主义文艺道路的理论尝试，它受到了邓小平、胡耀邦、周扬等党和国家领导人有关塑造社会主义新人论的论述及系列发展社会主义文艺政策与指示的影响，对贺敬之的研究，涉及对社会主义新人概念的认识，文艺中的社会主义新人与历史上文艺中新人的不同，塑造新人与我国社会主义文艺的创作方法等，笔者已发表《贺敬之文论中的塑造社会主义新人论初探》一文①，对上述内容做过探讨。撰写此文主要是就社会主义新人形象是光明的形象、正面的形象，社会主义新人要给人力量、信心与美，塑造社会主义新人与反映时代精神等再做探讨，以使对之的探讨较为完整。

贺敬之指出，社会主义新人形象是光明的形象、正面的形象，它给人以鼓舞人心的作用。他在《新的时代和作家的责任》一文中讲："就我们文艺创作总的倾向来说，就作品表现的历史总趋势来说，要写出光明面和阴暗面的斗争，写出光明战胜黑暗的必然性和现实性。只有这样，才能反映历史前进的客观规律，才能做到恩格斯讲的

---

① 参见杜寒风《贺敬之文论中的塑造社会主义新人论初探》，载党圣元、邱运华、孙士聪主编《马克思主义与文化研究："马克思主义与文化研究"学术研讨会论文集（2014年·北京）》，中国社会科学出版社2015年版，第150—161页。

第二编　中国化马克思主义文论及其当代建构

'充分地'现实主义①，才能使人民群众振奋起来，起到鼓舞和教育的作用。""我们应当反映出新事物和旧事物的斗争、光明面和阴暗面的斗争，反映出光明必定战胜黑暗的历史必然性。因此，要充分肯定新生的、光明的事物的存在，充分看到它的发展壮大。正因为这样，塑造社会主义新人——我们时代的光明和前进力量的代表者们的形象，就当然成为正确反映新时代的关键性的一环了。"② 在新的历史时期，我们的党领导人民在奔向四化，排除重重困难在前进，我们有大量新人涌现，有大量美好光明的事物涌现，这难道不是事实吗？"光明总是在和黑暗斗争，从总的发展趋势来看，光明的、前进的力量总是要取胜，这难道不是历史发展的规律吗？正是这样，党中央和人民向作家提出了在正确揭露阴暗的同时，要更注意表现光明的事物，给人们以鼓舞的力量，我以为这是完全应该的。"③ 我们看到，贺敬之把文艺作品中光明面和黑暗面的斗争，置于作品表现的历史总趋势来看待，强调了光明一定战胜黑暗，而塑造社会主义新人则是我们时代的光明和前进力量的代表者，塑造好它们的形象，就是要反映出社会发展的本质与客观规律，反映出新人的思想、情感、倾向、信念，能够表现好他们的形象，使他们的形象具有鲜明的时代特征，这就空前地给了作家艺术家施展才华的机会，真要塑造人民群众满意认可的形象，就能够鼓舞人民的斗志、增添人民的干劲，使人民群众在社会主义建设的大道上更好地前进。发展不能走极端，一派大好没有问题，或者一团糟糕全是问题，都是片面的看法，以这样的立场、观点来进行创作，必不能反映和认识真实的生活，洞烛清楚生活的变

---

① "充分的现实主义"出自《恩格斯致玛·哈克奈斯》，原文为"如果我要提出什么批评的话，那就是，您的小说也许还不是充分的现实主义的"。（《马克思恩格斯选集》第4卷，人民出版社1972年版，第462页）"充分的现实主义"在《恩格斯致玛格丽特·哈克奈斯》里没有出现，译文有改动，原文为"如果我要提出什么批评的话，那就是，您的小说也许还不够现实主义"。（《马克思恩格斯选集》第4卷，人民出版社2012年版，第590页）

② 贺敬之：《总结经验，塑造新人》，载《贺敬之文集》三·文论卷（上），作家出版社2006年版，第300页。

③ 贺敬之：《对当前文艺工作的几点看法》，同上书，第278—279页。

化，与时代发展产生龃龉。"从文艺的总体上说，如果单单是，或者总是反映落后面、阴暗面的东西，我觉得就不能说是充分地、准确地反映了我们社会的本质，也就不符合社会整体的真实。"① 无从指望有极端思想认识的人，能够写出真实的新人形象。贺敬之强调，共产党是代表人民利益的，作为执政党，它不是人民群众的对立面，虽然它犯过错误，但它还是一个伟大的党。历史条件的变化，在歌颂与暴露问题上，也就有了质的不同，所以就应该实事求是地评价执政党，党带领人民群众搞现代化建设，是社会的进步，是历史前进的方向。所以写社会主义新人也要有正确的认识，认识执政党在新的历史时期所作出的正确选择与决断，认识执政党所起的中流砥柱的作用，不是刻意站在党的对立面上，要能客观地认识执政党有错必纠、自我调适、吐故纳新的能力，相信党和国家，相信人民。"新时期的社会主义文艺，仍然要以写光明为主，作品要给人们鼓舞、力量、信心，有利于巩固社会主义制度。……我们社会主义这个根本制度是必须歌颂的、充分肯定的。但对社会主义在发展中的具体制度、社会弊病和不完善的部分是可以揭露批评的。"② 即使是暴露黑暗，也不是给人们带来绝望，还是要把握正面力量战胜反面力量，主导的一面取胜。如果人物不能有能动性创造性，不是强有力的人物，不能以正压邪，以明驱暗，给人以力量、信念的话，就无法振奋人民群众的精神面貌，给人民以希望，转化为人民投身建设事业的精神动力。

贺敬之在《对当前文艺工作的几点看法》里以为，"表现光明的事物……是时代的要求、人民的要求。当前，我们要及时地、全面地、正确地满足这种要求，充分地反映新时代的新的斗争生活，毫无疑问，只有大量的揭露黑暗的东西，是不够的了。如果只是揭露林彪、'四人帮'，或者官僚主义者、不正之风等，很少表现社会的光明与希望，很少表现社会主义新人，长久下去这总是不行的吧？人民

---

① 胡耀邦：《在剧本创作座谈会上的讲话》，载中共中央书记处研究室文化组编《党和国家领导人论文艺》，文化艺术出版社1982年版，第222页。

② 贺敬之：《〈讲话〉和当前的文艺实践——在解放军艺术学院的讲话》，载《贺敬之文集》四·文论卷（下），作家出版社2006年版，第247页。

需要文艺作品给他们以振奋精神的东西，以鼓舞的力量"。不是不能暴露黑暗，揭露黑暗也要给人以鼓舞的力量，使人流泪的东西也要使人乐观。在《关于〈于无声处〉》里贺敬之说："我们需要战斗的文艺，革命文艺工作者要起战士的作用。对创伤和痛苦的倾诉是需要的，可以唤起人们的思考，激发战斗的要求。但不能仅止于此。提出问题，还要回答问题。我们的文学要表现战斗的力量，胜利的信心。"人们不能老活在痛苦当中，不能老活在伤痕当中，人若长期处在这样的精神心理状态下，势必影响身心健康，还是需要直面现实、直面人生，从抑郁、伤悲中超脱出来，鼓起勇气，挑战自己，坚定起必胜的信念，奔向光明的前途，主动地投入战斗，在战斗中磨砺自己、锻炼自己，在战斗中彰显顽强的意志、不屈的精神。战斗的文艺能够激发战斗的要求，使人在战斗中成长起来，成为勇敢的强者，继续斗争，继续前进。

贺敬之在《谈影片〈巴山夜雨〉》中说，看了《巴山夜雨》这个影片，他很受感动，掉了不少泪。悲痛可以使人流泪，但他从影片中得到的不只是悲痛，还有力量和美，所以他很喜欢这个片子。他写道：影片通过生动的细节，展示出当时民心、党心之所在，使观众从苦难中看到了光明、信心和希望。它以生动的艺术展示出，"四人帮"的覆灭是必然的，中国的复兴也是必然的。因为正义的民心、党心不但存在着，而且是一股巨大的潜流。一旦汇聚奔突，它将冲毁一切枯株朽木。他想，这可能就是《巴山夜雨》能够使人在痛苦中感到力量和美的一个原因吧。在《对当前文艺工作的几点看法》中，他觉得这部描写"四人帮"横行年代，在邪恶势力重压下人民精神状态的东西，在使人流泪的同时，给予人们以光明和美，给人以力量的片子的确是很好的。这部片子使他联想到其他的作品，情况却不是这样的。作者把注意力主要放在那些黑暗腐朽的事物上，使人看不到希望，看不到和黑暗作斗争的光明的事物。这怎么能给人以鼓舞呢？有人反驳说，我们老老实实承认有大量黑暗的东西，把它揭出来给人看，这正是我们有力量的表现。他说，这固然对，但还不够。老老实实地承认存在的问题，这是一种老实人的老实态度，但还不等于就是

贺敬之文论中的塑造社会主义新人论再探

一个强有力的、足以消灭黑暗、争取光明的人的形象。如果仅是这样，还不能说已经可以给人以足够的力量和信心。"社会主义文艺当然要写矛盾。不仅要表现人民内部矛盾，也需要表现对敌斗争，跟敌对阶级的影响作斗争，还应该揭露我们内部的阴暗面。我看《高山下的花环》表现矛盾就表现得很尖锐。但是我们毫不含糊地讲，一定要表现出这个斗争的趋势和结果是我们走向胜利，不能散布失败主义，不能使人灰心丧气，不能瓦解斗志。"① 大多数同志高举社会主义文艺旗帜，创作出一大批好作品，这是让人感到鼓舞的，贺敬之期望我们应该有更多更好的作品。更好地表现社会主义现代化建设，塑造社会主义新人形象是尤其需要我们着力倡导的。文艺作品虽然揭露出黑暗，在导向上若没有指向光明，没有争取光明的人的形象，就会使人丧失希望，起不到鼓舞人心、振奋精神的作用。

贺敬之强调文艺要反映新时代、新生活，更多地塑造好社会主义新人，能够给人民群众以力量、信心，鼓舞、振奋人民群众精神的作品。"希望能写写新时期的新生活和建设四化的社会主义新人，给人以新的鼓舞力量。"② "在当前，在准确的意义上，强调一下表现'四化'建设中实际涌现出来的先进人物和英雄人物，表现鼓舞人心的东西，是很有必要的。"③ "人民群众需要更向上、更积极的东西，对人民群众在新时期向'四化'进军中的先进的力量、光明的事物，应该注意得多一些、写得多一些，这样要求，我想是应该的。"④ 贺敬之突出了表现社会主义新人的正面效果，是能够鼓舞人心的。注意得多一些、写得多一些，就能够对社会风气产生影响，对精神文明建设产生影响。试想整天是充斥负面信息的作品，势必对我们从事的各项事业有所冲击，悲观失望的情绪就会带来更多的负面效果，还如何

---

① 贺敬之：《搞好社会主义文艺创作的"重点建设"——在观看〈中国革命之歌〉试排后的讲话》，载《贺敬之文集》三·文论卷（上），作家出版社2006年版，第470页。
② 贺敬之：《对当前文艺工作的几点看法》，同上书，第279页。
③ 贺敬之：《关于当前文艺评论工作的几个问题——在中宣部文艺评论工作碰头会扩大会上的讲话》，载《贺敬之文集》四·文论卷（下），作家出版社2006年版，第40页。
④ 贺敬之：《文艺为人民服务，为社会主义服务》，载《贺敬之文集》三·文论卷（上），作家出版社2006年版，第331页。

第二编　中国化马克思主义文论及其当代建构

引人向上、对人鼓劲、令人进步，还能体现出社会主义思想的价值规范吗？还能体现出社会主义制度的优越性吗？"是歌颂社会主义的新人、新事物，还是歌颂反社会主义的精神和人物？这是文艺无法回避的问题。"① 如果作家艺术家对人民生活不闻不问，只关心表现自我，如果作品在社会效果上，使人低迷沉沦，对人无益反而有害，甚至在作品里出现否定四项基本原则的错误，则必须坚决反对、抵制，绝不可掉以轻心。放任之，就可能导致人们是非善恶价值观的混乱，颠覆人们的正确观念，影响社会秩序的稳定，影响执政党的领导力、号召力。倘若作品给人们所带来的是沮丧绝望，涣散了人心，与执政党离心离德了就有副作用。胡耀邦《在剧本创作座谈会上的讲话》中说："我们的作家应该把高尚的、美好的东西发掘出来，赞美它，歌颂它，使更多的人在这种榜样面前感奋起来，仿效它，学习它。"现实生活中的新人，需要在艺术作品中得到再现，新人身上体现出来的精神、理想、品质、情操，通过各种文艺形式具体生动的新人形象，可以给读者、观众、听众以精神的感召，心灵的滋养，从而凭由对新人形象的认同和拥戴，新人就能够成为他们竞相学习的榜样，榜样的力量是无穷的，向往真善美境界成为民心所向，社会充满了温暖与正气，文艺才能实现陶冶人心、净化社会的审美教育作用，受众真正能够以文艺作品中的新人为标尺，找出自己的不足，向新人看齐，就必定能够影响、规范到自己的言行，就能影响世风，产生巨大的精神力量，推动人们愈发饱满地建设好自己的国家，为社会主义现代化建设事业贡献出自己的更多聪明才智。牢牢把握文艺给人民群众带来的鼓舞人心、振奋精神的作用，提高人民群众思想觉悟，提高人民群众精神境界，文艺的改造世界、熏染人性的精神之功才能够掷地有声、抓铁有痕。

塑造社会主义新人与反映时代精神是一个问题的两面，这是贺敬之的一个代表性论点。《反映社会主义时代，同人民群众

---

①　贺敬之：《一手抓整顿一手抓繁荣》，载《贺敬之文集》四·文论卷（下），作家出版社2006年版，第418页。

贺敬之文论中的塑造社会主义新人论再探

结合——在煤矿文学优秀作品授奖大会上的讲话》中指出，说"反映社会主义时代"，内容有互相联系的两个方面，我把它简化成两句话：一句是"表现时代新貌"，一句是"塑造时代新人"。正如邓小平《在中国文学艺术工作者第四次代表大会上的祝辞》讲得那样："我们的文艺，应当在描写和培养社会主义新人方面付出更大的努力，取得更丰硕的成果。要塑造四个现代化建设的创业者，表现他们那种有革命理想和科学态度、有高尚情操和创造能力、有宽阔眼界和求实精神的崭新面貌。要通过这些新人的形象，来激发广大群众的社会主义积极性，推动他们从事四个现代化建设的历史性创造活动。""我们的社会主义文艺，要通过有血有肉、生动感人的艺术形象，真实地反映丰富的社会生活，反映人们在各种社会关系中的本质，表现时代前进的要求和历史发展的趋势，并且努力用社会主义思想教育人民，给他们以积极进取、奋发图强的精神。"塑造社会主义新人的典型形象，就有四化创业者的形象，这是邓小平提出的，也是被贺敬之所看重的。实现四化，是那个时期的时代强音，四化创业者的形象，则是中国人民群众在新时代焕发青春朝气，辛勤耕耘，艰苦奋斗的新人在文艺表现中的缩影。文艺中这样的创业者形象，是能够给人民群众鼓劲，砥砺人的意志，激发起昂扬向上、自强不息的精神的。人民群众会为这些创业者的形象所动，竞相向创业者致敬、礼赞，愿意以这些人物为自己的楷模，以满腔的热忱和踏实的工作，为向往美好和幸福生活而努力奋斗。"我们的作家要正确地认识我们的时代，我们的文艺作品要正确地、深刻地表现新的时代精神和新时期的新生活、新矛盾，塑造社会主义新人的典型形象，特别是小平同志提出的四化创业者的形象。这个问题非常重要。当然，创作的题材无限广阔，但我认为，正确地认识和反映我们的时代这个问题是当前我们文艺创作面临着的一个中心课题。"[①]"我认为，正确地认识和反映新时代，塑造社会主义

---

① 贺敬之：《对当前文艺工作的几点看法》，载《贺敬之文集》三·文论卷（上），作家出版社2006年版，第275—276页。

第二编　中国化马克思主义文论及其当代建构

新人,这是一个问题的两个方面。这两个方面,照我看来,正是新时期文艺创作所面临的中心课题。"① 反映和认识新时代,就要塑造出新人来,塑造出新人来,就要反映和认识新时代。我们不能完全把这两者对立起来。毕竟新人是在时代的环境里存在和发展的。文艺工作者必须参加新的生活实践,才能认真了解生活,认识生活,不与时代相脱节,跟上时代的发展、社会的进步,而不能搞思想僵化,故步自封,必须根据客观发展了的实际,研究新情况、新问题,寻找新出路、新办法。贺敬之期望他们能够站在时代的前列,确实反映好时代精神的变化,推动时代的发展和社会的进步。"也应该说,表现我们的社会主义历史发展,……特别是仍用像表现'四人帮'横行时期那样的写法来写新时期的生活,那是无论如何也不能说是符合整个历史真实的。"② 作家的思想,不能适应变化了的现实,按照旧思想来写新生活,不可能获得成功。在主要人物的身上,也很难体现时代发展的精神,人物就难有新的突破,人物的面孔还是老面孔,人物的腔调还是老腔调,就不会得到已经进步了的读者的认可,作家的思想意识落后于时代,落后于读者,就是作家不思进取,不图进步的缺憾。作家理应有敏锐的社会触觉,思想意识走在读者前面,做时代的弄潮儿,才能真实反映与认识时代的新生活。贺敬之《在全国少数民族题材戏剧创作座谈会上的讲话》以为,"如果我们不注重研究和处理好戏剧矛盾、戏剧冲突问题,也就无从表现所谓时代精神。只有正确地表现社会生活,表现生活中的冲突,才有可能谈得上表现历史的发展,表现时代精神,表现时代新人"。戏剧舞台上,可以去塑造社会主义新人的形象,在剧场里就拉近了与观众的距离,对观众进行社会主义思想品德的教育,使时代精神得以彰显。我们所理解的新人,也不只是在戏剧舞台上出现的,即便是戏剧舞台上出现的新人,也是来自于新时代的这个大舞台上的。时代新人是在这个大舞台上活动的,演出时代

---

① 贺敬之:《总结经验,塑造新人》,同上书,第299页。
② 贺敬之:《对当前文艺工作的几点看法》,同上书,第278页。

贺敬之文论中的塑造社会主义新人论再探

一幕幕的活剧，塑造社会主义新人与反映时代精神是完全可以交织在一起的，不相脱离的。社会主义新人需要培养和教育，才能逐步具有新人的特征，体现出新人的精神面貌，体现出新人的思想价值。培育和教育社会主义新人，要充分发挥文艺的社会功能，推动社会主义文艺的健康发展。比如《关于发展相声艺术的几个问题——在相声创作座谈会上的讲话摘要》里，对于曲艺中的相声，贺敬之也把之与培养社会主义新人联系起来："相声要在笑声中提高人们的精神境界、道德水准和美学趣味。……要提倡高尚的、有深刻意义的讽刺，废弃无聊的、庸俗的笑。……要通过相声这种特殊艺术形式起到文学艺术的教育、认识、美育和娱乐作用，培养社会主义新人，提高人民的精神境界，促进社会主义制度的前进和发展。"剧场里有少数观众不知道美丑是非，艺术趣味不高，相声工作者作为文艺战线上的战士尖兵、清扫旧社会残渣的清洁工，要为四化做贡献，就不能坐视不管，不去提高自己的思想水平。提高了自己的思想水平，就能引导观众，提高他们的思想水平，使相声健康地发展。这也是相声工作者等精神生产者需要明确的职业要求，去影响别人的世界观人生观，而自己的世界观人生观问题还没解决，也就无法担当起精神生产者肩负的责任。

贺敬之在《正确地认识时代更好地反映时代》里指出："我们所讲的时代精神就是我们时代的正面的精神，时代的先进思想，时代的本质和主流。文艺创作要正确地认识和表现推动我们时代前进的时代新人，而不是把新人看作旧人，或者把旧人当作新人，尽管这类旧人物是穿上西装而不是长袍马褂。"时代新人不是旧人，是与旧人的思想不同的。新人是有新思想的，这种新思想是正确的思想、先进的思想，照贺敬之的看法，真正新的思想而不是貌似新而实际却是旧的思想。既不能把新人看作旧人，也不能把旧人当作新人。他的看法是有辩证性的。新人是推动历史前进之人，塑造时代新人形象，就是文艺的一个重要使命，文艺在全力促进生活中新事物的成长上有其不可代替的重要功能。塑造更多更好的新人形象不但可以繁荣社会主义文艺创作，使文艺的百花园生意盎然、姹紫嫣红，而且可以更好地反对资产阶级自由化和其他错误倾向，使人们明辨真谬，踏入正途。

《总结经验，塑造新人》里贺敬之谈道："我们的生活在大踏步前进。要写好社会主义新人，作家必须熟悉新的生活。……我们希望各级党委、政府和文艺团体，包括文艺刊物编辑部，通过各种渠道，想各种办法，切实地鼓励和帮助作家以各种形式深入生活、熟悉自己所不熟悉或不大熟悉的新情况、新问题，观察、发现、描写新事物。这是塑造好社会主义新人的一个最基本的条件。"贺敬之呼吁为作家熟悉生活提供必要的条件和帮助，让作家走进生活，尤其是作家自己不熟悉或不大熟悉的生活，更需要如此。作家发现美、丑的眼睛，不能离开实实在在的生活，不熟悉各种生活，不熟悉各类人物活动的话，作家就不可能塑造好社会主义新人形象。作家最终是要靠具有实力的作品说话的，而作品中就应有新的思想、新的人物。"我们要更好地塑造社会主义新人，理所当然地要把他们塑造为社会主义的改革者。这个改革者同时是社会主义的建设者和四项基本原则的保卫者，是社会主义物质文明的建设者，又是精神文明的建设者。"① 贺敬之祝愿同志们，坚持同人民群众结合的正确道路，深入到四化建设的沸腾生活中去，加强思想锻炼，提高艺术修养，更好地反映我们社会主义新时期的新风貌，更好地塑造社会主义新人的典型形象，为社会主义精神文明建设作出更大贡献！塑造好社会主义新人形象是社会主义精神文明建设的需要，体现出社会主义、共产主义思想品德、价值信仰，社会主义文艺表现更多更好社会主义新人的形象，就能够在建设社会主义现代化国家中，产生更大的作用，对人民群众发生更大的影响。文艺工作者经过不懈努力，精益求精，勇于创新，就能够攀登上中国社会主义文艺的一个又一个高峰。中国社会主义文艺在人类文艺的天地里占有重要的地位，是资本主义文艺所不能匹敌的，因此，高扬社会主义、共产主义的精神，塑造好社会主义新人，社会主义新人

---

① 贺敬之：《反映社会主义时代，同人民群众结合——在煤矿文学优秀作品授奖大会上的讲话》，载《贺敬之文集》四·文论卷（下），作家出版社2006年版，第50页。

形象才能层出无穷，在世界文艺作品中才能充分彰显社会主义、共产主义的审美理想和艺术追求，在世界文艺的人物画廊里才能闪烁异彩，光耀世间。

【作者简介】杜寒风，中国传媒大学文法学部中文系教授、博士，文艺学汉语国际教育硕士生导师，《语言文学前沿》主编。

瞿秋白《多余的话》研究视阈之探讨

金 红

由于历史原因，瞿秋白《多余的话》自问世起就令他自己陷入了争议的漩涡。研究成果层出不穷，各种猜测纷纭，说明作品本身所具有的繁复多义性。从研究视阈上看，作为记传体式、散文写法的真情告白，同时作为中共党内重要领导者牺牲前的狱中所记，《多余的话》势必会引导人们从文学与政治两个层面进行解读。文学与政治虽属于两个不同的视阈，却又是既交叉又共融，文学作品既可以从文学本身透视其涉及与涵盖的非文学维度，政治文章也可以从政治视角参透政治之外的其他内涵。因此，这一文人与政治家双重身份留下的《多余的话》，给后人预留了多种研究的空间。笔者试从政治、学术、审美三方面出发，进一步探讨《多余的话》的研究视阈，以求教于方家，并期冀以此引发对《多余的话》研究的若干思考。

一 政治解读：可待深入的视阈

瞿秋白首先是中国共产党的政治领袖，人民出版社1991年出版的《瞿秋白文集》将《多余的话》编入"政治理论编"，这一做法本身说明《多余的话》具有政治性。同时，它又被放在"附录"类别中，表明编者虽强调瞿秋白的政治身份，但又不无纠结。的确，对一位曾是执政党领袖的人物盖棺定论，他生命最后时刻的话语，必可折射他的内心及其所处时代的思想印迹。在作者、作品、环境、读者等诸多因素的交叉作用下，《多余的话》即使是一篇纯粹的文学作品，但作者的政治身份也不可避免地成为分析与解读作品的重要前提。因此，学界较多着重从政治角度研究《多余的话》。① 但遗憾的是，这些研究所依赖的《多余的话》"原真性"材料还是不全（所谓"原真"，是指到现在为止，我们还仍然拿不出《多余的话》手稿；另一方面，我们也很难对1949年以前《多余的话》政治解读的具体内容做深入研究），再加上纷纭复杂的国内外形势，尤其是瞿秋白在党内以及中国革命进程中的复杂地位和处境，使人们很难判断当时的政治解读究竟是如何定位的。

政治解读有很强的时空特色。据雷颐《"瞿秋白冤案"的起源与平反》一文所述："1962年后重提'阶级斗争'的毛泽东先后在《瞿秋白传》附录上看到瞿秋白的《多余的话》，在《历史研究》上看到戚本禹的《评李秀成自述》，并且急切地把两者与他想要解决的'党内叛徒问题'紧密联系起来，做出异乎寻常的重大政治判断。"文章还提到，曾有人问过主席是否读过《多余的话》，主席说，"看不下去，无非是向敌人告饶，自首叛变"，并问大家"为什么不宣传陈玉成而宣传李秀成？为什么不宣传方志敏而宣传瞿秋白？"雷颐还提到陆定一的回忆："1964年，香港的国民党杂志，又把《多余的话》登出来了……后来，毛主席看了以后，就对我讲，就是以后少纪念瞿秋白，多纪念方志敏……"② 但在1950年12月，毛主席又

---

① 诸如李克长《瞿秋白访问记》（《福建民报》1935年7月3—6日）、王亚朴《怎样看待〈多余的话〉》（《上海师范学院学报》1979年第2期）、陈铁健《重评〈多余的话〉》（《历史研究》1979年第3期）、刘福勤《〈多余的话〉所涉及立三及共产国际问题》（《江苏社会科学》1987年第4期）、季甄馥、张梅毅《革命忧思录——读〈多余的话〉》（《瞿秋白研究》第2辑，学林出版社1990年版）、林勃《并非"多余的话"——从党的六届七中全会〈关于若干历史问题的决议〉看瞿秋白的〈多余的话〉》（《人民日报》1995年6月16日）、何振东《"历史的误会"与历史的教训》（《徐州师范大学学报》1999年第1期）、刘华《炼狱中的狂沙与真纯——对瞿秋白〈多余的话〉的政治文化审视》（《兰州学刊》2005年第2期）、侯涤《最后的告白，忠贞的信仰——再读瞿秋白〈多余的话〉》（《瞿秋白研究》第16辑，南京大学出版社2012年版），等等。

② 雷颐：《"瞿秋白冤案"的起源与平反》，《炎黄春秋》2011年第1期，第18—19页。

第二编　中国化马克思主义文论及其当代建构

说:"他(瞿秋白)在革命困难的年月里坚持英雄的立场,宁愿向刽子手的屠刀走去,不愿屈服。他的这种为人民工作的精神,这种临难不屈的意志和他在文字中保存下来的思想,将永远活着,不会死去。"[①] 由此,单从政治层面就可以判断时势因素对评价历史人物的影响。新中国成立初编辑《瞿秋白文集》时毛泽东主席的肯定说法与当时弘扬革命英雄主义密切相关,而20世纪60年代初毛主席的看法则离不开当时强调的阶级斗争。至于毛主席将方志敏与瞿秋白作比较,其潜在原因或许仍然是瞿秋白作品中心态的表达。

"文化大革命"结束后,瞿秋白在政治上得到平反。但中央对《多余的话》的政治解读仍然很谨慎。1980年10月19日,中共中央办公厅转发了中纪委《关于瞿秋白同志被捕就义情况的调查报告》的通知,结束了对此案的复查工作。该报告明确宣布:《多余的话》文中"一没有出卖党和同志;二没有攻击马克思主义、共产主义;三没有吹捧国民党;四没有向敌人乞求不死的意图","客观地全面地分析《多余的话》,它绝不是叛变投降的自白书"。[②] 而这一连串的"没有"和"不是",从逻辑学的角度并没有告诉我们《多余的话》究竟是什么。1982年9月,中共十二大召开,中纪委在向十二大的工作报告中说:"对所谓瞿秋白同志在1935年被国民党逮捕后'自首叛变'的问题,重新做了调查。瞿秋白同志是我们党早期的著名的领导人之一,党内外都很关心他的问题。中央纪律检查委员会经过对他被捕前后的事实调查,证明瞿秋白同志在被捕后坚持不屈不挠的斗争,因而遭受敌人杀害。"[③] 至此,瞿秋白冤案被彻底平反,彻底推翻"自首叛变"的结论,肯定瞿秋白被捕后不屈不挠的斗争精神。

需要进一步研讨的是,党内及学界虽然已经明确瞿秋白毫无"自首叛变"言行,但从政治角度解析这一曲折过程的来龙去脉、厘清"瞿案"之于我党政治生命进程中的意义和作用,目前研究还不

---

① 林源:《毛泽东对瞿秋白认识和评价的几个时段》,《瞿秋白研究文丛》第7辑,中国文联出版社2013年版,第9页。
② 雷颐:《"瞿秋白冤案"的起源与平反》,《炎黄春秋》2011年第1期,第21页。
③ 同上。

多见。尤其是还有一些比较难啃的"关节点"。比如,对于同一个文本,毛泽东等党的领导人为什么会有"临难不屈的意志"与"向敌人告饶、自首叛变"截然相反的评价?如何解读《多余的话》的"政治"倾向性?与此相关联的,如继1982年为瞿秋白彻底平反后,中共中央等政治领导层对《多余的话》是否有新说法?如何在新世纪、新的历史条件下对这一文本进行更加细致的政治解读?

政治解读可以向更深更广的视阈拓展,如何深入、如何处理事实与理论、逻辑等因素之间的关系复杂,都是研究者进行政治解读时所必须面对的问题。

二 学术解读:永远的求真希冀

学术乃天下公器,对《多余的话》的学术解读,首先遇到的是置疑《多余的话》的真实性,即判断它在多大程度上可以认定为瞿秋白的文字问题。学界《多余的话》真伪辨,大致分成三个阶段:1935年至1963年的"伪造"说;1964年至1976年的"叛徒自供"说;"文化大革命"结束至今的"瞿秋白所作,但是否曾被敌人篡改仍存在些许歧义"说。① 丁玲对《多余的话》的认同曾得到学界的首肯,她1980年撰文说自己读《多余的话》时,"仿佛看见了瞿秋白本人,我完全相信这篇文章是他自己写的(自然不能完全排除敌人有篡改过的可能)。那些语言,那种心情,我是多么的熟悉啊!我一下子就联想到他过去写给我的那一封谜似的信"②。丁玲的认定只能说是一种感性判断,从文学审美维度可以这么说,若从学术维度,则显得证据不足。王观泉的《一个人和一个时代》、叶楠的《瞿秋白生平考辨四则》③,对《多余的话》"真"的认同也很有代表性。但是

---

① 详见郭思敏《〈多余的话〉研究述要》,载唐茂松、汤淑敏、张寿春、叶楠、蒋兆年选编《瞿秋白的历史功绩》,中国文联出版社2005年版。
② 丁玲:《我对〈多余的话〉的理解》,《光明日报》1980年3月21日。
③ 王观泉《一个人和一个时代》,天津人民出版社1991年版;叶楠《瞿秋白生平考辨四则》,载《宁夏教育学院·银川师专学报》(社会科学版)1993年第1期。

第二编 中国化马克思主义文论及其当代建构

必须明确的是,我们现在研究《多余的话》参照的都是抄本。也就是说,今天的研究者都是基于这一"真"的抄本进行的,这却是学术研究之"忌"。

执行杀害瞿秋白、时任国民党第36师师长兼抚州警备司令的宋希濂曾这样回忆:"中央专案审查小组派人找我调查,要我撰写简要而明确的证明材料,一是瞿秋白在被捕至被处决期间究竟有没有叛变或变节的言行?二是瞿秋白在狱中是不是撰写了《多余的话》那篇长文?我直截了当地回答了他们,并当场写了证明材料:第一,瞿秋白没有叛变或变节的言行,有的是充满革命气节的言行;第二,瞿秋白的确写了《多余的话》长文,我当时就看过,印象极深,这篇长文写的是瞿秋白对往事的回顾和剖析,而不是对从事革命事业的忏悔,不是国民党方面事后捏造的那样。"① 以此臆测,我们现在看到的《多余的话》,很可能是经过改动的。因此从学术维度讲,现在的很多解读只能说是一种假设。若未来有真的手稿出现了,学术解读的价值将会更高。

学术研究,是一种疑问式研究,质疑精神是研究的出发点。我们细品《多余的话》,也定能察觉出其中隐约透露出的怀疑与思考的精神。而这,又恰恰体现着学术精神。由于自身的思想局限和现实原因,瞿秋白不可能对共产国际、中国革命、历史的走向作出结论。如果说《多余的话》是瞿秋白的最终遗言,应该如何理解与评价?学界多是从瞿秋白的人格角度对《多余的话》的精神内涵进行研究。② 这似是能够走进《多余的话》的入口,多年的研究成果也确实证明

---

① 江东林:《宋希濂谈瞿秋白被俘就义内情》,《炎黄春秋》2000年第5期,第38—44页。

② 如《灵魂解剖的奉献——读瞿秋白的〈多余的话〉》(《福建党史月刊》1988年第9期)、何景强《诚实的自我解剖与蒙受的内心愤懑——试析瞿秋白〈多余的话〉》(《惠州学院学报》1990年第2期)、刘福勤《复杂的人自剖复杂的意识——〈多余的话〉研究之一》(《扬州师范学院学报》1990年第2期)、吴小龙《悲情·人格·思考——〈多余的话〉究竟要说什么》(《随笔》2002年第4期)、赵晓春《从〈多余的话〉看秋白的人格及人格形象》(《徐州工程学院学报》2007年第5期)、白葵阳、钟菲《"坦白"告别的灵魂潜语——从〈多余的话〉看瞿秋白的人格特征》(《瞿秋白研究文丛》第3辑,中国文联出版社2009年版)等。

了这一入口的诸多合理性因素。但是，在一个充满政治的社会里，研究瞿秋白这样的政治人物，人格角度往往显得单一，显得力不从心，更何况还有许多推断性的因子存在。

比如关于"民主"的话题。曾有党内老同志将陈独秀与瞿秋白比较，认为陈独秀有家长作风，瞿秋白比较民主。瞿秋白《多余的话》中"文人"一章可见瞿秋白面对党内矛盾纷争时的一些情形："虽然人家看见我参加过几次大的辩论，有时候仿佛很急（激）烈，其实我是最怕争论的。我向来觉得对方说的话'也对'，'也有几分理由'，'站在对方的观点上他当然是对的'。我似乎很懂得孔夫子忠恕之道。所以我毕竟做了'调和派'的领袖。假使我急（激）烈的辩论，那么，不是认为'既然站在布尔什维克的队伍里就不应当调和'，因此勉强着自己，就是没有抛开'体面'立刻承认错误的勇气，或者是对方的话太幼稚了，使我'箭在弦上不得不发'。"① 瞿秋白作为党内主要领导人之一，这些"策略""方法"，是否可以理解为他如何实施"党内民主"，因"怕争论"而在各种方针政策之间做着某种"调和"呢？这种"调和"算不算"民主"？他与陈独秀等其他领导人的做法有无本质上的区别？

当我们对《多余的话》做政治与学术的互融性解读时，"真诚"二字往往映入眼帘。瞿秋白当然知道如果自己像夏明翰一样写绝命诗，然后慷慨赴死，也是一定会被戴上光环、尊为烈士的。但是他宁可被曲解。正如文中所说的那样："我已经退出了无产阶级的革命先锋的队伍，已经停止了政治斗争，放下了武器，假使你们——共产党的同志们——能够早些听到我这里写的一切，那我想早就应当开除我的党籍。……你们早就有权利认为我也是叛徒的一种。如果不幸而我没有机会告诉你们我的最坦白最真实的态度而骤然死了，那你们也许还把我当作一个共产主义的烈士。……以叛徒而冒充烈士，实在太那么个了……我骗着我一个人的身后不要紧，叫革命同志误认叛徒为烈

---

① 瞿秋白：《多余的话》，《瞿秋白文集》（政治理论编）第7卷，人民出版社1991年版，第714—715页。

士却是大大不应该的。所以虽然反正是一死,同样是结束我的生命,而我决不愿意冒充烈士而死。"①——难道瞿秋白真认为自己是叛徒吗?当然不是。他当然知道一旦说出了这番话,就一定会有许许多多不明真相的人认定自己是叛徒。他也十分明白这篇"多余"之词,定会引发"多余"之事。但是,坦白的瞿秋白却只愿坦白内心,不愿戴着漂亮的"英雄"皇冠赴死。即使是死了,也要说出真实的想法。这是不是一种忠诚的态度呢?"拥护党的纲领,遵守党的章程,履行党员义务,执行党的决定,严守党的纪律,保守党的秘密,对党忠诚,积极工作,为共产主义奋斗终生,随时准备为党和人民牺牲一切,永不叛党。"入党誓词铭记在心,实践在身。当瞿秋白唱着《国际歌》走向刑场的时候,他的一生不仅实现了誓词中要求的一切,更有发人深省的学术般的人性叩问。瞿秋白以做学问式的本真态度,为自己"纠结"的心理与政治行为做了铺垫。他在主动完结生命之时,也完成了一个中国共产党党员的学术般的政治立场。

　　胡适说,"有一分证据说一分话","有九分证据不说十分话"②。那么,如何从学术研究维度来纠偏释疑、真正解读《多余的话》?现阶段我们可以做的事情就有很多。简言之,可有两种角度:一是史实角度。我们期望从现存的尚未完全公布的史料中寻找真相,如:《蒋介石日记》中到底有没有关于瞿秋白被捕、处决的记载?因为目前学界还没有人进行整理研究并得出结论。再如目前台湾的档案、南京的民国档案等处竟能不能查到《多余的话》的手稿?高春林在《我所知道的瞿秋白烈士就义前后》一文曾回忆说:"市上曾印行的《多余的话》的版本,是根据伪三十六师抄报南京的抄本。至于当时南京有无删改,没有见到印行本查对过。可惜,《多余的话》的原件,系我保存在档案内,档案在抗日战争前保存在南京三牌楼马标营房(即三十六师的南京留守处);因南京

---

① 瞿秋白:《多余的话》,《瞿秋白文集》(政治理论编)第7卷,人民出版社1991年版,第719—720页。

② 何家弘主编:《证据学论坛》(第六卷),中国检察出版社2003年版,第230页。

抗日战争失守，档案也遗失了。"① 高春林这里确实说因战火导致档案丢失，但我们仍然不排除希望。因为就学界目前的研究情况看，还没有这方面的确实结论。另，苏联解密档案中有没有关于瞿秋白《多余的话》的材料？党的领导人中，还有哪些人评价过或者提到过瞿秋白？我们应该做哪些层面的比较式研究？二是细节研究拓展。如《多余的话》一文前后用语的差别是什么原因所致？在电脑普及的时代，是否可以将《多余的话》与瞿秋白的其他文字做一些量化性比对来研究其写作特征？《多余的话》中，哪些是政治倾向性语言？哪些是文学性文本？两者的用意是什么？这些问题一时难以澄清，且在研究过程中还会出现新问题。但是这些琐细的工作对于深入研究瞿秋白，实属必须。

三 审美解读：广阔的拓展空间

相对于学术解读的严谨，审美维度的解读则自由一些。但由于瞿秋白的特定身份，目前审美解读《多余的话》成果还不是很多②，因此这是一个较为宽广的研究视阈。

从审美视角入手，首先会遇到能否认定《多余的话》为文学作品以及它是否具有审美特质的问题。笔者以为，《多余的话》确为"文学作品"，即使它具有很强的政治性，是一种特殊体例。但它是一部颇具创作潜质、由心而发的真诚告白，因此，审美解读成为必然，从审美维度升华出其他内涵也将成为必然。《多余的话》首先给

---

① 刘小中、丁言模：《瞿秋白年谱》，中央文献出版社2008年版，第449页。
② 如叶楠：《也是"心理记录的底稿"——〈多余的话〉的断想》(《常州教育学院学刊》1985年第1期)、韩斌生：《心史·哲思·奇文——〈多余的话〉新探》(《瞿秋白研究》第6辑，学林出版社1994年版)、罗宁：《中国文人之美——〈多余的话〉给我的美学思考》(《全国瞿秋白生平和思想研讨会论文集》，中央文献出版社1999年版)、范立祥：《试论瞿秋白的大散文——读〈饿乡纪程〉、〈赤都心史〉、〈多余的话〉》(《瞿秋白研究》第11辑，学林出版社2000年版)、刘岸挺：《〈多余的话〉：回家之歌——论瞿秋白的诗性生命形式》(《中国现代文学研究丛刊》2007年第5期)、李潇：《伟大的灵魂，悲怆的情感——读〈多余的话〉》(《瞿秋白研究文丛》第2辑，大众文艺出版社2008年版)。

第二编　中国化马克思主义文论及其当代建构

读者的感觉不是豪放而是婉约："我还留恋什么？这美丽世界的欣欣向荣的儿童，'我的'女儿，以及一切幸福的孩子们。我替他们祝福。这世界对于我仍然是非常美丽的。一切新的、斗争的、勇敢的都在前进。那么好的花朵，果子，那么清秀的山和水，那么雄伟的工厂和烟囱，月亮的光似乎也比从前更光明了。但是，永别了，美丽的世界！"① 这些《多余的话》中特别优美与感性的句子，仅对它做审美式解读的话，就可以给我们以美的语言、美的意境、美的情趣，以及美的思想、美的价值、美的心理期待等信息。我们会很容易品味出其蕴含着的高超艺术水准，同时还能以此揣摩瞿秋白此时的心态、情感。这对研究瞿秋白、解读《多余的话》，大有裨益。但审美解读难免不受到政治解读的制约，如同陈独秀在政治上被定性为"右倾机会主义者""托派"分子后，他的诗歌、文论等大量作品也几乎不被提及，更遑论审美解读了。

瞿秋白在许多艺术门类中都有很高的造诣。从1949年到"文化大革命"前，在他没有被定为"叛徒"时，因为他拥有很高的政治地位，人们更多提及他的政治思想、文化思想，文学艺术创作则极少涉及。而当他被定为"叛徒"后，艺术创作也就成了他的罪名，许多人对他艺术造诣方面的了解很多来源于批判他的小报。瞿秋白深受传统文化熏陶，诗、书、画、印都有很深的造诣。从家族的传承上看，祖上是宜兴的望族，父亲瞿世玮擅长绘画、剑术，懂医道。到瞿秋白这一代，虽然家境渐衰，但他还能够5岁起就持续进入私塾、小学、中学读书，18岁考入外交部办的不要学费又有出身的俄文专修馆，学习俄文。优良的传统文化氛围，以及当时较为进步的西方语言与文化熏陶，使爱思考、爱学习的瞿秋白从小就打下文化素质与艺术修养方面的坚实基础。如他11岁前后就开始很认真地学习诗歌、书法、绘画、篆刻等，尤其是篆刻，进步很快，经常给同学刻图章。平时还喜欢写些小品文。② 14岁便创作了五绝《白菊花》："今岁花开

---

① 瞿秋白：《多余的话》，《瞿秋白文集》（政治理论编）第7卷，人民出版社1991年版，第722页。

② 同上书，第18页。

后，载宜白玉盆。只缘秋色淡，无处觅霜痕。"① 这也是他最早的诗作。清雅而略带感伤的忧郁色彩，初见端倪。而那脍炙人口的"我是江南第一燕，为衔春色上云梢"（《江南第一燕》）诗句，直抒率真的浪漫情怀。《卜算子·咏梅》"寂寞此人间，且喜身无主。眼底云烟过尽时，正找逍遥处。/花落知春残，一任风和雨。信是明年春再来，应有香如故"，更是显现出他深厚的艺术修养与不凡的文学功底。

瞿秋白创作丰富且成就突出，仅人民出版社出版的《瞿秋白文集》就有14卷，500多万字，而他享年只有36岁。《文集》分政治理论篇和文学篇两部分。文学篇又颇具个性。比如其中的《饿乡纪程》《赤都心史》两文，被认定为中国现代文坛最早的通讯、报告文学。1920年他创作的一组诗文《心的声音》（包括"绪言"在内共五篇散文、一首诗歌，凡六篇），不仅是瞿秋白的第一本散文诗集，而且在中国新文学史上也可以大书一笔。因为在白话文刚刚起步三年左右的时间里，能够创作出像《心的声音》这样在形式、内容、语言、格调等方面均具"五四"现代意识的作品，可谓凤毛麟角，瞿秋白也因上述创作在中国新文学史上留有重要的一席之地。

基于瞿秋白深厚的传统文化功底以及《多余的话》本身所具有的审美特质，从审美角度深度挖掘，还可以找寻多种视角。比如，除了传统文化，瞿秋白还受到以俄罗斯文化的影响。在他的身上，体现了古今中外兼收并蓄的原则。"多余的话"一语，明显源自俄罗斯文学中"多余的人"。"多余的人"在文学评论领域也一直是争论不休的话题。这既说明瞿秋白深受俄罗斯文学影响，也暗示瞿秋白在写《多余的话》时内心充满着纠结。文学理论方面，当时的中国文坛受苏联文学理论的影响比较深。虽然瞿秋白熟知苏联文学的"社会主义现实主义"理论，但是如果我们再来认真研究《多余的话》，能找到西方现代主义表现手法的某些影子，再去细细品味瞿秋白有没有受

---

① 瞿秋白：《多余的话》，《瞿秋白文集》（政治理论编）第7卷，人民出版社1991年版，第26页。

到其他西方文化的影响的蛛丝马迹，这些暗含的细节，恰恰就是我们进一步研读《多余的话》、研读瞿秋白的重要关节点。

　　作品解读有多种角度，以上提到的政治、学术、审美，既有联系，又有区别。我们身处不断变化的多维空间之中，虽然由于时空的距离，我们对历史真实的掌握变得越来越困难；但是，随着历史的远去、相关利害关系的淡化，我们可以尽可能地客观、理性地解读《多余的话》。或者，随着新材料的出现，随着对共产国际、中国革命、斯大林、陈独秀等政治组织、政治人物研究的不断深入，《多余的话》也一定会有更新更客观的研究成果出现。总之，不管有多少研讨角度，我们都要以求真的态度去解读。只要有一点进展，能还原一点真实的历史，都是瞿秋白研究意义之所在。

【作者简介】金红，苏州科技学院人文学院教授，文学博士。

论江丰延安时期的美术思想*

闵靖阳

江丰是中国新兴木刻运动的代表画家之一，杰出的美术活动家和美术教育家。江丰在上海的美术活动十分活跃，分别于1932年、1935年和1936年参与创办"春地美术研究所""铁马版画研究社"和"上海木刻作者协会"。1938年2月江丰到达延安。1939年2月任鲁迅艺术学院美术系教师。1940年6月鲁迅艺术学院成立美术部，任部长。1941年3月任陕甘宁边区美术工作者协会执行主席。1942年5月参加延安文艺座谈会。1945年组织鲁迅艺术学院年画研究组，研究制作新年画。江丰延安时期的主要身份是鲁艺美术部部长和陕甘宁边区美术工作者协会执行主席，他的美术思想对于毛泽东思想作用于美术界起到了桥梁和补充的作用。

江丰延安时期流传于世的作品有木刻十三幅和理论文章四篇。十三幅作品：《平型关连续画——五》《延安各界纪念抗日阵亡将士大会会场》《女生开荒队》《开荒》《五小时·开地六分》《街》《国民党狱中的政治犯》《清算斗争》《念书好》。三篇理论文章：《鲁迅先生与中国的新兴木刻运动》《绘画上利用旧形式问题》《关于"讽刺画展"》。合著文章：《关于新的年画利用神像格式问题》。统观江丰延安时期的美术活动、作品与理论，可以得出结论：江丰的美术思想

---

* 辽宁省教育厅科学研究一般项目"延安美术传统的当代接受研究"（W2014261）阶段性成果。

第二编 中国化马克思主义文论及其当代建构

源自中共中央的文艺思想,整风学习后则是毛泽东文艺思想在美术领域的运用和补充。江丰的美术思想以"二为"方向为根基,以现实生活为源泉,以革命现实主义为原则,以民族形式为追求。

江丰的美术思想以"二为"方向为根基。毛泽东文艺为工农兵服务、为无产阶级政治服务的思想是1942年5月延安文艺座谈会上明确提出的,但文艺"二为"方向并非毛泽东个人的发明,而是中共中央和延安文艺界主流的意见,由毛泽东总结提升后提出。江丰左翼时期的木刻作品传世30幅,其中描绘革命斗争题材的作品有20幅,描绘下层人民苦难生活题材的作品有9幅。可见江丰左翼时期的作品主题即展现士兵、工人和革命者的反帝反封建斗争、揭示下层人民生活的悲惨,具有初步的为革命斗争服务和为下层民众服务思想。到延安之后江丰的留存作品不多,仅有的十三幅作品按题材可细分为——战斗题材:《平型关连续画一——五》《延安各界纪念抗日阵亡将士大会会场》《国民党狱中的政治犯》;政治题材:《清算斗争》《念书好》;劳动题材:《女生开荒队》《开荒》《五小时·开地六分》;生活题材:《街》。其中战斗题材、政治题材和劳动题材作品都可以视为为中共政治服务的产物,《念书好》以其农民教育的主题和民族的形式,是标准的实践文艺"二为"方向的作品。可见在毛泽东延安文艺座谈会讲话之前,江丰的美术思想中就具有初步的为中共政治服务和为工农兵服务的思想,经毛泽东讲话的确定和提升,文艺"二为"方向成为江丰的美术指导思想。江丰在第一次文代会上做报告《解放区的美术工作》中突出强调了"二为"方向的意义。"解放区的美术工作,明确地接受了毛主席所号召的为工农兵服务的文艺思想之后,有了根本的变化,从一九四三年开始,特别是解放战争以来,画报、新年画、连环画、新洋片、墙画、对敌宣传的传单画、街头展览……这些直接为工农兵服务的美术工作,由于它活动普遍,参加工作者多,在群众中的影响大,就成了解放区美术运动的主要构成部分。""解放区的美术工作,紧密配合具体政治任务,是他的基本特色。"① 直

---

① 江丰:《解放区的美术工作》,载《江丰美术论集》,人民美术出版社1983年版,第16、18页。

论江丰延安时期的美术思想

到 1979 年 11 月 21 日在美协常务理事扩大会议上江丰发言时依然强调:"艺术为人民大众服务的这个大框框决不能抛掉,因为这是个立场问题,也就是社会主义艺术的核心问题。"① 1942 年毛泽东提出文艺为工农兵服务、为无产阶级政治服务,到 1979 年邓小平提出文艺为人民大众服务、为社会主义服务,"二为"方向一直是中共文艺发展的指导思想,也是江丰美术思想的根基,江丰的一切美术思想都是在"二为"方向的根基上引申生发的。

江丰在延安时期的作品明确地体现了文艺"二为"方向。1938 年江丰根据平型关战斗的状况创作了木刻组画《平型关连续画》,现保存五幅:《平型关连续画之一·会议》《平型关连续画之二·买物公平不拉夫》《平型关连续画之三·后面又杀出一支人马,打得日寇走投无路》《平型关连续画之四·搬运胜利品》《平型关连续画之五·将缴来的枪支武装民众》。《平型关连续画》展现了平型关战斗从作战部署、军民关系、战斗过程、搬运战利品到武装民众的全过程,其作用不在于真实展现战斗场景,而在于宣传平型关战斗的意义,反映前线军民关系,号召全民参与抗战。因此该画人物形象虽粗糙、姿态僵硬,但其直接是为政治服务的产物,政治意义重大,体现了江丰重宣传、积极表现重大事件、为革命现实服务的美术理念。创作于 1942 年前期的《清算斗争》达到了江丰木刻版画艺术成就的最高峰,该作品集中了江丰版画艺术的一切优点。背景是窑洞、秃山、荒地掉光了叶子的树还有碾地的石磨,说明事件发生在冬天陕北的农村,锁定了事件的社会背景。画面的主体是一群人正向一个人发起言语攻击。画面中央的左侧是一张硕大的桌子,桌子上摆着账本、算盘和印。桌子左侧是坐着和站立的两个人物,一个人脚踩着凳子、抱着肩膀,看着事态的发展,另一个人戴着当时政治工作人员的帽子、站着、身体前倾,右手前挥,嘴张开,正在说话。桌子的右侧是一个站立着的戴着瓜皮帽、衣服外面穿着黑色背心的半老的貌似地主的男

---

① 江丰:《艺术为人民大众服务》,载《江丰美术论集》,人民美术出版社 1983 年版,第 181 页。

第二编　中国化马克思主义文论及其当代建构

人,他右手前推,左手指着自己的鼻子,正在说话。环绕着政工人员和地主的是一群群情激奋的农民,他们都倾身向前争先恐后指着地主说话,对地主有压迫之势。地主身后是几个人围观一张纸,应该是地契、债务书一类。此画表现了农民在中共政策指导下在政工干部带领下对地主进行清算斗争。农民们群情激奋,却在政治工作人员的控制下保持着秩序,地主依然有权利为自己辩解,政治工作人员一方面指导农民指认地主为富不仁盘剥农民的事实,一方面控制农民情绪不致转化为暴力事件。1942年2月6日中共中央发出《中央关于如何执行土地政策决定的指示》:"基本精神是先要能够把广大农民群众发动起来。……在群众真正发动起来后,又要让地主能够生存下去。"发动农民清算旧账,抑制地主的盘剥,但必须纠正过左行为,迫使地主合作。《清算斗争》表达的思想与中央的精神高度一致。《清算斗争》的巨大成就是用木刻版画的形式深刻传达了中共方针政策,表现了农民在中共的领导下奋起抗争翻身做主的历史进程,是标准的实践"二为"方向的产物。

　　在江丰的美术理念中,现实生活是文艺的源泉。解放区文艺思想中的生活仅限于工农兵生活。文艺源于生活,仅源于工农兵生活,其他的如封建阶级、资产阶级、小资产阶级的生活等是排除在生活之外的。在江丰的理念中美术创作必须深入生活,体验革命斗争的艰辛和工农兵的苦乐。江丰在《解放区的美术工作》中提出解放区美术在普及工作中取得了很大成就,"那是由于掌握政策并深入生活得来的"[①]。在1979年发表的《回忆延安木刻运动》一文中江丰同样认为延安木刻的成就,"关键在于延安的木刻作者在党的文艺为工农兵服务的方针引导和鼓舞下,深入农村、深入部队、同农民、战士交朋友,和他们生活、工作在一起。参加火热的革命斗争,从中去感受、去熟悉他们的生活与思想感情,大大丰富了艺术创作的源泉,作品生动地反映了解放区军民改天换地的革命面貌。这就使得延安的木刻作

---

　　① 江丰:《解放区的美术工作》,载《江丰美术论集》,人民美术出版社1983年版,第21页。

品充满着浓厚的生活气息和战斗气氛"①。生活是文艺不竭的源泉，这是毛泽东的文艺思想，也是江丰的美术思想。江丰的美术创作即来源于他的生活，他的革命斗争题材的美术创作都是源于他曾经的革命斗争经历。

《国民党狱中的政治犯》作于1940年。该作选取了国民政府监狱中的一角，着重刻画了政治犯的神情。放风时间，政治犯们戴着脚镣，在看守的监管下鱼贯而出，作品中有六个政治犯，突出刻画了其中四个。画面最左侧的政治犯双手插在裤兜里，侧着头、紧咬牙关、对背对着观众的双手掐腰右手拿着串钥匙的看守怒目而视。左二号政治犯背对看守，不屑一顾，表情带着蔑视。左三号和右一号政治犯侧身面对观众，半身被挡住，并无突出表现，是作者略写的人物。左四号和右二号政治犯居于画面正中，左四号左手插在左裤兜里，右手握拳在上腹前，双目圆睁，机警地观察周围，目光饱含着仇恨，俨然是政治犯们的领袖，是作者着重刻画的人物。右二号人物双手背在身后，挺着胸膛，昂首而前，对看守们的喊叫毫不在乎。该画成功之处在于细致入微地刻画了政治犯的姿态和神情，四个政治犯的姿态各异，却都表现出共同的对看守们的愤恨和蔑视，神情也不同，但都将仇恨、轻蔑的态度和时刻准备投入战斗的心理传达出来。对人物姿态与神情的细致刻画是江丰之前的作品里根本没有的，通过对姿态与神情的刻画而表达人物复杂心理的能力更是江丰的巨大进步。两年的民国政府牢狱生活使江丰对狱中的革命斗争极其了解，因此创作狱中斗争主题的作品得心应手。

革命现实主义是江丰一生坚守的美术创作的基本原则。现实主义是左翼文艺运动中主流的创作方法，左翼木刻家几乎都秉承现实主义的创作理念。到延安后中共中央要求文艺为政治服务，现实主义是能为政治服务的最好的创作方法，因此现实主义在延安文艺界几乎是唯一的创作方法。整风前延安文艺界理解的现实主义包括批判现实主义

---

① 江丰：《回忆延安木刻运动》，载《江丰美术论集》，人民美术出版社1983年版，第153页。

和歌颂现实主义两个维度。正如周扬晚年所讲："当时延安有两派，一派是以鲁艺为代表，包括何其芳，当然是以我为首。一派是以文抗为代表，以丁玲为首。这两派本来在上海就有点闹宗派主义，大体上是这样：我们鲁艺这一派人主张歌颂光明，虽然不能和工农兵结合，和他们打成一片，但还是主张歌颂光明。而文抗这一派主张要暴露黑暗。"① 两派的划分大体如此，但也互相渗透。江丰是鲁艺派，主张歌颂光明，但在暴露黑暗思潮盛行时也赞成暴露黑暗。1942年2月15日江丰于《解放日报》发表《关于"讽刺画展"》，是对蔡若虹、张谔、华君武三人讽刺漫画展的评论，江丰赞成三人的讽刺态度，欣赏三人的讽刺漫画，肯定讽刺漫画的作用。"我们需要这样的画展，它不但起了镜子的作用，并且因此或许引起造镜子和照镜子的风气。"② 这与暴露黑暗思潮的思想倾向是一致的。暴露黑暗思潮是尚能自由思考的左翼知识分子对延安社会存在着诸多与知识分子理想社会状况不符合的现象的批判，几乎所有文艺知识分子都对暴露黑暗思潮持肯定态度。随着1942年4月整风运动全面爆发，经过毛泽东在延安文艺座谈会上讲话、王实味事件、整风学习普遍开展，乃至审干运动、抢救运动，延安文艺界的现实主义只剩下了歌颂现实主义。江丰理解的现实主义也只是歌颂现实主义。但江丰的歌颂现实主义更加狭隘，仅指歌颂革命斗争的现实主义，不包括描绘自然风光的现实主义。于是延安美术界爆发了"马蒂斯之争"。

1942年2月鲁艺组织了"鲁艺河防将士慰问团"赴绥德、米脂、佳县一带对黄河边防地区将士进行慰问，慰问团成员鲁艺美术工场教员庄言、焦心河有感于黄河岸边乡村的宁静生活，利用从国统区携带过来的油画、水彩画颜料创作了多幅描绘乡村生活和景色的油画和水彩画。5月庄言的油画和焦心河的水彩画展出，在延安美术界激起了轩然大波。鲁艺墙报《同人》出专刊批判，江丰、胡蛮撰写了文章。江丰晚年回忆："在延安提倡这种脱离生活、脱离人民、歪曲形象，

---

① 赵浩生：《周扬笑谈历史功过》，载《新文学史料·第2辑》1979年第2期。
② 江丰：《关于"讽刺画展"》，载《江丰美术论集》，人民美术出版社1983年版，第13页。

论江丰延安时期的美术思想

并专在艺术形式上做功夫的所谓现代绘画,完全不符合实际需要,它与广大人民的欣赏习惯格格不入,而且这种绘画形式很难真实地表现人民的生活和形象。"① 庄言在下一期《同人》上反驳:"战争生活并不排斥色彩和形式,要是能达到完美的效果,什么形式都可以采用。"② 庄言的反驳被江丰认定为公然主张"新美术应该学习和仿效现代派绘画",说这已经超越了个人爱好的范围,造成了某种不良的社会影响,性质是严重的,并引申道:"他们的兴趣,主要是放在少数小资产阶级知识分子上面。"江丰的批评集中于阶级立场、题材和形式三个方面:"一、庄言、焦心河认为存在脱离阶级的纯艺术,并热心追求,固守小资产阶级思想,不能用美术为工农兵服务。二、庄言、焦心河热衷于描绘乡村景致,无视残酷的抗战现实,没有用美术表现革命斗争。三、庄言、焦心河崇拜马蒂斯、毕加索等资产阶级画家,沉溺于擅长玩弄色彩,不表达革命主题的现代主义绘画,对中国革命迅速取得胜利大为不利。"③ "为了展开这场争论,曾出过一期或两期墙报,张贴在美术研究室的大窑洞中,提请大家研究讨论。结果极大多数同志站在我们一边,否定了摹仿西欧现代派绘画的主张,从而坚持了我们美术的正确方向。"④ 由此可见江丰的现实主义是革命现实主义,凡与革命斗争不相关的题材一律废止。江丰延安时期的十三幅木刻,只有 1939 年的《街》描绘了小街上士兵们走动、农民在自己的摊铺前劳作的生活状态,与革命斗争不直接相关,其余 12 幅都是直接反映革命斗争各个方面的作品。

1939 年年初延安文艺界出现了关于文艺民族形式问题的讨论,到 1940 年下半年讨论基本结束,文艺界达成了基本一致的意见,即

---

① 江丰:《温故拾零》,载《江丰美术论集》,人民美术出版社 1983 年版,第 297 页。
② 沈默编:《时代、年表、历程——庄言画集》,北京国际艺苑股份有限公司 1989 年版。
③ 闵靖阳:《延安美术意识形态批评模式的形成》,《广西社会科学》2015 年第 1 期,第 178 页。
④ 江丰:《温故拾零》,载《江丰美术论集》,人民美术出版社 1983 年版,第 297 页。

第二编　中国化马克思主义文论及其当代建构

利用西方新形式和传统旧形式的一切有生命力的有用有利的元素，建设民族艺术新形式。江丰的《绘画上利用旧形式问题》发表于1941年12月2日的《解放日报》，出现得很晚，但却是美术领域的唯一一篇参与讨论文艺民族形式问题的理论文章，是对美术界已普遍开展探索民族文艺新形式运动的总结。江丰认为："'民族形式'绘画的创造，应以新形式为基础。所以，'民族形式'的提出，并不是抛弃新形式；相反的，要使新形式更健康，洗清其内部的那些现代欧洲诸流派所留给我们的毒素，并在旧形式中汲取某些可能适宜于新形式更趋丰富的养料，更深广地向——以写实的技术方法反映民族的生活与理想的现实主义的道路挺进。这种现实主义的描写方法与创造态度的确立，就是创造'民族形式'绘画风格的完成，同时，也是旧形式的合理的归宿，也是老百姓与'高级艺术'之间距离清除的枢纽。"① 此时江丰依然认为民族新形式要以西方形式为基础，融合传统形式中能够对西方形式起补充作用的元素，以现实主义为基本的创作方法。1942年5月毛泽东在延安文艺座谈会上讲话和整风后，江丰的文艺观念发生了明显的变化，更加重视大众化的美术，重视民族旧形式的开发利用。1945年3月江丰组织并参加鲁艺美术研究室年画研究组，根据各方对新年画的意见对新年画的内容与形式、新年画如何利用神像等问题进行研究，形成了力群、王朝闻、古元、江丰、彦涵、胡蛮共同署名的《关于新的年画利用神像格式问题》和王朝闻署名的《年画的内容与形式》两篇理论成果。《关于新的年画利用神像格式问题》提出了新年画利用旧年画形式的原则即"必须合乎提高老百姓的文化，提高老百姓战斗生产热情的目的"。对于旧年画形式的利用有限度，即这种形式必须不含封建迷信思想，还要有发展前途。利用旧年画的形式是为了"吸收旧年画的优点来创造新年画"②。整风后江丰关于建立文艺民族新形式的思想依然是以"二为"方向为

---

①　江丰：《绘画上利用旧形式的问题》，载《江丰美术论集》，人民美术出版社1983年版，第10—11页。
②　孔令伟、吕澎编：《中国现当代美术史文献》，中国青年出版社2013年版，第319页。

论江丰延安时期的美术思想

根基。

1940年的《国民党狱中的政治犯》还较多地保留了欧洲木刻版画的特征。经过文艺民族形式讨论后，江丰通过木刻对美术民族新形式自觉地展开了探索，1942年的《清算斗争》和《念书好》是江丰对木刻民族形式探索的重大贡献。《清算斗争》作品场面宏大，人物众多，表现自然，线条流畅，多种刀法综合运用，在人物的姿态、神情的表现与氛围的传达方面达到江丰前所未有的成就，在延安木刻版画中也是罕见的，并且大体超越了西方木刻版画的形式规范，照顾到了民族审美心理，弱化了黑白对比，色调较明亮，视觉冲击力较强，初步具备了中国作风和中国气派。1939年江丰就创作了一幅木刻套色新年画《保卫家乡》，供鲁艺春节宣传队分送农村张贴，印了40份，现已全部失传。"《保卫家乡》刻男女农民并肩站立在画中央，男执红缨枪，女执当时的国旗，两人身前站着一个背木刀的男童，用黑、红、蓝三色印成。"[①] 1942年江丰又创作了一幅新年画《念书好》。《念书好》配合中共中央发起的提升工农兵文化素质的运动，宣传农民子弟要学习文化，于是题目和画面的文字为"念书好，念了书，能算账，能写信"。作品用木刻的形式表现年画的内容实现年画的功能，完全抛弃了西方木刻版画的形式规范，完全运用民间传统年画的形式与人物表达新的主题。作品的主体是一对童男童女，童男居右，左手高举笔，右手拿着信纸，身上穿着传统的喜庆服装，挎着绣着五角星的书包，童女右手高举算盘，算盘下挂着金钱串，与童男一起蹦蹦跳跳。二人周围都是民间传统喜庆和丰收的意象，上方是画着双鱼与金钱的灯笼，寓意年年有余，挂着灯笼的是寓意吉祥的花草，周围两侧是蝙蝠图案，寓意双福到来。这些吉祥意象上写着作品的主题"念书好，念了书，能算账，能写信"。画面下方是麦穗、玉米、南瓜灯各种农作物，都是丰收的象征。作品的构图、人物、意象都是工农兵喜闻乐见的传统的喜庆吉祥的符号，农民看这样的作品，

---

① 余丁、江文编：《发现——百年江丰文献集》，江苏美术出版社2013年版，第308页。

完全能理解作品的主题，进而达到了之前的木刻版画根本无法达到的宣传效果。江丰的《念书好》真正做到了将中共的方针政策用老百姓喜闻乐见的民族形式诠释，是江丰实践"二为"方向的经典作品。这部江丰木刻版画的绝唱成为木刻民族形式的典范。

【作者简介】闵靖阳，鲁迅美术学院讲师。

批评伦理与伦理批评辨析及其意义[*]

张利群

人类社会实践活动基于人与自然、人与人、人与社会、人与自我关系而确立人类性、社会性、实践性、属人性的活动性质与特征，其中当然包括关系伦理及其伦理性、伦理价值、伦理功能作用等内容。文艺活动作为人类社会实践活动的组成部分，其人性、人民性、人文性、精神个性指向诚如高尔基所言文学是"人学"而确立文艺性质特征，其中不仅具有形象性、艺术性、审美性属性，而且具有意识形态性、政治性、历史性、文化性、伦理性等属性。这既说明文艺表现对象的多维立体视角和丰富多彩内容，又阐明文艺性质、属性与特征及其功能作用与价值意义。文艺批评正是基于此，形成意识形态批评、社会历史批评、伦理道德批评、政治批评、文化批评、审美批评、形式批评、结构主义批评、读者反应批评等多元化批评思潮与多样化批评形态。更为重要的是，将批评作为人类社会实践活动的一种方式，批评乃为"人学"，由此形成别林斯基所言批评是"运动的美学"及其批评意识形态性、社会历史性、伦理道德性、政治性、文化性、科学性等批评性质属性构成。那么，基于批评"人学"的人文性与科学性所产生的批评伦理问题

---

[*] 2013 年教育部人文社科项目"文学批评机制研究"，项目批准号：13YJA751063；2013 年广西"自治区'特聘专家'专项经费资助"项目"广西文化产业发展及其文化软实力研究"，项目批准号：2013B022；2013 年广西哲学社会科学规划研究课题"广西当代文艺理论发展研究"（批准号：13BZW003）。

就由此从水底浮出水面，成为当下批评研究及其批评学建构的重要命题。

从另一角度看，当下经济快速发展、过度开发、私欲膨胀所导致的人与自然、人与人、人与社会关系恶化以及生态失衡、环境破坏、资源匮乏等危机，严重威胁人类及其世界物种的存在、生存、发展及其生态平衡，对于现代文明及其人类行为活动的反思反省与价值重构势在必行。由此，一方面从生态学、生物学、环境学、生命科学等自然学科引入人文精神，科学伦理问题受到极大关注；另一方面从人类学、文化学、社会学、伦理学等人文社会学科引入科学精神，人文伦理精神进一步拓展与深化。科学性与人文性结合形成跨学科研究趋向，生态文明成为人类文明提升与发展的根本指向。因此，生态伦理、环境伦理、生命伦理、生物伦理、医学伦理、科学伦理以及文艺伦理、审美伦理、批评伦理被提上议事日程。正如"生命伦理学"所指："生命伦理学由两个希腊词构成：生命和伦理学。生命主要指人类生命，但与之相关也涉及动物生命和植物生命。伦理学是指对道德的哲学研究。有人定义生命伦理学为根据道德价值和原则对生命科学和卫生保健领域内的人类行为进行系统的研究。生命科学是研究生命体和生命过程的科学部门，包括生物学、医学、人类学和社会学。卫生保健是指对人类疾病的治疗和预防以及对健康的维护。所以生命伦理学是一门边缘学科，多种学科在这里交叉。"[①] 尽管这一学科概念阐释还有待完善，但基本要义所指人类对于一切生命的伦理观及其伦理道德态度，所倡导"世界最宝贵的是生命""尊重生命""生命第一"等精神，无疑为生命伦理以及生态伦理、环境伦理、生物伦理、医学伦理、科学伦理奠定基础，也为文艺伦理、批评伦理提供理论基础与学理支撑。批评伦理成为批评实践与理论研究的重要概念，构成批评学重要内容。

---

① 邱仁宗：《生命伦理学》，上海人民出版社1987年版，第2页。

一 批评伦理含义及其内涵外延阐释

将"批评伦理"作为一个范畴引入批评行为活动及其批评学体系既是批评实践发展需要,也是批评理论建设及其批评实践研究需要,当然也是面对当前批评存在的现实问题提出的对策与命题。黑格尔《美学》从研究方法角度提出:"就对象来说,每门科学一开始就要研究两个问题:第一,这个对象是存在的;第二,这个对象究竟是什么。"① 本文将批评伦理作为研究对象的合理性在于:任何研究一开始就必须面对两个问题,这个对象是否存在,这个对象究竟是什么。以往学界对于批评形态描述及其理论研究,通常有意识形态批评、政治批评、道德批评、伦理批评、文化批评、审美批评、形式批评等范畴,用来指称一定的批评形态及其理论模式,也以之描述概括批评性质属性及其功能作用。那么,在以往的伦理批评或文学伦理学批评之外,有否必要还需提出批评伦理呢?批评伦理与伦理批评究竟有何区别与联系呢?批评伦理提出的价值意义何在?为了解决这些问题,首先应该对"批评伦理"这一范畴进行阐释,厘清其含义及其内涵外延。

其一,"伦理""道德"概念含义及其内涵外延阐释。先言"伦理"。"伦理"由"伦"与"理"构成合成词,可作两方面理解:一方面是作为偏正词组的"伦"之"理"理解,即人伦之理,与现代所言"伦理"基本同义;另一方面是作为并列词组的"伦"与"理"理解,"伦"为类,含有分类与同类之义;"理"为别,亦为分别、条理之义。无论"伦"之"理"还是"伦"与"理",两种理解并不矛盾,共同指向人伦关系及人伦次序、秩序与条理。中国古典文献释"伦理"之义,《说文》:"伦,辈也。从人侖声。一曰道也。"② "伦"之"辈"义包含"类",亦即人之同辈、同类之义;与

---

① [德]黑格尔:《美学》第一卷,商务印书馆1979年版,第29页。
② 徐慎:《说文解字》,天津古籍书店1991年版,第164页。

其"道"之"理"义也吻合，即同辈、同类之次序、秩序及其道理。《辞海》释"伦"亦如此：一是"同辈，同类。《礼·曲礼》下：'儗人必于其伦。'注：'儗，犹比也。伦，犹类也。'"二是"道理，次序。《诗·小雅·正月》：'维号斯言，有伦有脊。'《论语·微子》：'言中伦。'"又释"伦理"："事物的条理（包括人伦之条理）。《礼·乐记》：'乐者通伦理者也。'注：'伦犹类也。理分也。'后亦称安排部署有秩序为伦理。宋欧阳修《文忠集》一五二《与孙少卿书》：'族大费广，生事未成，伦理颇亦劳心。'"① 《辞海》释"人伦"："阶级社会（即人类社会及其群类）里人的等级关系，《孟子·滕文公》上：'使契为司徒，教以人伦：父子有亲，君臣有义，夫妻有别，长幼有序，朋友有信。'《管子·八观》：'背人伦而禽兽行，十年而灭。'"② 典籍文献所涉"伦"之义大体如此，如《荀子·富国》："人伦并处。"《礼记·中庸》："毛犹有伦。"《逸周书》："悌乃知序，序乃伦；伦不腾上，上乃不崩。"贾谊《过秦论》："廉颇赵奢之伦。"由此可见，"伦理"之义着重在人与人关系所缔结的人之群类及其人类社会系统，其功能作用一方面既维护人类社会及其群类的整体性、系统性、构成性关系与联系，又维护人类社会形成的等级关系与联系，体现物以类聚、人以群分的原则精神；另一方面基于群类之分、等级之别及其所产生的矛盾冲突而以伦理调节关系，使之合情合理，建立平衡和谐的伦理关系。

次言"道德"。"道德"与"伦理"概念含义最为接近。《说文》释"道"为"所行道也"，指所行道路，《诗·小雅·大东》："周道如砥，其直如矢。"引申为道理、道义、得道；释"德"为"升也"，指直道而行。另，"德"者得也，即得道之人，得道之德，《易·乾·文言》："君子敬德修言"。与"道德"相关概念还有"德行""品德""德操"等，指道德品行与行为操守，《易·节》："君子以制数度，议德行。""道德"作为合成词，古代与现代所用基本同义。

---

① 《辞海》，商务印书馆1988年版，第127页。
② 同上书，第86页。

批评伦理与伦理批评辨析及其意义

《韩非子·五蠹》:"上古竟于道德,中世出于智谋,当今争于气力";《礼·曲礼上》:"道德仁义,非礼不成。"注:"道者通物之名,德者得理之称。"《辞海》释"道德":"今指一种社会意识形态,是人类社会在共同生活中形成的对社会成员起约束和团结作用的准则。"由此可见,古今"道德"含义相同,都是为了更好维护人类社会共同生活秩序而对人的德行、品德、德操及其行为的要求与规范,其目的旨在维护人类共同体及其群类共同体。

其二,伦理与道德关系辨析。伦理与道德都具有两个层次内涵,即内在的价值理想与外在的行为规范,具有一定的共同性及其交叉性,因此两者在使用时经常出现混淆、替换与连用现象。人类对伦理道德的需求及其研究自文明社会发生以来从未间断,并殊途同归。中西伦理观念差异在于中国侧重于论道德,赋予道德以社会、情性、人文、品质修养等内容;西方侧重于论伦理,赋予道德以理性、科学、公共意志等属性。西方早在古希腊时期,亚里士多德就著有《尼各马可伦理学》,以作为道德研究的学问与知识,因此伦理学又可解释为道德学、道德哲学。中国古代虽有"伦理"一词,与"道德"大体同义,通常也连称"伦理道德",但到19世纪中国学界才称伦理学,亦即研究道德及其人伦关系的学问。尽管伦理学研究对象必然指道德,但伦理与道德还是有所区别,严格意义上说不能混淆及其简单替换。其理由主要在于:一是伦理相对于道德而言,包括内容更为广泛,不仅含有道德因素,而且包含人伦关系因素,包括亲缘关系、朋友关系、人际关系、社会关系中的人伦关系问题。二是基于古代宗法制及其宗族文化传统的伦理作为行为道德规范,更具有道德本体、本性、本源的内在本质规定性与内在需要的特征,带有一定的先在性与自为性;相对而言的道德则是伦理的外化形式与表征方式,较多表现为社会道德对个体品德的要求与规范,重在表现为行为道德,带有一定的后天教化的社会规定性及其约定俗成性特征。三是道德具体表现为社会及其个体品德行为,而伦理则为考证与论证道德的学问知识依据,因此可称为伦理学,称为研究道德的学问,但伦理学应该以伦理关系及其道德作为研究对象。四是人伦关系及其伦理问题可用道德调节与调适，因此伦理较为稳定；道德作为品德行为规范，社会道德及其个体道德都可通过文明社会进步及其道德教育与修养而提升道德思想及其道德行为，并通过道德评价区分真善美与假恶丑及其道德层次与程度，一方面推动道德完善与提升，另一方面将道德他律转化为道德自律，再一方面形成道德观及其道德取向与道德传统。五是基于伦理学作为伦理学问知识的学理性，对于伦理关系的理解从学理知识与内在逻辑层面可由人伦关系扩展为人与自然关系的伦理认识，由此进一步扩大自然伦理、生态伦理、生命伦理、生物伦理、环境伦理、科学伦理等领域，探讨人与自然关系的伦理问题，重构人对自然认知的伦理视角及其伦理态度与立场；道德基于人与人、人与社会、人与自我关系及其人类个体与群体德行的自律与他律规范，一般还是用在人的道德行为范围内。尽管如此，这并不否定伦理与道德的关系与联系，也不影响伦理学以伦理道德作为研究对象，亦非影响人类对自然、生态、生命、生物、动物的伦理态度也体现出人类道德精神实质。

　　其三，批评伦理含义及其内涵外延。以上所作"伦理"含义及其内涵外延以及与"道德"概念辨析，旨在阐明本文所用"批评伦理"这一范畴的缘由与根据，其中必然包含批评家的道德观及其职业道德与道德评价等问题。之所以提出"批评伦理"，一方面力图使所用概念更为准确、规范与科学，具有批评伦理学的学理依据、学术价值与理论意义；另一方面使其概念内涵外延更为扩展与深化，具有一定的开放性与兼容性特点；再一方面是为了更好解决当前批评界存在的精神困惑、道德失范、原则消解、价值迷失等现实问题。批评伦理从构词角度而言无疑指批评的伦理，即人与批评所构成的价值关系中所产生的伦理现象及其伦理问题。批评作为人类社会实践活动的一种方式，人的思想观念、立场态度、价值需要、理想精神、道德意志、行为作风等因素密切相关，必然具有一定的伦理道德价值取向，呈现出人类社会实践活动的伦理性质与特征；批评作为人类社会实践活动建立起人与对象，亦即主体与客体关系，实质上表现为价值关系，其关系内涵无疑包括哲学、政治、经济、历史、伦理道德、文化、审美等丰富多彩的社会内容，人与批评关系中无疑包括伦理关系，呈现批评伦理向度。特别是针对当下人与自然关系所产生矛盾冲突现象及其人类社会实践活动规律特点，相应提出除人类伦理外的自然伦理、生态伦理、环境伦理、生命伦理、生物伦理、科学伦理等命题，旨在遵循自然规律与社会规律统一，或主体的合目的性与客体的合规律性统一，以反思反省人类活动行为的动机与目的，提高人类社会实践活动的自觉性与规范性，不仅在于采取调节与自调节、控制与自控制方式，而且在于重构人与自然关系及其人类社会实践活动方式。批评伦理亦如此。批评作为人类社会实践活动的一种方式，基于文学是人学、批评亦为人学的观念，文学伦理、艺术伦理、审美伦理及其批评伦理命题自在其中。批评伦理不仅表现为人对文学艺术及其批评的立场态度与原则精神，而且表现为批评自身所应该具有的品质精神，更重要的是以其推动批评生态环境优化、批评观念更新与批评自我评价的道德自律机制的构建。

二 批评伦理与伦理批评关系辨析

伦理道德要素及其伦理道德观测视角进入文学、艺术及其批评，其实从来如此，几乎可以说从文艺产生之日起就嵌入其间。文学艺术具有伦理道德性，具备伦理道德功能价值，发挥伦理道德作用意义，自不待言。批评基于文学艺术与伦理道德关系，从伦理道德视角揭示文学艺术的伦理道德功能价值与作用意义，形成文艺批评的一种重要方式及其批评模式，通常称为伦理批评或文学伦理学批评。那么，提出批评伦理命题有否必要，与伦理批评有何关系，有何区别，因此有必要对批评伦理与伦理批评进行辨析。

其一，伦理道德批评发端，中西异流同源，殊途同归，均形成伦理道德批评传统。中国先秦周代实施"礼乐"制度，《礼记·乐记》："礼乐皆得，谓之有德，德者得也。"因此，"乐者，通伦理者也"[①]。

---

① 《礼记·乐记·乐本篇》。

第二编　中国化马克思主义文论及其当代建构

孔子非常注重"礼乐"所蕴内涵意义:"礼云礼云,玉帛云乎哉!乐云乐云,钟鼓云乎哉!"(《论语·阳货》);论"乐":"人而不仁,如礼何?人而不仁,如乐何?""尽美矣,又尽善也"(《八佾》);论"诗":"《诗》三百首,一言以蔽之,曰:'思无邪'"(《为政》);论"文":"有德者必有言,有言者不必有德"(《宪问》),倡导尽善尽美、文德兼备、文质彬彬、意内言外的文艺道德价值取向,从诗教、乐教、文教阐发文艺"教化"功能作用,开启了中国伦理道德批评先河,形成中国古代以德治国、以德育人、以德立言的文化传统。西方古希腊柏拉图基于"理式"提出本真至善神圣的"理想国",认为"而只有经过评判,被认为是神圣的诗,献给神的诗,并且是好人的作品,正确地表达了褒或贬的意图的作品,方才被准许"[①]。亚里士多德提出文艺"净化"说:"要达到教育的目的,就应选用伦理的乐调;但是在集会中听旁人演奏时,我们就宜听行动的乐调和激昂的乐调。……某些人特别容易受某种情绪的影响,他们也可以在不同程度上受到音乐的激动,受到净化,因而心里感到一种轻松舒畅的快感。因此,具有净化作用的歌曲可以产生一种无害的快感。"[②] 古罗马贺拉斯认为:"诗人的愿望应该是给人益处和乐趣,他写的东西应该给人以快感,同时对生活与帮助。在你教育人的时候,话要说得简短,使听的他容易接受,容易牢固地记在心里。一个人的心里记得太多,多余的东西必然溢出。"[③] 由此建构"寓教于乐"型伦理批评模式,形成西方伦理批评及其文学伦理学批评思潮。中西伦理批评不同点在于:中国"善"侧重在基于人与自我关系而发自内心本性的"性本善"与基于人与社会关系建立的人伦关系之"礼";西方"善"侧重在基于人与自然关系的自然科学及其科学理性之

---

① [古希腊]柏拉图:《理想国》,伍蠡甫主编《西方文论选》上卷,上海译文出版社1979年版,第48页。
② [古希腊]亚里士多德:《政治学》,伍蠡甫主编《西方文论选》上卷,上海译文出版社1979年版,第96页。
③ [古罗马]贺拉斯:《诗艺》,载《诗学诗艺》,人民文学出版社1962年版,第155页。

"真",由此不仅将自然视为道德的基础,而且"亚里士多德把智慧与勇敢、正义、节制合称为'四主德',其中居于首位的是智慧。在亚里士多德看来,理智的德行看得高于一切,要有德行得有知识,道德就在于认识真理"①,从而拓展道德含义及其内涵外延,同时也开拓了伦理批评的空间。

其二,伦理批评与批评伦理具有紧密的关联性。主要表现为:一是无论文艺还是文艺批评都具有"人学"特性特征,因此都应该基于"人学"具有一定的伦理性;二是都基于人类社会实践活动及其人与对象、主体与客体、价值与评价的价值关系,其中必然包括伦理道德价值关系;三是批评对于文艺的伦理道德性认识及其评价取向,同样也应该将其放在批评对自身认识及其评价取向上,也就是说,伦理批评应该以批评伦理作为基础,批评伦理也应该以伦理批评作为基础,两者相辅相成,相互支撑,使文学伦理与批评伦理、伦理批评与批评伦理能够有机统一。因此,伦理批评与批评伦理紧密相关,无论文学还是批评都具有伦理性,也无论是作为批评形态及其批评视角的伦理批评还是作为批评性质属性、功能作用的批评伦理,都需要以伦理作为联结彼此关系的交叉点与契合点。

其三,伦理批评与批评伦理的区别。虽然伦理批评与批评伦理联系紧密,但两者不能简单画等号。其理由主要有:一是两者作为合成词组,构词方式不同。伦理批评指伦理型批评,属于批评类型形态,是批评的一种方式与形态,批评类型形态及其方式角度多种多样,除伦理批评外还有社会历史批评、意识形态批评、形式主义批评、精神分析批评、结构主义批评、审美批评、文化批评等,构成批评类型及其表达方式的多样化形态;批评伦理是指批评的伦理属性,属于批评性质属性的构成要素,除伦理属性外还有政治、意识形态、社会历史、文化、文艺学、美学等人文性与科学性性质属性构成。二是两者功能作用有所不同,伦理批评主要从伦理视角对文学与伦理关系及其批评对象所蕴含的伦理道德内容与伦理道德功能作用的评价方式,形

---

① 赵红梅、戴茂堂:《文艺伦理学论纲》,中国社会科学出版社2004年版,第87页。

成伦理批评形态及其伦理学批评方法模式；批评伦理基于伦理学及其文学伦理学理论基础与学理依据，主要从伦理视角对批评性质特征、思维观念、价值取向、功能作用、原则标准、职业道德、行为规范等进行元批评研究，并遵循批评的科学理性原则与伦理道德原则进行批评的批评或自我批评，建立批评自我评价的"自律"机制，实现批评的自我调节与自我完善的批评内在机制功能作用。三是两者研究对象不同，伦理批评从伦理角度批评文学，批评对象是文学及其文学的伦理性内容；批评伦理从伦理角度研究批评，研究对象是批评的伦理性内容。四是两者在伦理与道德上侧重有所不同，伦理批评侧重于以"善"为道德准则及其核心价值取向，构成文学真善美评价标准，因此伦理批评又称为道德批评；批评伦理包括道德在内而又不仅仅于道德的更大范围的伦理内容，如公平、公正、客观、科学、理性的批评规范与职业道德、责任、义务、良知、担当、品质、正义、真理的批评精神。五是批评伦理不仅仅基于人伦关系的伦理内涵，而且因为自然伦理、生态伦理、环境伦理、生命伦理等扩展深化了伦理内涵，无疑也扩展深化了批评伦理的研究范围与空间，批评生态、批评环境、批评场域、批评系统、评价体系等研究视野、视域、视角也更为开放和广阔。因此，批评伦理命题提出不仅仅是因为应对当下批评面临困境与挑战，也不仅仅是为了解决批评界存在不足与问题，而且是批评转型及其自身建设发展需要的内在机制推动，是批评的文化自觉与文化自信的重要标志。

三 批评伦理构成系统及其多维立体研究视角

批评系统及其要素构成都或多或少涉及伦理问题，诸如批评性质特征、功能作用、批评主体、批评对象、批评关系、批评活动、批评行为、价值与评价、批评标准、批评原则、批评生态、批评环境、批评效力等。系统构成及其要素彼此之间关系，其中包含伦理问题。因此，批评伦理也是一个系统及其要素构成，形成批评伦理研究的多维立体视角。

批评伦理与伦理批评辨析及其意义

其一，批评伦理哲学研究视角。伦理学与哲学关系密切，哲学是伦理学的理论基础，由此形成伦理哲学。伦理哲学是关于伦理道德的本体论哲学思辨与理论分析，伦理学本身也具有人生哲学的价值意义。伦理学以道德为研究对象，包括人类社会道德意识、观念、情感、意志、行为规范、人伦关系等。伦理学将道德现象从人类活动及其行为中抽象出来，探讨道德的本质、特征、起源、发展、功能、作用，道德水平与物质生活水平之间的关系，道德原则与道德评价标准，道德体系及其规范机制，道德教育与品质修养，人生意义与生活态度，等等。批评伦理哲学基于批评本体论对批评伦理本体论探讨，其研究视角主要有三个观测点：一是批评作为人类文明创造价值与评价的一种方式，价值创造与价值评价是人类社会发展的双核驱动机制，因此批评具有价值评价的本体论意义，也具有人类存在、生存、发展的存在论本体意义；二是批评"人学"的研究视角，与"文学是人学"的文学人类学本体论意义一样，批评也是"人学"，具有批评人类学本体论意义；三是批评作为人类社会实践活动的一种方式，体现人作为活动主体、实践主体、行为主体的主体精神与自觉意识，批评成为人的本质力量对象化及其人对自我确证的一种方式。批评本体论的三维立体视角不仅构成批评认识论、实践论、价值论三足鼎立又三位一体的哲学基座，而且也揭示批评以人为本的人文科学精神，阐发批评人类学、批评社会学、批评伦理学的哲学基础与学理依据。因此，批评伦理具有雄厚的哲学基础及其价值论基础，批评伦理研究具有文学人类学本体论意义。

其二，批评主体伦理研究视角。批评主体研究最为直接也最为密切关系到批评伦理问题，围绕批评主体伦理所展开的研究视角也更为广阔与多维，主要观测点有：一是批评家主体心智结构研究视角。中国古代文论无论是刘勰所论"才气学习"还是叶燮"才胆识力"等主体构成论中都含有一定的伦理道德要素与基因，批评家的思想道德修养直接影响到其批评素质能力，因此，批评家遵循先秦"三立"说之训，"立文"者首先必"立德"。即便现代批评对于批评家主体构成要求，也并不排除批评家思想品质与职业道德的批评伦理要求，只不过其伦理道德内容更为扩展和深化罢了；二是批评观及其伦理道德观研究视角。批评观是世界观组成部分，因此批评观与自然观、政治观、伦理观、道德观、文化观、文学观、艺术观、审美观等思想观念紧密相关，中国古代文学批评强调"道德文章""文如其人""人品决定诗品"等思想观念，将道德观与文艺观。批评观、审美观融合，形成文学传统及其批评传统。尽管浓厚的道德教化色彩不免带有一定的负面作用，但不可否认文学与伦理道德关系，也不可否认批评观中的伦理道德思想观念的正面价值。从批评观的核心价值观培育及其核心价值体系构建而论，更是如此，文学及其批评的真善美核心价值必然涵盖文学伦理、批评伦理的正能量，成为文学观、批评观的重要组成部分；三是批评主体性研究视角。批评作为活动与行为，批评主体的主体性的积极主动发挥不仅对于批评存在、生存、发展至关重要，而且对于批评的创造性、自主性、独立性及其功能作用实现至关重要。更为重要的是批评个性、独特性、独创性表现与公平公正、无私无畏的批评原则的坚持，需要批评伦理提供保障与规范，才能更好发挥批评的主体性作用。

其三，批评价值伦理研究视角。从价值论角度而言，价值是基于主客体价值关系形成的，表现为客体满足主体需要而形成的价值属性。文学价值在于能够满足人类的精神需要及其审美需要；批评价值在于既能够通过价值评价更好实现文学价值，又能够满足人们对批评及其文学评价的需要，在实现文学价值创造功能作用的同时实现文学评价的功能作用。因此，无论是文学创造需要还是文学评价需要，也无论是文学创造价值还是文学评价价值，都离不开人类社会实践活动及其主客体价值关系，由此形成价值—评价的价值创造与价值评价关系，价值关系就必然存在一定的伦理性，表现为一定的伦理关系。这不仅表现为无论是文学伦理价值还是批评伦理价值上的伦理取向性，而且表现为文学价值伦理与批评价值伦理的价值伦理性上，亦即正负价值、真伪价值、善恶价值、美丑价值、是非价值等价值取向上，以及价值大小多少的程度差异等价值功能作用上。也就是说，批评价值伦理不仅在于能够体现文学评价正确健康的价值取向性与导向性，而且在于能够更好体现批评积极能动的功能作用，实现批评的正能量与更大程度价值。

其四，批评评价伦理研究视角。批评最为基本的功能是文学评价，评价是对文学价值能否满足或满足程度大小多少价值效果及其功能作用的评判。基于评价不仅将批评与创作紧密联系，形成相辅相成的文学合力，而且以评价作为文学发展的动力机制要素，构成创造—评价的文学双核驱动机制。基于价值关系及其价值—评价构成之理，文学价值具有伦理性，文学评价必然也具有伦理性。因此，价值伦理理所当然，评价伦理不言而喻。评价伦理作为批评伦理重要组成部分，其原因不仅在于批评本体伦理、批评主体伦理、批评价值伦理及其批评功能作用都体现在批评评价伦理上，而且在于批评具有建构文学评价体系的功能作用，包括评价主体、评价动机意图、评价目的、评价标准、评价原则、评价方法、评价取向及其价值导向等构成要素与结构系统。如果不基于评价伦理，不仅难以实现评价的准确性与正确性，而且也难以体现批评的公平公正与无私无畏精神，更难以实现批评的评价机制功能作用，难以建立批评的公信力、感召力与权威性。

其五，批评生态伦理研究视角。批评生态伦理包括两方面内容：一方面指批评内部要素构成系统的生态伦理；另一方面指批评外部要素构成系统的生态伦理。从批评生态系统整体性而论，生态系统是内部与外部统一而构成整体，所谓外部构成要素的社会、时代、文化、环境、氛围等均应内化为批评的内在要素，构成批评生态系统内容。生态研究的学问学科为生态学。生态学是研究生物与环境之间相互关系及其作用机理的科学，因此是集成生物学（包括动物学与植物学）、地理学、环境学、生命科学、体质人类学等跨学科知识形成的新兴学科。随着社会发展及其经济高速开发与科技迅猛发展，环境日趋恶化，生态问题凸显，基于生态文明理念，作为自然科学的生态学逐渐引入人文社会科学，出现人类生态学、民族生态学、社会生态学、文化生态学、文艺生态学、审美生态学等分支及其多学科、交叉学科、综合学科的跨学科研究方向，批评生态及其批评生态学就成为其中重要的组成部分。批评生态研究视角主要有三个观测点：一是基于批评生态系统的系统论、控制论、信息论研究视角，着眼于系统构成的关系、结构、功能、作用、能量守恒与交换、控制与自控制、调节与自调节等研究；二是基于批评生态的价值论研究，从批评的价值关系、价值创造、价值评价、功能价值、系统价值等价值范畴构成系统中衍生出生态价值概念，阐发批评既基于生态系统以生成发展，又对生态文明建设、维护生态系统稳定与平衡、推动社会和谐发展所产生的功能作用与价值意义；三是基于批评生态关系调控的生态伦理研究视角，一方面着眼于批评内部关系协调与外部关系的协调及其两者关系的协调，理顺其构成系统的生态逻辑关系与生态伦理关系，建构批评主客体关系构成的批评生态、批评与创作构成的文学生态、批评与社会构成的文化生态、审美价值与审美评价构成的审美生态的和谐生态环境；另一方面着手于批评生态环境治理、净化与优化，遏制批评生态失衡、环境破坏、价值迷失、标准失范等弊端与问题，由此重建批评传统与批评精神，重构批评场域与批评话语权，重整批评团队及其批评主体性，形成批评百花齐放百家争鸣的大发展大繁荣局面。

综上所述，批评伦理可谓关系到批评存在、生存、发展的批评命运重大问题，也关系到批评性质特征、功能作用、价值意义的定位，更关系到批评系统及其评价体系要素构成逻辑与结构关系。更为重要的是，基于批评发展现状及其批评生态环境建设指向，批评伦理研究更需要建立起批评与自我批评的批评"自律"评价机制，既基于批评"自律"的自主性、自为性与独立性，遵循批评内在规律及其特性特征发挥批评主体性，又基于批评的批评之自我批评及其反思、反省、批判机制，遵循批评自律、道德自律、行为自律的原则，使批评伦理进入道德自律与职业道德规范的更高层次，成为批评文化自觉与文化自信的重要标志。由此，批评复兴与振兴、批评大发展大繁荣、批评时代到来指日可待。

【作者简介】张利群，广西师范大学文学院教授，博士生导师。

中国美学百年反思的几个问题
——中国现当代美学与马克思主义美学*

张 弓　张玉能

一般说来，五四新文化运动是从《新青年》（创刊时为《青年》杂志）1915年创刊算起的，因此，五四新文化运动到2015年就是整整一百年了。这一百年对于中国美学来说是一个转型、发展、定型的过程，是中国美学思想史上最重要的历史时期。在这个历史时期中，中国美学从传统形态转向现代形态，经过了接受、融汇、结合西方美学的历史进程，走过了通过俄苏马克思列宁主义美学建设中国化马克思主义美学的道路，到新中国成立以后20世纪50—60年代的美学大讨论及其"美学热"，中国当代美学逐渐形成，"文化大革命"十年浩劫停滞，20世纪80年代重新兴起"美学热"，实践美学成为中国当代美学的主导流派，20世纪90年代的实践美学与后实践美学的争论使得中国当代美学进入了一个多元共存的新格局，新实践美学、后实践美学、生命美学、生活美学等美学流派竞相发展，到21世纪相对平静，稳步前进。中国现当代美学由传统美学转型，逐步形成了五四新文化运动美学（1915—1942）、中国化马克思主义美学（1942—1976）、中国特色当代美学（1976—2015）等发展阶段和发展过程。这个发展过程基本上与"五四"新文化运动的一百年相同步。回顾

---

* 本文写作受到国家社科基金项目"'后学'语境与马克思主义美学中国化"（编号11CZW017）；教育部2008年度人文社科青年项目（编号：08JC751016）资助；2014年广西高校科研重点项目，"马克思主义美学的中国形态研究"（编号：ZD2014110）。

第二编　中国化马克思主义文论及其当代建构

这一百年的中国美学发展，成绩是辉煌的，但是，问题也是十分明显的。我们进行中国美学百年反思，就是要把这些问题清理出来，明确它们的现象表征，找出它们的根源，提出解决问题的有效办法，以利于中国当代美学的进一步发展。

我们认为中国现当代美学的主要问题大致说来有如下一些：1. 中国美学现代转型中的"全盘西化"问题。2. 中国当代美学的范式选择问题。3. 中国当代美学建构中的政治化问题。4. 中国美学发展中的马克思列宁主义和列宁主义唯一倾向。5. 中国当代美学的中国特色问题。6. 中国传统美学思想的现代转型。7. 中国当代美学的认识论偏向问题。8. 中国当代美学的价值论缺失。归纳起来，这些问题可以分为三个大问题：一是中国现代美学与西方美学的关系，二是中国现代美学与中国传统美学思想的关系，三是中国现代美学与马克思主义美学的关系。《中国现代美学丛编》（1919—1949）的编者胡经之先生在该书的前言中指出："中国现代美学的结构内部交织着几种不同的'力'：中国古代美学、西方美学和马克思主义美学。"① 中国现当代美学的一百年发展历程实质上也就是这三种"力"相互作用的必然结果。由于这一百年历史发展的特殊性就在于，中国传统文化面临着现代化和现代转型的关键时刻，西方文化伴随着坚船利炮打进了中国本土，以强势文化的全球化、殖民化冲击着中国传统文化，中国先知先觉的知识分子面对着中华民族的生死存亡和启蒙国民的双重任务，选择了西方的"科学和民主"的文化，全面摧毁了以儒家文化为中心的中国传统文化，在一定程度上形成了五四新文化运动的"全盘西化"的倾向。紧接着1917年俄国十月革命的胜利给中国一部分先进知识分子送来了马克思列宁主义，从而又开辟了传播和运用马克思主义列宁主义思想的新民主主义革命和社会主义革命。1942年毛泽东《在延安文艺座谈会上的讲话》后，中国文化和美学思想就一直主要在马克思列宁主义思想指导下进行着文化和美学的中

---

① 胡经之编：《中国现代美学丛编》（1919—1949），北京大学出版社1987年版，第3页。

国化，期间马克思列宁主义、毛泽东思想美学取得了绝对统治地位，也随着国际国内形势的风云变幻产生了阶级斗争扩大化等左倾思潮的错误，直到1966—1976年的"文化大革命"给中华民族文化和美学带来了不可挽回的巨大损伤。到了1978年中国共产党十一届三中全会以后，改革开放新时期给中华民族文化和美学带来了繁荣发展的新契机。在新时期的美学热和美学争鸣中，美学界基本上形成了一个共识：建设中国特色当代美学，在主流意识形态的引导下，中国特色社会主义美学又是其中的主要组成部分。我们今天反思中国现当代美学百年发展的历程，实质上就是要解决中国特色当代美学和中国特色社会主义美学建设中的上述三种"力"的关系，或者中国现当代美学与中国传统美学思想、西方美学、马克思主义美学之间的关系。其中，中国现当代美学与马克思主义美学的关系又显得特别重要。

一　马克思主义美学的几种不同形态

1942年毛泽东《在延安文艺座谈会上的讲话》以下简称《讲话》发表标志着中国化马克思主义美学的确立。从五四新文化运动以来，经过1917年苏联十月革命，1919年"五四学生爱国运动"，1921年中国共产党在上海成立，1934—1936年红军长征到达陕北，建立以延安为中心的陕甘宁革命根据地，1937抗日战争全面爆发，直到延安整风运动和大生产运动，马克思主义美学中国化的历史进程一直在不断行进之中。俄罗斯十月革命以后，马克思主义学说在中国的引入、研究和宣传，才真正开始。毛泽东曾经指出："中国人找到马克思主义，是经过俄国人介绍的。在十月革命以前，中国人不知道列宁、斯大林，也不知道马克思、恩格斯。十月革命一声炮响，给我们送来了马克思列宁主义。十月革命帮助了全世界也帮助了中国的先进分子，用无产阶级的宇宙观作为观察国家命运的工具，重新考虑自己的问题。走俄国人的路——这就是结论。"[1]（《论人民民主专政》）

---

[1]《毛泽东著作选读》下册，人民出版社1986年版，第677页。

第二编　中国化马克思主义文论及其当代建构

中国的先进分子在十月革命之后,经过对西方各种各样的学说主义比照鉴别,最终选择了接受和传播马克思主义。《新青年》杂志是一个最早的主要阵地,李大钊、陈独秀等人成了宣传和传播马克思主义的革命先驱。由此可见,中国共产党人接受马克思主义学说,并不是直接从欧洲发达资本主义国家引进的,而是通过俄国十月革命和苏联社会主义革命和建设的实践而引进的。这样,马克思主义学说就有了两种不同的形态:马克思、恩格斯的经典马克思主义,列宁、斯大林的俄苏正统马克思主义。而这两种形态的马克思主义传入中国以后又与中国的具体实践相结合进行了马克思主义中国化的历史过程。与此同时,西方发达资本主义国家内部的工人运动和整个世界国际共产主义运动还在生长着一种不同于苏联正统马克思主义和中国化马克思主义的西方马克思主义,它肇始于卢卡奇的《历史与阶级意识》(1923),随着世界形势的变化发展而不断发展变化壮大。20世纪20—30年代的早期西方马克思主义美学的主要代表人物是卢卡奇、葛兰西、布莱希特;到了20世纪60—70年代,西方马克思主义达到一个比较兴盛的时期,出现了德国的法兰克福学派(本雅明、阿多诺、马尔库塞),法国的存在主义的马克思主义(萨特),结构主义的马克思主义(阿尔杜塞),英国的文化唯物主义的马克思主义(威廉斯、伊格尔顿)等流派,可以称为盛期的西方马克思主义美学;20世纪80—90年代的西方马克思主义主要代表人物有美国的杰姆逊,德国的哈贝马斯,英国的伊格尔顿,可以称为晚期的西方马克思主义。因此,世界上并不存在一个一成不变的、始终如一的马克思主义,而是有着不同时间和空间的具体的马克思主义不同形态,大体上可以划分为:经典马克思主义,俄苏正统马克思主义,中国化马克思主义,西方马克思主义。这些不同形态的马克思主义也都有各自相应的马克思主义美学。所以,我们这里所说的马克思主义美学不是一个固定不变的抽象概念,而是一个在不同时间和空间中具体展开、与时俱进的几种不同形态:经典马克思主义美学(马克思、恩格斯,1844年—19世纪末),俄苏正统马克思主义美学(列宁、斯大林,20世纪20年代—20世纪50年代),中国化马克思主义美学(毛泽东、邓小平1942

年—1976年），西方马克思主义美学（卢卡奇、葛兰西、布莱希特、本雅明、阿多诺、马尔库塞、萨特、阿尔杜塞、威廉斯、伊格尔顿、杰姆逊、哈贝马斯，1923年—21世纪初）。那么，我们这里所说的"中国现当代美学与马克思主义美学的关系"问题就不再是一个笼统的指称，而是指：中国现当代美学与不同形态的马克思主义美学的具体关系。

中国化马克思主义美学是中国现当代美学中的一个重要组成部分。它包括瞿秋白、毛泽东、邓小平等党和国家领导人的美学思想，也包括李大钊、鲁迅、胡风、冯雪峰、周扬、蔡仪、王朝闻等马克思主义文艺家和批评家的美学思想，还包括李泽厚、蒋孔阳、刘纲纪、周来祥等实践美学家的美学思想。中国化马克思主义美学与中国现当代美学的关系，一般应该分为两大阶段，以1949年新中国成立为界。在五四新文化美学中，中国化马克思主义美学只是其中的一个部分，除了毛泽东等革命根据地中共领导人的美学思想之外，就是当时的左翼文艺家、批评家等人的美学思想，比如瞿秋白、鲁迅、胡风、冯雪峰、周扬、蔡仪、王朝闻、茅盾、郭沫若、何其芳等人的美学思想。这一时期的中国化马克思主义美学主要是以俄苏列宁主义美学为指导，与中国具体实践相结合而形成的，对于马克思、恩格斯的经典马克思主义美学的了解有限，主要就是马克思、恩格斯关于文艺的几封信，所以，主要是苏联列宁主义美学和中国具体实践相结合的产物，并且在"国统区"与其他各种非马克思主义美学思想进行着艰苦的斗争。然而新中国成立以后，中国化马克思主义美学的地位发生了根本变化，成了中国大陆美学界的主导。经过新中国成立以后的各种文艺界的大批判运动以及20世纪50—60年代的美学大讨论，不仅毛泽东的以《讲话》为中心的中国化马克思主义美学，而且以马克思主义实践观点为指导的实践美学脱颖而出，日益成为中国当代美学的主导流派。其中虽然经过了文化大革命十年浩劫的停滞，但是到了80年代改革开放新时期的"美学热"中实践美学就成为了名符其实的中国当代美学的主导流派，并且在90年代实践美学与后实践美学产生了争论。在这场争论中中国当代美学初步形成了多元共存的格局，

第二编 中国化马克思主义文论及其当代建构

实践美学发展到新阶段，实践美学和新实践美学成了中国当代美学的一个最重要的美学流派，与存在美学、生存美学、体验美学、生命美学、认知美学、生活美学等美学流派并行发展。在20世纪50—60年代的美学大讨论中，有一种非常独特的现象，即讨论中所形成的四大派（吕荧、高尔泰的主观派，蔡仪的客观派，朱光潜的主客观统一派、李泽厚的实践派），都声称自己是马克思主义的美学流派，不仅各自引证马克思列宁主义的经典著作，特别是《巴黎手稿》《关于费尔巴哈的提纲》《德意志意识形态》等经典著作，而且相互指责对方是非马克思主义美学观点。即使在90年代实践美学与后实践美学的争论中，各派美学似乎也是以经典马克思主义美学为论证依据的。由此足见，马克思列宁主义美学已经在舆论上占据了支配地位。因此，中国化马克思主义美学究竟如何界定也还不好下结论。如果把后实践美学的各派都划归非马克思主义美学范围之内，其代表人物恐怕也不一定认同。但是，把毛泽东、邓小平等党和国家领导人的美学思想称为官方的中国化马克思主义美学，而把实践美学和新实践美学称为民间的中国化马克思主义美学应该还是大体合适的。从这样的角度来看，中国化马克思主义美学，在现在的进一步发展，是中国当代美学发展的一个非常重要的方面。鉴于上述两个不同阶段的中国化马克思主义美学的具体状况，我们认为，中国化马克思主义美学的进一步发展应该注意"推陈出新"和"返本开新"这两个方面。

所谓"推陈出新"就是要祛除一些已经过时或者不合时宜的思想、观点、方法，形成一些与时俱进的创新的思想、观点、方法。比如，邓小平理论美学提出以"文艺为人民服务，为社会主义服务"代替"文艺为政治服务"，以"文艺属于人民"取代"文艺从属于政治"，以"描写和培养社会主义新人"纠正"以阶级斗争为纲"的文艺目的，以"党根据文学艺术的特征和发展规律领导文艺"反对"衙门作风，行政命令，横加干涉"的领导，以"三不主义"（不打棍子，不扣帽子，不抓辫子）丰富"百花齐放，百家争鸣"方针，等等。所谓"返本开新"就是回到经典马克思主义美学，发掘其中以前被我们忽视或者未发现的思想、观点、方法，以更新中国化马克思主义美学和中国当代美学的思想、观点、方法。比如，经典马克思主义美学的"劳动生产了美"，把美与"人化的自然"和"人的本质力量对象化"联系起来，明确指出美是社会实践的产物，美是区别人和动物的本质标志之一，人是"按照美的规律来建造"的[①]，艺术本质多层次论（艺术既是一种特殊的生产方式，又是一种"实践—精神的"掌握世界的特殊方式，还是一种社会意识形态），艺术生产论（艺术是一种精神生产，资本主义生产与某些艺术部门如诗歌相敌对，艺术的非生产劳动性和生产劳动性），等等。尤其是马克思、恩格斯逝世以后发表出来的论著及其新译文的理解和阐释，都可能达到中国化马克思主义美学的创新和深化。比如，新时期以来，以钱中文、童庆炳为代表的美学家，根据马克思、恩格斯的意识形态理论和艺术审美性质的论述，把艺术重新界定为"审美意识形态"的理论观点。新实践美学对马克思主义实践美学的"实践"概念的重新解释，根据马克思主义的经典著作的论述，特别是关于语言的实践性和二重性的论述，参照西方语言哲学关于"以言行事"和"语言行为"（奥斯汀、塞尔），后现代主义关于话语实践或者话语生产（福柯）等理论观点，重新把"实践"界定为"以物质生产为中心的，包括精神生产和话语生产的，现实的、感性的、对象化活动"。

中国化马克思主义美学的"推陈出新"和"返本开新"，不仅是中国化马克思主义美学本身的丰富、发展、与时俱进所必需的，而且对于中国当代美学发展也是一种指导性的力量。因为中国毕竟是一个中国共产党领导的，马克思主义思想指导的社会主义国家，是坚定地建设中国特色社会主义的国家，所以中国化马克思主义美学的指导作用和方向作用是不可能取消的，即使中国当代美学的某些流派可以不以马克思主义美学为旗帜，但是也不应该是与中国化马克思主义美学完全背道而驰的，更不应该是相敌对的，而在一些哲学和美学的基本原则上和价值取向上似乎应该是保持大方向一致的。

[①] 中国作家协会、中央编译局编：《马克思恩格斯列宁斯大林论文艺》，作家出版社2010年版，第18—26页。

第二编　中国化马克思主义文论及其当代建构

二　中国当代美学建构中的政治化问题

五四新文化运动以来,中国现当代美学发展的一个重要标志和特征就是中国化马克思主义美学与各种各样的非马克思主义美学流派进行激烈的政治的、学术的斗争,往往学术斗争与政治斗争不可分开,学术争论也逐渐转化为政治斗争,于是中国当代美学建构和发展中政治化倾向越来越严重。新中国成立以后,中国当代美学发展的大趋势就更加走向了政治化。

实际上,按照历史唯物主义的观点,人类从原始社会进入奴隶社会、封建社会、资本主义社会以后,整个世界文明的历史都是阶级斗争的历史,阶级斗争成了人类政治意识形态的主要内容,因此,文艺和美学作为意识形态也就成了阶级斗争的一部分和工具,文艺和美学就与政治结下了不解之缘,二者无法完全分开。马克思主义美学和文艺在诞生之初就是与阶级斗争的政治紧密结合在一起的。比如说,《1844年经济学哲学手稿》中所说的"劳动生产了美,但是使工人变成畸形"[1]。这个基本观点就是马克思把美学问题与劳动的异化问题结合在一起来论述的,也就是把美学问题与阶级斗争和政治问题结合在一起来谈的。后来,马克思和恩格斯给拉萨尔的信,恩格斯给明娜·考茨基、哈克奈斯的信,都是把文艺和美学问题与当时的无产阶级革命阶级斗争和政治斗争结合起来谈悲剧问题、现实主义问题、历史批评和美学批评等问题的。列宁和斯大林更是明确地从俄苏的阶级斗争和政治斗争的角度来谈论文艺和美学问题的,列宁在《党的组织和党的出版物》中提出的文学的党性原则,列宁评价"列夫·托尔斯泰是俄国革命的镜子",列宁所谓"两种民族文化"理论,列宁称一位白匪军官的小说为"一本有才气的书",斯大林提出"建设无产阶级文化","内容是无产阶级的,形式是民族的,——这就是社

---

[1] 中国作家协会、中央编译局编:《马克思恩格斯列宁斯大林论文艺》,作家出版社2010年版,第18页。

会主义所要达到的全人类文化"①，等等论述，也都是把文艺和美学问题与阶级斗争和政治问题联系在一起的。中国化马克思主义美学在新民主主义革命阶段同样也是把文艺和美学问题与阶级斗争和政治斗争紧密联系在一起的。毛泽东《在延安文艺座谈会上的讲话》明确引用列宁关于文艺的党性原则指出："在现在世界上，一切文化或文学艺术都是属于一定的阶级，属于一定的政治路线的。为艺术的艺术，超阶级的艺术，和政治并行或互相独立的艺术，实际上是不存在的。无产阶级的文学艺术是无产阶级整个革命事业的一部分，如同列宁所说，是整个革命机器中的'齿轮和螺丝钉'。因此，党的文艺工作，在党的整个革命工作中的位置，是确定了的，摆好了的；是服从党在一定革命时期内所规定的革命任务的。"他还在文艺批评标准中明确提出"政治标准第一，艺术标准第二"的原则，他说："任何阶级社会中的任何阶级，总是以政治标准放在第一位，以艺术标准放在第二位的。"②这些都说明，在阶级社会中文艺和美学问题与阶级斗争和政治斗争的不可割裂的关系，在阶级矛盾和阶级斗争十分尖锐和激烈的情况下文艺和美学问题的政治化也是不可避免的。因此，中国化马克思主义美学坚持文艺和美学问题与阶级斗争和政治斗争的关系，在大规模疾风暴雨式的阶级斗争和政治斗争形势下，也是必须的和合理的。

但是，在新中国成立以后，我国进入了社会主义革命阶段，特别是1956年资本主义工商业社会主义改造完成以后，中国社会中大规模的疾风暴雨式的群众性阶级斗争和政治斗争基本结束了，毛泽东主席鉴于国际上的阶级斗争形势风云变幻，国际共产主义运动内部的分化改组，国内出现一些比较尖锐激烈人民内部矛盾的形势下，仍然日益绷紧着阶级斗争和政治斗争的弦，在提出了"正确处理十大关系"和"正确处理人民内部矛盾"的正确方针的情况下，在文艺和美学上提出了"百花齐放，百家争鸣"正确方针的时候，却开始了全国

---

① 中国作家协会、中央编译局编：《马克思恩格斯列宁斯大林论文艺》，作家出版社2010年版，第180、190、220、251、253页。

② 《毛泽东著作选读》下册，人民出版社1986年版，第543、547页。

第二编　中国化马克思主义文论及其当代建构

性的"反右派斗争",紧接着在党内开展了"反右倾斗争",于1960年代提出了"以阶级斗争为纲""阶级斗争年年讲,月月讲,日日讲",一直发展到1966年的"文化大革命"爆发。在这个过程中,文艺和美学领域经历了一系列的思想战线和意识形态方面的阶级斗争和政治斗争。1951年发起了批判电影《武训传》运动,1954年展开了批判俞平伯在《红楼梦》研究中的唯心主义观点的运动,紧接着是批判胡适的资产阶级学术思想观点,1955年开展了批判胡风反革命集团和胡风资产阶级唯心主义文艺思想的运动,1957年大规模反对资产阶级右派的运动,1958年批判"写真实论",毛泽东亲自提出"无产阶级文学艺术应采用革命现实主义与革命浪漫主义相结合的创作方法"。1959年全国高校开展科学研究和学术批判的群众运动,批判著名人文社会科学的教授学者,1960年开展批判巴人、钱谷融、蒋孔阳的人性论和人道主义运动,1963年毛泽东批示:"许多共产党人热心提倡封建主义和资本主义的艺术,却不热心提倡社会主义的艺术,岂非咄咄怪事。"1964年批判电影美学家瞿白音的《创新独白》。开展农村社会主义教育运动,重提"阶级斗争和两条路线的斗争是我党十几年来的一条基本理论和基本实践",成立了"文化革命五人小组",1965年发表批判吴晗《海瑞罢官》的文章,1966年林彪和江青炮制了所谓《部队文艺工作座谈会纪要》(以下简称《纪要》),《纪要》提出"文艺黑线专政"论,全盘否定了新中国成立以来党领导文艺的成就;全盘否定"五四"以来特别是三十年代文艺工作的成就。《五一六通知》宣告"文化大革命"正式开始。[①] 这些阶级斗争和政治斗争运动就把文艺问题和美学问题一步步政治化了。因此,经过了改革开放新时期人们应该要求改正那种把文艺和美学问题完全政治化的错误倾向。正如胡经之先生所说:"当人们今天以美学的力量在艺术领域中冲击'政治'与艺术社会学阴魂,确立艺术的审美特性和情感特性时,其实只是在继续现代美学未竟之事业。早在二三

---

① 王亚夫、章恒忠主编:《中国学术界大事记》(1919—1985),上海社会科学院出版社1988年版,第135—245页。

十年代，现代美学就已经普遍地把审美与情感作为艺术内蕴来探讨，把艺术看作审美的艺术、情感的艺术，看作发抒、宣泄自我情绪、苦闷、悲哀、志向的方式。可惜由于现代历史的特殊演变，这种积极探讨不得不在一个时期内停顿。"① 由此可见，中国当代美学在新中国成立以后仍然坚持的文艺和美学的政治化倾向对于中国当代美学发展是产生了消极的负面影响的。毛泽东在中国社会主义革命和建设时期不断强化阶级斗争和政治斗争，强调"政治挂帅"的思想，对于中国当代美学发展的学术化停顿和政治化偏向是发生了指导性的催化作用的。这样沉痛的教训应该牢牢记住。在今后的文艺和美学的发展过程中，我们必须避免文艺和美学的政治化偏向，要严格区分学术问题和政治问题，不能混淆二者的界限，更不能把文艺和美学问题生拉硬扯为政治问题，还是应该坚持以"百花齐放，百家争鸣"的正确方针来解决文艺和美学问题。在这方面，20世纪90年代实践美学与后实践美学的争论就比50—60年代"美学大讨论"要处理得当得多，因而成就也明显得多。以后，像50—60年代"美学大讨论"中以马克思主义和非马克思主义、唯心主义和唯物主义、形而上学和辩证法、资产阶级和无产阶级、革命和反动等政治化标签来进行论辩的手法，应该禁止和废除。

三　中国美学发展中的马克思列宁主义和列宁主义唯一倾向

　　中国现当代美学发展过程中，由于许多先进的、革命的知识分子接受了马克思列宁主义美学思想的影响，从而形成了马克思列宁主义美学与非马克思主义美学之间的论战，同时因为当时的革命的、先进的知识分子处于开始接受和理解马克思列宁主义美学的阶段，而且马克思列宁主义美学也不断与时俱进，马克思列宁主义美学的文献不断

---

① 胡经之编：《中国现代美学丛编》（1919—1949），北京大学出版社1987年版，前言第4页。

第二编　中国化马克思主义文论及其当代建构

发现和重新翻译成中文文本，因而又形成了中国马克思列宁主义美学内部的某些不同观点的争论。不过，在这样两种论战和争论之中却形成了两种不大良好的倾向：一是论战者把自己的美学思想观点视为唯一正宗的马克思主义美学，二是把其他的马克思列宁主义美学流派或者非马克思主义列宁主义流派斥责为非正宗马克思列宁主义美学或者非革命的美学流派。

马克思列宁主义美学的前一种倾向似乎可以说是中国马克思主义美学中的宗派主义或者唯我独尊的倾向。这种倾向在马克思列宁主义美学中国化的过程中始终存在着，一直延续到今天，值得中国美学学人反思和重视。

在马克思列宁主义美学中国化之初，这种中国马克思主义美学中的宗派主义或者唯我独尊的倾向表现得比较严重。曾经在中国现代美学史上发生过两次比较大的论战和争论。第一次是太阳社、创造社与鲁迅之间关于"普罗文学"或者"革命文学"之争。从1928年年初到1929年年底，创造社、太阳社同人在提倡无产阶级革命文学的同时，将鲁迅作为革命的对象，对鲁迅进行激烈的批判。鲁迅奋起反击，于是双方展开激烈的争论。太阳社、创造社的青年作家们"昨天刚从书本上读到了一点历史唯物主义和辩证唯物主义的初步知识，今天便自诩为已经掌握了无产阶级的世界观"[①]。在他们自诩为新式武器"唯物史观"的批判下，鲁迅也加紧了对于马克思列宁主义文艺著作的阅读和翻译工作。他不仅翻译了普列汉诺夫的《艺术论》，还译介了卢那卡尔斯基的《艺术论》和论文集《文艺与批评》。他在译者序中评价普列汉诺夫的艺术论："蒲力汗诺夫也给马克思主义艺术理论放下了基础。他的艺术论虽然还未能俨然成一个体系，但所遗留的含有方法和成果的著作，却不只作为后人研究的对象，也不愧称为建立马克思主义艺术理论，社会学底美学的古典底文献的了。"[②]他大力赞赏普列汉诺夫以历史唯物主义为基础，研究文艺的本质属

---

① 茅盾：《茅盾眼中的鲁迅》，陕西人民出版社1962年版，第6页。
② 《鲁迅全集》第4卷，人民文学出版社1981年版，第261页。

性，文艺生产问题的努力。鲁迅建立了唯物史观的审美观，又直接形成了他的艺术观。鲁迅接受了唯物史观的元方法论，探讨了文艺的本质属性，归纳了文艺创作方法，研究了文艺历史。他不仅在译介普列汉诺夫著作的过程中学习和领会唯物史观艺术论，而且还紧密地结合中国文艺实践，注意吸取和概括各国艺术的创作经验，因而他的文艺思想既有马克思主义的理论特质，又具有鲜明的民族性，是马克思主义美学、文艺思想中国化初期的重要代表。[①]鲁迅在《三闲集·序言》里谈到了自己接受"唯物史观"的源起："我有一件事要感谢创造社的，是他们'挤'我看了几种科学底文艺论，明白了先前的文学史家们说了一大堆，还是纠缠不清的疑问。并且因此译了一本蒲力汗诺夫的《艺术论》，以救正我——还因我而及于别人——的只信进化论的偏颇。"[②]这就充分地证明了鲁迅之译介马克思列宁主义美学和文论著作，就是为了进行论战，要搞清楚究竟什么是"革命文学""普罗文学"（无产阶级文学），同时也是要用盗来的马克思列宁主义之火来煮自己的肉，以马克思列宁主义美学和文论观点来纠正自己早期所接受的进化论思想和一些非马克思列宁主义的文艺观点。鲁迅是非常注重革命理论与中国实践相结合的，他在《上海文艺之一瞥》（1931年）中批评创造社、太阳社的一些青年作家的左倾思想，就是要求把马克思列宁主义与中国实际相结合。鲁迅说："他们对于中国社会，未曾加以细密的分析，便将在苏维埃政权之下才运用的方法，来机械地运用了。"[③]这就足以看出，鲁迅是翻译评介苏联文艺作品以及马克思列宁主义美学和文论著作的，是为了改造中国社会，把苏联的文艺经验和马克思列宁主义美学和文论与中国实际相结合，努力把马克思主义美学和文论中国化。实质上，太阳社、创造社的青年作家和理论家们并没有真正掌握马克思列宁主义美学的真髓，更没有把马克思列宁主义美学中国化，他们却自封为正宗的马克思列宁主义美

---

① 周忠厚等主编：《马克思主义文艺学思想发展史》（下），中国人民大学出版社2007年版，第782页。
② 《〈三闲集〉序言》，《鲁迅全集》第4卷，人民文学出版社1981年版，第6页。
③ 《鲁迅全集》第4卷，人民文学出版社1981年版，第297页。

第二编　中国化马克思主义文论及其当代建构

学家,而对鲁迅大加挞伐,党同伐异,无疑就是一种"左"倾幼稚病和严重的宗派主义倾向。

　　第二次论战就是20世纪30年代鲁迅与"四条汉子"之间关于"国防文学"之争。1936年在上海革命文学界发生了两个口号之争,周扬一派提倡"国防文学"口号,鲁迅一派主张"民族革命战争的大众文学"口号,双方进行了激烈的争论。这场争论深远影响了中国现代文学:不仅埋下了许多人事纠纷,而且争论本身也高潮迭起,反反复复。延安时期,中央曾出面以革命阵营内部争论为由,调和了矛盾;"文化大革命"初期,"四人帮"却上纲为阶级路线问题,痛批"国防文学"口号;"文化大革命"结束之后,又因彻底否定了"文化大革命",而推翻前案,重评两个口号之争,又充分肯定"国防文学"口号。其实,在1936年,这两个口号的提出,都是为了在日寇扩大对华侵略和国内阶级关系变化的新形势下,适应党中央建立抗日民族统一战线的策略的需要。周扬等人以上海文学界地下党领导的名义提出"国防文学"口号,并展开了国防文学、国防戏剧、国防诗歌等一系列活动。党中央特派员冯雪峰到上海和鲁迅、胡风等商量并由胡风撰文提出"民族革命战争的大众文学"口号;受到"国防文学"派的指责,从而爆发论争。鲁迅撰文力主两个口号"并存",批评了"国防文学"派和上海左翼文艺领导人的关门主义、宗派主义错误。这场争论应该是左翼文学界在形势变化的情况下内部思想分歧的表现。这次争论为过渡到抗战文艺运动和建立广泛的文艺界抗日统一战线准备了思想条件,促进了新的团结。不过,这两个口号之争在一定程度上表现出中国马克思列宁主义美学和文艺阵营内部确实存在着唯我独尊和宗派主义倾向。在这场论战中,鲁迅对上海文艺界的宗派主义进行了有利、有力、有节的斗争,既坚持原则,又顾全大局,显示出人格魅力。但是,这种宗派主义倾向,一直延续到新中国成立以后的一些文艺界的严酷斗争之中,比如批判胡风反革命集团斗争,文艺界"反右"斗争,后果相当严重,我们必须记取这个悲惨教训。

　　在新时期建设中国特色当代美学的过程中,这种中国马克思主义美学内部的宗派主义和唯我独尊的倾向仍然有所表现。其中比较重大的也有两次。一次是关于审美意识形态的论战,另一次是关于实践存在论美学的。

关于"审美意识形态伦"的论战,邢建昌、徐剑的分析还是比较客观的。他们认为:文学"审美意识形态"论是20世纪80年代我国文学理论界提出的一个重要的理论命题,这一命题在近30年的文学理论研究和教学中曾起到过举足轻重的作用。进入20世纪90年代以来,对这一命题的反思、质疑的文章呈现明显的上升趋势。争论一方面包含着由学术观点、学术思想的差异而引起的因素,但其深层潜藏着文化资本的角逐和话语权力的争夺。争论引发了文学理论不同学派归属意识的强化,在一定程度上,标志着文学理论共同体成员内部的一次分庭抗礼局面的形成。在文学"审美意识形态"的争论中基本上形成了三大派别:以钱中文先生、童庆炳先生为代表的恪守文学"审美意识形态"论的,简称为"恪守派";以董学文先生为代表的质疑文学"审美意识形态"论的一派,简称为"质疑派";还有一派立论公允,与争论若即若离,简称中间派(权宜之计,姑且名之,不作分析)。审美意识形态论争确实不是孤立的现象。思想观念的冲突、学术观点的较量、文化资本的角逐、学术权力的争夺等,奇妙地纠结在一起,从而构置了21世纪之初文学理论复杂迷离的景观。

关于"实践存在论美学"的争论,葛红兵、许峰综述如下:朱立元等多位专家近年来潜心"实践存在论美学"的研究,2008年时出版了由其主编的"实践存在论美学"丛书并引起广泛关注。沈海牧、王怀义将这套列入"江苏省'十一五'重点图书出版规划"的丛书称为"中国当代美学理论建设的突破性成果",给予高度评价。恰恰相反的是,董学文等多位学者先后发表多篇论文对其进行激烈的批评,朱立元等随即展开反批评,双方你来我往,论战从去年一直持续到今年并逐步升级。在2010年,董学文、陈诚等"反方"先后发表《"实践存在论美学"的理论实质与思想渊源——对一种反批评意见的初步回答》《对"实践存在论美学"的辨析》《对"实践存在论美学"的再辨析——兼答复一种反批评的意见》《"实践存在论美学"

第二编　中国化马克思主义文论及其当代建构

的哲学基础问题》《"实践存在论"的理论实质及其思想渊源——对朱立元先生反批评的初步回答》《"实践存在论美学"与哲学人本主义》《实践存在论美学与哲学人本主义、马克思主义美学与人本主义问题——兼论〈1844年经济学哲学手稿〉与马克思美学思想的分期》《美学研究不应该回到人本主义老路——对朱立元"实践存在论美学"的再批评》《马克思奠定现代存在论的理论基础了吗——质疑"实践存在论美学"并答复朱立元、刘旭光同志》等论文。"正方"朱立元、朱志荣等也不甘示弱,陆续发表了《不应制造"两个马克思"对立的新神话——重读〈1844年经济学哲学手稿〉兼与董学文、陈诚先生商榷》《试论马克思实践唯物主义的存在论根基——兼答董学文等先生》《海德格尔凸显了马克思实践观本有的存在论维度——与董学文等先生商榷之三》《论实践存在论美学的价值》《实践存在论美学的理论与现实根基》《马克思的存在论思想不应轻易否定——对董学文等先生批评的再答复》等论文来还以颜色。

关于"实践存在论美学"的论战,开始于2009年,休止于2011年。朱立元在《略谈当代中国语境中的实践存在论美学》[①]中指出:"2009年以来,董学文等先生连续发表文章,对实践存在论美学进行批评和质疑,对此我们也作出了一些回应,从而在学界形成了关于实践存在论美学的论争。"朱立元、栗永清的《对近期有关实践存在论批评的反批评——对董学文等先生的批评的初步总结》[②]中指出:"我们依然真诚地欢迎并期待严肃的、真正学术的而非政治化的批评,然而,对于本文和我们此前几篇反批评文章所涉及的有关议题,如果看不到董先生像样的新的批评意见,我们就不准备继续回答了。"

我们当然是赞成和支持"审美意识形态论"和"实践存在论美学"的,在此我们不想就思想观点发表评论。但是,我们认为,在这两次论战中,有一种不好的倾向,那就是一些学者认为只有自己的

---

① 《陕西师范大学学报》(哲学社会科学版)2012年第1期。
② 《上海大学学报》(社会科学版)2011年第1期。

观点和理论才是真正的马克思主义的,而"审美意识形态论"和"实践存在论美学"都是打着马克思主义旗号的观点和理论,比如,把"审美意识形态论"说成违背马克思主义的,而说"实践存在论美学"是海德格尔的存在论的,根本不是马克思主义的。这就是一种宗派主义和唯我独尊的倾向。这样的宗派主义和唯我独尊或者政治化、唯一化倾向是不利于中国当代美学和中国特色马克思主义美学发展的,只有采取"百花齐放,百家争鸣"的方针,以完全学术的纯正态度,达到追求真理的目的,才是发展美学学术的正道。

这中国马克思列宁主义美学的第二种倾向似乎可以称为唯我独左和自闭主义的倾向。这种倾向在20世纪30—40年代左翼文艺界和美学界与各种封建地主阶级、官僚资产阶级、资产阶级、小资产阶级的文艺流派和美学流派的论战中,应该说是起到了一定的作用。比如,无产阶级文学与"民族主义文学"的论争,左翼作家与"新月派"的论争,与"自由人(胡秋原)""第三种人(苏汶)"的论争,左翼文学主潮与"论语派"的论争等,都必须显示出无产阶级文学、左翼作家的鲜明立场,所以在这种旗帜鲜明、激烈尖锐的文艺和美学的阶级斗争和政治斗争中,某些方面和某种程度上的唯我独左和关门主义,还不是影响全局的大问题,甚至可以增强一定的批判力度和气势。但是,这种唯我独左和自闭主义倾向,到了新中国成立以后的美学和文艺的论争之中,如果仍然沿袭这种倾向和作风,那就势必产生消极的负面的影响,不利于问题的解决和真理的探求。比如,20世纪50—60年代的"美学大讨论",就显示出比较严重的唯我独左和自闭主义的倾向。在论争中,主观派(吕荧、高尔泰)、客观派(蔡仪)、主客观统一派(朱光潜)、社会实践派(李泽厚),都自称自己是马克思列宁主义者,而把论战对方斥责为非马克思列宁主义者:蔡仪称朱光潜是主观唯心主义者,称李泽厚是客观唯心主义者;李泽厚称蔡仪是机械唯物主义者,称朱光潜是表面上的唯物主义者、实质上的主观唯心主义者;朱光潜称蔡仪是机械唯物主义者,称李泽厚是直观唯物主义者;那么,吕荧自己声称自己是马克思主义者,而批评蔡仪、朱光潜、李泽厚是非马克思主义者,却被蔡仪、朱光潜、李泽厚同时称为主观唯心主义者。这样的相互指责，实际上对美学问题的探讨一点好处都没有，反而形成了一种不好的学术风气和学术态度。当然，我们并不反对诸如"马克思主义""唯物主义""唯心主义"之类的定性分析，但是，这种定性分析必须是充分说理的、完全学术的，否则就应该尽量避免使用。时至今日，这种唯我独"左"和自闭主义的倾向，似乎并不是已经绝迹了。在一个以共产党为领导核心，以马克思主义为指导思想的社会主义国家，坚持马克思主义美学的主导地位，应该是言正名顺，正当名分的，但是，如果把马克思主义美学作为中国当代美学的唯一一种正确的、应该发展的美学流派，那么实际上就是把中国马克思主义美学引上了一条自我封闭的绝路。那样就只可能形成美学园地的一花独放，一家独鸣，其最终结果就只能是美学的停滞和萎缩。尽管我们深信马克思主义美学的真理性，但是，真理是动态发展的，与时俱进的，而不是静止不变、固定僵化的，马克思主义美学只能开放通向真理的道路，而不应该封闭和结束真理本身。所以，为了进一步发展中国当代美学和中国特色马克思主义美学，我们还必须坚决反对唯我独"左"和自闭主义，敞开宽广的胸怀，展开"百花齐放，百家争鸣"，繁荣和丰富中国当代美学园地。

总而言之，中国当代美学的发展，在处理中国当代美学与马克思主义美学的关系上，必须坚持以马克思主义美学为指导，努力"推陈出新"和"返本开新"，必须反对把马克思主义美学完全政治化，反对把马克思主义美学唯一化，既反对马克思主义的唯我独尊和宗派主义，又反对马克思主义的唯我独"左"和自闭主义，以中国传统美学思想为基础，以西方美学为参照系，建设中国特色当代美学，建构中国特色马克思主义美学或者中国特色社会主义美学。

【作者简介】张玉能，华中师范大学文学院教授，博士生导师。张弓，华东政法大学人文学院副教授，马克思主义理论研究中心兼职副研究员。

第三编

国外马克思主义文艺与文化研究

福柯与马克思：一个思想史的考察

汪正龙

  福柯的学术发端于20世纪60年代这一反叛的年代，受到尼采的影响，特别是受到尼采对理性、知识、主体、进步观念的质疑以及认为求真意志与权力意志不可分的思想的影响，这是学界所公认的，也是显而易见的。但是福柯成长和学术思想发生发展的时期，也是马克思主义在法国影响巨大的时期，在读大学时，"结构主义马克思主义"的代表人物阿尔都塞便是他的哲学辅导老师。福柯与马克思的关系是一个饶有趣味的话题。西方有学者认为："福柯的思想中一直活跃着一种马克思主义，这是一种继承下来的隐性遗产，虽然不那么显而易见，但却发挥着重要的作用。"[①] 福柯虽然否认自己是马克思主义者，但是又自认为"通过有把握的阐述一举解放马克思，以便破除被党派如此长期地封闭、贩运和挥舞着的马克思的教条"[②]。这样，福柯对于马克思，就呈现出既借鉴吸收又修正反叛的复杂关系。本文准备就此做一简要分析。

一　历史与解释

  福柯受马克思关于历史科学构想的影响。马克思曾经说过：

---

  ① 莱姆克等：《马克思与福柯》，陈元等译，华东师范大学出版社2008年版，《前言》第3页。

  ② 福柯：《结构主义与后结构主义》，载杜小真编选：《福柯集》，上海远东出版社1998年版，第513页。

第三编　国外马克思主义文艺与文化研究

"我们仅仅知道一门唯一的科学，即历史科学。"① 马克思坚持一种历史主义原则，认为事物就是它的历史过程本身，把一切事物都看作在历史中产生、发展的，因而是暂时的，也必将在历史中消亡。福柯自称历史学家，致力于发现事物为什么又怎样变成这个样子的。但是他通常被认为是关注"非连续性"的历史学家，即关注历史进程中的裂缝、断片和机能失常，发掘其成因和弥散的空间。"在历史中起作用的力量既不遵循目的，也不遵循机械性，它只顺应斗争的偶然性。它既不表现为原初臆想的连续形式，也不是某个结论的推导步骤。它总是显现于事件的独特的偶然性。"② 福柯对于知识、疯狂、监狱、疾病、性等的历史条件的形式分析在某些层面上是接近马克思的。他说："马克思在分析工人的不幸时是怎么做的？他拒绝通常的解释，那种解释把工人的不幸视为自然而然的掠夺带来的后果。马克思强调说，根据资本主义生产的条件，根据它的根本法则，它必然要产生不幸……马克思用对生产的分析来代替对掠夺的谴责。这差不多就是我想说的，我们的情况很相似。"③

马克思对历史现象的解释注重从物质实践来解释观念的形成，所以有人称之为实践解释学。福柯则凸显权力与解释的关系，强调解释的多元性与冲突性以及范式在解释中的作用。这方面他们两人有一些相近之处。按照福柯的说法，马克思、弗洛伊德、尼采对解释学的贡献在于改变了符号的性质，变更了通常可能用来解释符号的方式。一方面，他们破除了对解释的深度和内在性的迷恋，把符号放置在一个分化的空间。马克思揭示出资产阶级观念中形成的货币、资本、价值等有深度的东西，实际上是平庸。尼采对思想、意识深度的批判，揭示了对真理内在的虚假性，重建了被掩盖和隐藏

---

　① 马克思、恩格斯：《德意志意识形态》，载《马克思恩格斯全集》第 3 卷，人民出版社 1960 年版，第 20 页。
　② 福柯：《尼采、谱系学、历史》，载杜小真编：《福柯集》，上海远东出版社 1998 年版，第 157 页。
　③ 福柯：《福柯访谈录：权力的眼睛》，严锋译，上海人民出版社 1997 年版，第 37—38 页。

的符号的外在性。而弗洛伊德也在意识与无意识的关系和精神分析医生对病人语言的解码中建构出解释的空间；另一方面，他们的解释都体现了解释的未完成性，所有解释项都是被解释项。他们在解释中建立的既是澄清关系，也是翻转关系、颠覆关系。马克思"解释的并不是生产关系的历史，而是已经作为一种解释出现的某种关系，尽管它是以自然的面目出现的。同样，弗洛伊德……揭示的是具有焦虑负担的幻觉（fantasmes），这种幻觉就是一个内核，它固有的存在本身就已经是一种解释"。"对尼采而言，没有一个原初的所指。词语只不过是解释；在词语的整个历史中，在成为符号之前，词语就一直只是在解释；而它们最终能发挥符号的作用，仅仅因为它们基本上只是些解释。"[①] 福柯的分析表明，他受到马克思对意识、概念发生的历史条件或社会事件动力因素的分析的启发，但是对尼采的相对主义更为青睐。马克思的意识形态批判揭示了物质上占统治地位的阶级精神上也必定占统治地位这一现象，例如占统治地位的阶级总是要编织一套意识形态作为统治阶级的意识形态，掩盖或扭曲现实关系，在整个社会生活里完成一种特殊的欺骗或神秘化功能，为既有的社会秩序服务。"占统治地位的将是越来越抽象的思想，即越来越具有普遍性形式的思想。因为每一个企图取代旧统治阶级的新阶级，为了达到自己的目的不得不把自己的利益说成是社会全体成员的共同利益，就是说，这在观念上的表达就是：赋予自己的思想以普遍性的形式，把它们描绘成唯一合乎理性的、有普遍意义的思想。"[②] 不仅对资产阶级意识形态的批判，对资产阶级国民经济学把私有制当作永恒不变状态的揭露、法权等主张人生而平等的揭露，马克思把意识还原为历史，还原为存在，具有解意义化的去蔽功效。比如就政治经济学研究而言，"马克思的目的始终是'政治经济学批判'，这既意味着对资本主义生产方式

---

① 福柯：《尼采、弗洛伊德、马克思》，方生译，载汪民安、陈永国编《尼采的幽灵》，社会科学文献出版社2001年版，第104页、第105页。

② 马克思、恩格斯：《德意志意识形态》，载《马克思恩格斯选集》第1卷，人民出版社1995年版，第100页。

第三编　国外马克思主义文艺与文化研究

进行批判，又意味着对它在资产阶级国民经济学说中的理论反映进行批判"①。马克思揭示了资产阶级国民经济学知识—利益—权力无意识的共生关系，在《1844年经济学哲学手稿》中，马克思揭露了标榜科学和客观的国民经济学的资产阶级意识形态性质，因为它不仅把资本主义私有制当作一种天然的、永恒不变的既成状态来研究，而且把资本家的利益作为论证的前提，"当它确定工资和资本利润之间的关系时，它把资本家的利益当作最终原因；就是说，它把应当加以阐明的东西当作前提"②。因此它不过是一门让资本家发财致富的科学。詹姆逊对此评论说："马克思对他的前人（斯密、萨伊、李嘉图）的批评，目的不在于他们著作的细节——地租、市场流通和资本积累等理论——其中大部分他都纳入了自己的体系，而在于那种总的模式，或缺少这一模式。在这一模式中，这些细节得到自己的解释，并被当作某一更大总体的一些部分或者功能来审视。马克思不仅能够揭示出资产阶级经济学家无力推演出一种统一的场理论，使形形色色靠经验观察到的现象可以在里面得到结合，而且实际上还揭示出他们本能地避免这么做。仿佛他们觉察到，后来在《资本论》里体现的那种经济现实的总体和系统模式所带来的危险的社会和政治后果；为避免这些后果，他们不得不仅只在片断和经验层面上继续他们的研究。"③ 马克思在这里实际上揭示了资产阶级国民经济学作为知识生成的历史条件和局限性，是知识社会学的先驱，也是福柯"知识考古学"研究方法论上的一个来源。马克思对资产阶级法律、政治学说的解释也是如此。他说，国家、法律等正是由于分工导致的意识抽象，"因为国家是统治阶级的各个人借以实现其共同利益的形式，是该时代的整个市民社会获

---

① 费彻尔：《马克思与马克思主义：从经济学批判到世界观》，赵玉兰译，北京师范大学出版社2009年版，第51页。
② 马克思：《1844年经济学哲学手稿》，载《马克思恩格斯全集》第3卷，人民出版社2002年第2版，第266页。
③ 詹姆逊：《马克思主义与形式》，李自修译，百花洲文艺出版社1995年版，第155页。

福柯与马克思：一个思想史的考察

得集中表现的形式，所以可以得出结论：一切共同的规章都是以国家为中介的，都获得了政治形式。由此便产生了一种错觉，好像法律是以意志为基础的，而且是以脱离其现实基础的意志即自由意志为基础的"①。"例如，在某一国家的某个时期，王权、贵族和资产阶级为夺取统治而斗争，因而，在那里统治是分享的，那里占统治地位的思想就会是关于分权的学说，于是分权就被宣布为'永恒的规律'。"② 对此，福柯无疑也有同感，"知识在其表征中一开始就暗含了某种政治上的顺从。在历史课上，你被要求去熟知某些事件而忽视其他事件，因而这些事件就形成了知识的内容和其信条"③。福柯甚至举了马克思本人的例子，"自 19 世纪开始，工人阶级的物质状况得到了细致的研究，这项工作归功于马克思卷帙浩繁的著作，它在很大程度上推动了 19 世纪工人阶级的政治、经济联合行为，通过持续不断的斗争保存和发展自身。但是这种知识从来未被允许进入官方知识的体系而发挥作用"④。当然，马克思是从资产阶级认识社会问题的结构性视野或局限的角度来看待国民经济学的意识形态性的。福柯的《知识考古学》则转向了经过阿尔都塞改造过的马克思，即重视话语实践。而按照"权力—知识"的话语实践理论，每一种实践都包含着真理标准的制订与辨析真理、谬误的过程，意识形态是使权力话语及理论话语成为可理解的话语的方式，它与科学知识都是代表权力的话语实践方式。

因此，如果我们把马克思、福柯二人都视为对历史现象进行解释的解释学家的话，那么福柯所创立的权力解释学无疑也受到马克思的影响，所以有学者说，"马克思远比尼采、福柯等哲学家更早地意识到权力与理解、解释活动之间的内在联系"⑤。

---

① 马克思、恩格斯：《德意志意识形态》，载《马克思恩格斯选集》第 1 卷，人民出版社 1995 年版，第 132 页。
② 同上书，第 98 页。
③ Michel Foucault, *Language, Counter - Memory, Practice*, New York: Cornell University Press, 1977, p. 219.
④ Ibid., pp. 219 - 220.
⑤ 俞吾金：《重新理解马克思》，北京师范大学出版社 2005 年版，第 410 页。

第三编　国外马克思主义文艺与文化研究

二　权力的分析

福柯与马克思都关注资本主义现代类型的统治问题。马克思从关系和技术的角度研究资本主义的权力运作给福柯留下深刻的印象。福柯在《规训与惩罚》一书中考察了监禁方式的变化，即从古典时期的惩戒到19世纪中期之后的监视直至"全景敞视社会"的形成，即从规训社会向控制社会的历史过渡。在关于"全景敞视主义"的分析中，他明确肯定了马克思《资本论》第1卷第13章对生产机构、劳动分工和规训技术制订三者关系的分析。① 人们早就注意到，《规训与惩罚》分明受到马克思《资本论》对企业这样的理性组织由于资本主义私有制而具有的暴虐性的分析的启示，从"惩罚"的角度去研究实际上是国家机器的监狱、学校、军营、医院和制造业等这些机构的奴役性，却没有把这一奴役性仅仅归于资产阶级。"首先，施加于肉体的权力不应被看作一种所有权，而应被视为一种战略、计谋、策略、技术、运作……它不是统治阶级获得的或保持的'特权'，而是其战略位置的综合效应——是由被统治者的位置所展示的、有时还加以扩大的一种效应。其次，这种权力在实施时，不仅成为强加给'无权者'的义务或禁锢；它在干预他们时也通过他们得到传播……最后，它们不是单义的；它们确定了无数的冲撞点、不稳定中心，每一点都有可能发生冲突、斗争，甚至发生暂时的权力关系的颠倒。"② 人员集聚的管理方法和资本积累是相辅相成的。正如巴利巴尔所说的，"在《规训与惩罚》中，他（按：指福柯）吸收马克思在《资本论》中关于生产中劳动力的划分方法，来说明惩戒手段是如何通过抵消工人的对抗性来增加工人的身体效用的。概括说来，就是惩戒手段如何统一了劳动力积累和资本积累这两个过程的。因此，'惩戒'和'微观权力'同时代表了

---

①　参见福柯：《规训与惩罚》，刘北成、杨远婴译，生活·读书·新知三联书店1999年版，第247页。
②　福柯：《规训与惩罚》，刘北成、杨远婴译，生活·读书·新知三联书店1999年版，第28—29页。

福柯与马克思：一个思想史的考察

经济剥削和司法—政治阶级统治的另一面，并使它看似一个统一体"①。实际上，在权力问题研究上对马克思的借鉴，连福柯本人也是承认了的。他说："从马克思出发，我喜欢讨论的不是关于阶级的社会学问题，而是关于斗争的战略方法。我对马克思的兴趣集中在这里，我喜欢从这里出发提出我的问题。"②

然而，福柯与马克思的关系是复杂的。福柯与马克思的对话关系有时是反向的，"福柯的研究策略的核心目标是超越历史唯物主义的各种表现，其中包括几种马克思主义的变体。那些理论都将权力与社会生产问题放在上层建筑的层面加以考虑，从而将它们同生产的低级、实在层面相剥离。因此，福柯试图带着社会再生产问题，以及所谓'上层建筑'的一切组成部分回归到基础物质结构中，试图不仅以经济术语，同时以文化的、物质的、主体性的术语来界定这一领域"③。比如，在马克思那里，权力与利益相联系，被置于经济活动中并把国家视为资产阶级的工具，权力是被国家、阶级所拥有并具有压迫性。马克思在谈到资产阶级国家以虚幻的"普遍"利益的形式对特殊的利益进行约束时说："受分工制约的不同个人的共同活动产生了一种社会力量，即扩大了的生产力。由于共同活动本身不是自愿地而是自发地形成的，因此这种力量在这些个人看来就不是他们自身的联合力量，而是某种异己的、在他们之外的权力。关于这种权力的起源和发展，他们一点也不了解；因而他们就不再能驾驭这种力量，相反地，这种力量现在却经历着一系列独特的、不仅不以人们的意志和行动为转移的，反而支配着人们的意志和行为的发展阶段。"④ 马克思称上述现象为"异化"，并认为只有消除私有制才能消除此类异化。

---

① 巴立巴尔：《福柯与马克思：唯名论问题》，载汪民安等编：《福柯的面孔》，文化艺术出版社2001年版，第456—457页。
② 福柯：《必须保卫社会》，钱翰译，上海人民出版社1999年版，第260页。
③ 迈克尔·哈特、安东尼奥·奈格里：《帝国》，杨建国等译，江苏人民出版社2005年版，第33—34页。
④ 马克思、恩格斯：《德意志意识形态》，载《马克思恩格斯全集》第3卷，人民出版社1960年版，第38—39页。

第三编　国外马克思主义文艺与文化研究

　　福柯对权力控制和压迫性的理解与马克思有关，但他的注意力不是经济权力、物质权力、国家权力的宏观角度，而是探讨权力的微观物理学和运行策略，并探讨权力在知识、疯狂、监狱、疾病等领域的同质性作用机理。当然这里面也有一些变化，福柯早期的《词与物》和《知识考古学》更为重视否定性的权力，强调压制、禁止和排斥，到了中期的《规训与惩罚》更为重视权力的生产性，权力生产了现实，生出了对对象的统治。福柯不赞同马克思以物质或经济作用为基础的权力观，"马克思主义关于权力的普遍概念……可以称其为'经济功能性'。'经济功能性'是在这样的范围内，即权力的主要职能是既维持生产关系，又再生产阶级的统治，后两者是由生产力占有的固有形态和发展赋予其可能性的。在这种情形下，政治权力在经济中找到了其历史性的原因"①。他批评注重阶级和经济的权力研究是"更一般性的研究，主要是受到马克思主义的影响，关心资产阶级对我们社会的统治。……在这些一般性的命题之下，实际的情况要复杂得多"②。权力是生产性的，权力无所不在，并不专属于统治阶级。科学也通过大学制度、实验室、教科书这类抑制性设施施行权力。权力是一个网络，它通过个人运行，但不归个人所有。个人总是既服从权力又运用权力，所以要研究权力的策略、网络、机制及其赖以实施的手段，以及实施后的效应。正因为在福柯眼中，权力主要是一种力量关系，一种压迫机制，一种战斗或对抗，因而无产阶级反抗资产阶级的压迫，也只是为了自己获取权力，并没有其他的道义上的正当性。所以理查德·沃林批评说："福柯倒退到马克思之后。对马克思来说，无产阶级的立场之所以说是正义的，是因为它是建立在一个正义主张的基础之上的。因为同其对手资产阶级相比，它体现了一种更加伟大的历史普遍性的主张……对福柯来说，因为所有的正义主张都仅仅是权力的结果，因而它们只为粉饰主要权力的利益服务，所以不可能存在这样的关于合法性或权利的标准，它对各种竞争性利益起着

---

　　①　福柯：《必须保卫社会》，钱翰译，上海人民出版社1999年版，第13页。
　　②　福柯：《福柯访谈录：权力的眼睛》，严锋译，上海人民出版社1997年版，第29页。

调节作用。"① 巴利巴尔也说:"马克思认为实践是典型的外部生产,在自身以外产生作用,所以也产生了主观化的效果(在'生产资料'范围内的冲突),而福柯认为权力是首先作用于身体本身的生产实践,初始目的是促使个性化或主观化(可以说成'为自身的实践'或'自身的实践'),其结果是产生了带有客观性质的影响,或是知识(savoir)。其原因在于,福柯以生活的可塑性来论证他的权力关系逻辑,而马克思主义关于矛盾的逻辑(此逻辑使权力关系内在化)不能与其结构内部的固有性分开来考虑。"②

但是,福柯权力的微观物理学考察无法解决各种分散的权力如何获得统一的形式及其反过来作用于微观权力的社会霸权问题。后期的福柯意识到自己的局限,走向了对治理问题的研究,把权力的微观研究推及宏观结构和国家的层面,考察知识形式、权力策略和主体形成样态之间的互动关系,进而探讨自我管理的技术和统治的技术之间的互动关系,因而国家本身就成了一门治理技术。这时候他仍然借助了马克思从关系和技术的角度对权力的分析。③ 但是,当福柯说国家治理不仅是政治问题,好的治理应当是经济治理,是根据经济的范式来执行权力的艺术时,他的主张似乎与马克思的政治经济学批判又一脉相通。

结语 说不尽的福柯与马克思

虽然福柯与马克思都从事着颠覆西方思想传统的工作,存在观念与方法上的诸多联系,但却是生活于两个不同时代的人物。这不仅表现在福柯所选择的论题如疾病、监狱等属于西方传统学术史不看重的

---

① 理查德·沃林:《文化批评的观念》,张国清译,商务印书馆2000年版,第269—270页。
② 巴利巴尔:《福柯与马克思:唯名论问题》,载汪民安等编《福柯的面孔》,文化艺术出版社2001年版,第458—459页。
③ 参见莱姆克《不带引号的马克思——福柯、规治和新自由主义的批判》,载莱姆克等《马克思与福柯》,华东师范大学出版社2008年版,第5—9页。

边缘问题和卑微现象，马克思所关注的剥削、压迫与解放则属于社会政治经济领域的核心问题，还在于福柯在他的一系列研究中所表露出来的相对主义和虚无主义，而马克思则坚持启蒙运动以来人类正义与历史进步的观念。福柯对笛卡儿以来的主体性观念发起了质疑，而在他看来，马克思在一定程度上仍然属于这个传统。这些可能是二人分歧的根源与关键所在。

【作者简介】汪正龙，南京大学文学院教授、博士生导师。

马克思主义问题域中的文学事件论

张 进

"作品/文本"作为 20 世纪诗学的轴心概念承载着巨大的理论负荷,人们在这些基本术语之间的不同选择,甚至意味着对不同理论观念和方法的选择。"从作品到文本"即被视为"方法论"的深刻转换①,"给其他许多广为接受的解释成规带来了问题"②。众所周知,在 20 世纪以前的历史实证主义方法中,文学作品被看成"历史文献"③;新批评把自足的"作品"视为无关作者意图、读者反映和社会环境的"超历史的纪念碑";结构主义将"作品"看成能指与所指的完整统一,但忽略了其中的差异性和历史具体性;后结构主义以"文本"代替"作品",视之为能指碎片或能指游戏,却仍以拒绝确定意义和历史内容为代价。新世纪以来,一种旨在将文本"内外"关联结合的"事件论"逐渐成为解说"作品/文本"的关键术语,形成了"作品/文本/事件"三元辩证的阐释格局。受马克思主义思想灌溉的巴赫金、福柯、广松涉、巴迪欧、伊格尔顿等人参与并塑造了文学事件论的形成过程,而这一进程也始终处在马克思主义有关美学与史学、文学与社会、文本与实践关系问题的"问题阈"之中。

---

① [法]巴尔特:《从作品到文本》,《文艺理论研究》1988 年第 5 期。
② S. Greenblatt and G. Gunn (eds), *Redrawing the Boundaries*, New York: The Modern Language Association of American, 1992, p. 3.
③ [荷]佛克马、易布思:《二十世纪文学理论》,林书武等译,生活·读书·新知三联书店 1988 年版,第 153 页。

第三编 国外马克思主义文艺与文化研究

在从作品到文本、从文本到事件的理论演进中，最成问题的仍然是文学与历史、前景与背景、文本性与历史性、美学与史学之间的关系问题。尽管新批评、结构主义和后结构主义的作品/文本理论断然排拒历史，但这些理论也都或多或少地开放着朝向历史的窗口。新批评认为文学作品可将意识形态化世界中的教条信念暂时悬搁，但作品似乎仍以某种方式谈论着它之外的历史和现实。结构主义在推开历史和所指物之时，也"使人们重新感到他们赖以生活的符号的'非自然性'，从而使人们彻底意识到符号的历史可变性。这样结构主义也许可以加入它在开始时所抛弃的历史"①。尽管从结构主义向后结构主义的转变同样是在形式主义内部进行的，但诚如巴尔特所说，部分地是从"作品"（work）转到"文本"（text），从视诗歌小说为确定的封闭实体，转向视其为"无限的能指游戏"。文本不同于作品结构，而是一个"抛弃了中心，没有终结"的结构过程。② 这个动态开放过程依然与社会历史之间有着若隐若现的牵连。然而，当其宣称"文本之外无一物"并摆向"文本主义"的极端立场时，无远弗届、无所不包、无时不在的文本，最终走出象牙之塔，按照自己的形象改写并占领了历史。这使文本"脱域"而成了"TOE"（Text of Everything），变成了"文本巨无霸"③。这个文本似乎最终饕餮般"吞没"了历史，然而，事实情况是，总有一些历史内容逸出了"文本"边界。人们不得不以"非文本诗学"来概括那些逸出文本边界的、属于"活态过程"的历史④；然而，这个术语与其说挽救了，还不如说进一步瓦解了文本主义的合法性。

当然，从一定意义上说，文学活动无法摆脱文学的文本性，人们从文本性去看待一切社会现象，可以"认识它们的无确切性、因其

---

① [英] 伊格尔顿：《二十世纪西方文学理论》，伍晓明译，陕西师范大学出版社 1987 年版，第 155 页。
② [法] 巴尔特：《从作品到文本》，《文艺理论研究》1988 年第 5 期。
③ Slavoj Zizek, *The Fright of Real Tears: Krzysztof Kieslowski between Theory and Post—Theory*, London: British Film Institute, 2001, p.14. 笔者仿用齐泽克的"理论巨无霸"（Theory of Everything）。
④ 高小康：《非文本诗学：文学的文化生态视野》，《文学评论》2008 年第 6 期。

与意识形态的联系而必然具有的武断性,以及对各种文化影响渗透的吸纳性"①。然而,文本性与历史性之间如何制衡呢?如果说文本主义是将"历史"整体纳入"文本"来审视,那么有没有可能将"文本"纳入历史过程,视之为"历史事件",将文本事件视为历史本身而不仅仅看成历史的"反映"呢?正是在这个向度上,"事件论"逐步代替"文本论"而成为解说文学作品的轴心概念。

一 事件论作为一种理论方法

"事件"是一个内涵复杂的理论术语,不同思想谱系的理论家对之做出了不同的解释,形成不止一种"事件论"。然而,其理论要旨仍然可以在马克思主义的问题阈中得到揭示。

首先,事件论是在批判近代以来主客二分思维方式的过程中形成的一种非实体的关联本体论立场,这个过程延续了马克思的思想洞见。在旧唯物主义的实体世界观中,世界由诸多直观可见的实体构成,感性的直观为抽象思维的基础。马克思批判其"对对象、现实、感性,只是从客体的或者直观的形式去理解",而不考虑作为主体的人的实践维度,而"全部社会生活在本质上是实践的"②,实践将人与事物关联起来,这种关联乃是基础性的。只有"通过实践,思维与存在、意识与感觉或者物理物质、精神与自发性被重新统一起来"③。可以说,马克思主义的实践观构成了"事件"理论的基本立场,"事件"与"实践"一体两面。巴赫金强调"存在即事件",事件作为"现实存在"的"唯一性"和"统一性"整体,是将各种知识活动关联起来的根本所在。人的行为唯有作为一个整体,才是真正实际存在的,才能参与"这一唯一的存在即事件"④。因此,他反对

---

① 徐贲:《新历史主义批评和文艺复兴文学研究》,《文艺研究》1993 年第 3 期。
② 《马克思恩格斯文集》第一卷,人民出版社 2009 年版,第 501 页。
③ [法]列斐伏尔:《马克思的社会学》,谢永康等译,北京师范大学出版社 2013 年版,第 38 页。
④ 钱中文主编:《巴赫金全集》(第一卷),河北教育出版社 1998 年版,第 3 页。

静态的、非历史的对世界的思想理论考察,强调认识活动"每次都必须体现为某个现实的、真正的思考着的人,以便他连同他的内在生活的整个世界(这是他认识的对象),能够与实际的历史和事件的存在(他只是这个存在中的一个因素)联系到一起"①。巴迪欧认为"事件"的发生乃是存在得以在世呈现的良机,事件在本质上并不是作为"是什么"而现成地存在,事件总是作为"正在发生"而活生生地到来,它是正在生成中的那个"到来"本身。正因为这样,事件倒成了存在的条件,事件使一切存在成为可能。② 事件是正在生成并随时变动的张力关系,每一个"独特的真理都根源于一次事件"③。怀特海认为事件就是"通过扩延关系联系起来的事物",事件"展示其互相关系中的某种结构和它们自己的某些特征"④,不存在静止的、稳定的事物,只有动态的、连通性的、时间—空间扩延关系中的"事件",从自然界到人类社会的具体事实就是事件,牛顿机械物理学的立场是不成立的,机械唯物论的立场应该被纠正,而代之以一种"关系"实在立场。广松涉则试图确立一种新的关系主义的"事的世界观",认为所谓"事"并非指现象或事象,而是存在本身在"物象化后所现生的时空间的事情(event)",关系性的事情才是基始性的存在机制。⑤ 这种关系主义存在论将"实体"放置到一个连通性(connectivity)基始之上,而所有的"物",事实上是与其他物共生共在、关联互渗的"事"或"事件"。

其次,事件论是在批判近代以来将历史过程与历史认识二分对立的史学观念基础上形成的强调历史的生成性和过程性的观念。福柯将"事件化"(eventualization)视为一种"反结构主义"的历史研究路径,在他看来,结构主义"不但要从文化人类学中,而且要从其他

---

① 钱中文主编:《巴赫金全集》(第一卷),河北教育出版社1998年版,第9页。
② 高宣扬:《论巴迪欧的"事件哲学"》,《新疆师范大学学报》2014年第4期。
③ 彼得·霍尔沃德:《代序:一种新的主体哲学》,载陈永国主编《激进哲学:阿兰·巴丢读本》,北京大学出版社2010年版,第7页。
④ [英]怀特海:《自然的概念》,张桂权译,译林出版社2011年版,第138页。
⑤ [日]广松涉:《事的世界观的前哨》,赵仲明等译,南京大学出版社2003年版,第15页。

马克思主义问题域中的文学事件论

一系列科学乃至历史学中排除事件概念,并为此做了最系统的努力",他反对将历史视为具有自身理性规律的进程,其历史研究的核心思路在于抓住历史转型期和断裂处,澄清其中的复杂机制,将其充分事件化,"对事件所属的网络和层次加以区分,同时要重构将诸事件联系在一起并促使它们相生相成的纽带"①,以一种考古学的或谱系学的方法,对事件的复杂历史性和多维关联性,对事件的影响和效果、事件的生成和断裂所构成的历史进程进行考察,建立一种历史的事件过程论。德里达将其思想的核心概念"解构"视为一种"'事件到来'的思考方式",强调"从一开始,解构就不仅仅要求关注历史,而且从历史出发一部分一部分地对待一个事物。这样的解构,就是历史……解构全然不是非历史的,而是别样地思考历史。解构是一种认为历史不可能没有事件的方式"。他认为,"事件"的经验是一种"可能"的经验,它与"偶然""事故"等范畴亲近,"事件不应该是可预见的,而是不能计划的,没有方向的",是"无理由的"②。

再次,事件论是在弥合美学与史学、文学与社会、文本与实践二分对立的文艺美学观念演替中形成的,强调文艺活动的历史性、物质性和"具身性"的观念方法。在海德格尔那里,"事件"意味着"缘构发生",真理、艺术作品都可以是一个个事件。"艺术作品的存在不在于去成为一次体验,而在于通过自己特有的'此在'使自己成为一个事件,一次冲撞,即一次根本改变习以为常和平淡麻木的冲撞",因此,作品"不仅仅是某一真理的敞明,它本身也就是一个事件。"③ 事件(event)是发生之中、时间之中的事实(fact)。从视艺术作品为"事实"走向视其为"事件",也就将作品放置在时间和发生之中。④ 这种事件观念广泛渗透在文艺美学领域。伊格尔顿指出:"总体说来,有可能区分出两种不同的看待文学作品的方式:视作品

---

① 杜小真编选:《福柯集》,上海远东出版社1998年版,第432页。
② 杜小真、张宁主编:《德里达中国讲演录》,中央编译出版社2003年版,第69页。
③ [德]伽达默尔:《美的现实性:作为游戏、象征、节日的艺术》,张志扬等译,生活·读书·新知三联书店1991年版,第107页。
④ 叶秀山:《美的哲学》,东方出版社1997年版,第145页。

为实体（object）和视作品为事件（event）。前者的典型个案就是美国新批评，对它来说，文学文本是一个有待切割的符号封闭系统。"①而"事件"则与"行为"（act）、"策略"（strategy）、"表演"（performance）含义相近，彰显的是动态性、开放性和历史性。在他看来，"文学作品自身不是被视为外在历史的反映，而是一种策略性劳作——一种将作品置入现实的方式，为了接近现实，必须在某种程度上为现实所包含——由此阻止任何头脑简单的内在与外在的二分法"②。文学作品悬挂于事实与行为、结构与实践、物质与语义之间，它们是"自我决定"的，但这种自我决定活动与它们对其环境的"行动"方式是无法分开的。因此，"文学事件"并不是一个可以脱离语境而独立存在的实体，它通过行为和表演而与历史和语境相互构成、共生共在。

总之，"事件论"是一种渗透在人文学科各分支的理论学说，过程性、生成性、连通性、历史性、物质性、具身性等一系列观念方法聚合在它的周边，从而为审视文学作品/文本问题提出了新的理论参照。

二 作品/文本作为话语行为事件

作品/文本永远与它的"制作者"之间存在着关联，然而，这种关联却不只是"记述性"（constative）意义上的，更是"述行性"（performative）意义上的。自奥斯汀开辟出语言之"所做"（doing）研究的维度之后，文学研究者很快发现，"文学是述行语言"③。述行语的首要功用是"施为"，而不是陈述事实或描述事态。④ 德里达将言语的"行为"视为一种"事件"的制造，"'行为句'就是在特定

---

① Terry Eagleton, *The Event of Literature*, New Haven and London: Yale University Press, 2012, pp. 188 – 189.
② Ibid., p. 170.
③ J. Hillis Miller, *On Literature*, New York: Routledge, 2002, p. 37.
④ 杨玉成：《奥斯汀：语言现象学与哲学》，商务印书馆2002年版，第5页。

时间制造事件的语言行为"①，这种行为之所以能制造事件，与权力密切相关，都是通过强力、合约和机构建立的权力。文学作品/文本是作家"以文行事"的基本载体，在这个意义上，作品/文本是作为话语行为事件而存在的。

文本作为话语行为事件的观念植根于话语概念，话语关联着文本与实践。从某种意义上说，文本是"话语"的集积。利科尔认为："话语是作为一个事件而被给予的：当某人说话时某事发生了。作为事件的话语概念，在我们考虑从语言或符号的语言学向话语或信息的语言学的过渡时具有本质性意义的。"② 在他看来，"事件"意味着话语是一种说话的事件，它是瞬时和当下发生的，而语言学的体系却在时间之外。说话的事件包括说话人、听话人、指称物和语境，它是瞬时的交换现象，是建立一种能开始、继续和打断的对话。因此，作为事件的文本总是与历史具体的社会文化语境相关联。更进一步说，"小说是一种话语事件。它不反映历史；它就是历史"③。不仅是小说，所有的文学作品/文本都是作为话语行为事件而存在的，而不仅仅是作为历史过程的"反映"而存在的。

福柯将文本放在话语活动中去考察，这引起了文本观念从"语言"（language，包括结构主义的"语言"和"言语"两方面）向"话语"（discourse）的转移，从视语言为无主体的符号链，转向视它为包含说写者（潜在地包含听者和读者）的个人话语④，变成了与历史语境相关联的具体文本。福柯的话语理论实际上就是其话语实践（discursive practice）理论，它集中体现了福柯的知识观和历史观。"实践"一义本来就已经包含在其"话语"这一术语之中，"话语"

---

① 杜小真、张宁主编：《德里达中国讲演录》，中央编译出版社 2003 年版，第 68—69 页。

② [法] 利科尔：《解释学与人文科学》，陶远华译，河北人民出版社 1987 年版，第 135 页。

③ Claire colebrook, *New Literary Histories*, Manchester: Manchester University Press, 1997, p.38.

④ [英] 伊格尔顿：《二十世纪西方文学理论》，伍晓明译，陕西师范大学出版社 1987 年版，第 126 页。

指的就是"实践的语言"。然而,"话语有其自身的作用规则,有其自身的形式,这些都不是语言规则和形式所能代替的。话语是一种更加广泛的意义上的语言使用……话语分析同社会生活的诸方面有着密切的关系:政治、经济、文化、社会制度(医疗、教育、司法等)"①。因此,实践既是知识的对象,又是知识的形式,无远弗届的文本总是与无处不在的权力关联结合在话语行为事件的历史具体性之中。

作为话语实践的作品/文本是具有历史内涵的"话语事件"(discursive event),它是权力运行的场所,也是历史现实与意识形态发生交汇的场合,更是历史现实得以现形的所在。② 它是负载着种种矛盾和价值,是对作家话语行为及其施为效果的概括,也是对读者话语行为及施为效果的概括。它并不只是在"说"什么的意义上来确定话语行为主体的价值,而主要是从话语"做"什么以及产生了什么效果的意义上来确定其价值。因此,"话语事件"观念消解了话语主体的意图作为"意义之源"的地位。事实上,"文学作品的写作和出版本身构成了一种社会或文化斗争。《失乐园》不仅(部分地)是弥尔顿的时代的产品或是'关于'这种斗争的:它的写作和出版本身就是这些斗争的方面"③。而这些话语行为事件的主体,包括作者和读者,则通过话语行为事件而参与到这些斗争之中。

既往的作品/文本理论,总是将文本话语之"所说"(saying)与"所做"(doing)分离并对立起来,视前者为作品/文本的"内部"而后者为"外部"。话语行为事件理论,则以其对"所说"与"所做"、记述性与施为性的统合,拆除了文本"内部"与"外部"之间的樊篱,消解了两者之间的对立,将记述话语和施为效果统统纳入话语行为事件的过程性之中。

---

① 徐贲:《走向后现代与后殖民》,中国社会科学出版社 1996 年版,第 154 页。
② Louis Montrose, "The Poetics and Politics of Culture", H. Veeser ed, *The New Historicism*, New York: Routledge, 1989, p. 16.
③ Jeremy Hawthorn, *Cunning Passages: New Historicism, Cultural Materialism and Maxism in the Contemporary Literary Debate*, London: Arnold, 1996, p. 56.

马克思主义问题域中的文学事件论

既往的作品/文本理论，大多将创造性归结为作者或读者的一种能力，话语事件理论则将其归结为"事件"的特殊功能。格里芬指出："一个事件的创造性有两个方面。一方面是，事件从原有的前提中创造了自身。这个自我创造的侧面又有两个环节。第一个环节是，事件要接受、吸收来自过去的影响，并重建过去。这是事件的物理极。事件创造的第二个环节是它对可能性的回应。事件因而是从潜在性和现实性中创造了自身的。事件的这一侧面可称之为心理极，因为它是对理想性的回应，而不是对物理性的回应。由于这是对理想的可能性的回应，因而事件完全不是由它的过去决定的，虽说过去是其重要的条件。""事件的创造性的另一方面，是它对未来的创造性的影响。一旦事件完成了它的自我创造行为，它对后继事件施加影响的历程就开始了。正如它把先前的事件作为自己的养料一样，现在它自己成了后继事件的养料。"① "事件"总有其具体的时空方位，并向各个施加和接受影响。这样，事件就像一种行为，对于文学来说，事件就是言语行为，这种行为不仅将文学作品创造为一个事件，它还可以通过"施为"而对后继的事件产生创造性影响。这种创造性或可称之为"小写的创造性"（small-creative），它"是人类行动的必不可少的特性，因为，我们需要运用有限认知的、肉体的和物质的资源来应对动态的环境"②。

与此同时，尽管作家作为文学话语行为事件的主体，其作为话语意义之源的优越地位被取缔了，然而，话语行为事件的观念却突出了行为过程的"具身性"。"具身认知"观念强调认知对身体的依赖性，认为认知是被身体作用于世界的活动塑造出来的，身体的特殊细节造就了认知的特殊性。同时，它还强调"构成性"观念，"根据'构成'主张，身体或世界是认知的一个构成成分，而不仅仅是一个对

---

① ［美］大卫·格里芬：《后现代宗教》，孙慕天译，中国城市出版社2003年版，第66—67页。
② Beth Preston, *A Philosophy of Material Culture: Action, Function, and Mind*, New York: Routledge, 2013, p. 8.

认知的因果作用的影响。"① 在这一观念视野中，认知不再被视为一种抽象符号的加工和操纵，而成为有机体适应环境的一种活动。作为一种活动，认知、行动、知觉是紧密的联合体。

三　作品/文本作为历史文化事件

"事件论"的作品/文本观念，试图对文本主义和传统的历史主义进行会通融合，它不再在文学与历史、文本性与历史性之间设立等级秩序（如"背景"和"前景"等），而是将文本和历史放在事件的话语平台上等量齐观；进而言之，事件论的观念，也不再在文学学科和历史学科之间设立等级秩序（如历史真实与文学虚构等），而是在文化的话语平台上，寻求它们之间的平等共存关系。

20 世纪 60 年代以前的文学理论有一个大致趋同的认识：文本是对符号设计的固定安排，它某种程度上独立于时间和空间；这些文本被认为是那些在时间空间上与文本生产者相分离的人能够接近的。②长期以来，人们对这样的文本概念深信不疑。然而，接受反应理论和后结构主义将这一观念"问题化"了。我们知道，文本一旦形成，就与日常谈话的语境分离了，这使文本面临着被无限阅读的可能性，因此文本"构成了一种新的间距"，间距"对于作为书写的文本的现象具有建设性"③。间距的不可抹杀性使人们再也无法回到文本创造者的思想、文本的原初指称和语境。当代理论克服间距的努力，使文本从两方面丧失了独立性而走向开放的"互文性"④。在接受反应理论看来，由于带有不同"期待视野"的读者源源不断的阅读活动，文本在每一次"语境化"过程中都发生着变化，因此几乎不存在那

---

① ［美］夏皮罗：《具身认知》，李恒威等译，华夏出版社 2014 年版，第 5 页。

② Jeremy Hawthorn, *Cunning Passages: New Historicism, Cultural Materialism and Maxism in the Contemporary Literary Debate*, London: Arnold, 1996, p. 11.

③ ［法］利科尔：《解释学与人文科学》，陶远华译，河北人民出版社 1987 年版，143 页。

④ John Frow, *Marxism and Literary History*, Boston: Harvard University Press, 1986, pp. 125 – 127.

种"符号设计的固定安排",即使是伊瑟尔所提倡的大体稳定的"召唤结构",也会在阅读活动中发生变异。这样,接受反应理论就部分地取消了作品的独立意义;而在后结构主义看来,由于文本可以独自衍生和开拓自己的语境,因此,单个文本总是处在"解语境化"过程中,既没有什么"固定安排",也非人们所能"接近";与其说文本独立于时间和空间,毋宁说文本"占领"了时间和空间。如上两种理论在文本非确定性和开放性问题上殊途同归,得出了相似的结论:文本是一个动态存在,文本从未彻底独立于时间和空间。

尽管后结构主义视文本为"结构过程",但这个过程只是共时性的,而非历时性的,也不是历史性的。文本的结构过程所形成的只是一个平面化网络,无法包容真实历史过程。这种缺憾最终导致其走向了"文本主义",它参照共时语言学模式,主要在文本层面(不管关涉多少文本)展开,未能突破文本的牢笼而指向文本之外的历史和现实。这种文本之间的穿行镶嵌和"秘响旁通"[①],始终无法突破"文本"的牢笼,因而与真实的历史过程隔着一层。当然,在打通历史与文本之间的传统界限方面,文本主义也意味着一种积极的探索,与之声气相通的文化诗学,即对"文本与文本之间的轴线进行了调整,以一种整个文化系统的共时性的文本取代了原先自足独立的文学史的那种历时性的文本"[②]。在最根本的文史关系上,"从将历史事实简单运用于文学文本的方法论,转变为对话语参与建构和保存权力结构的诸层面进行错综复杂的理解"[③]。进而,在文学与历史之间开辟出一种对话关联。

如果沿着文本的"无边界性"和"非等级制"开拓文本的历史维度,那么,法律、医学和刑事档案、逸闻逸事、旅行记录、民族志和人类学叙述以及文学文本都可以用来构筑文学的历史语境。"文化诗学"在这个维度上进行探索,"把文学文本与非文学文本都当成是

---

① 叶维廉:《中国诗学》,生活·读书·新知三联书店1992年版,第65页。
② 参见盛宁《人文困惑与反思》,生活·读书·新知三联书店1997年版,第156页。
③ John Brannigan, *New Historicism and Cultural Materialism*, New York: Macmillan Press Ltd, 1998, p. 81.

历史话语的构成成分，而历史话语既处于文本之中又外在于文本"。在追寻文本、话语、权力和主体性形成过程中的关系时，"并不确定因果关系的僵硬等级制"①。仅止于此的话，那只是在文学文本与历史文本之间建立了往返沟通的二维的文本网络，而"事件论"则力图在那种文本网络与历史现实之间画上连线，使其变成三维立体的网状结构，其基本方法就是将文本视为具有历史内容和文化含量的"事件"。这当然也是近30多年来"历史转向"运动的思想成果之一。批评家指出："我们可归功于历史转向的最重要的成就，也许就是，它承认文本是一个事件。对新历史主义者及其他批评家来说，文学文本占据特定的历史文化场所，各种历史力量在这些场所并通过这些场所而相互碰撞，政治和意识形态的矛盾得以上演。文本作为事件的观念让人们承认文本的暂时的具体性，承认处于特定历史情境的特定话语实践中的文本的确定的和临时的功能。它也承认文本是历史变迁过程的一部分，而且的确可以构成历史变化。这使批评家从将文本仅仅作为历史趋势的反映或拒绝的研究方法中转移出来，而引导他们探索蒙特洛斯所说的'文本的历史性和历史的文本性'。"② 在文学与历史的关系上，文本既是社会政治形成的产品，也是其功能性构成部分。文本作为事件，不只是历史进程的被动反映，而且是塑造历史的能动力量。

作品/文本作为历史文化事件，它"不是由某个学科的普遍性的法则、价值标准所构成，而只是具有逆转偶然性的'事件'"③。文本事件的意义并不取决于事件的内在规律，而在于使其作为事件成为可能的社会因素和历史力量。它将对事件的关注引向对事件得以发生的历史条件的考察。作为"事件"的文本实质上是一种历史实践活动。

---

① [美] 伽勒尔：《马克思主义与新历史主义》，载中国社会科学院外国文学研究所《世界文论》编辑委员会编《文艺学和新历史主义》，社会科学文献出版社1993年版，第162页。

② John Brannigan, *New Historicism and Cultural Materialism*, New York: Macmillan Press Ltd, 1998, p. 203.

③ 徐贲：《走向后现代与后殖民》，中国社会科学出版社1996年版，第155页。

拿戏剧来说，作为事件的戏剧不仅指由文字所固定下来的戏剧脚本，而且指其演出和观看活动的整个过程，以及这个过程所牵动的社会规约和各种政治经济机制的运转。

文本作为历史文化事件的观念既区别于后结构主义的"文本主义"，也区别于传统历史批评的"旧"历史主义；前者将文本看成脱离历史文化的语言编织，后者则将文本看成社会历史的镜像和文献记录。"事件"则既是与历史相交织的文本和实践，也是塑造历史的物质力量。"事件论"填平了（文学）"前景"与（历史）"背景"之间的鸿沟。"旧唯物主义美学"设定文学前景"反映"历史背景，物质存在"决定"观念意识。"事件论"则另辟蹊径，它不否认物质性的历史语境即是一部作品文本得以诞生的基础，但它同时也看到作品文本不只是思想观念而同时拥有一个自身的物质性存在，如语言文字、装帧设计、媒介载体等，这些物质性的因素与包含于其中的思想观念同时运作，并肩生产出作品文本的意义。这就将文本的思想观念与物质要素放在了同一个事件的操作平台上，也就打消了物质"背景"与"观念"前景之间的界限，这种路径适可称之为"美学唯物主义"（aesthetic materialism）[1]。

"文本事件论"打通"历史背景"与"文学前景"隔离的尝试，也在新兴的"认知诗学"（Cognitive Poetics）中得到了印证。面对一个认知图像，人们可以通过将自己的知觉从一个视点调换到另一个视点，从而翻转所看到的图像，完成"背景"与"前景"之间的转换，"将一部分视为轮廓而将另外的视为背景"[2]。人们究竟应该将哪部分视为"背景"哪部分视为"前景"，并没有充足的理由。其实，背景与前景之间的设定，只是理论批评的权宜之计，在本质上，二者同属于历史文化事件。

---

[1] Paul Gilmore, *Aesthetic Materialism: Electricity and American Romanticism*, Stanford: Stanford University Press, 2009, p. 10.

[2] Peter Stockwell, *Cognitive Poetics: An Introduction*, London and New York: Routledge, 2002, p. 14.

四 作品/文本作为社会能量事件

作品/文本与社会现实之间的关系问题是马克思主义文艺美学的核心议题。在这个问题上，各种形式主义与传统社会历史批评各执一端，相持不下。"能量"概念的引入，开辟出了解决争端的新路径，有助于"突破形式主义的静止模式"，突出"形式通常是关系性的，是文本与读者、文本与语境之间关系的一种功能"[①]。

在当前语境中，"能量"主要是一个物理学概念，一般指物质做功的能力。能量既不能创造，也不能消灭；能量只能转化，人类通过掌握和运用它而得以延续和发展。美国新进化论文化人类学家莱斯利·怀特较早提出文化演进的"能量说"，将文化划分为技术系统、社会系统和思想意识系统等三个层面，认为"技术层面处于底层，哲学层面则在顶端，居中的是社会学层面"[②]。能量贯通于三个层面，而流通于社会学层面的能量，或可称为"社会能量"。但他并未直接使用这一概念，提出并阐发这一术语的，是文化诗学的代表人物格林布拉特。他认为"社会能量"（social energy）是一切历史变迁和文化发展的推动力量，而文学文本则既是社会能量流通的场所，是社会能量增强、转换或疏散的场合，也是一个个具体的"社会事件"得以上演的舞台。"社会能量"与"事件"一币两面：事件是社会能量显形的场所，而社会能量则是事件背后的推动力量。

据格林布拉特考证，人们为了解释莎士比亚剧作缘何拥有"强制性力量"的问题，从古希腊修辞学中撷取 energia 一词（这个词也是英语中 energy 的本源），来描述修辞语言的那种"摇荡性情的力量"。从词源学上看，该术语的重心并不在其物理学意义，而在其修辞学意义。因此，这个词的意义主要是"社会的"和"历史的"。可

[①] Jeremy Hawthorn, *A Glossary of Contemporary Literary Theory*, London: Arnold, 2000, p. 125.

[②] ［美］怀特：《文化的科学——人类与文明研究》，沈原译，山东人民出版社 1988 年版，第 361 页。

见，energy 这个术语，在根源上本来更接近怀特所说的"社会系统"的能量，原初就与语言修辞等文艺问题相关，并非文学批评借自现代物理学科的"比喻"，因而需要做切实的探究。

然而，"社会能量"概念却殊难界定，格林布拉特在提出这个术语之后，很快就遭遇了定义之难。他说："这个术语包含可测量的东西，但无法提供一个便捷可靠的公式，用来剥离出一个固定的量化指标。人们只能从社会能量的效果中间接识别出来：它出现在词语的、听觉的和视觉的特定踪迹之力量中，能够产生、塑造和组织集体的身心经验。"[①] 它是某种只能从其效果中感受到的"力"，贯通于各种"踪迹"之中，与快乐和趣味的可重复的形式相联系，与引起忧虑、痛苦、恐惧、心跳、怜悯、欢笑、紧张、慰藉和惊叹的力量相关联。勉为其难的正面界定是：社会能量是"权力、超凡魅力、性的激动、集体梦想、惊叹、欲望、忧虑、宗教敬畏、自由流动的强烈体验"[②]。它是流通于各种相互关联的事件经验中的力量。

社会能量作为一种"力"，相较于怀特所说的"哲学层面"或"思想意识系统"的能量，是"下倾"并沉降到具体社会生活层面的力，在这个层面，一切都作为一个个"事件"而到来，并非以真理或知识的系统形式而显现。社会能量是一些分散在踪迹之中的流动的情感能量或力量碎片，这些社会经验是零散的、粗朴的和原生的，是处于"溶解状态的社会经验"，这种经验并未经过沉淀或蒸馏，并不具有"更明显更直接的可利用性"[③]。这种能量碎片拒绝单一化、连贯化、系统化和整体化，即使在它流通到艺术领域之时，也无法被"整一化"。在戏剧表演中，借助并通过舞台而流通的社会能量并非单一连贯的整体系统，而是局部的、零散的和彼此冲突的。各种要素之间交叠、分离和重组，相互对立。特定的社会

[①] Stephen Greenblatt, *Shakespearean Negotiations*, Berkeley: University of California Press, 1988, p.6.

[②] Ibid., p.19.

[③] Raymond Williams, *Marxism and Literature*, Oxford: Oxford University Press, 1977, pp.133–134.

实践被舞台放大,另外的则被缩小、提升和疏散。因此,对戏剧文本的阐释,最终就必须落实到那些独特的、活态的、具体的社会能量。这种能量才是基础性的,它生产出了产生它的那个社会。这种将社会能量落实到事件的方法,与福柯的"事件化"异曲同工,只是用"社会能量"较之福柯"权力"概念,"使权力不再是一个中心化的范畴,而成为由流通中的社会能量构成的众多片断"[1]。这也说明,文艺与社会相互塑型,既不是某种先在的、可定义的社会生活"生产了"相应的文艺,也不是某个单一的集权化的"权力""世界图景"或意识形态"决定"了文艺;不仅流通于社会现实的能量构成着文艺,而且流通于文艺中的社会能量也参与了社会生活自身的构成过程。因而,社会能量既是"被"社会生产出的东西,也是生产集体经验的东西,它帮助生产出那个产生社会能量的社会;社会能量与社会相互生产,作为社会能量的文艺也与社会彼此构成。

　　社会能量作为一种流通中的"力",相较于纯然"个人的"心理能量,又往往是超出个体界限的"社会的"能量,因其"流通性"而突破了个体边界,因而不只是个体情绪意义上的"一种健康乐观、积极向上的动力和情感"[2],或者反之,一种低落悲观、消极沉沦的动力或情感。社会能量一旦进入审美领域,它就必须满足最小限度的范围或"射程",也就是说,它必须足以超出单个主体而通达特定的群体。有些时候,它能达到十分巨大的范围,引发社会阶层不同、观念信仰歧义的人群悲泣欢笑,体验忧喜交加苦乐相杂的混合情感。社会能量的审美形式通常必须具备最小限度的适应性,足以使这些形式历经社会环境的沧桑巨变和文化价值的历史变迁留存下来,而那些未经审美锻造的日常的社会能量话语则会因之而湮没无闻。在从其初始环境旅行到新时空的过程中,大多数集体表达都会遭到废弃,而经过

---

[1] Brook Thomas, *The New historicism And Other Old—fashioned Topics*, Princeton: Princeton University Press, 1991, p.180.

[2] [英]理查德·怀斯曼:《正能量》,李磊译,湖南文艺出版社2012年版,"导言"。

艺术作品编码的社会能量则会持续千百年地制造生活幻想。这种现象足以说明，文艺和审美中的社会能量得到了扩充和形式化，可以为不同的主体重复利用；也得到了放大和强化，能够冲破特定个体的界限而到达范围广大的社会群体；而且还拥有某种在不同时空语境中产生影响的潜能，可以在不同的时间和空间中穿行回响。因此，个体能量必须在流通中与范围更大的社会群体能量相摩相荡，才能成为更有冲劲的社会能量；个体意义上的经验事件，也才能成为社会意义上的能量事件。在此过程中，文艺审美通常发挥着十分重要的能量流通作用。

  在文艺审美中，戏剧因其具有更突出的"表演性"而成为社会能量及其流通过程的集中体现。"每一部戏剧，通过各自的手段，将社会能量的负荷带上舞台；舞台修正这些能量，又将其返回给观众。"[1] 借助舞台并通过舞台表演，特定的社会实践被放大，另外的则被缩小、提升和疏散。通过舞台表演，社会能量的流通"构成一个螺旋而不是一个圆圈"[2]。在戏剧表演中，社会实践得到转化和再造，又重新流通到非戏剧世界。这种流通中包含着变形和重塑，社会实践和戏剧表达在交叉互动的相互关联中持续改变。戏剧事件包含着多种多样的能量交换，戏剧通过交换而在新的情境获得新的力量。这种交换通常在共时和历时两个维度上同时展开。共时性上，社会能量冲破文化实践之间的界限而在不同文化实践之间产生"共鸣"[3]；历时性上，社会能量通过作品/文本而从特定时代走向另一时代，并因之而发挥其历史作用。因此，相关的研究就要"追问集体的信仰和经验如何形成？如何从一种媒介转向另一媒介？如何凝聚于易处理的审美形式？如何供人消费？我们可以考察作为艺术形式的文化实践与

---

[1] Stephen Greenblatt, *Shakespearean Negotiations*, Berkeley: University of California Press, 1988, p. 14.

[2] Brook Thomas, *The New historicism And Other Old-fashioned Topics*, Princeton: Princeton University Press, 1991, p. 184.

[3] Jurgen Pieters (ed.), *Critical Self-fashioning: Stephen Greenblatt and the New Historicism*, Frankfurt am Main: Peter Lang, 1999, p. 178.

其他相邻表达形式之间的界限是如何标示的？我们试图确定这些特别标示出来的区域是如何被赋予权力，使其提供愉悦或激发兴趣或产生忧虑的？"① 而这种研究，即是将文本事件沉降到社会能量层面，对其流通交换过程的揭示。

总之，社会能量流通穿行于社会历史与文本事件之中，使二者连通并相互生产，不仅社会历史生产文艺作品，而且文艺文本也"生产"社会历史并成为塑造社会的实际力量。

结　语

"作品/文本/事件"形成了一种"三元辩证"关联。"事件"作为特殊空间，是有别于"作品空间"和"文本空间"的"第三空间"，它具有"元空间"的气质。事件空间是文艺成品之"内"（作品空间）与"外"（文本空间）得以界分的第三空间，它既是一个不断生产"内"与"外"的"元过程"（metaprocess）和"活态空间"（Lived space）②。事件空间彰显了将前景与背景、内部与外部、所说与所做、文本与实践之间的连通性。马克思所希冀的哲学家不仅"解释世界"，而且要能解决"改变世界"的问题。文学事件论强调，作为事件的文学不仅以不同方式"解释世界"，它同时也在参与历史并成为实际的历史进程的组成部分，进而以特定方式"改变着世界"。面对当前的文艺现实，卡勒发现，电子文本发展的一个结果，"文学最终被认为更像是一个事件而非一个固定的文本……这样，表演研究或许就要在文学研究中具有某种新的重要性，因为它不再只是将文本当作是需要阐释的符号，而是更将其看作是各种表演，这些表演的可能性条件和成功的条件可以被明晰地阐发出来。那么，在电子时代里，对事件和评价的更加关注将会导致文学美学的转变吗？"③

---

① Stephen Greenblatt, *Shakespearean Negotiations*, Berkeley: University of California Press, 1988, p. 5.
② 张进：《论"活态文化"与"第三空间"》，《中南民族大学学报》2014 年第 2 期。
③ ［美］乔纳森·卡勒：《当今的文学理论》，《外国文学评论》2012 年第 4 期。

作为对电子时代文艺现实的回应以及 21 世纪文艺美学转变的一部分，文学事件论庶几近之？

【作者简介】张进，广东外语外贸大学"云山学者"，兰州大学教授。

传播政治经济学与英国文化研究

章 辉

　　传播政治经济学把经济学方法和理论应用于作为工业生产媒介的研究，考察当代资本主义媒介所有权和经济控制对于媒介信息的生产和分配的影响。传播政治经济学伴随传播学起源于北美。受到古典政治经济学、马克思主义、西方马克思主义的批判研究以及美国传播行政研究和加拿大技术批判思想的影响，传播政治经济学在北美形成了自己的谱系、研究主题和思维取向，其代表人物是达拉斯·斯麦兹（Dallas. W. Smythe）和赫尔伯特·席勒（Herbert Schiller）。传播政治经济学坚持人文学科的批判性，吸收传统政治经济学方法聚焦于当代资本主义经济对文化控制的影响，介入现实的政治变革实践，这一点区别于北美传播研究的行政学派。在英国，传播政治经济学的代表人物是尼古拉斯·加内姆（Nicholas Garnham）、葛瑞汉·默多克（Graham Murdock）和彼得·戈尔丁（Peter Golding）等人，他们与以斯图亚特·霍尔（Stuart Hall）为代表的伯明翰学派（Birmingham School）既有密切的关联，又在许多观点和方法上相互对立，形成了所谓的拉夫堡学派（Loughborough School）。英国的传播政治经济学认为，对媒介的经济基础之于媒介信息和媒介产品的意义的限定作用的忽视是伯明翰学派的文化研究所缺乏的，传播政治经济学研究跨国公司和国家权力对媒介政策和信息控制的影响，其目标是促使制定规章制度和政策的政府部门关注公众利益，力主建立新的国际经济和传播秩序。本文拟细读默多克和戈尔丁的代表性文本，论述英国传播政治经济学对文化研究的贡献。

一

在媒介研究中,"政治经济学"这个术语经常涉及一些宏观问题,如媒介所有权与控制、连锁董事(interlocking directorships)以及将媒介工业与其他媒介、其他工业、政治经济和社会精英联合在一起的因素。它一般研究媒介兼并(consolidation)、多样化(diversification)、商业化(commercialization)、国际化(internationalization)的过程,追寻受众和广告的利润驱动原理及其对媒介行为和媒介内容的影响。[①] 在当代,传播政治经济学较为关注媒介经济结构而非意识形态内容,麦奎尔在总结传播政治经济学的方法时说,"它坚持意识形态依赖于经济基础,并把研究的注意力转向对所有制结构的经验分析以及媒介市场力量运行的方式。从这一点看,媒介机构更应被视为经济体系的一部分,尽管它与政治体系的关系密切"[②]。虽然政治经济学家探讨的题材侧重经济学、商业、劳工及产业结构,但是他们的基本观念里总有一个政治视野,即经济学会遭遇伦理问题,如公正、平等、权力、资源分配及社会福利等。当代西方学界对经典马克思主义的批评,主要是经济决定论和意识形态自主性的简化主义解释,即无批判地接受基础/上层建筑模式,认为大众媒介是统治阶级进行统治的意识形态工具,它或者通过直接的所有权,或者通过统治阶级控制的政府来控制媒介。在加内姆看来,这种观点忽视了文化生产和再生产的特殊效果,忽视了处于实际的、具体的历史时刻的经济、意识形态和政治层面多样关系的特殊性。[③] 而大众传播政治经济学的视角,"试图将注意力从将大众媒介看作意识形态国

[①] 奥利弗·博伊德—巴雷特,克里斯·钮博尔德编:《媒介研究的进路》,新华出版社2004年版,第227页。
[②] 张国良主编:《20世纪传播学经典文本》,复旦大学出版社2003年版,第452页。
[③] 奥利弗·博伊德—巴雷特,克里斯·钮博尔德编:《媒介研究的进路》,新华出版社2004年版,第265页。

家机器上转移,将大众媒介首先看作通过商品生产和交换直接创造剩余价值或通过广告在其他商品生产部门创造剩余价值的经济体。"①默多克和戈尔丁在《文化、传播和政治经济学》《处在十字路口中的文化研究》《意识形态和大众媒体:决定论问题》《资本主义、传播和阶级关联》等文章中系统地阐述了拉夫堡学派的传播政治经济学观点。

当前,人们普遍承认大众传播系统是文化工业的一部分,这些组织既同于又异于其他的工业,一方面,它们与其他领域的生产具有相同的特征,都是普通的工业结构的一部分;另一方面,它们生产的产品如报纸、广告、电视节目、电影等在构造人们理解世界的形象和话语方面具有重要作用。学界出现的两种取向,要么是聚焦于媒介意义的建构和消费,如约翰·菲斯克(John Fiske),要么重点在媒介工业的经济组织如科林·斯巴克斯(Colin Sparks)、加内姆等人。批判的传播政治经济学的特征是,它"集中于大众传播的符号的和经济维度的相互关系。它要呈现的是,筹措资金和组织文化产品的不同方式如何影响大众领域里的话语和表征的范围,以及观众可通达它们的渠道"②。在默多克看来,伯明翰学派的文化研究的缺陷是,它没有分析文化工业的运作方式,没有说明它们是如何像工业那样运作的,它们的经济组织如何影响了产品和意义的流通,它也没有考察人们的消费选择的方式是如何为他们在更大范围内的经济结构中的位置所结构的,而探寻这些动力机制则是批判的传播政治经济学的任务。默多克和戈尔丁指出,批判理论是唯物主义的,它的焦点是人们与其物质环境之间的相互作用、物质资源拥有的不平等以及这种不平等对符号性环境的影响,批判的政治经济学不同于主流经济学的地方在四个方面,"一是它是整体性的,二是它是历史主义的,三是它关心的是资本主义企业和公众干预的平衡问题。最后,也是最为重要的是,它超

---

① 奥利弗·博伊德—巴雷特,克里斯·钮博尔德编:《媒介研究的进路》,新华出版社2004年版,第268—269页。
② Peter Golding and Graham Murdock: Culture, Communications and Political Economy, in James Curran, *Mass Media and Society*, Arnold, London 1991. p.71.

越了效率的技术性问题,而是致力于更为基本的道德问题诸如正义、公平和公共福利"①。自由主义政治经济学瞩目于市场交换,把竞争性的消费选择看作个体的使用和满足,在过去的二十年里,这种观点获得了政府的信任,亚当·斯密斯(Adam Smith)的自由竞争看不见的手左右着市场的观点被广泛接纳,西方民主国家的政府把公共服务私有化,通过扩大市场机制的规模和范围以增加消费选择。自由主义政治经济学把经济看作自治的领域,批判的政治经济学则关心经济组织和政治的、社会的和文化生活的相互关系。对于文化工业的研究,它关注的是经济对公众的文化表达的范围的影响,以及文化对于不同社会群体的可得性。主流经济学家关注资本主义社会中的独立自主的个人,而批判的政治经济学家的研究从社会关系和权力的作用开始,考察社会关系的各个层面上的结构的不对称是如何形塑了意义的生成和获取的,揭示微观语境是如何被它所遭遇的经济原动力和更为宽泛的结构所形塑的,关注传播行为是如何为物质的和符号的资源不平等的分布所结构的。

在默多克和戈尔丁看来,沿着这条线索展开的研究意味着避免工具主义和结构主义。工具主义集中在资本家使用其经济权力结合商业市场体系的方式,以保证公共信息的流通能够与他们的利益相一致,这些资本家把私有化的媒介视为阶级控制的工具。政府和商业精英确实具有优先的通向新闻媒介的渠道,大的广告商会有选择地支持一些报纸和电视节目,他们能够决定其报纸和广播的编辑底线和文化立场。但是,业主、广告商和重要的政治人物不能总是像他们所期望的那么做,他们操作在结构之内,这既提供了机会也设置了限制,分析这些局限的本质和来源就是批判的政治经济学的任务。结构主义把结构视为坚固的不可动摇的建筑物,而批判的传播政治经济学把它们视为活跃的形式,是通过实际行为被不断地再生产和改变的,分析意义通过具体的生产者和消费者的行为被制造和再制造的方式也就是传播

---

① Peter Golding and Graham Murdock: Culture, Communications and Political Economy, in James Curran, *Mass Media and Society*, Arnold, London 1991. pp. 72 - 73.

政治经济学的重要任务，其目标如吉登斯说的，是要解释行为是如何为结构所构造的，这就需要以更为灵活的方式考虑经济决定。马克思说决定是在"最后时刻"（last instance），它暗示每一样东西能够被直接地联系于经济力量。默多克和戈尔丁则赞同霍尔，把决定视为操作在最初时刻（first instance），即是说，经济动力在定义一般环境的关键特征时是核心角色，但它不能完全解释发生在那些环境中的行为的本质。

二

默多克提出了传播政治经济学的四个最重要的关注点即媒介的发展、公司发展的程度、商品化、政府和国家干预的变化着的角色。今天，媒介生产已经急剧地为大公司所霸占，为其利益和策略所塑造。随着近些年的私有化浪潮以及公共资金资助的文化机构的活力的衰退，这一趋势更加明显。大公司以两种方式控制了文化景观，首先，文化生产的比例直接地为主要的联合大企业所控制，这些文化生产部门包括报纸、杂志、电视、电影、音乐和主题公园等。其次，那些没有直接卷入作为生产者的文化工业的公司，通过它们作为广告商和赞助人的角色，控制了文化行为的方向。同时，公司的扩张加强了第三个过程，即文化生活的商业化。商业化的传播公司一直在从事着商品的生产，最初，它们的行为局限于生产能够被直接消费的符号性商品，诸如小说、报纸或剧院的表演。后来，随着家用电器的兴起，需要消费者购买合适的硬件作为获取文化商品的渠道，这就加大了已经存在着的收入分配的不平等，使得传播行为更加依赖于付费能力，比如，家庭收入越高，就越是有可能拥有硬件诸如电话、计算机、录像机等，这就给予传播选择以更大的可能。

商业化传播行为的主要的体制性平衡者是以税收提供资金的机构，最重要的是公共广播机构，典型的是英国的BBC。但BBC在当今商业化背景下面临巨大的压力，默多克对此进行了分析。BBC以不用插播电视广告远离商业化，它把所有的电视节目平等地提供给每个人，只要用户交纳了基本的执照费，如 BBC 的首任主席瑞斯爵士说的，公共广播应该为每个人以同样的费用同样地分享，而不应该有第一和第三阶级之分。但这一理想在过去十年随着公司为了资金筹措而扩展商业行为，包括为了特殊群体的需要开设付费频道而慢慢消逝了，同时，公司也承担着新闻和时事领域里的政治压力，它独立于政府的脆弱性常常招到一系列挑战，比如公众常常攻击新闻的所谓的"客观"。

公共话语和表征领地的这种狭窄化趋势是更为广大的历史过程的一部分，这一历史过程即是，资本主义社会的政府在传播行为管理中扮演着越来越重要的角色。从一开始，政治经济学特别关注公共干预的合适范围，因此不可避免地卷入各种政策的评价。古典政治经济学和其今天的追随者认为公共干预应该最小化，市场力量给予了操作的更大的自由，而批判的政治经济学则指出了市场体系的扭曲和不平等，认为这些缺陷能够为公共干预所校正。在政治经济学内部，关于公共和私人企业的平衡问题的争论从未停止过。亚当·史密斯以伦理学教授结束其职业生涯，他肯定市场的高效，也赞许其道德优越，因为它给消费者在竞争性的商品之间以选择自由，只有那些能够满足人们消费需求的商品才能生存。同时，他看到公共福利不是个体选择的简单的总和，私人企业不能提供社会所需要的所有东西，文化领域具有独特性，因此，史密斯呼吁各种公共干预以增加公众的知识水平，提供人们所需要的娱乐。默多克提出的批判的政治经济学沿着这条线思考问题，即联系公民权利思考理想社会的构成。现代传播媒介不仅嵌入资本主义经济体系，而且对于公民权的发展具有重要意义。在一般意义上，公民权是"关于使得人们能够在所有层面上变成完全的社会成员的条件"[①]。默多克指出，在理想的环境下，传播体系应该以两种方式对此作出贡献。首先，它们应该给人们提供渠道以获得信息、建议和分析，让他们知道自己的权利并追求它们。其次，它们应

---

① Peter Golding and Graham Murdock: Culture, Communications and Political Economy, in James Curran, *Mass Media and Society*, Arnold, London 1991. p. 76

该提供最大范围的关于政治选择的信息、解释和论争，使他们能够提出异议，进行合适的选择，哈贝马斯的公共领域这一概念就是关注这个问题。因此，传播政治经济学需要关注三个领域。首先是文化产品的生产，文化生产对于文化消费具有一定的限制。其次是考察文本的政治经济学，以阐明媒介产品中的表征与生产和消费方式的关系。最后是分析文化消费的政治经济学，分析物质和文化不平等的关系，这是政治经济学最显著的特征。①

传播政治经济学的焦点问题是考察控制文化生产和分配的一系列力量如何限制或解放了公共领域，这直接关系到两个主要问题，一是这些机构的所有权模式以及这个模式的结果。二是政府规范和传播机构的关系的本质。大公司生产的数量上不断增长的文化产品一直是民主理论家关注的问题，他们看到了一个基本的冲突即公共媒体应该操作在公共领域，但现实是，媒体为私人所有。他们担心业主会把他们的财产权用于限制信息的流通，20世纪末大公司的崛起增加了这种担心。确实，美国和英国的大公司在用它们的报纸支持它们喜欢的政治立场而诋毁不喜欢的人。除了直接操纵其公司，大媒介企业也以其权力去获得垄断，它们通过高昂的宣传、给广告商打折扣、搜罗媒介从业人员等方式，用巨大的财力把新的竞争者赶出市场。而且，随着全球的政府都在拥抱私有化和"自由"市场经济，这些大公司的地理扩张和策略性的联盟急剧地发展着，它们渗透到以前封闭的市场，扩大其行动的范围，苏联地区以及中国市场的开放就是典型案例。历史上，构造商业和公共事业之间的平衡以保障文化多元化是政府的主要任务之一，这一过程主要采取两种形式。首先，商业企业被公共利益所规范，以保障文化生产的多元化，包括那些在纯粹市场条件下无法生存的文化，比如英国商业电视公司被要求制作少数人的节目，即使这是没有利润的。其次，多元化的节目制作为不同形式的公共资金补贴所支持。但过去的二十年里，这一体系被私有化政策所改变，比

---

① Peter Golding and Graham Murdock: Culture, Communications and Political Economy, in James Curran, *Mass Media and Society*, Arnold, London 1991, p. 77.

如主要的公共文化企业如法国的 TF1 电视网络被卖给私人投资者，私人利益就威胁到公共文化。

三

伯明翰学派的文化研究致力于分析媒介文本的结构，考察它们在维持宰制体系中的角色。伯明翰学派不认为大众媒体透明地扮演着宰制性的意识形态角色，而是认为传播媒介中充满着相互斗争的话语，它们提供了不同的观点，这些观点相互争夺以获得可见性和合法性。对于一种文本，伯明翰学派考察的是其特定形式的话语，它们是否完全以官方话语组织，是否给反对话语提供了空间，其话语处理方式是否表明了某种等级制，吁求观众偏爱一种观点甚于其他，或者是否以一种更为公平的方式或非决定的方式处理话语以便给观众留下选择。如果说伯明翰学派的文化研究的兴趣在于特殊媒介文本中话语机制的运作，默多克的批判的政治经济学关心的则是解释生产的经济动力是如何结构了公共话语，如何提升一定的文化形式甚过其他。这种方法首先，追踪文化生产的资金筹措和组织与公共话语和表征领域的关系。其次，媒介文本的话语开放性的程度是不同的，与最近的文化研究中的观众研究不同，批判的政治经济学把人们反应的变量联系于他们在经济体系中的位置。默多克对以菲斯克为代表的文化研究的观点提出了批评。与法兰克福学派相反，菲斯克欢呼文化消费，认肯消费者的主权，认为意义解释的多元性是消费者的自由。菲斯克的观点相异于庸俗的经济决定论，后者认为文化消费不过是经济决定的产物，是被动的行为。但默多克认为，消费者主权（consumer sovereignty）不可能是绝对的，没有人能够不受限制地通达整个的文化产品。政治经济学的任务，就是检查限制这种自由的障碍。这种障碍有两种，即物质的和文化的。首先，获取传播商品和设备需要一定的购买能力。调查表明，花费在文化服务上的钱在急剧地增加。比如在英国，1953 年，此项花费是一个家庭开销的 9.5%，1986 年比例涨到 12.7%，到 1993 年则是 19.6%。1971 年到 1997 年，所有家庭开销增长了

91%，但花费在娱乐和其他活动上的则增加了110%。消费模式的变化折射了所有人群的生活方式在逐步地变化，但这些变化在不同人群中的表现是不一样的。1997年，在英国，最穷的10%的人每周花费5.5磅在家庭服务上，而10%的最富的人的花费是穷人的三倍。最富的人群中，休闲服务花费占其消费的15%，而在最穷的人群中，这个比例是5%，他们花费在食物和酒水上的钱也比富人少很多。传播及信息商品和服务性的花费急剧地倾斜于更富的人群。[①] 随着传播服务的科技化，比如家用计算机的出现，这种倾向更加明显，而且鸿沟越来越大，其原因是信息和传播产品本身需要定期更新，收入低的人群就处于不利地位。比如计算机需要打印机、扫描仪、路由器以及其他软件，一般在四年内要更换基本的机器。也就是说，与文化研究相比，传播政治经济学关注的是，最基本的物质经济条件对文化产品的可得性的限制。与伯明翰学派关注意义的终端接受不同，在传播政治经济学看来，无论在接受的时候多么自由和多元化，最初的物质结构对文化产品的种类、目的、结构、意向都是有所限制的，这本身就限制了接受和解释的方向。

除了物质的制约之于文化消费，批判的政治经济学也关注社会性能力之于相关的文化资源的获取。对于观众的消费行为，默多克认为，最重要的是三点：时间、空间、解释和调动媒介机器的文化能力。时间，特别是休闲时间，是高度不平等地分布的资源。在家庭里，时间是按照性别分层的。妇女的劳动是"影子工作"（shadow work）（看不见，但实际存在），比如购物、清洁、烹饪和生儿育女。英国一项官方研究表明，1995年春天，平均每个有工作的妇女每天花费2小时38分钟在家务劳动上，而男人则是51分钟。妇女通过电话或亲自见面与朋友和家人保持联系，这也花费了很多时间。性别差异影响到媒介文化消费：1998年的英国国家统计局调查显示，男人花费2小时4分钟在媒介文化消费上，而妇女则是1小时49分钟。

---

① Peter Golding and Graham Murdock: Culture, Communications and Political Economy, in James Curran, *Mass Media and Society*, Arnold, London 1991. p. 86.

文化消费也关系到空间占有。看电视的经验依赖于是否是在自己的房间里、起居室里、厨房里或是其他家庭空间里，或是公共场所而不同。

　　文化研究的主题之一是考察社会位置（social locations）是如何提供了维持差异性解释和表达的文化产品和符号性资源的渠道的，但批判的政治经济学要进一步探索意义体系与产生它们的社会位置的关系，以及这些位置是如何反过来为政治经济变迁所改变的。在城市再发展的面目下，邻里之间的微观文化（micro - cultures）发生了哪些变化？去工业化、从制造业到服务业的转变所改变了的职业文化以及批判性的文化是如何为劳工运动所产生的？本地和全球之间的文化关系是如何为劳工的移民和流散大潮所重塑的？这些问题只有把传播政治经济学联系于政治经济学和文化社会学才能得到解决。[①] 人们在很大程度上依赖文化工业提供的形象、符号和语汇去解释他们的社会环境并作出反应，这就需要在理论上充分理解这些工业，因此传播的分析就占据着文化研究的核心位置。在默多克看来，批判的政治经济学提供了获得这种分析的方法。新保守主义把市场看作多元化的生产和消费选择的最好保证，而批判的政治经济学指出了财富和收入分配的不平等，呼吁积极的公众干预以保证多元化和公共渠道的存在。一般说来，文化研究学者在某种程度上都亲和于批判的政治经济学，但没有把这种学术引入他们自己的分析之中，比如霍尔批评了政治经济学缺乏意义斗争的概念，其分析失之于粗糙和化约主义，在默多克看来，这种批评没有抓住传播政治经济学的核心。

　　当代大众传播社会学应仔细关注大众媒介生产中的经济组织和动力所导致的结果。在这么说的时候，默多克和戈尔丁强调，他们并非主张经济力量是塑造文化生产的唯一因素，也非假定，市场力量和决定，与媒介的意识形态产品的本质是牢固的一致关系。传播政治经济

---

① Peter Golding and Graham Murdock: Culture, Communications and Political Economy, in James Curran, *Mass Media and Society*, Arnold, London 1991, p. 90.

第三编　国外马克思主义文艺与文化研究

学不否定政府和政治领域里的控制的重要性，不否定主导性的文化符码和传统的惰性，也不否定生产人员和专业意识形态和实践的相对自治性。他们赞同霍尔的观点，即经济决定对于充分的研究来说是必要的，但非充分条件。这里的关键问题是"必要的"（necessary），在他们看来，任何对于大众媒介作为意识形态机构的操作的分析如果失于考察经济因素就一定是偏颇的。[①]

在资本主义国家，媒介大企业的控制在扩张和加速，但讽刺的是，经济决定这一理论问题反而被移置。在文化多元论那里，经济和文化的联系被消解了，这种观点认为，在当代资本主义，基于权力来源的可选择性和抵消性，生产手段的占有对于文化控制来说已不太重要了。在大众媒介的案例中，这种观点认为，生产人员的相对自治导致了媒介产品的意识形态的多元化，外在的对于产品的控制被认为主要来自国家。在学术领域，移置采取的形式是集中于大众媒体和国家机构的关系，两个领域都被视为独立的权力集团，都分离于经济结构。因此，相关的问题就是大众媒体的政治和文化角色能够被充分地考察而不需要指向支撑它们的经济结构和动力。另外，丹尼尔·贝尔的观点影响很大，贝尔认为现代资本主义的政治经济和文化领域构成了区分性的领地，它们互相独立，为不同的甚至是对立的原则所主导。对化约主义的拒绝是必要的，但这种态度又忽视了经济层面的意识形态分析，结果就是奇怪的悖论：马克思主义强调经济决定，因为这是马克思主义区别于其他立场的地方，同时，伯明翰学派的文化研究又失于考察这些决定因素在实践中是如何运作的，这一事实弱化了他们分析的力量。传播政治经济学承认媒介首先是意识形态领域，因为大众媒体的产品是资本主义及其产生的权力和财富的结构性不平等的形象、解释和合法化的主要来源，但是，"大众媒体首先和最重要的是工业和商业组织，它们生产和传播了晚期资本主义经济秩序中的商品。因此，我们认为，意识形态生产不能分离于或者被充分地理

[①] Peter Golding and Graham Murdock, Ideology and the Mass Media: the question of Determination, In Michele Barrett, edt, *ideology and cultural production*, Croom Helm, London, 1979. pp. 198 – 199.

解，如果不能抓住媒介生产的一般经济动力及其伸张的决定"①。这些经济动力在不同的媒介部分，操作在不同的层面，具有不同程度的强度。在最一般的层面，经济资源的分布在决定可得媒介的范围时扮演着决定性的角色，比如，英国之所以缺乏发行量大的激进的日报，归因于价格高昂的市场准入和广告收入的分布不均。媒介体系在许多第三世界国家和其人口的社会需求之间缺乏契合，归因于主要的跨国企业的历史的和经济的控制。在单个的媒介组织内部，经济决定在生产资源的分配，比如吸引观众的资本投入，以及运动节目和教育广播，或者外国的新闻和犯罪新闻等各个部分的份额配置中扮演重要角色。这些不同的决定层面，影响着生产状况，这是一个具体的需要经验性调查的工作，这也是当前的媒介社会学要做的。②

媒介社会学要解释剧烈的分配不平等是如何呈现为自然的和不可避免的，应介入社会分层和合法性问题，因为大多数人获得的关于社会结构的信息都来自大众媒体，而这种信息流集中在少数人手中，这就要研究大众传播和阶级分层的关系。马克思曾经说，思想生产和分配权集中在资本家手中，结果就是，他们的观点获得了公共性并控制了从属阶级的思维。意识形态的控制在维持阶级不平等的过程中扮演着重要角色。但默多克和戈尔丁并非主张经济决定论，他们认为马克思的这种观点导致了一系列问题，诸如传播企业主和资产阶级的关系问题，传播工业中的所有权和控制之间的问题，控制性意识形态转换为文化商品的过程问题，从属群体的成员接受的动力问题。③ 他们更倾向于雷蒙德·威廉斯（Raymond Williams）的解释，认为马克思不是在狭窄的意义而是在宽泛的意义上看，经济是"设置限制，施加压力和隔离选择"（setting limits, exerting pressures and closing off op-

---

① Peter Golding and Graham Murdock, Ideology and the Mass Media: the question of Determination, In Michele Barrett, edt, *ideology and cultural production*, Croom Helm, London, 1979. p. 210.

② Ibid., p. 211.

③ Graham Murdock and Peter Golding: Capitalism, Communication and Class Relations. in James Curran, edt, *Mass Communication and Society*, Sage Publications, INC. 1977. p. 15.

tions)。马克思强调,资本主义这个动力体系仍然在发展过程之中,因此,分析需要具体和特殊化,仅仅勾勒资本主义的一般特征是不够的,必须展示它们是如何发展和变化以应对具体的历史情景。"除非物质生产在其特殊历史形式中被理解,就不可能抓住对应它的知识生产的特征。"①

苏联马克思主义在革命后构造了粗糙的基础/上层建筑的决定论模式,文化形式或多或少地被化约为经济和阶级关系的简单反映。为了反对这种观点,西方马克思主义倾向于远离经济基础的任何分析,强调文化形式的复杂性和相对自治,坚持文化批判的重要性,这就抛弃了马克思主义社会学的显著特征和解释力量。比如,阿多诺把文化工业的经济动力作为文化控制过程的根基,但这只是马克思主义分析的出发点,默多克和戈尔丁认为,需要进一步研究的是,通过细节性的描述,呈现经济关系如何结构了文化企业家的整个策略和那些制造了文化产品的人如作家、记者、演员和音乐家等的具体行为,见出这个再生产的过程是如何运作的。但是,在被安排到保罗·拉扎斯菲尔德(Paul Lazarsfeld)的广播研究项目,被要求去调查美国音乐工业的结构的时候,阿多诺却拒绝去做经验性的工作,他认为这些工作是多余的。阿多诺认为,既然工业的基本结构再生产于它所生产的文化商品中,它们就能够从这些形式的批判性分析中充分地推断出来而不需要进行独立的研究。但这样一来,美国的文化工业实际上是如何运作的就不得而知了。霍尔的思路也是如此,他说,比起它的资金回扣,广告再生产社会权力关系和意识形态结构的角色更为重要。但默多克和戈尔丁认为,如果没有分析它所发生于其中的经济语境以及这个语境施加的压力和限制,这一意识形态再生产的过程就不可能完整地得到理解。资源问题和利益得失在结构电视生产及其产品的过程中扮演着重要的角色,经济不是仅有的因素,但它不能被忽视。马克思主义的显著特色是,它集中于经济和知识生产的复杂关系、基础和上

---

① Graham Murdock and Peter Golding: Capitalism, Communication and Class Relations. in James Curran, edt, *Mass Communication and Society*, Sage Publications, INC. 1977, p. 17.

层建筑的关系,这种关系一旦被贬值了,马克思主义的理论生命力就消失了。默多克和戈尔丁强调,他们并非主张不加掩饰的经济决定论,经济不是媒介行为的唯一决定因素,但通过集中于经济基础,他们认为,对物质资源和它们的变化着的分配的控制是操作在文化生产中的最有力的层面。虽然这种控制不常常是直接性的,媒介组织的经济状况也不常常对其产品具有直接的影响。[1]

第二次世界大战以来,传媒工业的大趋势是走向集中和垄断。在马克思主义看来,财产拥有、经济控制和阶级权力是结合在一起的。20世纪资本主义的新发展对马克思的观点多有挑战,最重要的集中在所有权和控制的关系上。1932年,两个美国人阿道夫·波利(Adolf Berle)和加丁纳·米林斯(Gardiner Means)合写了一本书《现代公司和私人财产》,他们认为,现代公司的控制正在分离于所有权,因为大公司逐渐地向外部寻找资金资源,其结果是,股东形式的拥有权变得分散了,这样,创立者和他的家庭占据了主要份额的传统公司结构就被另外一种结构所代替,其中,份额分配给较小的持有者,他们中没有人能够有效地控制资源的分配。而且,最初成立公司的家庭逐渐从传统的企业和行政角色退出,大公司的操作转移到新的职业经理人精英阶层手里,他们具有专业化的知识和技能以管理日益复杂的现代商业企业。这样,行政手段的掌控取代了生产方式的所有权而控制当代大公司了。默多克和戈尔丁不同意这种观点,他们认为,实际上,在很多多媒体(multi-media)联合大企业,公司创建家庭及其后代掌握着控制性的股份,很多时候他们仍然占据着关键性的行政和管理职位,这就使得他们能够控制公司的一般分配政策,也具有一定程度的对日常运作的控制。他们的结论仍然倾向马克思,即控制没有分离于所有权。那些拥有生产方式的人仍然控制着主要的生产和分配过程,结论就是:"控制着主要的资源分配的过程仍然在很大程度上决定于所有权,而且,那些财富群体以可辨识的利益共同体继续构成

---

[1] Graham Murdock and Peter Golding: Capitalism, Communication and Class Relations, in James Curran, edt, *Mass Communication and Society*, Sage Publications, INC. 1977. p.20.

了资本家阶级。"① 这证明马克思在《德意志意识形态》中的观点仍然有效。市场会排除那些缺乏经济力量或资源的声音。这个排除的过程不可能是偶然的，相反，经济成本系统运作的潜在逻辑加强了那些已经在主流的大众媒介市场占据了位置的人的地位，排除了那些缺乏准入所需要的资本基础的群体。这样，存活下来的声音就是那些最少批判主导性的财富和权力分配的人。相反，那些可能挑战这些安排的人不可能广泛地传播他们的对抗性的声音，因为他们不能有效地调动传播资源给大众。因此，唱反调的观点就不能在主流商业媒介中获得根据地。基于最大化观众和收入的压力，毫不奇怪，商业媒体的趋势是避免非大众化的和有倾向性的观点，而是去吸收那些最大众化的，具有最大范围合法化的价值观和假设。这样，基于高涨的成本压力，所有媒介都试图最大化它们的观众，不能以各种方式最大化观众的媒体就只能衰落甚至消失了。相比那些服务于购买力强大的群体的报纸，服务于广大工人阶级读者的报纸必须取得高得多的销售额才能生存。比如，基于观众和成本的限制，新闻中的世界要显示为碎片化的和无变化的，其中，异议和对抗要显得是短命的、不重要的或非理性的。新闻变成了缓和剂和安慰剂，是非骚扰性的和非威胁性的，致力于共识的维持和社会秩序的处理。总之，生产的决定性的语境是市场。为了寻求最大化这一市场，产品必须着力于最大范围的合法性的核心价值观，同时反对异议的声音。这样，流行、公式化、非干扰性的（undisturbing）、可同化的（assimilable）虚构的题材就是商业规则和美学诀窍了。② 也就是说，保守性的、维持现状的、满足宰制性的价值观的东西就因为市场法则而得以维持和生存，而边缘的、异议的、对抗性的、变革性的观点和行为则被压制。市场的经济规则导致了文化产品的保守性，导致了变革的举步维艰，这是默多克和戈尔丁从经济学角度得出的文化产品的价值和意义的局限，他们的研究证明

---

① Graham Murdock and Peter Golding: Capitalism, Communication and Class Relations, in James Curran, edt, *Mass Communication and Society*, Sage Publications, INC. 1977, pp. 32 – 33.

② Ibid., pp. 39 – 40.

了马克思的说法,即谁拥有媒体,谁就能够控制文化的生产,而谁能够控制文化的生产,就能够晋身主导性资产阶级,其利益便受到了媒体再现的服务。因此,如果把重点放置在媒体与真实再现之间的关系上,就忽略了决定它们存在的结构。在理解知识生产之前,必须先了解物质生产的过程,在了解文化基础之前,要先理解经济基础。经济并不是唯一发生作用的因素,但同样的,它也不能被忽略,这是传播政治经济学的基本结论。

在文化研究和传播政治经济学的一次遭遇中①,默多克站在传播政治经济学的立场对伯明翰学派的文化研究提出了批评。默多克指出,对于当代文化的批判性分析来说,强调批判的政治经济学是出发点无疑是正确的,它是文化行动发生其上的动力和结构性的条件。但是,如果公司权力和资本主义动力被认为是塑造那些条件的核心力量,是那些条件生产和协商了公共文化的(public culture)意义系统,那么,为什么文化研究的实践者在他们自己的分析中没有遵循这种逻辑呢?默多克说,部分原因来自学术体制的劳动分工。对某些人来说,这种分裂居然不是问题,如菲斯克说的,每一个领域需要它自己的方法和理论框架,而且每一个以另一个的视角都不能得到充分的分析。但接受这种学术的隔离就背离了文化研究的初衷,它原是要摒弃学科和领域之间的分裂,要工作在夹缝之中以便完整地分析文化。文化理论家建构了身份和生活风格中的多元差异,而构造了这些差异的经济和政治动力则落入视野之外,结果就是如特里·伊格尔顿(Terry Eagleton)说的,你可以谈论文化差异,但不必谈经济剥削。②

默多克指出,批判的政治经济学坚持,为了理解当代文化的动力,首先必须理解公共领域里的意义生产的方式,比如出版、广播、电影、教育等,这些急剧地融入和从属于资本主义的事业、私人财产、商品化、现金关系的结构和逻辑,这就需要去说明,在结构性的

---

① 参见拙文《文化研究与政治经济学:从对抗走向联合》,《甘肃社会科学》2013 年第 3 期。
② Graham Murdock, Across the Great Divide: Cultural Analysis and the Condition of Democracy, in Critical Studies in Media Communication, 1989, 6: 4, pp. 89 – 95.

层面，资本主义动力创造特别的场域的方式，这些场域为了某些行动，鼓励一定的意义制造的形式，压制其他的形式。就如威廉斯说的，它们施展压力，设置限制，它们促进某些方面又限制某些东西。但要说特殊的生产或消费行为、创造和解释，能够从经济动力中直接推导出来，这种说法是不对的。这么做就忽视了这一事实，即虽然场域（arenas）限制了行为的选择，它们并没有命令（dictate）它们，仍然存在着多重选择的可能。要理解为什么在某些时刻会有某种选择，我们需要对特定场所意义生产和采纳的方式进行详细的社会学研究，这样，"批判的政治经济学对于能胜任的文化生产的社会学而言是一个必要的先锋；它不是后者的替代品"①。

政治经济学和经济学的差异在于，前者坚持考察商品世界和好的生活之间的关系。对于许多近期的文化研究者来说，这个关系是没有疑问的，商品是好的生活的通行证，消费是构造和展示身份的领地，这是一个自由的、灵活的、选择的王国，它反对工作的日常规定和统治。但是那些弱者，那些残疾人，那些被剥夺的人怎么办呢？如凯斯·特斯特（Keith Tester）愤怒地指出的，今天关于商店有趣的不是什么东西在里面，而是谁睡在了它们的门边。作为对消费研究的道德虚假性的攻击，这句话一语中的，但许多东西需要进一步分析。从批判的政治经济学的视角看，商店有趣的是东西是从哪里来的，它们产生于什么样的条件下，谁能够购买它们，购买者的选择自由和流浪者、乞丐和拾荒者被否定的选择之间的纽带是什么，这些都是重要的问题。政治经济学的"政治性"不仅仅是它的兴趣在经济动力和公共政策之间的相互关系，而且，它关心的是公民权问题，即权利和义务的建构问题，这些权利和义务构成了一个政治共同体的完全和有效的身份。但公民权问题在文化研究中被边缘化了，后者关注的是文化消费。

概而言之，拉夫堡学派的传播政治经济学坚持马克思主义的分析

---

① Graham Murdock, Across the Great Divide: Cultural Analysis and the Condition of Democracy, in Critical Studies in Media Communication, 1989, 6: 4, pp. 89 – 95.

方法，瞩目于传播领域的经济控制之于文化产品的意义决定性，而区别于伯明翰学派的文化研究抬高文化接受的主动性。基于具体的经济学的实证性和批判性分析，拉夫堡学派的学理思路对当代文化研究作出了积极的贡献，彰显了文化研究的介入性和政治性。

【作者简介】章辉，三峡大学文学与传媒学院"楚天学者"特聘教授。

批判理论的非社会化？
——霍耐特的阿多诺文化工业理论

孙士聪

对于阿多诺与霍克海默合著《启蒙辩证法》的批判由来已久，其中哈贝马斯与霍耐特师徒的批判尤为显著。且不说霍耐特《权力的批判——社会批判理论反思的几个阶段》专论此书，乃师哈贝马斯早在霍耐特之前就予以严厉批判，他曾经描述过自己关于《启蒙辩证法》三个印象："读者如果不想被《启蒙辩证法》的修辞所迷惑，而想退而认真对待文本的哲学意义，他们就会有这样的印象：——这本书中所讨论的主题和尼采用同样的方法对虚无主义所做的诊断一样，具有冒险色彩。——两位作者都意识到了这一冒险。但一反表面现象，他们始终努力为他们的文化批判提供论证。——不过，这样所要付出的代价就是抽象和简化，从而使他们所讨论的内容的可信性成了问题。"①

哈贝马斯的印象实质上可以概括为关于批判理论的两个批判：一是虚无主义，二是化约论。具体说来，一方面，"阿道尔诺和霍克海默坚持认为，现代科学在逻辑实证主义当中形成了自我意识，它为了技术上的有效性而放弃了理论知识的要求"。"早先对实证主义科学观的批判，发展成为对整个科学的不满，他们认为科学已经完全被工

---

① ［德］哈贝马斯：《现代性的哲学话语》，曹卫东等译，译林出版社2004年版，第127页。

具理性所同化。沿着《朱莉埃特》和《道德的谱系》这条线索,霍克海默和阿道尔诺试图进一步指出,理性已经被逐出了道德和法律领域,因为随着宗教—形而上世界观的崩溃,一切规范标准在唯一保留下来的科学权威面前都信誉扫地。"另一方面,"霍克海默和阿道尔诺早期对资产阶级文化肯定特征的批判,上升为对所谓不可修正的反讽式公正判断的愤怒。因为这种判断使得早就意识形态化的艺术彻底成为大众文化"①。

哈贝马斯的批判自是为其交往行动理论厘清地基,但对于他关于启蒙辩证法的判断,学界尚存不同认识。有学者认为哈贝马斯的批判是不够成熟的,其交往理性工程带给启蒙辩证法化约性贫困②;也有学者指出,二者关于理性的理解上存在错位,问题的关键在于视角的不同:在霍克海默与阿多诺那里,工具理性与价值理性作为启蒙理性的两个维度是对立且不相容的,理性的工具化发展及其对日常生活的渗透是不可避免的历史趋势;而在哈贝马斯那里,作为理性内在对立面的是工具理性与交往理性,然而二者矛盾却非对立,因而可以相容互补。③ 上述评价在霍耐特看来,都显然是不公正的,因为它们都没有进入哈贝马斯的问题域,霍耐特从社会学的角度对哈贝马斯的批判给予支持,其基本结论是:阿多诺与霍克海默的批判理论忽视了社会学视角,这一忽视在哈贝马斯交往行动理论中得到修正。那么,在霍耐特的批判理论的批判视域中,阿多诺文化工业理论呈现出怎样的面目?下文的讨论将围绕此问题展开。

一 历史哲学框架的社会学限度

霍耐特整体上从社会批判理论抽绎出三个维度,即历史哲学、经

---

① [德]哈贝马斯:《现代性的哲学话语》,曹卫东等译,译林出版社2004年版,第127—129页。
② Anthony J Cascardi: *Consequences of Enlightenment*, Cambridge : Cambridge University Press, 1999, p. 31.
③ 傅永军:《理性缺位的总体性批判》,《山东大学学报》2006年第6期。

济学与心理学。在他看来,"霍克海默明确把'社会的生活过程'与'与自然的斗争过程'相提并论。这在范畴上缩小了的历史模式是霍克海默早期批判理论的一个关键性的组成部分,构成了他建造跨学科的社会科学大厦的理论基柱。于是,政治经济学必然获得社会科学毫无争议的基础学科地位"①。在经济学这一维度之外,心理学构成了霍克海默早期批判理论的第二维度,第三维度则由文化研究来承担,正是上述三个维度构成了社会批判理论的基础。关于批判理论的心理学维度,马丁·杰伊指出:"批判理论的兴起部分是马克思主义无法解释无产阶级没有实现其作用的反应,霍克海默早期对心理分析的兴趣,主要原因就在于它可以帮助解释社会的心理'凝聚力'。20世纪30年代开始执掌研究所时,他就提出研究所的主要任务之一是对于魏玛共和国工人阶级的精神状态做经验研究。虽然霍克海默从未满意,但这却是把批判理论运用到具体的、经验的、可证实的问题上的第一次尝试。"② 只是随着研究所流亡美国,反犹主义经验研究在罗斯福总统时期的美国失去了现实土壤,并成为研究所在20世纪40年代中期进行的"偏见的研究"中一个不可忽视的阴影。

然而,就经济学、心理学、文化理论而言,"霍克海默在30年代尝试拟定的跨学科的社会科学的总体框架,仅仅建立在经济学和精神分析学这两门学科的基础上。文化理论在这个总体框架中的位置,仅仅标志着对社会行动进行系统关注的那种徒劳无功的尝试。然而,在社会研究所的工作中实际上运用的那种文化理论,既不是以行动理论,也不是以制度理论的文化概念为基础,而是建立在第三种文化概念的基础上"。这一文化概念在阿多诺与洛文塔尔的文化理论中得到凸显,即文学艺术作为经济学与心理学的中介取代了霍克海默的那种文化理论指向,"文化概念最初具有行动理论的意向,而后又受到制度主义的制约,最后成为从艺术理论的角度使用的范畴。在这种悄然

---

① [德]阿克塞尔·霍耐特:《权力的批判——社会批判理论反思的几个阶段》,童建挺译,上海人民出版社2012年版,第17页。
② [美]马丁·杰伊:《法兰克福学派史》,单世联译,广东人民出版社1996年版,第137页。

批判理论的非社会化？

转变中，30年代末阿多诺著作中的批判理论即将进行的这种历史哲学的转向已经宣告到来"①。

按照霍克海默与阿多诺关于历史哲学分析的基本思路，人类能够把模仿自然的实践转化为改造自然的实践，从而超越动物性的生活方式的界限。在巫术活动中规定了有组织的对自然的模仿，然后在历史理性实践中规定了劳动，其中，巫术作为集体导演的模仿，通过虚构或者想象来淡化或减轻无法操控的自然过程的现实危险。随着生产力的提高，人类文明就表现为一个退化的自然历史过程，这就是阿多诺所谓"一个倒退的人类起源"的历史哲学的内在原则。这一原则的核心范畴是"工具合理性"，它既是文化退化的起因，也是其动力源泉。但依霍耐特之见，这一范畴仍然局限于客体化思维之中。阿多诺所谓人类史前史的核心即是模仿行为与人类的自我确认。这是一个通过巫术从象征性的模仿到实质性操控自然的过程，其中起到关键作用的是理性的工具化——后来阿多诺将其概括为"同一性"。人类通过思考与自然保持距离，以使它仿佛能够被实际支配似的站在自己面前。纷乱的世界被统一化与同一化，先是语言，然后是概念。这一抽象的建构世界的过程就是所谓的物化的最初的阶段：从不同事物中归纳出共性的抽象取代了对自然的生理性应。对于被抽象的实践所改造的自然而言，一切不能被把握之物都成为多余的，一切多余之物都被从自然清除出去，现代科学技术的基本逻辑无疑就是这一思路的延伸。

概言之，从想象与虚拟的（典型的是巫术）支配自然，到通过劳动实践将自然建构为理性可以把握的现实，理性所支配的人与自然之间的统治关系得以确立，并投射到人与人之间的社会统治中。在人与自然关系上的人对于自然的统治，被复制为人与人的关系中的人对于人的统治，二者都从差异性归结出共通性，从具体性中归结出抽象性。发轫于人对于自然工具性统治的这一统治理论构成《启蒙辩证

---

① ［德］阿克塞尔·霍耐特：《权力的批判——社会批判理论反思的几个阶段》，童建挺译，上海人民出版社2012年版，第27—28页。

法》历史哲学的理论基础。除了人对于自然的压抑以及社会关系中人对于他人的压抑，阿多诺与霍克海默在《启蒙辩证法》中将这一逻辑延伸到人对于自身的压抑，即支配自然的压抑逻辑也在个体压抑自身内在本能的过程中发挥作用。因为在支配和改造自然的过程中，那些有碍于这一支配过程的其他因素无不受到清理，这既包括外在的物质因素，也包括精神的因素，所以即便在支配自然的过程中也存在着主体对于自身内在本能或动机的压抑，而这种压抑遂逐渐成为人对于自身内在本能的压抑，这就是阿多诺所云：即便自我在创造出来之前，关于自我的压抑就已经出现了，同时压抑自我的努力又伴随着自我的持存。

由以上可以约略概括启蒙辩证法历史哲学命题的基本内涵：一是通过想象与虚拟等巫术形式，来实践人对于自然的反应与应对，并将这种应对自然的模仿行为逐渐转化为人控制自然的工具性行为，从而实现人对于自然的控制。二是在自然被客体化的同时，随着实践过程中一切有碍于实施模仿性行为以及控制性行为的因素——无论是外在还是内在的，都排斥在被压抑状态之中，人对于内在自然或者人的本能的压抑，就构成支配自然模式的另一种表现形式，从而在支配自然的最初活动中，开启了人的自我否定的实践进程，即人的内在自然的客体化与自然的客体化同时展开，人的片面化与自然的片面化同步进行。上述两个过程可以更为简明地概括为：人类在何种程度上工具性地支配自然，就在何种程度上支配主体自身，并在何种程度上丧失自己。因而，正像霍克海默和阿多诺所概括的，人类支配自然的过程只不过是同时就是发生在人类自身之中、人自我毁灭的过程。三是上述历史哲学的统治理论同样在社会内部统治关系中得以延伸，这主要通过劳动分工体现出的。总之，在人类支配自然的过程之中，劳动实践逐渐分化为工具性的活动与控制性的活动，此即体力劳动与脑力劳动的分化以及人之间的统治与被统治的分化，由此艺术与劳动、自我只存与身体之间就产生了分野：社会分裂为等级，统一的主体散化解体。

置言之，在霍克海默与阿多诺那里，人对于外在自然的支配模式

批判理论的非社会化？

不仅适用于人对于内在自然的支配，也适用于社会统治内部人对于人的支配，即历史哲学问题框架适用于社会统治领域。然而，正是在这里，霍耐特给予批判性反思："由于在他们的历史哲学中把文明史解释为人类对自然的支配、社会的阶级统治以及对个体本能的控制的那种必然的螺旋上升的过程，阿多诺和霍克海默不得不得出这样一种在社会理论上无视社会行为的中间领域的存在的结论。集体的社会自我持存的压力被如此完美无缺的解释为阶级群体自身在其间进行创造性活动的那个社会中间领域不复存在。不难看出，在这个结论中表现出来的那种社会理论的简化论，是与范畴上的单一性相对的一种悲观主义的历史哲学的对应物，而唯物主义历史哲学的那种乐观主义的变体把早期的霍克海默引向了这种单一性。在历史上相继出现的这两个批判社会理论的版本中，行动理论的版本在范畴上所勾画的轮廓局限于劳动这个概念之中；因此在这两个版本中，人类社会的历史都被一以贯之的纯粹从人类支配自然的动力来理解。然而，同样的人类支配自然地过程在这两个版本中得到大相径庭的解释：30年代的霍克海默仍相信以及技术为指导的对自然的改造在文明上具有不息的解放潜力；而不到十年之后，《启蒙辩证法》认为在技术上大步向前的同样的支配自然的过程开启了文明的毁灭过程。"①

需要注意的是，霍耐特这里用来指责阿多诺与霍克海默所忽视的"社会行为的中间领域"，事实上就是社会交往领域，当然，这是指乃师哈贝马斯的社会交往理论。为了给社会交往这一社会行为的中间领域廓定地盘，霍耐特还需要对延续上述思路并最终形成否定辩证法的阿多诺给予批判：阿多诺奠基于否定辩证法的社会理论本质上是排斥社会的。霍耐特用了一章的篇幅来讨论，该章标题就是"阿多诺的社会理论：对社会的最终排斥"。他认为，阿多诺在奥兹维辛之后的战后资本主义新语境中，依然坚守着建立在《启蒙辩证法》历史哲学框架下的社会批判的基本信念，把那种从人类系谱学来解释纳粹

---

① ［德］阿克塞尔·霍耐特：《权力的批判——社会批判理论反思的几个阶段》，童建挺译，上海人民出版社2012年版，第52页。

极权主义的历史哲学框架,直接作为批判性阐释发达资本主义的理论框架,即将对于阐释纳粹主义的历史哲学用以解释奥兹维辛之后的发达资本主义,因而这一分析框架与理论范畴先天存在着简单化的嫌疑。

与此相关,将艺术视为一种"认知中介",以帮助人们获知关于事实真相的非抽象性认识,这一思路在整批判理论中具有普遍性。在阿多诺的早期研究中,审美体验已经被视为一种能够获得事实的优先性认知中介;而在洛文塔尔的认识中,艺术也具有地震仪一样感知社会冲突的能力;就审美体验能够在社会历史变化中承担一种主导历史功能而言,马尔库塞与本雅明分享同样的逻辑。霍耐特指出,艺术作品成为批判理论的关键主题是在《启蒙辩证法》才真正确立艺术直觉的优先地位,并在历史哲学的理论框架内得到阐释。具体说来,就像在历史哲学的框架中一样,模仿也在审美模型中享有关键地位。在人类面对自然过程中,从逃避自然到以想象和虚拟的形式面对自然,诸如巫术之类的模仿确立了自然客体化、自我主体化的历史起点,同样,从审美模型的角度来说,正是在模仿中,自然并不总是被视为被操纵、被干预之物,而是一种与感官所对应的对象,这不仅是自然从客体化中被解放出来的前提,也是人被控制的本能以及人的解放的可能性的逻辑起点。现在,艺术就是"体现了这样一种人为的以模仿的方式接近物质世界的形式"①:一方面,艺术作品象征了一种能够摆脱支配性工具思维而能够把握真实的独特体验,在这种体验中,对象不再受到工具性观念模式的支配而获得了平等性,不再是停留于作为主体自我确认的参照物地位;另一方面,只要支配的自然工具性强制性力量延伸到社会内部的统治关系之中,那么,艺术活动就具有展示摆脱这一逻辑的独特地位。

上述审美认知模型使阿多诺面临陷入矛盾的危险。如果审美经验被视为以非抽象的形式感知社会冲突的有效而独特的中介,以至于阿

---

① [德] 阿克塞尔·霍耐特:《权力的批判——社会批判理论反思的几个阶段》,童建挺译,上海人民出版社2012年版,第54页。

多诺在一定程度上将审美经验置于与社会批判理论等同的地位，那么这就意味着艺术品享有优先于理论反思的认知能力；而如果对于抽象思维的批判一旦被置换为对于艺术作品的中介性认知能力的优先性的强调，那么，艺术作品仅仅是作为经验模式而远不是经验创造模式，就不能不与作为中介性认知模式发生矛盾，哲学反思与审美经验之间就成为阿多诺的摇摆的主要空间：既不能倒向哲学反思，因为这一反思本身也面临着抽象性的指控；也不能导向审美认知，因为审美本身无法与理论反思相提并论。结果，"哲学是批判理论的反思形式，而批判理论则把抽象反思的每一步都视为得以延续的统治史的一个组成部分"[①]。就像一个想咬自己尾巴的小狗，阿多诺的社会理论显然将批判的矛头指向了批判本身。

二 非社会化批判与文化工业逻辑

霍耐特的历史哲学批判并非空穴来风，在启蒙理性批判中，历史层面与理论层面构成了理解阿多诺与霍克海默的核心，"既重视作为一种历史现象的现代启蒙运动的具体性，同时又促进对那一段历史的批判性理解"。在历史层面上，霍克海默与阿多诺提出，启蒙运动将自我意识与客体世界对立，这是从等价物的角度为主体性界定；而理论层面则是对于启蒙自身结构或启蒙理性的分析和批判。[②] 若跳出霍耐特批判的目的性规范，不是从启蒙理性批判而通达交往理性，而是将这一批判与文化工业理论联系起来，则霍耐特批判中将凸显出阿多诺在理论与实践之间的分裂，具体表现为现实判断逻辑化、文化工业总体化、市场中介理想化等三个方面。

阿多诺对于晚期资本主义的批判是在其社会理论框架下展开的，批判的主要矛头所指是社会的整合功能，对于当代晚期资本主义社会

---

① ［德］阿克塞尔·霍耐特：《权力的批判——社会批判理论反思的几个阶段》，童建挺译，上海人民出版社 2012 年版，第 60 页。
② Anthony J Cascardi: *Consequences of Enlightenment*, Cambridge: Cambridge University Press, 1999, pp. 23 – 24.

的经济结构的分析构成了阿多诺社会分析的核心部分。在阿多诺的社会理论看来，统治的概念在这里分为相互关联的三个层面：政治经济再生产的统治、行政管理操纵的统治、心理整合的统治。但在霍耐特看来，阿多诺对于晚期资本主义社会经济结构分析，实质是以整合机制完全遮蔽甚至取代了社会内部的冲突，而其根源在于阿多诺社会分析中所使用的判断晚期资本主义的概念，即国家资本主义。国家资本主义这一概念原本是一个用以分析民族社会主义/法西斯主义的经济制度的一个范畴，后来被社会学研究所抛弃，然而阿多诺却始终坚持使用这一概念，其基本逻辑如下：自由资本主义被垄断资本主义所取代之日起，国家资本主义就事实上宣告存在了，因为垄断资本主义本身并非独存的，而是与资本主义的统治整体联系在一起，由自由资本家所构成的组织整体已经被行政集权的国家资本主义组织形式所取代。然而，霍耐特认为，这实质上忽视了资本主义内部的诸多层面，复杂的对象被简单化，误以为自由资本主义只要不受到资本主义行政机构的干预，自由的市场经济就能够自己解决问题。因此，阿多诺关于晚期资本主义社会的已经"全盘宰制"判断，并非来自于实证分析，而仅仅来自于阿多诺批判理论的纯粹逻辑推论。

按照这一推论，文化工业理论的存在就是必需的了，阿多诺的基本设定如下：行政权力借助于集中控制的大众媒介，获得了不受制约的有效的意识操纵工具。这具体体现为阿多诺将第二次世界大战的电子传媒在行政方面的应用视为束缚意识的工具来分析。在垄断资本主义的经济背景下，电影、电视等新兴技术与娱乐文化产业融合为文化工业复合体，最终实现对于个体的意识的操纵，阿多诺对于文化工业理论深信不疑，其根据在于文化感知方式的变化上：一方面，借助于现代媒介技术的发展与扩张，个体的感知系统逐渐被整合到一种由文化工业所合成的建构的表象真实之中；另一方面，基于上述同样的原因，阿多诺又认为，文化产品与文化接受之间的距离被迅速缩小。文化工业机制不仅造成了文化工业产品的审美光芒的消失，而且有它所塑造的感知模式已经被扭转为一种被动的、受控的、无反思的"物化"模式：在个体与文化产品的关系上，传统艺术"光晕"所代表

批判理论的非社会化？

的距离荡然无存，人与艺术亲密无间；在人与现实的关系上，由于现代媒介技术所建构起来的现实表象已经完全取代了现实，因而个体的感知停留于真相之外；在人与信息的关系上，由于感知模式的受控而导致的感知能力的退化，使人们填鸭般被动接受无限丰富的信息。

总之，在阿多诺看来，文化工业运作机制造成相反相成的两极：一极是现代媒介的日常化与感知世界的极大丰富，另一极是个体的感知模式的物化与感知能力的实质退化。一个指向现实世界，一个指向主体，两极实为二位一体，统一于文化工业之中。对此，霍耐特给予了严厉批判。在他看来，阿多诺的上述社会经济学的病理诊断，构成了文化工业理论的社会理论根基，而这一诊断的根本性缺失在于：阿多诺的社会经济学的诊断是一种简约化的"视线收缩"的做法，也就是说，这一诊断仅仅看到了晚期资本主义社会的文化工业在垄断资本主义经济结构、行政结构以及被动的"白痴"化的接受的顺畅运作，却对其他同样重要的社会要素视而不见，比如"亚文化的种种接受境域""团体特有的诠释活动和解释模式""大众媒介组织模式中的民族的特殊性"等。[①]

那么，阿多诺何以可能对上述因素视而不见并且对于自己的社会经济学的社会病理诊断数十年如一日深信不疑呢？这里需要讨论阿多诺的另外一个非常重要的概念：中介。在阿多诺看来，自由资本主义时代，人与社会之间的联系，是通过市场这一中介而制度化的实现的，由于市场机制的存在，行政机制无法实施它所期望的社会整合的功能，然而到了垄断资本主义时期，社会结构层面的中介——市场，已经让位于利益集团的集权统治。换言之，垄断集团不仅侵入了市场的领地，而且掌控了这一领地，自由市场及其机制本身反而被驱逐出去。正是基于坚信市场及其中介下的社会行为方式的彻底崩溃，阿多诺才有可能在大众媒介及其产品分析上，无视亚文化及其阐释本身所具有的文化革命性；在大众文化的接受上，看不到由文化工业所建构

[①] [德] 阿克塞尔·霍耐特：《权力的批判——社会批判理论反思的几个阶段》，童建挺译，上海人民出版社2012年版，第76页。

的伪现实的批判力量的可能性存在,接受的个体宿命般的陷入整体的被操纵的陷阱之中而不能自拔;与之对应的是,由于忽视了上述因素,文化工业及其机制本身也就被视为铁板一块了。

阿多诺的文化工业理论立足于其社会学视野之中,因此仅仅停留在"受众白痴论"诸如此类的批评中,难免误解阿多诺。产生误解的根源在于阿多诺关于文化工业理论的理解与其说来自于现实关切,倒不如说主要来自于理论自身的逻辑冲动。正如霍耐特所指出的:"对于这个推论中所存在的那种操纵理论的错误结论进行挑剔,而不在阿多诺具有决定意义的社会理论中探究这一错误结论的真正原因,这样的批评尽管正确,却失之肤浅。它没有看到,阿多诺在他对晚期资本主义社会组织形式的分析中如此专注于'中介的终结'这样的看法,以致他无法看到社会群体日常交往实践的中间领域。阿多诺文化理论分析的这种单一性只不过是其社会理论在范畴上的简化伦导致的理论结果。由于他借助于这些仅仅能在市场领域中察觉一种对个体行动进行社会调节的中介的简陋工具,作出后自由主义资本主义高度发达的工业社会的市场不可避免的毁灭的诊断,所以能够前后一致的推断出社会内部关系的根本瓦解,推断出社会的去社会化。这最终令他写下这样的尖锐措辞,即'个体本能经济体的徒劳无益的工作'如今日似乎'给文化工业机构纳入自己的经管之中'。"①

依霍耐特之见,阿多诺基于社会学的病理诊断而赋予文化工业理论以过于繁重的阐释任务,这超出了后者的能力范围。文化工业意识形态在宏观上不仅像人控制自然一样控制个体,而且还必须切入心理学的层面,阐释何以在接受的维度上文化工业意识形态能够在个体意识中实现自己的目的。对于后者而言,阿多诺将其概括为"个性消失"的病理学诊断,正好与社会层面上的"全面管理的社会"的诊断相对应,同时,社会学的诊断与心理学的诊断又与阿多诺与霍克海默关于启蒙与神话之间的哲学辩证诊断相一致。批判理论的心理学诊

---

① [德]阿克塞尔·霍耐特:《权力的批判——社会批判理论反思的几个阶段》,童建挺译,上海人民出版社2012年版,第77—78页。

批判理论的非社会化？

断,在法兰克福学派社会研究所自有传统。早在《传统理论与批判理论》一文中,霍克海默就已经涉及人格的问题,而到了"家庭研究"尤其是"权威主义人格"研究,心理学方法尤其是弗洛伊德的影响就更加凸显出来。在《权威主义人格》中,父亲被认为随着自由资本主义阶段中小型企业主的消失而逐渐丧失了自己在家庭中的权威,因而在激发孩子的个性方面曾经发挥的功能已不复存在,这深刻影响了孩子个性的形成。马尔库塞也讨论过"没有父亲的社会"对于个性与人格形成的影响,阿多诺自然也不能处身事外。

在阿多诺看来,在自由资本主义阶段,市场中那些自我负责、自由行动的个体以及自由开放的空间,都为人格的社会化形成提供了条件,个体在其中既要发展出理性的计算能力、决策能力,也需要与他人交往并遵从一定的制度规则,"对于阿多诺来说,它是这样一种社会过程的文化前提,在这种社会化过程的行进中,成长中的主体学会从其他父辈那里觉察市场所要求的种种职业美德,在他们的权威影响下尊重这些美德,并因此把它们作为良心的要求内化。因此,他(阿多诺,本书注)可以得出结论:当经济实践的这种集权式的控制使为市场领域量身定制的父亲的人格特征变得多余时——资产阶级行为自主的巅峰因此随资本主义的后自由主义结构变迁被超越,这种培养个体良知的社会化框架条件就消失了。这样一种与市场的界限值相一致的人类个性的历史模式构成了阿多诺社会心理讨论的一般背景"①。从自由资本主义的市场及其所建构和培养的社会组织结构以致到个性和人格的形成,到垄断资本主义的集权集团及其所剥夺的权威的父亲以致个性的消失,再从市场—父亲—人格这一逻辑链条中,阿多诺实在遗忘了太多的东西。具言之,随着资本主义经济结构的发展与变化,也就是随着从自由资本主义到垄断资本主义的发展,市场作为社会结构的中介,以及随着父亲在家庭中地位的变化,这些不仅对于个体而且对于个体人格的形成产生了深远的影响,从而出现了资

---

① [德]阿克塞尔·霍耐特:《权力的批判——社会批判理论反思的几个阶段》,童建挺译,上海人民出版社2012年版,第79页。

本主义经济结构的变化与个性的消失之间的对应关系。

至此,可以对阿多诺在心理学层面的论证做一简要概括:1、文化工业产品及其机制通过自我陶醉而将个体隔绝与真实之外,这是社会学的维度,而在心理学上则与父亲的权威性的消散与个性的消失有关;2、父亲权威的消散使个性形成中的规范性基础轰然倒塌;3、作为文化产品的大众偶像替代性的补偿并满足了父亲偶像倒塌之后留下的空缺——显然,这是弗洛伊德的语言。总之,"在内部心理中共同时进行的超我的去结构化过程和认知性的自我活动的削弱过程,两者都是市场领域的消解在社会化方面的间接影响,使单个的主体成为一种为了自身目的而充分利用生物的本能潜力的统治机器的牺牲品"①。总之,父亲权威的消失,被文化工业产品中的偶像崇拜所取代,补偿性地成为个性形成中的规范性基础,从而为人格的建构埋下第一枚炸弹。当然,最终的根源还是要追溯到市场的消失,或者说市场空间的消解:小型企业消失——父亲经济地位的衰落,母亲以及孩子外出工作——父亲权威的衰落——个性与人格规范性基础的倒塌。

这里的问题是:市场是否可以被如此的理想化,并被赋予如此重要的地位?霍耐特认为,阿多诺在心理学层面的阐释存在着两种维度,这两种维度的阐释具有内在矛盾性。一种是遵循霍克海默的思路,以超我所要求的那种去结构化为先决条件,另一种则论证超我的这一要求本身的无法实现性。这其实可以在《启蒙辩证法》中找到最早的萌芽,霍耐特将其称为从人对于社会的征服在个体内在本能领域的延伸。在《启蒙辩证法》中,主体积极支配自然,同样心在自然中,主体也积极的支配本能,父亲在儿童人格形成中的权威的社会学意义也正在于他的支配性地位。按此逻辑则不难理解,阿多诺何以将良知的形成过程视为环境对于人的控制的内化。由此来看,无论是社会经济学的诊断,还是社会心理学的诊断,乃至历史哲学关于启蒙的理性的思考,在人与自然、人与人、人与内在自然的关系上,阿多

---

① [德]阿克塞尔·霍耐特:《权力的批判——社会批判理论反思的几个阶段》,童建挺译,上海人民出版社 2012 年版,第 81 页。

批判理论的非社会化？

诺都采取了完全一致的立场，那就是支配理论或者称为统治理论。也正是从这一维度，霍耐特指责阿多诺将人与人之间的交往（比如儿童与父亲的交往）简单化甚或径直忽视了。具言之：社会经济学方面，阿多诺认为，自由资本主义市场所要求的行为模式与实际的人格结构之间，存在非常紧密的关联，或者更为具体的说，自由主义市场的行为规范将在人格形成过程中具有规范性基础作用，但霍耐特认为，恰恰相反，在市场行为规范与人格结构之间并非直接的联系，而是通过社会公共空间的交往实践联系在一起的；在家庭结构方面，阿多诺认为，后自由主义时代的资本主经济结构——尤其是私营小企业的消失而导致的父亲经济地位的改变与家庭内部结构的变迁存在紧密关联，而霍耐特却认为，如果忽视了家庭内部的交往实践，父亲权威角色的变迁与儿童人格结构的形成之间无法找到可以沟通的桥梁。事实上，恰恰是父亲与儿童之间大量的丰富的交往实践，才使父亲权威角色的影响力得以实现的。霍耐特将上述问题归结为阿多诺的范畴框架，"这种范畴框架只允许他撇开一切社会中间环节，直线式的从市场领域破坏的那些经济趋势中通过家庭的结构重组推断出个体自我能力泡坏的后果"[①]。

综上所述，我们可以看到阿多诺批判理论的三个支柱——历史哲学、社会经济学、社会心理学，三者集中并融汇在社会文化批评之中。首先，在历史哲学的层面，人通过模仿而逐步实现了对于自然的恐惧，然后获得支配自然的意识与能力。其次，在后自由主义时代，晚期资本主义用以控制社会生活的中介已经从被垄断取代的自由市场转移到行政管理机关，行政组织所控制的社会整合与政治经济领域的集权管理是一致的。再次，现代媒介技术在文化工业管理组织中享有支配性权力，这一支配是以个体的独立的自我意识丧失为前提的。总之，从控制外在自然，到控制社会结构，再到控制内在自然，对于自然而言，客体成为主体的证明物——马克思将其称为对象化；对于个

---

① ［德］阿克塞尔·霍耐特：《权力的批判——社会批判理论反思的几个阶段》，童建挺译，上海人民出版社2012年版，第87页。

体而言，原子化个体成为现实的存在形式；而在内在世界中，由于个性与人格建构的可能性的丧失，伴随"社会的统一化"或者"全面宰制的社会"，"个体的终结"就成为必然之物，这就是阿多诺念兹在兹的同一性逻辑的宰制——也是《否定辩证法》所一再论证的。

霍耐特明确指出："《启蒙辩证法》借助'支配自然'的范式建立起来的这种会社会模式纹丝不动的在阿多诺晚期资本主义理论中反映出来，并给这种理论生硬地穿上了集权主义理论的僵硬的紧身衣。"[①] 其僵硬就在于，支配自然的范畴并不能完全使用于社会结构的讨论之中，人对于自然的支配社会内部支配并不是同一个过程，总体范畴仍在起作用；阿多诺忽视了社会交往，也将个体原子化了。职是之故，阿多诺终其一生都将其社会文化批判与支配自然的概念紧密联系在一起，以致他在晚期资本主义整合方式的分析中在社会理论方面耽于一种简单化思维，这使跳过社会群体自身的文化活动的层面（也就是社会行动的领域），而仅仅关注个体与组织两极，实质上忽视了文化批判"社会的维度"，结果就是，社会学的文化批判却最终导致了阿多诺的社会理论对于社会的排斥。

【作者简介】孙士聪，博士、博士后，首都师范大学文学院副教授、硕士生导师。

---

① ［德］阿克塞尔·霍耐特：《权力的批判——社会批判理论反思的几个阶段》，童建挺译，上海人民出版社 2012 年版，第 89 页。

后马克思主义：马克思主义的幽灵

李世涛

近年来，后马克思主义引起了国内学界的广泛关注，但是，对后马克思主义的认识上存在着巨大的差别和分歧。事实上，这些问题在国际学界和马克思主义内部也同样存在。其中，后马克思主义的性质及其与马克思主义的关系，是理解后马克思主义的关键，本文尝试对此作出自己的理解。

众说纷纭的后马克思主义

从辞源学的角度看，迈克尔·波兰尼在1958年出版的《个体知识：走向一种后批判哲学》中，使用过后马克思主义概念；丹尼尔·贝尔在《后工业社会的来临》中使用并阐发过这个概念；20世纪70年代末期，辛德斯、希斯特在后马克思主义研究领域已经颇有影响；1985年，随着拉克劳、墨菲的《霸权与社会主义文化战略》的出版，他们是把这个概念作为"具体理论的纲领性名称"来使用的，"后马克思主义"的概念和思潮才为学术界注意，之后便引来了更为广泛的关注和重视。实际上，后马克思主义并没有一个固定、一致的界定，而是一个内涵丰富、流派纷呈、歧义迭出、不断变化的概念，仅英文表述就有"postmarxism""post‐Marxism""*post‐*Marxism""post‐*Marxism*"四种，其含义的模糊、不确定就

第三编　国外马克思主义文艺与文化研究

更甚了①。尽管如此,并不妨碍根据其大致倾向进行一些界定,这里就介绍几种看法。

英国马克思主义理论家戴维·麦克莱伦曾经把后马克思主义界定为"马克思之后的马克思主义",这种界定都是取其最泛化的意义,但因其范围太大而缺乏实质性意义。麦克莱伦还对后马克思主义做过一个狭义的界定:"后马克思主义"是一种"试图将马克思主义的社会主义同后现代主义思想结合起来的思潮"②。

马恰特(Marchart)认为,20 世纪 80 年代以来,后马克思主义概念的使用就不太准确和规范,它很难被描述为一个学派,而只是被描述为一种学术思想的倾向和趋势。后马克思主义的重要特征为:"破除了明确的'经典'马克思主义(例如第二和第三国际)的核心理论,并在其他观点上又与马克思主义的方案保持着联合的一个概念。"③ 后马克思主义正是以此区分了自己与此前的马克思主义的。

詹姆逊认为,在资本主义经历结构性变革的时期,才可能出现后马克思主义。他把后马克思主义分为两代:第一代以伯恩斯坦的修正主义为代表,是对资本主义从国内资本主义时期向帝国主义时期转变时的反应,产生于现代化或现代主义时期,其代表性著作是伯恩斯坦的《社会主义的前提与社会民主党的任务》;第二代(或当代)后马克思主义是对资本主义从现代时期向后现代时期转变时的反应,其代表性著作是巴里·辛德斯(Barry Hindess)与保罗·希斯特(Paul Hirst)的《论〈资本论〉》、欧内斯托·拉克劳(Ernesto Laclau)与尚塔尔·墨菲(Chantal Mouffe)的《霸权与社会主义战略》等。④

美国政治学家伊萨克则把以辛德斯、希斯特、拉克劳、墨菲为主

---

① 周凡:《后马克思主义概念的发生学探察》,周凡、李惠斌主编《后马克思主义》,中央编译出版社 2007 年版,第 1 页。

② [英]戴维·麦克莱伦:《当代马克思主义流派》,《北京大学学报》(哲学社会科学版)1997 年第 1 期。

③ [德]马恰特:《什么叫后马克思主义》(http://wmarxism.fudan.edu.cn/tab_disp.asp?id=19&tab=jdqk)

④ [美]詹姆逊:《论现实存在的马克思主义》,《马克思主义与现实》1997 年第 1 期。

后马克思主义：马克思主义的幽灵

要代表的马克思主义作为后马克思主义，他实际上采用了狭义的后马克思主义概念。①

我们还是看看后马克思主义最重要的理论家是如何看待后马克思主义的。在《霸权与社会主义策略》的第二版序中，拉克劳与墨菲第一次明确地说明了他们理解的后马克思主义："依据以上一系列新的问题和发展回到（重新激活）马克思的范畴必然导致对其解构，即置换它们可能性的一些条件，发展那些超越具有范畴应用特征的任何事情的新可能性。……为了按照当代的问题重新阅读马克思主义理论，必然包含对它的理论核心范畴的解构。"②

中国学者也对后马克思主义作出了回应。曾枝盛区分了广义的后马克思主义和狭义的后马克思主义。广义的"后马克思主义"指"马克思之后的马克思主义"；狭义的"后马克思主义"指20世纪70年代以后出现的晚期资本主义时期的马克思主义。早期的后马克思主义重视后现代主义的影响，及其与经典马克思主义的断裂；后期的后马克思主义质疑马克思主义的合法性和存在的必要性，其体系、思想资源和具体主张等方面的特点都很显著。狭义的后马克思主义主要包括：以雅克·德里达为代表的"解构主义的马克思主义"（或"后结构主义的马克思主义"）；以詹姆逊为代表的"文化批判的马克思主义"；以哈贝马斯、里科尔为代表的"后解释学的马克思主义"；以拉克劳和墨菲为代表的"激进政治的后马克思主义"。此外，狭义的"后马克思主义"分为左、中、右三翼：以詹姆逊、索亚、曼德尔等为代表的左翼"后马克思主义"，该派重视马克思主义传统，并努力吸收各种理论资源，以发展马克思主义；以德里达、哈贝马斯为代表的中翼"后马克思主义"，该派以矛盾的态度对待资本主义、社会主义和马克思主义，主要以实用主义的、学术的眼光看待马克思主义；以拉克劳和墨菲为代表的右翼"后马克思主义"，该派认为马克思列

---

① ［美］杰弗力·伊萨克：《后马克思主义与新社会运动》，载李惠斌、叶汝贤主编《当代西方马克思主义研究》，社会科学文献出版社2006年版，第86—96页。

② 同上书，第77页。

宁主义已经过时、失效，要"修正"，甚至"抛弃"马克思主义。①

周穗明也区分了广义、狭义的后马克思主义，他认为，所谓"后马克思主义"（post – Marxism），国际上一般是指在 20 世纪 70 年代末由于"欧洲共产主义"的失败所引发的"马克思主义危机"之后，流行于 80 年代西方发达国家的一种非马克思主义性质的新马克思主义思潮。在广义上，苏联解体后的 90 年代以来西方和东欧的许多新马克思主义流派都被纳入"后马克思主义"的范畴。以最狭义而言，"后马克思主义"特指直接以这一称谓冠名的英国的拉克劳和墨菲的理论。②周穗明对后马克思主义作了广义的理解，后马克思主义和"后现代马克思主义"的意思大致相同，其性质都不是马克思主义。

综上所述，后马克思主义及其解释都充满了分歧、差别，很难获得一个各方面都认可的定义，但是，它是一个有着大致倾向和旨趣的理论思潮。有鉴于此，我们认为，后马克思主义是继西方马克思主义之后的一种新的马克思主义理论思潮，它继承、修正（修正远大于继承）了传统的马克思主义，力图用修正了的马克思主义解释当代资本主义。也就是说，后马克思主义的目标是解构、超越经典马克思主义，并由此与经典马克思主义拉开了距离，成为与经典马克思主义相矛盾、对立的一个理论思潮。这样，后马克思主义的定义不宜太宽泛，应该有针对性、合乎实际，狭义的后马克思主义主要应该指以辛德斯、希斯特、拉克劳和墨菲为代表的具有大致相似的思想特征和倾向的一种新马克思主义，这也是本文对后马克思主义的界定。

后马克思主义的历史背景

自 20 世纪六七十年代以来，西方发达资本主义国家出现了包括女权主义运动、和平运动、生态运动、身份政治等在内的名目繁多的

---

① 曾枝盛：《"后马克思主义"的定义域》，《学术研究》2004 年第 7 期。
② 周穗明：《后马克思主义关于当代西方阶级与社会结构变迁的理论述评》，《国外社会科学》2005 年第 1、2 期。

后马克思主义：马克思主义的幽灵

新社会运动，这些运动成为抵抗当代资本主义的一股重要力量。这些运动与"第二次世界大战"后的社会变化关系密切：消费主义意识形态甚嚣尘上、妇女大量涌入劳动力市场、战争与核竞争的威胁、生态危机等。显而易见的是，这些运动与传统的社会运动和社会斗争模式大不相同，它们主要表现为一种非阶级性的对抗，而不是阶级性的对抗。这些运动挑战了经典马克思主义的阐释模式和现代政治理论。同时，也亟待新的理论阐释这些运动。后马克思主义正是由此应运而生的，它既从这些运动中吸取了理论的灵感；又从一定程度上解释了这些运动，并为这些运动提供了理论上的支持。后马克思主义从某些方面继承了马克思主义，又吸收了后现代主义、后结构主义、女权主义等西方当代理论资源，探索了新形势下"左翼政治"的发展。从这种意义上讲，后马克思主义有其存在的必要性和合理性，但也为此付出了巨大的代价，它所犯的错误也是不容忽视的。

后马克思主义认为，与经典马克思主义产生的时代相比，当代资本主义社会的境遇、时代特点和政治形势都已经发生了根本的变化，马克思主义需要应对这些变化并修正其错误的、不适应时代发展的部分，以更好地发挥其作用。这些变化具体体现为：

第一，20世纪70年代迄今，西方资本主义通过调整生产关系缓和了其基本矛盾，这些发达资本主义国家相继克服了危机，借助于科技创新和对外扩张获得了进一步发展的动力，并取得了不同程度的发展，不仅与经典马克思主义所预言的资本主义的衰退、灭亡相距甚远，而且还出现了比较繁荣的景象。对于后马克思主义来说，一方面是社会主义实践的挫折、失误和失败；另一方面是资本主义在应对危机和创新方面的能力和潜力。在这种情况下，从社会进步的角度看，除了现代化和普遍改良的选择外，至少目前还看不到其他更有效地促进社会发展的道路，而资本主义则成为实现这些目的的最直接的、最明显的道路。

第二，传统的阶级政治、政党政治已经衰弱，需要重新认识、评价这种变化，并寻找替代性的政治斗争形式。在发达资本主义国家内，服务业、第三产业在国家经济中所占的份额越来越大，甚至取代了传统的工业生产的地位；工人阶级从生产业逐渐转向服务业；传统的工人阶级的数量锐减，工人阶级的构成也发生了很大的变化，经济因素等传统的划分工人阶级的标准也失去了其有效性；随着大量蓝领工人的涌现，工人阶级的斗争也逐渐衰弱。这样，阶级、阶级的概念和阶级分析都丧失了其价值，马克思主义的阶级政治与政党政治也已经失效，并需要重新认识传统的阶级政治、政党政治及其作用。与此相对，各种新社会运动纷纷涌现，挑战了传统的阶级政治、政党政治。

第三，科技的发展带动了资本主义社会生产力的发展，资本主义国家通过宏观调控等策略调整了生产关系，从一定程度上缓和了生产力与生产关系之间的矛盾，也从一定程度上纠正了其所犯的错误，有时还表现出极强的创造财富的能力。但是，经典马克思主义低估了资本主义的这些能力，悲观地看待资本主义及其发展，并得出了错位的结论。

第四，随着当今发达资本主义国家进入后工业社会、消费社会、消费资本主义、后现代主义社会或晚期资本主义社会，传统的生产和生产观念已经过时，服务业和消费主义观念逐渐占据了主导地位。商品生产与消费的逻辑全面渗透，消费主义的意识形态使商品崇拜发展到顶峰，进而影响了人们的日常生活、思想和行为方式。资本主义的变化引发了发达资本主义国家政治的巨大变化：政治的中心由国家转向日常生活，由集体政治转向个人政治。这样，晚期资本主义的政治就出现了个人化和日常生活化的特点。发达资本主义国家的政治斗争也主要从阶级、经济等领域转移到了消费、文化活动、日常生活等领域，由阶级关系、经济关系转向了社会关系。这样，发达资本主义国家的政治斗争形式、阶级构成都发生了重大的变化。后马克思主义认为，鉴于这些变化，需要重新勘定阶级斗争的边界，政治领域内对等级、支配和不平等的所有反抗都具有合法性和意义。这样的界定拓展了马克思主义所理解的政治斗争的领域和内容，也使后马克思主义的政治斗争具有了开放性。

第五，随着相当多的社会主义运动的失败，传统意义上的社会主义革命概念已经失效，需要重新理解社会主义革命及其作用，时代的发展也呼唤建立社会主义霸权式的新型革命。后马克思主义据此认为，社会主义运动不仅要对抗、解构资本主义体系，也应该在资产阶级的意识形态内活动，通过激进的多元民主的策略，在与自由主义核心价值观的对抗中建立起社会主义的领导权。

后马克思主义与马克思主义的对立

后马克思主义与马克思主义既有联系，又有区别，而且，其区别更为明显。具体而言，后马克思主义在历史唯物主义、阶级与阶级斗争、政党政治、科学社会主义、宏观叙事等问题上解构、修正了马克思主义，建立起了自己的理论体系。其理论主张及其与马克思主义的对立主要表现为以下几方面。

（一）后马克思主义解构了历史唯物主义及其社会历史观

历史唯物主义认为，社会是一个由多方面、多层次构成的系统的有机整体，其变化具有连续性，并呈现出一定的规律和进步的趋势；生产力和生产关系、经济基础与上层建筑之间的基本矛盾决定了社会的状况和发展趋势；生产力的发展决定了生产方式由低级向高级的发展，也导致了旧的社会形态的解体和新的社会形态的产生，社会形态由最低级的原始社会向更高一级的奴隶社会、封建社会、资本主义、共产主义社会的进化；阶级斗争是阶级社会发展的动力和基本原因。但在后马克思主义看来，社会是由各种碎片偶然拼凑起来的聚合体，它充满着偶然性、不确定性和随意性，没有所谓的有机联系、系统性和稳定性；社会具有话语性，它是依据话语规则构造起来的差异的系统，社会的不同事物可以通过类似于叙事的差异予以区分，应该从话语性、建构性来看待社会及其变化；不存在决定社会变化的最根本的、本质的和终极的原因，社会的变化没有目的、逻辑，没有连续性和必然的规律，应该反对设定社会变化的基础和终极原因，也应该反对历史唯物主义所说的社会变化的必然规律；上层建筑独立于经济基础、意识形态独立于生产关系,都有其自主性、独立性,生产关系、上层建筑也同样不能决定国家、政治的自主运行。由此观之,社会历史是自主的、非决定论的,它只是对毫无关联的偶然性事件的叙事或建构,并不是具有本质的整体和实体,但历史唯物主义不但以本质主义的方式来看待和对待社会问题,还把社会的变化归结为社会生产力(又可以还原为科技)的发展,把复杂的社会变化问题简化为一种经济问题或技术问题。结果,历史唯物主义变成了一种技术决定论、还原论和本质主义。因此,需要反对历史唯物主义的本质主义、还原论、决定论和目的论,以开放的后马克思主义社会发展观解构、超越历史唯物主义的局限,从而说明社会及其变化。

马克思主义强调理论对现实的能动反映、历史与逻辑的统一,在分析实际存在的社会关系的基础上,提出了历史唯物主义。但是,后马克思主义只讲社会的话语性,反对因果关系和事物之间的逻辑关联,结果,社会历史就成了一系列偶然的、毫无规律而言的碎片。后马克思主义不但反对因果逻辑关联,而且还把马克思主义错误地解读为本质主义,从根本上否定了历史唯物主义等马克思主义理论的科学性、完整性及其当代意义。

(二)后马克思主义解构了马克思主义的阶级概念,以非阶级的对抗取代阶级的对抗

马克思主义认为,阶级的产生需要具备这些条件:阶级成员在社会结构中处于大致相同的位置,他们以共同的利益为基础,具有相似的经济、政治倾向与要求。阶级就是基于这些规定的利益共同体,它表现为一种群体的、团结的力量,阶级的政治要求反映了其客观的利益。但在后马克思主义看来,社会中不存在固定的、一致性的客观利益,既然如此,就难以从共同的利益中产生一致性的经济认同,也难以产生建立在经济认同基础上的阶级;经济与政治之间没有必然的对应关系,经济要求、经济要求的一致性也同样并不必然导致政治要求和政治要求的一致性;社会成员的身份是变动不居的,并且难以固定下来。这样看来,就无法从经济要求中产生阶级,团结的、统一的工

后马克思主义：马克思主义的幽灵

人阶级更是无从谈起。而且，当代资本主义已经进入了晚期资本主义，阶级的对抗并不重要，传统的阶级概念和阶级划分已经没有了任何实际的意义。

马克思主义不但承认阶级与工人阶级存在的现实，还强调了阶级对抗和经济因素的优先性，把政治视为阶级利益（又可以还原为经济利益）的反映和表现，并从阶级利益、阶级关系（及其更始源性的经济利益与经济关系）的角度来处理政治问题。但后马克思主义认为，马克思主义的阶级论也犯了本质主义和还原论的错误，需要解构其阶级概念。因此，为了纠正其错误，需要把政治和意识形态从经济、生产关系中独立出来进行分析，反对经济决定阶级利益和阶级关系的观点，也反对把政治和意识形态还原为阶级利益、阶级关系。后马克思主义的重要代表辛德斯与希斯特就反对马克思主义强调经济关系的优先性，并把马克思主义的这个特点视为其意识形态和社会改造目标的必然产物："经济关系在马克思主义中并且更一般地在社会主义话语中被赋予的话语优先性不能构想为现实的本体论结构的结果，相反它是一定的政治意识形态和一定的政治目标——即资本主义生产关系的社会主义改造这一目标——的结果。"[①]他们是在虚假意识或错误观念的意义上来使用意识形态这个概念的，并借助于这个概念说明马克思主义在强调从经济关系看待阶级现象时所犯的错误。实际上，他们已经否定了产生阶级的可能性，更否定了马克思主义的阶级概念是对现实的阶级关系的真实反映，并宣告了这个概念的失效。

在阶级性对抗与非阶级性对抗的关系上，马克思主义承认社会对抗形式的多样性与合理性，但同时又强调，在各种社会对抗中，阶级性对抗是最重要的，它是其他各种社会对抗的基础，它决定并影响了其他各种社会对抗的性质、作用和发展状况；阶级性对抗有时甚至还派生出了其他的社会对抗形式，离开了阶级性对抗，就难以全面而正

---

① [美] 杰弗力·伊萨克：《后马克思主义与新社会运动》，李惠斌、叶汝贤主编《当代西方马克思主义研究》，社会科学文献出版社 2006 年版，第 89 页。

确地评价非阶级性对抗的得失；虽然阶级性对抗非常重要，但不能据此否定非阶级性对抗的重要性，应该肯定并发挥其重要性，从而有助于充分地发挥阶级性对抗的作用；在客观、科学地评价非阶级性对抗的作用时，要注意非阶级性对抗的范围和适用性，不能脱离实际、随意夸大其作用。在这个问题上，后马克思主义与马克思主义之间存在着巨大的分歧和对立。后马克思主义认为，马克思主义无视当代资本主义社会的变化，特别是非阶级性对抗的存在及其作用；马克思主义过分地夸大了阶级性对抗的作用，已经难以适应时代的发展，需要修正、抛弃马克思主义的传统；马克思主义无视西方发达资本主义社会中存在的反对种族压迫、性别歧视等非阶级性对抗的重要作用，不仅对它们缺乏必要的重视，甚至还贬低其作用，需要克服其缺陷。而且，性别关系、种族关系并不必然反映阶级关系，也不能被还原为阶级关系，在当今发达资本主义国家中，种族和性别的对抗比阶级性对抗更为重要。

诸如女权主义、和平运动、生态运动等新社会运动是晚期资本主义社会的产物，这些运动已经成为抵抗当代资本主义的重要力量，也是后马克思主义所倚重的最重要的政治力量。但这些运动表达的主要不是阶级性的对抗，而是非阶级性的对抗，这些运动及其表现出的非阶级性对抗挑战了传统马克思主义的阶级理论。拉克劳、墨菲从这个角度表示了对传统马克思主义的不满："许多社会对抗和对于理解当代社会来说至关重要的问题，外在于马克思主义的话语领域并且不能被已有的马克思主义范畴和术语（特别是使马克思主义成为令人怀疑的封闭理论体系的术语）概念化，而且这些问题导致了社会分析的新出发点。"[①] 而且，忽视非阶级性的对抗也是当代马克思主义的缺陷："即便当代马克思主义者抛弃了历史目的论和社会变化的必然性信条，他们对当代社会权力的分析几乎仅仅停留在阶级关系问题上。"[②] 因此，从这些方面看，后马克思主义关注并分析了非阶级对

---

① ［英］拉克劳、墨菲：《后马克思主义的理论和实践》，李惠斌、叶汝贤主编《当代西方马克思主义研究》，社会科学文献出版社 2006 年版，第 77 页。
② 同上书，第 87 页。

抗的重要性，对于促进当代左翼政治运动及其理论的发展发挥了不可替代的作用，也从一定程度上补充了传统马克思主义理论的不足，并因此具有一定的理论意义和实践价值，这是我们应该肯定的。尽管如此，后马克思主义在试图纠正马克思主义的缺陷时仍然犯了矫枉过正的错误，它无视阶级性对抗的重要性及其大量存在的事实，并无限地夸大非阶级性对抗的作用和实际存在，是有悖于实际的。后马克思主义反对从因果关系研究阶级性对抗，丧失了从这个角度揭示非阶级关系的可能，在标榜解构、超越马克思主义的时候，只是抽象地继承马克思主义，没能有效地分析各种权力形式之间的关系，并为此付出了巨大的代价。

（三）后马克思主义否定了马克思主义的阶级政治和政党政治，代之以身份政治

在马克思主义的视野中，只要社会存在着不同的阶级，阶级概念就会生效，阶级政治和政党政治就具有存在的价值和必要。但是，后马克思主义认为，马克思主义的阶级概念是决定论、还原论和本质主义性质的概念，建立在其基础上的阶级政治和政党政治也存在着同样的局限，它难以适应时代的需要，需要重新构想新的政治斗争形式，这就是身份政治。后马克思主义吸收了后现代主义、话语理论等当代西方理论资源，形成了对身份和身份政治的理解。在后马克思主义看来，身份有其规定性："身份来自于暂时性的话语认同，包括种族、性别、文化上的认同，是多样化的社会角色认同，从而不同于以客观利益为基础的阶级概念。身份是多元的、异质的，并且是不断变迁和流动的，它是随着对话语的认同而随机建构起来的。"[①] 后马克思主义所理解的社会与身份的关系非常密切："社会是依照话语规则而构成的非稳定的差异系统，构成差异系统的并不是以客观利益为基础的阶级关系，而是不同身份的群体关系，

---

① 陈炳辉：《墨菲的后马克思主义理论》，李惠斌、叶汝贤主编《当代西方马克思主义研究》，社会科学文献出版社2006年版，第134页。

身份才是各种社会关系的基础。"① 具体到身份政治，考夫曼（L. A. Kauffman）有一个恰当的界定，即身份政治是"'一种关于激进政治的新原则：身份应当成为政治视野和实践的核心'，它包括两个方面：第一，身份成为政治立场的组织动员力量。第二，阐发、表现和肯定某种身份成为政治的中心任务"。徐贲认为，身份政治的运作比较灵活，其作用也较为有限："身份政治并不需要依赖国家、政党或者军队这类组织体制，也不一定在这一类政治领域中直接起作用。"② 身份政治重视观念等方面的斗争，并把这些斗争引入政治领域，成为政治斗争的新形式。以此为参照，个人认同、个人身份选择和变化、个人体验都具有政治意义。这样看来，身份政治一方面有助于形成多元政治，扩大斗争的领域；另一方面，需要客观、全面地评价身份政治的得失，其作用是有限的，它不可能涵盖和替代所有的政治斗争形式，也不能取代阶级政治和政党政治所起的基础性作用。同样值得注意的是，身份政治可能潜在诸多危险，如果不加以引导，它甚至有可能阻碍政治的健康发展。斯蒂芬·贝斯特（Steven Best）对此有清醒的认识，身份政治只有以社会的整体性变革为目标，否则，就面临着退化的危险："没有这个重点，文化政治和身份政治就依然限制在社会边缘，并且处在退化到自恋、快乐主义、唯美主义或者个人治疗的危险之中……在这种情况下，政治仅仅是个人化的。"③ 徐贲以美国的身份政治为例，说明了身份政治的得失。20世纪60年代，美国的黑人民权运动和妇女运动在争取黑人、妇女的平等与权利，重新认识自己和确立其价值观等方面都发挥了重要的作用，同时其争取的"心理平等"也为建立公民政治奠定了基础。但70年代以后的一些身份政治则发生了变异："这种身份政治不再重视权力压迫关系和体制结构，而把身份的自我审视从公民政治的准备变成了一种

---

① 陈炳辉：《墨菲的后马克思主义理论》，李惠斌、叶汝贤主编《当代西方马克思主义研究》，社会科学文献出版社2006年版，第134页。
② 徐贲：《走向后现代与后殖民》，中国社会科学出版社1996年版，第205—206页。
③ ［美］斯蒂芬·贝斯特等：《后现代转向》，陈刚等译，南京大学出版社2002年版，第372页。

后马克思主义：马克思主义的幽灵

自恋肯定。它强调生活方法的差异自由，好像一切不同的差异都具有相同重要的政治意义。它彻底否定公众生活和私人生活的界限，把自我改变当作社会改变。它极端强调某一种特殊身份的重要性，而对联系不同身份的社会政治伦理漠不关心。"① 从美国身份政治的实际发展情况看，身份政治的局限性是非常明显的。后马克思主义的身份政治是对西方新社会运动的阐释、总结，有其现实根据和合理性。但后马克思主义仅仅强调身份政治的作用和重要性，并排斥、否定其他政治斗争形式，这种倾向是错误的。实际上，身份政治只是当代政治生态的一个有机组成部分，它不能替代和抹杀其他的政治斗争形式。因此，身份政治只有在适合发挥其作用的领域内才可能有效，否则，如果随意夸大其适用性，则可能走向其反面。

当然，后马克思主义对当代西方政治形势（特别是对阶级政治、政党政治作用的否定）的判断，决定了它对身份政治的基本态度。后马克思主义对包括阶级政治和政党政治在内的政治斗争形式的排斥、失望和否定，才导致了它对身份政治不恰当的强调。我们应该对此有清醒的认识，并科学地认识身份政治的作用。在发达的资本主义国家中，包括阶级政治和政党政治在内的传统政治形式的衰弱确实是事实，也是需要我们正视的。但是，阶级政治和政党政治是否真的丧失了其主导地位（或完全没有意义），仍然需要进一步的研究和观察，并不能草率地得出这样的结论。

阶级斗争是马克思主义的重要内容，抛弃了阶级和阶级斗争的观念，对于马克思主义来说，无异于釜底抽薪。加拿大马克思主义学者艾伦·伍德非常确切地说明了阶级斗争与马克思主义的有机联系："阶级斗争是马克思主义的核心。这在两个不可分割的意义上都是如此：对马克思主义来说，正是阶级斗争解释了历史的动力，正是阶级的消灭，即阶级斗争的对应物或最后结果，才构成了革命进程的最终目标……这种历史视域和这一革命目标的不可分割的统一就是首先把

---

① 转引自［美］徐贲《走向后现代与后殖民》，中国社会科学出版社 1996 年版，第 207 页。

马克思主义同社会变化的其他概念区别开来的东西,没有这一点也就没有马克思主义。"① 伍德对阶级之于马克思主义的重要性的理解,远比后马克思主义更为科学。

(四)后马克思主义解构了马克思主义意义上的社会主义革命的主体和科学社会主义

由于处于社会的底层,在政治上、经济上受到资产阶级的剥削,具有相同的经济地位和共同的利益,这些因素是形成无产阶级及其阶级意识的根本原因。工人阶级已经结成统一的、团结的政治力量,成为社会变革的主力和动力,这样,社会主义就成为以工人阶级为主体的解放运动,无产阶级还可以团结、联合其他阶级并完成社会主义革命,从而最终实现人类的解放。但后马克思主义却认为,在当今发达资本主义社会中,已经无法产生马克思主义意义上的阶级和工人阶级。而且,社会主义的含义已经彻底改变了,社会主义是"随机建构起来的认同的结果,社会主义运动只是一种话语政治,……社会主义运动则是对多元化的民主和社会主义话语的认同,所以社会主义策略在于通过激进的多元民主形成社会主义的话语霸权"②。

这样,社会主义只是一种理想、信仰、认同和政治话语,只要认同社会主义话语、认同激进的多元民主,就可以成为社会主义者和社会主义运动的主体。社会主义者包括工人阶级,也同样包括所有认同社会主义的人。因此,工人阶级就不再是社会主义运动的唯一主体了。社会主义民主是为了消灭等级制和剥削,是资本主义民主的发展和深化,与资本主义民主有一定的联系,社会主义运动是争取激进多元民主的斗争,它可以与资本主义民主共存,而不再以工人阶级推翻资产阶级、建立无产阶级专政为唯一和主要的目的。

---

① [美]杰弗力·伊萨克:《后马克思主义与新社会运动》,李惠斌、叶汝贤主编《当代西方马克思主义研究》,社会科学文献出版社2006年版,第95页。
② 陈炳辉:《墨菲的后马克思主义理论》,李惠斌、叶汝贤主编《当代西方马克思主义研究》,社会科学文献出版社2006年版,第133页。

后马克思主义：马克思主义的幽灵

在科学社会主义的视野中，资本主义社会的基本矛盾——生产的社会化与生产资料的私人占有制之间的矛盾——是资本主义社会根深蒂固的、难以克服的矛盾，其结果决定了资本主义与社会主义的必然对立，也决定了资本主义的灭亡和社会主义、共产主义的胜利。但后马克思主义认为，资本主义具有巨大的创造力，它依靠这种力量创造和积累了巨额财富；资本主义也有巨大的发展潜力，也具有强大的修正、纠正其错误的能力，它已经多次成功地克服了其危机，还可以如此地重复下去，并且能够长久地存在。马克思主义夸大了资本主义的危机，低估了资本主义创造财富和纠正错误的能力，并以此预言资本主义的灭亡和社会主义的胜利。因此，需要修正马克思主义的这些错误。实际上，即使在马克思主义内部，对于资本主义生命力的判断也有分歧。经典马克思主义认为，生产力与生产关系的基本矛盾决定了资本主义的灭亡和社会主义、共产主义的胜利，无产阶级必将成为资产阶级的掘墓人。西方马克思主义对此则有其独特的看法，它看到了资本主义在提高生产力、调节生产关系与资本主义的基本矛盾、宏观调控和吸纳异己力量等方面的能力，也对资本主义国家的迅速消亡表示了质疑。后马克思主义接过了这个问题，并得出了更为极端的结论，从根本上否定了并修正了经典马克思主义的结论。他们认为，虽然资本主义和社会主义之间存在着矛盾、对立和斗争，社会主义也应该反抗资本主义的等级制、剥削、压迫，但二者并非水火不容。而且，自由、民主和平等资本主义的核心价值观也是社会主义需要的。

后马克思主义的政治目标在墨菲那里得到了更明确的表述："我们的目的是将社会主义诸目标再一次纳入多元民主的框架之中，并坚持认为必须使这些目标与政治自由主义制度结合成一个有机整体。"[①]因此，社会主义可以吸收、借鉴资本主义的核心价值观的有益成分，把"社会主义宗旨与资本主义的自由民主原则结合在一起"，消灭资本主义的等级制、压迫，以实现社会主义的理想、目标。当然，这样

---

① [英]墨菲：《政治的回归》，江苏人民出版社2001年版，第103页。

的社会主义与资本主义是有联系的:"并非是同资本主义完全决裂,而是对资本主义民主的内在发展的社会主义。"① 凯尔纳和贝斯特曾经敏锐地揭示了以拉克劳和墨菲为代表的后马克思主义的政治追求:"赞成社会主义政治,但拒斥马克思主义,信奉后现代理论和现代自由主义传统,把社会主义理想界定为'激进的多元民主'。"② 但是,社会主义与资本主义话语对抗之后的结果如何,后马克思主义并没能做出其有效的分析。因此,后马克思主义与科学社会主义之间的对立是显而易见的。

在科学社会主义的视野中,社会主义运动和共产主义的建立都需要革命,即以工人阶级为主体的无产阶级通过革命的手段,推翻资产阶级政权,建立起自己的政权,只要存在着阶级矛盾和阶级对立,革命就有其合理性和必要性。但是,在后马克思主义看来,在晚期资本主义社会中,资本主义能够通过自身的调节适应新的形势,并向好的趋势发展,革命的必要性已经丧失,仅依靠改良就足够了;革命的条件已经不复存在,无产阶级与资产阶级的划分已经很成问题,传统的无产阶级革命模式已经不能适应现实的发展而失效了,也没有实际意义了。事实上,第二国际时期的修正主义正是这种类似思想的倡导者,他们排斥革命、寄希望于改良,他们的思想对后来的马克思主义(也同样包括后马克思主义)产生了很大的影响。

(五)后马克思主义以"本质主义"为借口反对本质和因果关系,也解构了以它们为基础的马克思主义理论

在批判所谓马克思主义的"宏大叙事""决定论"和"本质主义"时,后马克思主义也否定了因果关系。在当代西方各种后学中,对本质主义的批判已经成为一种时尚,后现代主义和解构主义更是不遗余力,并以其激进和彻底的姿态为学界注目。后马克思主义继承了

---

① 陈炳辉:《墨菲的后马克思主义理论》,李惠斌、叶汝贤主编《当代西方马克思主义研究》,社会科学文献出版社2006年版,第135页。

② [美]道格拉斯·凯尔纳、斯蒂文·贝斯特:《后现代理论——批判性的质疑》,张志斌译,中央编译出版社1999年版,第237页。

后马克思主义：马克思主义的幽灵

反本质主义的传统，把反对本质、反对因果关系的思想运用到对各种社会问题的分析中。首先，后马克思主义反对马克思主义的阶级论、阶级概念、阶级观。其次，后马克思主义反对本质主义式地理解社会关系问题。后马克思主义认为，社会的各种要素共同组成了一个关系的网络，彼此之间共生共存、相互影响，不存在谁决定谁的问题。这样看来，历史唯物主义是一种本质主义，它错误地、机械地区分和理解生产力与生产关系、经济基础与上层建筑、生产方式与意识形态、物质与精神、存在与意识等范畴及其关系，需要纠正其错误；既然社会要素之间不存在决定性的关系，更不存在终极的决定因素，就不能认为经济利益、经济要求决定政治利益和政治要求，更不能认为经济是阶级和政治的最根本的决定因素。最后，后马克思主义反对本质主义式地理解各种权力形式之间的关系。后马克思主义反对本质主义的权力观和权力分析，既然各种权力形式都没有本质，那么它们之间也就不存在谁决定谁的问题，也同样无法确定孰轻孰重。在后马克思主义看来，经典马克思主义不仅承认权力的本质，也是从本质主义的视角来理解各种权力形式之间的关系，并确定了彼此之间的轻重：经济上的支配关系最为重要，它形成了阶级，也决定了政治要求；阶级对抗优于性别、种族等其他形式的对抗。既然如此，就要解构马克思主义的权力观，强调性别、种族等权力形式之于阶级权力形式的优先性。

事实上，马克思主义承认本质，并致力于揭示现象背后的本质，但它反对固定的本质观，它同样是从关系的视角来理解事物及其关系的，根本不是本质主义。需要指出的是，马克思主义承认因果关系的存在及其重要性，坚持只有揭示事物的因果关系才能获得事物的本质。但后马克思主义为了纠正其所谓的马克思主义的错误而拒绝了因果关系，这种弃婴泼水的行为付出了极大的代价。例如，以权力分析为例，其结果是，后马克思主义既不能揭示权力的本质，也不能清楚地说明各种权力形式之间的关系。美国学者伊萨克一针见血地指出了后马克思主义与马克思主义在因果关系问题上的尖锐对立："拉克劳与墨菲在批判马克思主义的决定论形式时，

第三编　国外马克思主义文艺与文化研究

坚持提出一种与因果关系相对立的、对社会生活的自然主义的和话语性的理解，这种理解暗示着对社会关系的因果分析与承认社会关系从历史上讲的可争议性及偶然性质的不相容。"[1] 也就是说，后马克思主义在强调偶然性的同时也有意地拒绝和忽视了因果关系，以至于影响了其阐释的力量。实事求是地讲，马克思主义能够有效地分析各种权力形式及其因果关系，这正是马克思主义的优越性，但这种分析的力量恰恰是后马克思主义所不具备的，其原因是：后马克思主义"没能认识到作为一种现实主义的社会理论的马克思主义的真正优点，也没有认识到足够朴实的马克思主义所能提供的对各种权力关系之间的因果关系所做的结构性说明的不可或缺性"[2]。由于拒绝了因果关系，后马克思主义不可能从因果关系揭示各种权力的本质及其关系，这就导致了其致命缺陷："在分析各种社会关系、权力以及在社会中通行的不同形式的作用力的时候，需要的是一种互补性。这就要求分析阶级关系和阶级作用力。但是，它也要求对另外许多不可化约为阶级关系的关系及斗争进行分析，既要分析它们的特殊性，也要分析它们之间的相互联系。"[3] 有鉴于此，后马克思主义应该继承马克思主义重视因果关系的优良传统，而不是抛弃马克思主义所倡导的因果关系。

综上所述，在以上五个方面，后马克思主义对马克思主义都存在诸多误读、歪曲和实用主义的解释，这也是其所有理论运作的基础，即"其基础是对马克思本人的著作和马克思主义传统进行了令人怀疑的解读"[4]。这样看来，后马克思主义与马克思主义的距离、不同都是显而易见的，这五个问题也反映了马克思主义与后马克思主义的重大差别。尽管它也借鉴了一些马克思主义的观点，有一定的激进

---

[1] ［美］杰弗力·伊萨克：《后马克思主义与新社会运动》，李惠斌、叶汝贤主编《当代西方马克思主义研究》，社会科学文献出版社 2006 年版，第 91 页。
[2] 同上。
[3] 同上书，第 94 页。
[4] ［美］理查德·D. 沃尔夫、史蒂芬·库伦伯格：《马克思主义与后马克思主义》，载周凡、李惠斌主编《后马克思主义》，中央编译出版社 2007 年版，第 209 页。

性，但是，从总体上讲，它与后现代主义和解构主义得关系更为密切，与马克思主义是有一定距离的。在这种意义上，我们不妨称之为马克思主义的幽灵。

【作者简介】李世涛，文学博士，中国艺术研究院研究员。

美国媒介文化理论的马克思主义传统

李昕揆

当前，西方马克思主义媒介文化理论已经成为国内外学术界关注的重要论题。在此论域中，以"文化工业"论为核心的德国法兰克福学派的"批判传播研究"和以"积极受众"论为核心的英国伯明翰学派的"媒介文化研究"，已经成为西方马克思主义媒介文化理论的经典范式，得到了国内外学者们的充分研究。然而，对于世界媒介研究重镇的美国而言，自 20 世纪上半叶传播学在美国诞生以来，长期居于美国媒介研究主流的是以实用主义、功能主义为特征的经验主义媒介研究，这使得美国的马克思主义媒介文化理论长期居于边缘地位，主流媒介研究中系统承认马克思主义学术的历史几近空白。与此相应，马克思主义媒介文化理论在美国近一个世纪的发展历程、当代流变、核心论题及未来走向等，很少进入学者们的研究视野。究其原因，首先与美国长期以来强大的实用主义思想传统密切相关。就像汉诺·哈特所说，"实用主义促成事实的权威地位，产生知识的现象学视角，并产生功能主义的观念图示，而这种观念图示又依靠互相依存、秩序和稳定的观念。于是，实用主义就为美国人对社会文化现实的历史考察提供了独特的理论路径；事实证明，这样的研究方法比马克思主义的研究方法更具有本土的特色，马克思主义的政治特色及其阶级分析和权力分析观点则带有'异域'的色彩。因此，美国人不太情愿践行成熟的马克思主义历史观，结果就遁入了主题的或方法论的关怀，显示了美国人社会史

美国媒介文化理论的马克思主义传统

研究的非政治性。虽然马克思主义提供了体系严密的社会变革理论,虽然它把文化、政治和经济经验全都纳入了考察的范围,但美国人不太愿意采用马克思主义的理论"①。其次与 20 世纪 50 年代初麦卡锡主义特别是"冷战"以来美国对于马克思主义的敌视态度密切相关。马克思主义在美国一直以来都不招人喜欢,甚至"仅仅几十年以前,在美国,许多人都由于阅读马克思的著作,或由于研究或传授他的思想而遭到惩罚。因此,马克思主义理论——一种用来解释当代社会之社会变化的富有想象力的尝试——的思想力量往往被其政治影响所限制"②。然而,有意或无意的忽略并不能表明美国马克思主义媒介文化理论的不存在或不重要。事实上,与居于主流的经验主义媒介研究的诞生几乎同时,马克思主义媒介文化理论研究自 20 世纪 30 年代末即已开始了其在美国的发展历程:自那时起,美国媒介研究与马克思主义经历了三次大的相遇、碰撞和交融,并先后形成了美国马克思主义媒介文化理论的三个主要派别,即发端于欧洲大陆并于"第二次世界大战"期间随着法兰克福学派主要代表人物移居美国而成长起来的"批判传播研究"、20 世纪 40 年代末在美国土生土长的"传播政治经济学"和发端于英国伯明翰学派并于 20 世纪 70 年代末 80 年代初传入美国而衍生出的"媒介文化研究"。当前,随着所谓"现代性事业"的失败或曰"后现代的转向",以"工具理性"为主导价值的经验研究越来越无法满足人们的理论和实践需求,表现在媒介研究领域就是亟须对以批判性为主要特征的马克思主义媒介文化理论做一次重新发现和再认识。作为对"重返马克思"任务的回应,我们需要做的是:转到对马克思主义媒介文化理论的研究上来,在梳理和考辨它们在美国发生、发展及当代流变的同时,亦对其核心论题及未来走向做深入系统的挖掘。

---

① [美]汉诺·哈特:《传播学批判研究》,何道宽译,北京大学出版社 2008 年版,第 22—23 页。
② [美]E. M. 罗杰斯:《传播学史》,殷晓蓉译,上海译文出版社 2012 年版,第 103 页。

第三编　国外马克思主义文艺与文化研究

一　法兰克福学派与批判传播研究的引入

美国媒介研究与马克思主义的第一次相遇源于 20 世纪 30 年代中期，即作为西方马克思主义重要代表的法兰克福学派成员因受到德国纳粹政府迫害而流亡美国。法兰克福学派脱胎于 1923 年在德国美因河畔成立、由格吕堡领导、隶属于法兰克福大学的"社会研究所"。在 1930 年霍克海默担任所长之前，该所的理论方案被称作"唯物主义"，即主要是一个传统的马克思主义研究机构。然而，"世界性事件促使法兰克福学派逐渐从其马克思主义的方向转移开来。1933 年，希特勒接管魏玛共和国，结束了社会主义政党在德国的命运，也结束了对社会主义革命的希望。后来，1939 年 8 月 22 日，希特勒和斯大林之间的互不侵犯条约标志着马克思主义意识形态在俄国共产主义的终结。法兰克福学派的学者最终成为新马克思主义者，成为古典马克思主义的批判者"[①]。从 1934 年到 1950 年，作为法兰克福学派根基的"社会研究所"在美国度过了长达 17 年的流亡时期。自 20 世纪 40 年代该派成员的作品全部改用英语出版并以美国大众文化作为主要研究对象后，对大众文化之操纵性、极权性的批判成为法兰克福学派理论家们关注的重要内容，这开启了美国媒介批判研究的先河。道格拉斯·凯尔纳指出，法兰克福学派是"第一个在批判社会理论的框架内系统地分析和批判大众媒介化文化和传播的学派，……其中所谓的大众文化和传播……是社会化的重要行动者，是政治现实的中介，由此被看作是具有各种经济、政治、文化和社会影响的当代社会的主要机构"[②]。自此，媒介批判理论开始对美国的精神文化生活和媒介研究产生影响。尽管随着 1950 年霍克海默和阿多诺在德国法兰

---

①　[美] E. M. 罗杰斯：《传播学史》，殷晓蓉译，上海译文出版社 2012 年版，第 117 页。

②　Douglas Kellner, "Overcoming the Divide: Cultural Studies and Political Economy", in Marjorie Ferguson and Peter Golding (eds.), *Cultural Studies in Question*, Thousand Oaks, CA: Sage Publications, 1997.

克福重建"社会研究所",部分成员返回德国,但该学派的所有正式成员(霍克海默、阿多诺、马尔库塞、洛文塔尔)此时已全部加入美国国籍,马尔库塞和洛文塔尔更是选择留在了美国。

  法兰克福学派是通过对美国大众文化的批判而对美国的传媒研究产生影响的。在《启蒙辩证法》中,霍克海默和阿多诺把美国的"大众文化"称为"文化工业"。之所以以"文化工业"取代"大众文化",主要是基于他们对大众文化之"大众性"的否认。在他们看来(事实上,整个法兰克福学派都是如此),大众文化并不是大众真正需要的文化,一切大众文化都是意识形态化的、低劣的、具有欺骗被动消费者的效应,是在"民主"的掩饰下受商品社会操纵的、物化的意识形态的产物。大众文化(或者说"文化工业")与传播媒介的联系在于:传播媒介是大众文化的制造者和传播者,大众文化是由大众传播媒介传递和制造的"媒体文化"。用霍克海默和阿多诺的话说,即"文化工业体系是从更加自由的工业国家,以及诸如电影、广播、爵士乐和杂志等所有富有特色的媒介中形成的"[①]。当电影、电视、互联网、手机等文化产业形式逐渐拓殖于日常生活和休闲领域时,当它们逐渐占据一个国家之文化和传播体系之中心位置时,"媒体文化"就成为社会、文化、政治生活中的主导力量。道格拉斯·凯尔纳更是直接用"媒体文化"一词取代"大众文化"和"文化工业"。他认为:"'媒体文化'一词的好处在于,它意味着我们的文化是一种媒体文化,说明媒体已经拓殖了文化,表明媒体是文化的发行和散播的基本载体,揭示了大众传播的媒体已经排挤掉了诸如书籍或口语等这样的旧的文化模式,证明我们是生活在一个由媒体主宰了休闲和文化的社会里。"[②] 法兰克福学派对美国大众文化的批判是与对"大众传播媒介"所导致的同质性的文化特质的批判联系在一起的,他们的价值在于"开辟了一种对文化产业中的意识形态进行系统而

---

  ① [德]霍克海默、阿道尔诺:《启蒙辩证法》,渠敬东、曹卫东译,上海人民出版社2003年版,第148页。
  ② [美]道格拉斯·凯尔纳:《媒体文化》,丁宁译,商务印书馆2013年版,第62页。

第三编　国外马克思主义文艺与文化研究

又持续的批判"①。

美国传播与媒介研究对批判理论的引入，不仅得益于法兰克福学派成员移居美国并对美国大众文化进行的深刻批判，也得益于美国经验传播学的主要代表人物拉扎斯菲尔德的卓越贡献。拉扎斯菲尔德曾"试图建立一座通向批判的学术思想的多元桥梁，希望它（即批判理论）与美国式的经验主义研究的融合将作为'对于解释已知的事情与寻求新资料有用的那些挑战性的问题和新概念'的一个源泉"。他认为，"批判的学术思想对于提出能为经验研究者们所用的挑战性问题和新概念来说是有帮助的"②。在1941年发表的《评行政的和批判的传播研究》一文中，拉扎斯菲尔德认为，批判研究能够"复兴"传播研究，"如果有可能按照批判的研究来制订一种能与经验的工作相结合的实际的研究工序，那么，涉及的人、要处理的问题，以及最终这项工作的实际效用都将极大获利"③。由此，他提议，批判理论应与自己的研究风格——"行政的传播研究"一起囊括在美国传播研究中。④ 拉扎斯菲尔德在与默顿合著的《大众传播、流行品味与组织化社会行为》一文中，对行政传播研究与批判传播研究的结合进行了尝试。就像西蒙森和韦曼所指出的，该文是"哥伦比亚批判研究"的代表作，它"对美国传媒商业所有制、对所谓的资本主义霸权，以及对反抗体制的批评如何被'结构性消音'的过程进行了全面的反思"；不仅如此，他们还"深入探讨了大众媒介在现代社会中扮演了何种社会—政治角色，并考察了商业媒体如何维系资本主义霸权"⑤。同时，拉扎斯菲尔德还以实际行动积极促成经验学派与批判

---

① [美] 道格拉斯·凯尔纳：《媒体文化》，丁宁译，商务印书馆2013年版，第53页。

② [美] E. M. 罗杰斯：《传播学史》，殷晓蓉译，上海译文出版社2012年版，第291页。

③ P. F. Lazarsfeld, "Remarks on Administrative and Critical Communication Research", in *Studies in Philosophy and Social Science* 9, 1941.

④ [美] E. M. 罗杰斯：《传播学史》，殷晓蓉译，上海译文出版社2012年版，第291页。

⑤ [美] 彼得·西蒙森、加布里埃尔·韦曼：《哥伦比亚的批判研究》，载 [美] 卡茨等编：《媒介研究经典文本解读》，常江译，北京大学出版社2011年版，第26、33页。

美国媒介文化理论的马克思主义传统

学派的合作，其中，最主要的行动即邀请法兰克福学派成员阿多诺参加由其主持的"广播研究项目"。尽管拉扎斯菲尔德的"阿多诺计划"最终失败了，但这已足以说明"两个阵营能够一起工作，至少在不同的条件下能够这么做——几年之后，挑剔的阿多诺在《权威人格》中成功地与经验主义学者合作"[①]。

可以说，正是有了法兰克福学派的媒介批判研究，美国经验主义媒介研究才有了真正的对立面。我们知道，美国经验主义媒介研究的缺陷在于回避现代媒介与传播领域中涉及价值、意义等终极关怀层面的问题。法兰克福学派则恰恰弥补了媒介经验研究的这一缺陷——他们注重从价值和意义层面对美国的大众文化进行批判分析，这迫使美国的经验主义媒介研究在方法和结论上作出了许多调整，比如他们从原来强调有限的实验室环境、关注人与信息的确切关系，转移到关注媒介在社会中更为深刻和微妙的影响。在某种意义上说，法兰克福学派正是通过迫使美国的传媒研究去面对大众文化的"非民主"特征，通过把欧洲大陆强调"价值理性"的学术传统移植到美国强调"工具理性"的社会科学传统之中，通过美国经验主义传播学者（如拉扎斯菲尔德）主动促成经验主义传播学与批判传播研究的结合，美国的媒介研究开始获得了一种价值的维度和批判的视角。法兰克福学派的媒介批判研究，或者说他们对于美国大众文化的批判，极大地影响了美国的媒介与传播研究以及美国人的精神生活。在某种程度上，美国20世纪60年代那场有关大众文化意义的讨论就是对法兰克福学派媒介批判的积极应答。在更加广泛的意义上，进入20世纪70年代以后，西欧国家一些传播研究运用制度结构的宏观分析方法对以美国为代表的传统经验学派展开了批判，而法兰克福学派的有关思想则是无法回避的切入点[②]。

---

① ［美］E. M. 罗杰斯：《传播学史》，殷晓蓉译，上海译文出版社2012年版，第290—291页。
② 殷晓蓉：《战后美国传播学的理论发展》，复旦大学出版社2000年版，第56—58页。

第三编　国外马克思主义文艺与文化研究

二　传播政治经济学的建立与发展

美国媒介研究与马克思主义的第二次相遇源起于20世纪40年代末传播政治经济学课程在美国的设立。我们知道，传播政治经济学是一个主要以马克思主义政治经济学为基础，将传播组织置于广阔的政治经济背景之中，研究传播组织与政治、经济权力机构之相互作用的媒介研究派别。尽管英国学者默多克和戈尔丁在《媒介政治经济学》一书中将这一研究取向追溯到20世纪初的爱德华·罗斯（《隐瞒重大新闻》）和厄普顿·辛克莱（《贿金：美国新闻业研究》），但是，真正明确以马克思主义政治经济学为基础开展的有目的、有系统的传播研究始于20世纪40年代末。1948年，左翼学者达拉斯·斯麦兹离开美国联邦传播委员会，加入了由施拉姆创办并担任所长的伊利诺伊大学传播研究所。"这时，社会正笼罩在冷战的气候中，而日益壮大的大众媒体对传播研究的发现也至为敏感，斯麦兹于是小心谨慎地提出一门传播经济学课程，之后规划推出全备的首门传播政治经济学课目。"① 这成为世界上第一门传播政治经济学课程。②斯麦兹不仅是传播政治经济学的第一批正式研究者——不仅是美国的，而且是全世界的——而且为该学说在美国的发展奠定了基础。在随后的几年里，斯麦兹完成了与传播政治经济学有关的几项重要工作：支持公共广播电视建立的研究，对受众商品的先期研究（1951）以及出版第一本关于电子媒介的政治经济学专著（1957）。斯麦兹离开伊利诺伊大学之后，赫伯特·席勒从伊利诺伊大学的经济与商业研究局调入传播研究所并接下了由斯麦兹创建的传播政治经济学课程。如果说斯麦兹更多地在逻辑推演上树立了该学派在美国传媒研究领域的地位，赫伯特·席勒则以激进的姿态将传播政治经济学发扬光大，增加了该学派在美国传播研究

---

① ［加］莫斯可：《传播政治经济学》，冯建三等译，台北五南图书出版股份有限公司1998年版，第128页。

② Thomas Guback (ed.), *Counterclockwise*, Bould: Westview Press, 1994, p. 43.

领域乃至全世界范围内的影响。他为传播研究领域提供了最激进、最坚定的经济批评,其著作展示了20世纪60年代以后马克思主义媒体批评的可能性与潜力。斯麦兹和席勒通过不懈的努力,培养了致力于传播政治经济传统的第二代学者——文森特·莫斯可、丹·席勒、奥斯卡·甘地、爱琳·米韩、曼朱纳特·彭达库、斯图亚特·埃温、爱琳·马奥尼、苏特·杰哈利、珍妮特·瓦斯科等。他们出现于20世纪七八十年代,在较多领域作出了许多开创性工作,其中一些人仍然是当前美国传播政治经济学的中坚力量。尽管就整个美国传播政治经济学领域而言,尚没有出现大批产生国际影响的第三代优秀学者(美国传播政治经济学领域目前最有名的学者是写出了著名的《富媒体,穷民主》一书的作者麦克切斯尼和提出"信息拜物教"学说的丹·席勒),但无论如何,诞生于20世纪40年代末的美国传播政治经济学及其后的发展,为美国媒介研究提供了重要的批判维度和政治经济学的视角。当今媒介文化理论领域一些极为重要的概念和命题,比如"媒介帝国主义""文化帝国主义""受众商品论""文化依附论""信息拜物教"等,可以说都是这一有着深刻马克思主义背景的传播政治经济学留给我们的理论遗产。

三 媒介文化研究的兴起与转向

我们知道,发端于英国的"文化研究"(Cultural Studies)要求一种能够对控制的系统、结构以及抵制性力量作出分析的社会理论。既然资本和经济的关系在构成当代社会的过程中起了关键作用,那么从一开始马克思主义就在"文化研究"中占据着重要的地位。① 美国媒介研究与马克思主义的第三次相遇始于20世纪70年代中期以来一批在英国伯明翰当代文化研究中心学习研究的学生、学者向美国的回

---

① [美]道格拉斯·凯尔纳:《媒体文化》,丁宁译,商务印书馆2013年版,第57页。

第三编 国外马克思主义文艺与文化研究

迁。在这批回迁美国的学人中,具有代表性的有约翰·费斯克、劳伦斯·格罗斯伯格、哈泽尔·卡尔比、迪克·赫迪格、保罗·吉罗伊等。在文化马克思主义的重要理论流派——英国"文化研究"——向美国理论旅行的过程中,传播学科成为文化研究在美国展开的重要栖息地。格罗斯伯格为文化研究与媒介研究的接合提供了重要契机,他暗示了"在史学和谱系学的意义上,传播学科是美国文化研究一个明显和明确的计划的第一个主要开放基点"①。格罗斯伯格的重要性体现在两个方面:一是把英国文化研究引入美国;二是在传播学系开展文化研究,推动了媒介研究与文化研究的接合。如其所言:传播研究为美国文化研究提供了关键资源,同时与教育学一起最早为文化研究提供了空间,之后文化研究才转入文学和人类学中。② 此外,格罗斯伯格还指出,对于斯图亚特·霍尔论文《编码/解码》(1980)的某些误读,以及由此而来的对马克思《1857—1858年经济学手稿》导言的误读,也促成了这一领域根据一种传统传播模型标准来调整文化研究的愿望。③ 美国的媒介与传播研究接纳英国"文化研究"的主要原因在于:第一,"文化研究"作为20世纪下半期对社会科学及人文研究领域影响深远的学术思潮,其发生发展的历史与媒介研究具有先天亲和性,即文化研究诞生于20世纪后半叶媒介化的社会"语境"之中,这为传播学科成为文化研究在美国展开的落脚地提供了先天契机。就像克里斯·罗杰克在《文化研究》中所说:"'文化研究'面对的情境是:福利制度的推行带来了若干关于公民权的新问题,充分就业和人们生活水平的提高带来了消费文化、休闲以及旅游等富裕社会产物,电视作为大众休闲娱乐方式兴起,流行音乐作为青年文化的几种代表以及回收废纸带来的普通人特别是穷人和妇女对文

---

① Lawrence Grossberg, "Toward a Genealogy of the State of Cultural Studies", in *Bringing It All Back Home: Essays on Cultural Studies*, Durham, NC: Duck University Press, 1997, p. 279.

② Lawrence Grossberg, Cultural Studies vs. Political Economy: IS Anybody Else Bored with this Debate, in *Critical Studies in Mass Communication*, 11 (3), 1995, pp. 72 – 81.

③ Lawrence Grossberg, "Toward a Genealogy of the State of Cultural Studies", in *Bringing It All Back Home: Essays on Cultural Studies*, Durham, NC: Duck University Press, 1997, pp. 282 – 286.

美国媒介文化理论的马克思主义传统

学作品的接近,还有在广播和电视中播放的消除阶级阶梯的流行剧形式等。工人阶级和少数族群开始变得可见并越来越具有流动性,因为他们正逐渐地变得富裕起来并且具有比他们前辈接近文学作品更为容易的对电子媒介的可得性,作为结果,流行文化这个主题不再仅仅限于作为工人阶级街区的媒介或小报杂志的主题,而是成为文化、政治与社会的先锋。"① 第二,20 世纪 60 年代美国各种社会运动的兴起,使得于战后婴儿潮出生的知识分子更易于接受同样在英国战后福利国家兴起背景中产生的文化研究思潮。第三,由于大众媒介对日常生活的普遍参与和美国的多元族群现实,使得美国的传媒研究对认同、青年文化和媒介文化给予更多关注,这与英国文化研究的主题不谋而合。文化研究之所以能在传播领域中逐渐获得合法性身份和地位,并为传播学所吸纳和容忍,主要源于传播研究超越实证主义而更多地关注意义、认知和情感的转型。② 或如格罗斯伯格所说,"美国的传播学与文化研究的联系是有原因的。四五十年代在美国对大众文化的辩论,从公众的领域进入了传播学,便形成了一个跨学科的范畴,并与文化研究的一些研究兴趣相同"③。

许多英美国家的文化研究学者们将源自英国伯明翰学派的文化研究同美国媒介研究的整合视作一场横跨大西洋的重要理论运动。这场理论整合不仅见证了美国媒介研究如何遭遇并在不同层面吸收英国文化研究的历程,而且拓展了美国媒介研究中的文化分析和意识形态向度,促进了美国"媒介文化研究"的兴起。美国媒介文化研究的重要代表人物詹姆斯·凯瑞认可美国文化研究同英国文化研究的谱系构建,他指出:"英国和美国的文化研究有一些明显而重要的相似点,它们有着某些共同的起源与影响。两者的创立都可以追溯到 20 世纪 50 年代早期,或多或少都源于关于大众文化的那场争论,以及威廉

---

① Chris Rojek, *Cultural Studies*, Polity Press, 2007, p. 34.
② Lawrence Grossberg, "Can Cultural Studies Find True Happiness in Communication", in *Journal of Communication*, Vol. 43, 1993, pp. 89–97.
③ 格罗斯伯格、冯应谦、陈韬文:《文化研究往哪里去》,《传播与社会学刊》2009 年第 10 期,第 3 页。

斯、霍加特和汤普森的著作。两者都广泛吸收了符号互动理论，……同样，这两种传统都受到了马克斯·韦伯的影响。"① 今天，美国媒介文化研究甚至形成了同占据主流的媒介经验研究相抗衡之势。对此，格罗斯伯格在《文化研究的流通》中有所论述："文化研究很快进入美国知识界的主流，在传播学科内，似乎已不再只是边缘的位置，它是少数几个学术上边缘、政治上居于反对派而合法化的参与进相对年轻的学科的学术潮流之一。"② 阿兰·奥康纳也指出："文化研究的概念在美国尽管相当新，但是一小部分传播学者已经在最近 10 到 15 年的时间把其发展成一种与传播学主流行为和功能主义范式相抗衡的派系。"③ 克里斯·罗杰克甚至认为，"卡尔比、格罗斯伯格、赫迪格、吉罗伊向美国的回归和迁移保证了美国在文化研究中的优势地位，并最终促成了 20 世纪就是年代中期文化研究的中心顺利转移到美国"④。至此，融会了"批判传播研究"因子的"媒介文化研究"与"传播政治经济学"一起，共同作为广义上的"批判传播研究"，成为美国当前马克思主义媒介研究中最为重要的两支力量。劳伦斯·格罗斯伯格的"媒介建构"理论、约翰·费斯克的"电视受众"研究和道格拉斯·凯尔纳的"媒介奇观"学说，则成为当前美国马克思主义媒介文化研究领域中最为重要的理论进展。

总体来说，作为美国传播学主流的经验主义媒介研究，其不足之处在于过于偏重于社会科学和行为科学的模式而缺少文化和意识形态的维度、过于强调维护现存秩序和体制稳定而缺乏批判和反思的维度、过于强调经验实证的研究而缺乏逻辑分析的维度。美国主流传播学通过与马克思主义的三次相遇和碰撞，恰恰从文化的视角、批判的维度和政治经济学的层面得到了不同营养的浇灌和加强。我们说，尽

---

① 詹姆斯·凯瑞：《作为文化的传播：媒介和社会论文集》，丁未译，华夏出版社 2005 年版，第 75 页。
② Lawrence Grossberg, *Bringing It All Back Home*, Durham, NC: Duck University Press, 1997, p. 234.
③ Alan O'Connor, The Problem of American Cultural Studies, in Richard Johnson (ed.), *What is Culture Studies*, Oxford University Press, 1996, p. 188.
④ Chris Rojek, *Cultural Studies*, Polity Press, 2007, p. 46.

美国媒介文化理论的马克思主义传统

管源自法兰克福学派的批判传播学始终没有成为美国媒介研究的主流,尽管诞生于美国的传播政治经济学目前已有衰落之势,尽管美国的媒介文化研究由于后现代转向正在一步步远离马克思主义,但无论是位居边缘、渐趋衰落还是逐渐走远,一条马克思主义的线索自20世纪30年代起就一直贯穿于美国媒介文化理论的始终。由此,从马克思主义的视角观照美国的媒介研究,不仅可以为我们打开一片全新的研究领地,而且马克思主义还可以成为我们衡量和评价美国不同媒介研究学派之间异同的一杆标尺,成为书写美国媒介文化理论之学术史与思想史的一种重要参照。

【作者简介】李昕揆,文学博士,中国人民大学文学院讲师。

晚期马克思主义文论的
"话语政治"转向*

董希文

20世纪中后期,活跃在英美等西方国家思想界的晚期马克思主义理论家,一方面坚守马克思主义旗帜,坚持总体性基点和社会批评意识,迎击各种反马克思主义思想的挑战,从哲学理论高度发展马克思主义;另一方面,他们将其哲学观点与现实问题密切结合起来,以其惯有的实践性品质回答后现代社会提出的新问题,保持其鲜活生命力。晚期马克思主义文论是晚期马克思主义思想的重要组成部分,它在坚持上述原则发展自身过程中,表现出鲜明的话语政治取向与诉求。剖析"话语政治"审美理论内在本质、特征、生成机制及社会影响,不仅对于深入探究西方马克思主义文艺思想,而且对于构建当代中国特色马克思主义文艺理论体系具有重要启发价值。

一 晚期马克思主义及其"话语政治"审美理论

进入20世纪以来,马克思主义理论因其现实指导价值得到了急速传播与发扬,成为思想领域的"显学"。一些与马克思主义理论接

---

* 本文为教育部人文社会科学重点研究基地重大项目"文学文本理论研究"(12JJD750020)阶段性成果。

近的学派也自觉或接受或改造马克思主义思想，纷纷披上"马克思主义"外衣，一时之间，行色各异的"马克思主义"理论粉墨登场，蔚蔚壮观。有强调"激进民主政治"以拉克劳、墨菲等为代表的"后马克思主义"，有关注多元文化语境嬗变以德里达、德勒兹等为代表的"后现代的马克思主义"，还有各种修正恩格斯、列宁观点的"新马克思主义"。而所谓的"晚期马克思主义"，是指"活跃在当前西方左派学界中的一群至今坚持主张以历史唯物主义的生产方式构架来重新解决当代资本主义发展新问题的马克思主义者"①。如果按此标准，詹姆逊、德里克、哈维、凯尔纳、伊格尔顿等人可以看作晚期马克思主义的主要代表人物。

所谓"话语政治（discourse politics）"，最初用来概述拉克劳、墨菲、哈贝马斯等"后马克思主义"理论家妄图通过以语言为中介的理想话语活动及交往理性的建立实现民主政治的哲学理念。② 此处"话语政治"内涵与"后马克思主义"理论有所不同，主要指立足文本，通过文学创作与阐释活动发挥特有的意识形态功能，以达到介入与干预现实的微观政治效果的理论学说。总体来看，20世纪西方文学文本理论存有三种基本形态：语言客体文本理论、读者审美阐释文本理论和话语意识形态生产文本理论，经历了由作品到文本、由自在到建构的跃进式发展。③ 三种文本理论都立足文本特有语言存在展开，但各自侧重点又有所不同，表现由关注语言存在——读者参与——社会文化渗透的转型与演变。"话语政治"审美理论就是话语意识形态生产文本理论的一种重要形式。

---

① 张一兵：《何为晚期马克思主义》，《南京大学学报》2004年第5期。
② 参见刘建成《第三种模式：哈贝马斯的话语政治理论研究》，中国社会科学出版社2007年版；杨勇《"话语政治"的价值与缺失》，《学术交流》2011年第1期；彭冰冰《话语政治中的意识形态批评》，《甘肃理论学刊》2010年第4期；付文忠、孔明安《话语理论与后马克思主义的哲学取向——拉克劳、墨菲的后马克思主义方法解读》，《哲学动态》2006年第6期等相关研究成果。
③ 董希文：《20世纪西方文学文本理论形态考论》，《文艺理论研究》2011年第3期。

第三编　国外马克思主义文艺与文化研究

在由语言客体文本到话语文本的发展过程中，福柯为"话语"内涵的丰富作出了重要贡献。"我所感兴趣的是话语的形式，不是造成一系列言语的语言结构，而是这样一个事实，即我们生活在一个凡是都要说出的世界。……话语是指被说出的言语，是关于说出的事物的话语、关于确认、质疑的话语、关于已经发生的话语。在这个意义上，我们生活的这个历史世界不可能脱离话语的各种因素，因为话语已经扎根于这个世界而且继续存在于这个作为经济过程、人口变化过程等的世界中。因此，说出的语言既然是已经存在的语言，就会以这种或那种方式决定以后将会说出的东西，无论后者是否脱离一般的语言框架。"① 因此，"话语"不是语言，而是包含了权利宰制关系的语言存在，其中裹挟着复杂而多样的意识形态关系。一般认为，"话语"活动是人类极为重要的表意方式，是主体积极参与实践的表征。话语活动是一个渐次展开的互动过程，包含施事者、受事者及双方价值评价的积极介入。童庆炳先生干脆将"话语"界定为"特定社会语境中人与人之间从事沟通的具体言语行为，即一定的说话人与受话人之间在特定社会语境中通过文本而展开的沟通活动，包括说话人、受话人、文本、沟通、语境等要素"②。这一解释很有道理。而话语分析就是立足文本语言特征，运用各种分析手法充分挖掘文本隐含的权利制约关系和其他各种社会价值取向，对文本进行文化释义的活动。

詹姆逊、伊格尔顿等人"晚期马克思主义"理论家既探究新的语境中马克思主义理论的发展，也把文艺活动作为其哲学体系的重要组成部分，其话语意识形态生产文本理论体现出鲜明政治倾向，可称其为"文本政治学"或"话语政治"理论。对此，詹姆逊在《政治无意识》里有精辟的解释："意识形态并不是诉诸或投资于符号生产的某种东西；确切地说，审美行为本身就是意识形态的，因此，审美形式或叙述形式的生产就应被视为一种意识形态行为，它具有某种对

---

① ［法］福柯：《死亡与迷宫》，刘北成《福柯思想肖像》，上海人民出版社2000年版，第189页。

② 童庆炳：《文学理论教程》（修订二版），高等教育出版社2004年版，第69页。

不可解决的社会矛盾创造出想象的或形式的'解答'的功能。"① 伊格尔顿述说更为直接,文本活动即为意识形态生产过程,"文学文本不是意识形态的'表现',……确切地说,文学文本是意识形态的生产"②。"话语政治"审美理论的出现顺应着20世纪西方文学文本理论发展的轨迹。

二 "话语政治"审美理论产生的文化逻辑

晚期马克思主义"话语政治"审美理论的出现是后现代语境中马克思主义思想与时俱进的必然结果,也是文学文本理论回应现实挑战、合理转型的必然形式,是历史发展的必然。"话语政治"审美理论的产生遵循特定的文化逻辑。

第一,马克思主义社会批判传统的继承与转型。"第二次世界大战"结束以后,特别是20世纪60年代以来,世界格局和社会形势发生了急剧变化。一方面,以恩格斯、列宁为代表的传统马克思主义理论已不能有效指导现实的革命实践,宏观"阶级斗争"理论已不再适应现实需要。试想与资本家同享阳光沙滩度假的工人怎么会直接反对面前的为其发放工资的资本家?另一方面,修正马克思主义、超越马克思主义的各种"非马克思主义"思潮也粉墨登场,大有掩盖、遮蔽马克思主义根本主张之势。詹姆逊、伊格尔顿等晚期马克思主义理论家面对左右阵营的攻击,既不悲观,也不盲目跃进,深刻地认识到在后现代语境中,"老式的马克思主义已难善其用"③,并认为只有兼容并蓄、适时转换才是唯一出路,"当今世上应该有几种不同的马克思主义,每一种都适合其社会经济体系的特定需要和问题,这与马

---

① Fredric Jameson, *The Political Unconscious: Narratives as a Socially Symbolic Act*, Ithaca: Cornell University Press, 1981, p. 79.
② 周宪:《超越文学——文学的文化哲学思考》,生活·读书·新知三联书店1997年版,第269页。
③ Fredric Jameson, *The Political Unconscious: Narratives as a Socially Symbolic Act*, Ithaca: Cornell University Press, 1981, p. 11.

第三编　国外马克思主义文艺与文化研究

克思主义的精神，即思想反映具体社会环境的原则，是完全一致的"①，"马克思依据具体的社会经济语境的变化而变化"②。因此，詹姆逊等认为马克思主义文艺批评不应还把文艺当成宣传意识形态斗争的工具，不应该过分关注其中蕴含的显在的、静态的政治因素。马克思主义文艺批评应具有包容性和开放性，应该充分借鉴西方其他理论观点，丰富和发展自己。与此同时，马克思主义文艺批评必须坚持历史唯物主义方法，从生产方式根本变革中探究文艺发展本质规律与价值取向，马克思主义理论是各种文化研究"不可逾越的视界"（un - transcendental horizon）。这是一种坚持马克思主义基本思想和原则前提下的多元主义和相对主义。

第二，"语言论转向"背景中超越"语言"的现实需要。20世纪是一个语言学的世纪，语言学及其方法几乎影响到了整个人文社会科学的发展与转型。语言学方法不是一种政治意识形态理论，较少直接涉及阶级意识，但它能较好地解释各种文化现象的结构及其生成与转化方式，并能揭示其背后的深层原因。语言学转向对文学研究的启发价值还在于文学媒介就是语言，唯有立足文本、运用语言分析方法探究作品才有可能构建科学的文本学。以詹姆逊为例，詹姆逊理论受到语言学方法影响很大，但这种影响是间接的，其直接理论源泉是受结构主义语言学启发而产生的阿尔都塞的结构马克思主义和拉康的后结构主义精神分析。阿尔都塞认为历史作为一种"缺席的原因"，既不可弃之不顾又不可轻易接近，只能通过文本"裂缝"和"症状"窥其真相，因为作为向人们提供想象性虚假关系的意识形态已将真实历史遮蔽；拉康认为以语言无意识方式构筑的"象征界"（或符号界）将人异化为"他者"，人的真实存在、人的各种欲望都受到了压抑，"真实界"难以彰显、"想象界"受到很大限制。詹姆逊将上述二人的观点接受并加以转化，他认为意识形态与社会现实矛盾的关系类似于人的意识与利比多的关系，两

---

① Fredric Jameson, *Marxism and Form*. Princeton: Princeton University Press, 1971, p. 4.
② Fredric Jameson, *Late Marxism*, London: Verso, 1990, pp. 6 - 7.

者之间也构成了压抑与被压抑、掩盖与被掩盖关系,意识形态作为一种假象关系阻断了社会现实矛盾的显现,并将其压制到社会集体的潜意识之中,不过这一潜意识的承担主体不是作为个体的人,而是政治——经济群体,詹姆逊称其为"政治无意识"。任何文本的创造都包含了潜意识因素的渗入,在此文本更像社会现实的能指,文本分析、文化研究就像弗洛伊德的"梦的解析",其价值就在于揭示这种"政治无意识"如何得以传达。因此,文本、文化就是作为社会象征行为的叙事符号,詹姆逊有一本专著就取名为《政治无意识——作为社会象征行为的叙事》,可见这一思想在其理论体系中的重要性。

　　第三,解构主义思想的全面渗透。解构主义是在结构主义哲学基础生成的一种反结构主义思潮,肇始于1966年德里达在霍普金斯大学关于人文社会危机的演讲,后逐渐蔓延开来,席卷整个人文科学领域。解构主义反对宏大叙事,反对稳固如一的结构,主张质疑传统与权威,提倡多元与民主。在解构主义看来,文学文本意义不是固定的、唯一的,而是处于不断生成过程之中,不同读者会得出不同的认识。即便是同一个读者,首次阅读与其后阅读也会有所区别。造成这种状况的主要原因在于:一是词语意义总是处于无限的延宕过程中,词无定义;二是文学文本本身具有修辞性。解构主义对文本复杂性的理解恰好可以用来对抗传统中对文本意识形态"单纯性"的认识。每一个文本中都会存在多种意识形态,每一种意识形态中又存在着相互依存的对立双方,它们之间的复杂组合决定了文本释义具有多重性。耳熟能详的詹姆逊有关后现代艺术风格的阐释就很好地体现了上述认识。事实上,伊格尔顿文本科学构建理论也贯彻这一观点,"在这点上,意识形态的东西以其表面的'单纯性'反照于文本的复杂性:前者孩子般天真地坚信能指的透明和所指的一拍即合,而这种信念早已被成熟的成文性(类似互文性——引者注)抛弃了。这样,就应由成文性通过自己的策略以意识形态所潜抑了的东西来向意识形态挑战,将意识形态所包含却又无法正视的那些虚晃掩饰之词的意义统统揭露"①。理解文本意识形态生产首先应坚持解构观念。

第四，文化唯物主义表意实践方式的潜在影响。后现代社会是一个什么样的社会，后现代文化具有何种特征，晚期马克思主义理论家都有清醒认识。詹姆逊在《后现代主义，或晚期资本主义的文化逻辑》指出，后现代主义是以跨国资本主义为主的后工业消费社会在文化领域的必然体现，后现代艺术不同于前现代以反映外部世界为主的现实主义、现代以呈现自身为主的现代主义艺术，而是表现出对能指作用与功能的过分迷恋，艺术创造生活，艺术就是生活本身，艺术就是一种介入生活、干预生活的方式。深受英国文化唯物主义影响的伊格尔顿更是认可文艺的实践性，文化或文艺不全是精神的思想观念的呈现，它是人们实实在在的日常生活的一部分，是人们日常生活本身。人们的文化实践通过物质生活方式得以体现，人们的思想观念也通过生活得以传达。因此，以晚期马克思主义视角审视文艺活动，文艺就是人们介入现实的一种特殊生活方式，文艺活动就是一个在不断编码/解码过程中裹挟着意识形态因素或遮蔽或放大某些东西的意识形态争夺的场域。在这里，"文本"是一个既有别于历史实在又不同于纯语言形式的语言实体，而是一种话语存在。"话语政治"审美理论的价值就在于指明文本活动是一种持续不断的意识形态表意实践过程。"在他看来，文学文本反映（如果仍然要用'反映'这个词的话）的并不是历史实在，而是反映了产生'现实影响'的意识形态的作用情形。同样，文本不是一种自足的封闭的'有机'本体，而是意识形态发生作用的一个动态和开放的表意过程。因此文学的真实性不是说它'反映'了历史的实在，而是说它本身就是意识形态的产生过程，在这个意义上展示了某种历史的真实。"②

---

① 伊格尔顿：《文本·意识形态·现实主义》，王逢振等主编《最新西方文论选》，漓江出版社1991年版，第428页。
② 马海良：《伊格尔顿的思想历程》，《山西大学学报》2000年第2期。

三 "话语政治"审美理论的特征

晚期马克思主义"话语政治"审美理论不同于西方其他行色各异的文学理论,也与传统马克思主义文论有着明显区别。"话语政治"审美理论既坚持鲜明的马克思主义政治倾向,主张文艺介入现实,引领现实;又突出文本地位,坚持多元化的话语分析,通过话语分析剖解文本中蕴含的政治倾向,以达到影响甚至改变现实的目的。

第一,坚持立足文本进行话语分析。

不同于传统马克思主义理论直接从文本内容出发探究文学的唤起革命功能,也不同于法兰克福学派批判大众传媒对文艺革命价值的弱化,晚期马克思主义自觉接受语言哲学革命的影响,始终坚持从文本出发探究文学,认为"脱离文本、直奔主题"的内容剖解,不利于建立科学的文学批评体系。詹姆逊将自己的马克思主义文艺批评方法归结为文本阐释。文学以文本形式存在,历史也以文本形式存在,文学和历史之间具有互文性关系,它们都是历史真实的表征形式,因为历史已不可触摸,并成为永远的过去,历史真实只能以文本形式呈现出来,社会冲突和矛盾只能以美学形式在文本中得到想象性解决,而对真实历史的揭示只能通过文本阐释方式,从文本"缝隙"和"断裂处"窥见历史真相。伊格尔顿集中探究了文学文本和意识形态的关系,认为文本是审美意识形态的结晶,阐释审美意识形态生产过程必须立足文本展开,尽管这一进程复杂多变、歧义迭出,充满认同与重构,但都是文本分内之事;离开文本,就已不是文学研究。以此为据,伊格尔顿维护了文学研究的自律性。

第二,鲜明的政治倾向。

晚期马克思主义"话语政治"审美理论十分关注文本的"政治性",因为它是文学活动的价值所在,它维护了文学的介入现实功能。詹姆逊一直认为弗洛伊德的精神分析学是"唯一真正创新的解释学"①。但弗洛伊德学说过于狭隘,仅仅立足于无从验证的个人体验和心理臆测。在综合弗洛伊德、容格乃至弗莱理论基础上,詹姆逊认为人们的"政治"信仰已成为一种无意识因素沉潜于"意识"域下,人们的各种文化实践都是潜在"政治"无意识的表征形式,特别是文艺活动具有隐喻、象征功能,文学批评与阐释类似于"解梦",要逐层剖析其象征机制与不同寓意。但文本编码机制非常复杂,相较于人类心理结构中的意识、个人无意识、集体无意识,文学文本意蕴构成应包含个人象征、阶级或集体象征、社会历史象征三个层次。詹姆逊以此为据构建的文本阐释思想集中体现在"三个同心框架"之中。第一,在狭隘的政治或历史视域中,文本作为个别的文学作品被阐释为一种社会象征行为;第二,在扩大的社会视域中,文本被改造或重构为集体和阶级话语,即阶级或集体话语的最小可读单位;第三,在整个人类历史的终极视域中,文本被解读为"形式的意识形态素","成为生产方式的痕迹或预示"②。在具体阐释程序方面,詹姆逊认为可分为由表入里、由浅入深的三个层次加以展开,区分掩饰和被掩饰的信息。第一层次为直接的社会政治事件,将具体文艺作品和叙事行为作为社会矛盾冲突进行细致阐释与注解,把握哪些事件是直接的、哪些虽未言明却是"缺席"的在场;第二个层次是社会层面,主要指斗争和阶级意识,将作品文本放在相互对抗的阶级群体关系中,挖掘其中包含的政治意识形态功能;第三个层次是历史层面,这主要指生产方式的变更,具体做法是将文本放在整个生产方式的复杂系统中阅读,因为按照"主导符码"和"主因"理论,在每一种生产方式中都共时地存在其他已经过时的和即将形成的生产方式,文学文本正是以寓言和象征方式展示文化和生产方式的复杂关系及其变化。詹姆逊以对巴尔扎克小说《萨拉辛涅》的文本阐释为例对上述理论进行了演示。从其批评实践来看,詹姆逊是立足文本,指向历史现实的,重在揭示文学文本、历史文本隐而不显的政治无意

---

① [美]詹姆逊:《政治无意识》,王逢振、陈永国等译,中国社会科学出版社1999年版,第60页。

② 王逢振选编:《詹姆逊文集》第二卷,中国人民大学出版社2004年版,第198页。

识（包括错综复杂的社会矛盾）。因此，文本中包含丰富的"政治"因素，并不像新批评理论所主张的那样，仅仅是一个封闭的语言组合体。

伊格尔顿也是如此。如果说早期的伊格尔顿理论还想建立"文本科学"的话，那么20世纪80年代以后则表现出明显的"革命批评"倾向。在《沃尔特·本雅明，或走向革命批评》以及《现象学，阐释学，接受理论——当代西方文艺理论》等著述中，伊格尔顿明确指出文学在本质是一种政治修辞学，应该具有鲜明的政治效果，文学和其他学科一样，都要为一定的意识形态斗争服务，革命的文艺应该宣传革命主张和意识。"'马克思主义批评家'的首要任务，是积极投身并帮助指导大众的文化解放。"[①]

第三，文本解读是审美意识形态生产过程，具有重构性。

文本解读并不是挖掘或完全默认作品中作者见解，甚至抵抗作者在文本中灌输的看法。文本解读是读者与作者的对话与协商，是对文本的重构，是一种新价值产生的过程。詹姆逊和伊格尔顿都秉承了阿尔都塞和马歇雷的文本"症候阅读"法，都认为文本解读就是寻找文本"裂隙"和停顿之处，并以此窥视与剖析潜隐在文本中的社会真实关系，探究文本创作与流通的社会价值。詹姆逊对"第三世界"文学作为民族寓言阐释就贯穿了这一思想，在抵制"第一世界"经济、文化渗透，反对殖民主义的过程中，"第三世界"文化乃至其他社会事件不可避免地成为民族解放的心声和"民族寓言"，它以文本形式隐喻着民族反抗情绪和对自身民族特性的剖析。鲁迅笔下的"铁屋子"与沉睡其中的人们、为革命牺牲但不被理解的"夏瑜"等，都是需要阐释的"民族寓言"。

伊格尔顿则通过构建其"文本科学"阐释了这一特殊的审美意识形态生产过程。在伊格尔顿看来，意识形态因素渗透在文学文本活动的方方面面，文学文本活动本身就是一种审美意识形态生产活动，

[①] [英]伊格尔顿：《沃尔特·本雅明，或走向革命批评》，郭国良等译，译林出版社2005年版，第128页。

第三编　国外马克思主义文艺与文化研究

这主要表现在：第一、无论是文本创作过程，还是文本消费过程，其运用的材料——前文本意识形态材料本身就是一种具有自身特定形式的生产，或者说，是以历史真实为材料生产出来的产品，文学文本生产其实是生产的生产。第二、艺术程式、手段以及解读理论本身并不是纯粹的审美范畴，它们已经受到了意识形态的决定性影响，甚至转换为审美意识形态。"因此，对前文本意识形态材料的加工制作不外乎就是对那些材料进行审美意识形态的筛选、组织、张扬、掩饰、暗示、神秘化或自然化。"[1] 第三、前文本意识形态并不是被动地接受加工和制作，被捏成形，而是在生产过程中与具有多重结构的主体审美意识形态产生交合与影响并得到修正、补充和转化，从而形成一种新的"文本意识形态"或文本产品。但是，我们需注意的是，文学文本创作生产出的意识形态"真实"只是一种"准真实"，因为文学生产作为一种话语虚构实现了对历史"实在"的秩序化与条理化，并且其本身已受到了意识形态的影响。因此，从某种意义上说，文本意识形态生产过程就是在"真实"虚位的情况下建构"真实"，"以真实的不在场构成真实的在场"[2]。第四、文本解读过程也是一种意识形态再生产过程，表现为价值观的交换与改变。伊格尔顿借鉴了马克思政治经济学理论对其进行阐释，他认为文学的审美价值就产生于读者对文本的解读活动之中。"文学价值，是用对文本的思想见解，用作品的'消费性生产'，亦即解读行为所制造出来的一种现象。它所表示的永远是由相互间的关系所确定的价值：'交换价值'。'价值'的历史，是文学思想实践的历史——这种实践绝不是对已制作好了产品进行单纯的'消费'，但是我们却必须把这种实践作为文本确实在进行的（再）生产来研究。"[3] 第五、意识形态在文学文本里也显现为一种无序、混乱状态。文本批评就是要揭示那种产生无序和

---

[1] 马海良：《文化政治美学——伊格尔顿批评理论研究》，中国社会科学出版社 2004 年版，第 164—165 页。

[2] Eagleton Terry, *Criticism and Ideology*, New Left Books, 1976, p. 186.

[3] 伊格尔顿：《马克思主义与美学价值》，陆梅林主编《西方马克思主义文论选》，漓江出版社 1988 年版，第 705—706 页。

分裂的话语的扭曲机制，重构文本的内部移植过程。"科学的批评"应该穿过文本的裂隙和沉默之处，把对象话语与它的生产条件联系起来，揭示隐义或意识形态的作用过程。

第四，介入现实的品质。

晚期马克思主义文学理论虽不像马克思、恩格斯、列宁、毛泽东等革命导师那样，在直接与作家的对话中面对文学实践提出的问题进行批评与指导，具有较大思辨性和理论性；但与法兰克福学派的文化批评相较，特别是与后马克思主义提出的理想化的"激进民主政治"和"文化政治"理论相较，仍旧保持强烈的介入现实品格。无论是詹姆逊的"第三世界"民族预言阐释、文本—阶级—历史三层次解读模式，还是伊格尔顿的"文本科学"构想、审美意识形态生产解读模式乃至对文学本质是一种"政治修辞学"的主张，都妄图通过文学审美活动参与生活进程、干预甚至改变生活本身，都坚决地维护并以文化参与方式实现文学特有的意识形态功能。因此，晚期马克思主义"话语政治"审美理论是立足文本，又超越文本、指向历史现实，从而坚持了马克思主义批评传统。对此，安德森给予了极高评价："对比之下，詹姆逊后现代理论第一次在提出资本主义文化逻辑的同时提供了资本主义社会形式的整体变化的一幅图画，这是一种更具包容性的视野。在此，在从局部到普遍的过渡中，西方马克思主义的使命已达到其最完善的顶峰。"[①]

四 "话语政治"审美理论的启发价值

晚期马克思主义"话语政治"审美理论是西方社会历史进程在文艺活动中的合乎规律的发展，也是传统马克思主义文艺理论适应性形势、寻求突破与转型的必然结果。这一理论虽不能直接移入中国，不经转化地成为当代中国文论拼图组成部分，但其对马克思主义立场操守的坚持、寻求转变灵活适应的现实的方略、谋求介入现实的品质

---

① Perry Anderson, *The origins of Post—modernity*, London: Verso, 1998, p. 72.

第三编 国外马克思主义文艺与文化研究

以及高扬"文学政治""话语政治"的主张,都值得吸收、转化与借鉴。其中,"话语政治"审美理论的综合创新方法和政治导向尤其具有启发价值。

晚期马克思主义"话语政治"审美理论有效解决了文学与政治、内容与形式、作者与读者、共时性与历时性关系等问题,为建设当代中国特色马克思主义文艺理论体系提供了理论层面上的指导。在上述四组关系中,长期以来,传统马克思主义文论十分关注文学中的政治意识、内容主题、作者意识和文学的历时性发展,并做出了异常丰富甚至夸大的解释,而对文学本身、形式、读者及作品共时结构则关注不够;而西方行色各异的其他理论,诸如俄国形式主义文论、接受美学、结构主义诗学等则相对丰富和发展了后者,而对前者表现出极大疏离和漠视。这种虽深刻却片面的理论主张可能红极一时,也矫枉过正地解决了某些迫在眉睫的文学现实问题,一定程度上推进了文艺理论发展,但总体而言,不利于、也不可能构建出科学的文学批评体系。百年来的文艺理论发展已证明这一点。而晚期马克思主义"话语政治"审美理论较好地解决了上述问题,特别是通过文本共时的静态结构(语言剖析)探究其中蕴含的变化着的历史文化价值、意识形态斗争因素及其复杂生产机制(文本解读模式),对于中国当代文论建设具有理论指导价值。

晚期马克思主义"话语政治"审美理论重视文艺政治因素介入、倡导文艺干预现实的批评实践对于繁荣当代中国文艺批评具有现实指导价值。中国是一个强调诗教的国家,中国有着特别发达的意识形态分析传统,并且即使进入现代社会以后,这种风尚并没有发生实质性变化,反而在"文化大革命"期间达到登峰造极地步。其后,随着改革开放顺利进行,西方各种文艺思潮潮水般涌入中国,一时之间,各种"非马克思主义"甚至"反马克思主义"的主张甚嚣尘上,各种打着中立立场和建立"科学文学批评"旗号的形式主义理论也粉墨登场,不仅传统批评,甚至"五四"后成为"新传统"的马克思主义批评也被挤到边缘,中国当代文学批评成为西方批评方法的"试验田","语不着调"的"失语"现象成为批评的常态。形式批评一度据于文学批评主导地位,但文学毕竟不是自然科学、社会科学,它应该具有不容取代的人文价值和终极关怀。20世纪90年代以来,审美文化得以迅速发展以及文艺批评领域的"文化转向"已显示这一不可抗拒之势。因此,文艺批评应吸取社会历史批评和形式批评之所长,谋求综合创新之路。中国当代文学批评不应超越文本,而是必须立足文本,更不能越过文本形式直逼内容,我们需要在这方面多下工夫。从这个角度而言,詹姆逊、伊格尔顿等晚期马克思主义理论家提出的"话语政治"审美理论,既立足文本、又指向历史文化,既没有忽视语言形式的存在又强调了意识形态重构的重要性,并做到了两者较好结合,这无疑能给我们的文学批评实践提供很好的借鉴。

【作者简介】董希文,鲁东大学文学院教授,文学博士,硕士研究生导师。

"文学哲学"研究与意识形态批评
——马舍雷《文学在思考什么?》中的方法论问题

陈然兴

法国马克思主义批评家皮埃尔·马舍雷的创新之作《文学在思考什么?》① 由张璐和张新木合作翻译为中文出版已经很久了。除了在出版之前吴岳添和罗鑫合撰的一篇研究论文之外,并未见到国内学界有其他的反应,这着实是一件令人困惑的事情。在各种各样的理论话语"众声喧哗"、激烈竞争的当代,通过创新思维锻造出更具体、更有力的方法已经成为任何一种批评流派继续生存的基本条件,马克思主义批评也不例外。《文学在思考什么?》作为近年来马克思主义批评领域中的一本少见的具有方法论启示意义的著作,理应受到研究者的重视。吴岳添和罗鑫在《文学与哲学的融合——评马舍雷的〈文学在思考什么?〉》一文中就该书的内容做了较为详细的介绍,并从马舍雷个人理论发展的角度对该书所提出的理论作出了肯定性的评价,认为"文学性哲学是马舍雷文学生产理论的新发展"②。我认为,马舍雷所提出的"文学哲学"思想具有更普遍的方法论内涵,应该把它放到整个马克思主义批评的发展史中来考察,从而进一步发掘它的价值。也许因为"意识形态"的概念只在该书的最后一节被提及,

---

① 该书英文译本名为 *The Object of Literature*, Translated by David Macey, Cambridge: Cambridge University Press, 1995。

② 吴岳添、罗鑫:《文学与哲学的融合——评马舍雷的〈文学在思考什么〉》,《复旦论丛》2010 年第 2 期。

"文学哲学"研究与意识形态批评

吴、罗两位先生、包括国外评论者在内,似乎都没有意识到马舍雷的"文学哲学"研究是在马克思主义意识形态批评的层面中进行的,或者说,这种研究本身就是意识形态批评的一种具体化。

在《文学在思考什么?》中,马舍雷提出要打破现代知识话语对文学与哲学的分割,而提倡"保卫文学的思辨使命"①。通过对九个作家及其文本的深入讨论,他得出了一个具有普遍意义的结论,即在特定历史条件下,在文学的虚构逻辑与哲学的思辨逻辑之间、在诗性幻想与理论分析之间存在着某种共通的思维图式;而文学凭借其自由游戏的性质能够产生一种"间离效果",从而使自身与这种思维图式保持一种内在的批判性关系,这就使得文学间接地具有了揭示和批判哲学话语之意识形态性的认识价值。马舍雷把文学中包含的这种对哲学的批判可能性称为"文学哲学"。通过对福柯"认识型"理论的借鉴并结合阿尔都塞的意识形态理论,他提出了一系列进行"文学哲学"研究的具有可操作性的意见,值得我们深入探讨。

一

文学与哲学是人文知识中两个具有原型意义的门类,从历史上讲,它们之间的关系却呈现为两种相互矛盾的状态:一边是对立和斗争,一边是混杂与融合。就二者的对立斗争来说,西方思想史上的"诗与哲学之争"是最鲜明的体现。它涉及人类两种基本的把握世界的方式——即诗性直观与理智直观对于真理言说权力的争夺。② 就二者之间的混杂和融合来讲,无论在西方还是在中国,文学与哲学的共生现象都由来已久。柏拉图和庄子的著作就是这种共生现象在西中两方各自的代表。实际上,西方文化中文学与哲学的共生混融状态可能到了现代才趋于消失。因为,"文学"本身边界的确定是在18世纪

---

① [法]皮埃尔·马舍雷:《文学在思考什么?》,张璐、张新木译,译林出版社2011年版,第6页。
② 牛宏宝:《理智直观与诗性直观——柏拉图的诗哲之争》,《北京大学学报》(哲学社会科学版)2013年第1期。

第三编　国外马克思主义文艺与文化研究

末到 19 世纪初才完成的。埃斯卡皮的文学社会学研究曾详尽勾画了这种边界生产的过程①，而福柯在《词与物》中进一步肯定了这一点。②

自从文学作为"写作艺术"被划归于"审美"领域以来，它似乎摆脱了理性思辨的责任，而文学研究的趋势（向修辞和审美方面的靠拢）也越来越巩固了这种边界意识。尽管如此，无论出于什么原因，在当代学术界，从哲学的角度来阅读文学，无论在马克思主义批评之内还是之外，都是不乏其例的。在马克思主义批评之外，海德格尔对荷尔德林的阐释可谓经典；而在马克思主义批评之内，本雅明的批评实践亦堪称典范。尽管后者并未被马舍雷所提及，而他提倡的方法较之海德格尔似乎更为明晰。在《评歌德的〈亲和力〉》一文中，本雅明区分了批评与评论，认为批评的任务就是追寻真理。他指出，"批评所探寻的是艺术作品的真理内涵，而评论所探寻的是其实在内涵〔……〕做一比喻：如果把年岁递增的作品看作熊熊燃烧的柴火堆，那么站在火堆前的评论家就如同化学家，批评者则如同炼丹士。化学家的分析仅以柴和灰为对象，而对炼丹士来说，只有火焰本身是待解之谜：生命之谜。与此相似，批评者追问的是真理，真理的充满活力的火焰在曾存在的事物那沉重的柴火上和曾经历的一切轻飘飘的灰烬上继续燃烧。"③ 通过批评从文学作品的深处探寻"真理"，把隐藏着的哲学思辨从文学的形象虚构中"拯救"出来，揭示出包含在文学作品之中的"哲学"，这无论对于本雅明还是海德格尔来说，都是文学的哲学研究的基本思路。

马舍雷把上述的研究称为"文学的哲学"（philosophy of literature）研究，而把自己的研究称为"文学哲学"（literary philosophy）

---

①　[法] 罗贝尔·埃斯卡皮：《文学社会学》，王美华、于沛译，浙江人民出版社 1987 年版，第 189—205 页。
②　[法] 米歇尔·福柯：《词与物》，莫伟民译，生活·读书·新知三联书店 2002 年版，第 391—393 页。
③　[德] 瓦尔特·本雅明：《经验与贫乏》，王炳钧译，百花文艺出版社 1999 年版，第 143—144 页。

研究。两个术语之间的一字之差，开辟了一个具有批判性的空间，马舍雷就是在这个空间中确立了自己的新的批评思路。他指出，"文学哲学"的研究不是对文学作品进行哲学阐释，不是要去"将文学所思考的东西从文学文本中分离出来，把它看作一种具有自身价值和意义的理论内容"①。这样的话，就等于是恢复那种不加批判的文学幻象：即文学在其连贯的话语中、在其形式中隐藏着某种有待发现的真理性内容。"文学哲学"不是"文学的哲学"。"文学的哲学给文学赋予了一种哲学的思考对象的地位，像对待其他对象那样对待这个对象，以便让文学陈述一些思辨形式，这些思辨形式静静地存在于文学中，或许不为文学所知。"② 与这种外部的合并和利用不同，"文学哲学"是要从"思想生产"的角度来联系两种不同的活动。他说："在文学工作本身中，我们可以探寻到这种思想生产的痕迹，找到这种首先引起哲学兴趣的思想生产，因为哲学自身也可以被视为一项工作、一种操作、一种生产。只有重视思想这种尤为勤劳的层面，我们才能寻找文学与哲学之间实际的联系形式。"③ 这种联系只能是在文学内部，即形象和形式的层面上。

马舍雷把哲学介入文学的途径分为三个层面：第一，在文献性的层面上，哲学文本能够作为一个参照来理解文学；第二，哲学论据在文学内部承担着"形式操作员"的角色，即支配着形象描绘、情节建构等文学手法的运用；第三，文学作品本身包含着对某些思辨命题的讨论。实际上，从马舍雷的研究来看，最为核心的是第二个层面，即文学形象和叙事手法的层面。正是在这个层面上，"文学哲学"的研究才真正地保证了文学话语自身的特殊性，从而把自身与"文学的哲学"研究区分开来，这一点我们后面会进一步展示。总之，马舍雷认为，"文学哲学"的研究能够摆脱文学与哲学的分裂和对抗，进而从文学中挖掘出哲学意义上的真理来。然而这种真理不是哲学形

---

① ［法］皮埃尔·马舍雷：《文学在思考什么？》，张璐、张新木译，译林出版社 2011 年版，第 296 页。
② 同上书，第 297 页。
③ 同上书，第 298 页。

态的真理，也不是另一种哲学。应该说，它所道出的恰恰是哲学无法道出的关于它自身的真理。

二

马舍雷的《文学在思考什么？》一书由四个部分组成，第一章"文学在思考什么？"和最后一章"赞文学哲学"可以看作是整本书的序言和结语；中间九章均匀地分为三个部分，分别命名为"历史的道路""在事物深处"和"一切都该消失"，每部分包括三章，分别讨论三个不同的作品。划分的原则被马舍雷称为一种"主题性集合"，即集合之内的不同的文学作品被看作同一个主题的不同变奏。因为，在马舍雷看来，19世纪以来，整个的文学和哲学都是在围绕着有限的几个主题进行生产的，这几个主题简而言之就是"变化的问题""深度的问题"和"界限的问题"。[①]

第一部分"历史的道路"讨论的是"变化"的问题。我们似乎能够感到黑格尔历史哲学思想的暗流横贯三个决然不同的文学家。无论是斯丹达尔夫人的文化世界主义的想象、乔治·桑小说建构中的泛神论视角，还是雷蒙·格诺小说中的"历史终结"的主题，事实上都内在地包含着黑格尔历史哲学的影子。在这些文学作品中，既有对未来人类前景的乌托邦式的想象，也有对历史之完成和终结的哲学思辨。第二部分"在事物深处"，则好像是延续了前面的主题，即在时间走到尽头的时候，无论是文学还是哲学都开始转向内在性和某种"垂直性"的结构：在文学上是雨果笔下的底层人和底层空间的形象，以及塞利纳笔下的地铁形象；在哲学上则是巴塔耶的低级唯物主义。在马舍雷看来，事实上，包括青年马克思和弗洛伊德在内，对上层/下层二元逻辑的建构和对底层事物的迷恋似乎标示着19世纪以来哲学思想的一个基本特征。在最后一部分"一切都该消失"中，马

[①] ［法］皮埃尔·马舍雷：《文学在思考什么？》，张璐、张新木译，译林出版社2011年版，第305页。

"文学哲学"研究与意识形态批评

舍雷从萨德、福楼拜和福柯的三本著作中读出了作为文学形象和哲学概念的死亡,即在文学上,"用缺席和空白的文学替代在场的文学";在哲学上,则是"从事物死亡的角度来观察事物"。马舍雷总结道,"发展、内在性、死亡:通过这些概念的连接,似乎描画出一个启示的基本外貌。一切事物的经过就好像是这样[……]沿着历史的道路,我们到达了事物的深处,直到一切都该消失。"① 这或许可以看作马舍雷个人对近两个世纪以来,西方社会的思想主题的总体认识。

我们不妨把马舍雷对雨果《悲惨世界》的分析作为一个典型,来详细了解他所谓的"文学哲学"研究的方法。马舍雷认为,在雨果的作品中存在着一种对底层事物的迷恋。这一方面表现为对大量的底层人物形象的描述;另一方面表现为情节建构中的底层空间的重要性,即大海、地窖、下水道等。这些形象无疑是大革命时代底层"群众"势力暗潮涌动的诗学表现。《悲惨世界》中冉阿让的一生,他的苦难与重生就是以地下空间为转折的。社会生活的秘密,那些在光天化日的官方生活中看不到的历史发展和变迁的"秘密",也是在这个"底层"中被揭示出来的。马舍雷指出,这种情节建构的模式、这种社会认识方式与托克维尔和马克思的社会学研究方法是不谋而合的。无论是托克维尔还是马克思,都认为下层事物是历史必然演变的因素和征兆。"于是,当马克思让人们看到,革命总是走向更低处已达到事物深处,让事物在其基础上动摇时,他自己也让步于一种'幻想的山坡',与雨果的倾向属于同一类,即指引雨果走向无数人民的视角,通过低下的区域和广袤的宇宙进行交流。[……]在理论分析和诗学幻想之间,似乎建立起某种神秘的对应:这就像是一种形象的逻辑,在任何预先的思考之前,这种垂直和黑暗形象的逻辑已经将其刻板模式强加到了群众话语中。"②

到此为止,马舍雷承认自己愈来愈接近福柯在《词与物》中提出的"认识型"理论。他说:"一个社会在建立一些多少能保障其秩

---

① [法]皮埃尔·马舍雷:《文学在思考什么?》,张璐、张新木译,译林出版社 2011 年版,第 295 页。
② 同上书,第 129 页。

序的平稳结构的同时,在促使社会建立一些它基于其上的权力关系的同时,便催生了一个普遍概念的整体,在这些普遍概念中,社会反映着这个秩序,也反映着秩序所产生的整体影响:对民主社会而言,即对 18 世纪末逐渐形成模式的民主社会而言,'真理位于底层'的思想扮演着普遍概念的角色,充当着规则,为其所有的话语确定了各自的对象。"① 那么,马舍雷是不是要在文学的虚构模式和哲学的思辨模式之间建立某种"同构"关系呢?如果是,那么,他的研究就只能止步于福柯的"认识型"理论了。我认为,不能把马舍雷的"文学哲学"研究与福柯的话语理论混为一谈。可以说,在福柯那里,话语本身就是分析的终点了,而马舍雷则进一步把它引到了对于马克思主义来说"归根结底起决定作用"的社会历史层面上来,从而把话语分析纳入到社会学的视野之中。在文学与哲学背后隐藏着的共同的思维图式,实际上是一种意识形态、一种神话,用阿尔都塞的话说,就是人与他的生活现实之间的想象关系的表征。② 因此,马舍雷说:"历史的每一个重要阶段都要一个适合其物质和文化需求的神话体系:神话使得每个历史阶段都可以通过形象体系,去传播一种大家所能接受的对集体存在状况的阐释,并且怀着对集体存在所具有的恐惧和希望。因此,从刚才所建议的理论分析中可以看出,穿插于叙事文本和理论文本中的底层人形象,他们并不是普遍想象的远古原型,独立于历史和社会现实,独立于由原型中介所表现的现实:这些形象就属于这个现实,并且对现实的建构有所贡献。"③ 在 18 世纪末到 19 世纪,这个现实就是"群众"这样一种社会存在形成的现实。正是这样一种新的社会现实的产生,才有了底层想象和底层神话。这种社会现实同时生产了一系列文学形象体系和一种"垂直性的"思想结构。

---

① [法]皮埃尔·马舍雷:《文学在思考什么?》,张璐、张新木译,译林出版社 2011 年版,第 139 页。
② [法]阿尔都塞:《保卫马克思》,顾良译,商务印书馆 2006 年版,第 230 页。
③ [法]皮埃尔·马舍雷:《文学在思考什么?》,张璐、张新木译,译林出版社 2011 年版,第 125—126 页。

"文学哲学"研究与意识形态批评

因此,马舍雷说,通过"文学哲学"的研究,"我们要重建的并不是人们平淡地称之为'精神状况'的东西,而是一种真正的思想结构,是针对这个社会的内在的认知形式,并且尤其适应于其历史的条件"①。在马舍雷没有涉及的层面上,可以说是普遍异化的历史现实导致了19世纪以来文学与哲学话语中的种种意识形态幻觉,即历史终结论、表层与深层、上层与下层的二元极性逻辑和语言之外无物存在的幻觉。马克思、尼采、弗洛伊德、索绪尔对劳动、生命、语言等人的基本活动的重新审视,本身就是对这种普遍异化的历史现实的反应,而这一点也是福柯《词与物》的"认识型"研究所不可能涉及的。

三

马克思主义的意识形态批评内在地包含着对文学的认识价值的坚持。在著名的《论艺术的信》中,阿尔都塞严格地界定了艺术、科学与意识形态之间的区别和联系。他指出,艺术既不是意识形态,也不是严格意义上的知识。但是,艺术具有一种认识价值,是因为,它能够通过内在的"间离"机制影射意识形态。他说,"艺术让我们看到的东西,因而是以'观看''觉察'和'感受'的形式(而不是以认识的形式)给予我们的东西,是艺术诞生其中、浸淫其中、把自身从其中作为艺术分离出来,进而影射的那个意识形态。[……]巴尔扎克和索尔仁尼琴给予我们一种对意识形态的'看法',这个意识形态就是他们的作品影射着的,以及不断从中汲取营养的那个意识形态,这个看法是以对他们的作品诞生其中的那个意识形态的一种退却、一种内在疏离为前提的。通过一种内在的距离,他们在某种程度上让我们从内部'觉察到'(但不是认识到)制约着他们的那个意识

---

① [法]皮埃尔·马舍雷:《文学在思考什么?》,张璐、张新木译,译林出版社2011年版,第136页。

形态。"① 在《文学生产理论》中，马舍雷继承了阿尔都塞的观点，并进一步细化了这种认识。他说，文学"作家的话语的自治性建立在它与对语言的其他运用——日常会话、科学命题——之间的关系上。从文学话语的活力和空洞性来说，文学话语摹仿理论话语，它排演自己的剧本但并不真正的演出它。但是，从它预示着一个特殊现实的感发力量来说，文学话语又摹仿日常语言，即意识形态的语言。我们可以临时性地把文学定义为带有这种特有的谐摹能力（power of parody）的东西。它把各种对语言的使用混合到一个无穷的冲突对峙当中，并以'揭示'他们的真理作为结束。用语言来做实验，而不是发明语言，文学作品同时是一种知识的相似物，也是一种习常意识形态的漫画"②。马舍雷在《文学在思考什么?》一书中提出的"文学哲学"研究，总的来说，正是这种意识形态批评理论的具体化。

当然，对文学的认识价值的强调并不是以忽视文学自身的特殊性为代价的。恰恰相反，阿尔都塞和马舍雷的理论把文学的认识功能建立在文学的特殊的内在机制上，即布莱希特的"间离效果"所指示的那种修辞机制上。马舍雷说："文学修辞，只要文学修辞得到严格的执行，它对一个时代的意识形态的参照，就只能是让这个意识形态与自身对立，与自身分离，并展示意识形态的内部冲突，也就是说批判这个意识形态。"③ 因此，在把文学与哲学联系起来的时候，马舍雷准确地把两者的结合点放在了文学的内部，即文学形象之建构的层面上。斯丹达尔夫人的世界主义哲学体现在她笔下的"外国美女"的形象之中；乔治·桑的泛神论哲学则体现在她对全知全能的叙述者的运用上；福楼拜的虚无主义哲学体现在小说中底层事物与高层事物的"循环"形象（比如，圣彼得的雕像跌入粪坑）中。总之，文学

---

① Althusser, L. *Lenin and Philosophy and Other Essays*, London: New Left Books, 1971, pp. 222-223.

② Macherey, P. *A Theory of Literary Production*, London: Routledge & Kegan Paul, 1978, p. 59.

③ [法] 皮埃尔·马舍雷：《文学在思考什么?》，张璐、张新木译，译林出版社 2011 年版，第 307 页。

包含着的真理不是哲学形态的真理。马舍雷指出:"如果说在文学中谈的是真理问题,那么这个真理除文学赋予的价值之外没有其他价值,这就是其风格的真理:这不再是形而上学,而确实是文学所呈现的一种深层文体学,而且深层文体学几乎独自代替了哲学的地位。"① 可以说,正是在文学形象和文学手法背后隐藏着某种思维图式,这种思维图式就是文学与哲学的相遇之处。而这个图式正是意识形态批评所要揭示的东西,因为,意识形态就是这种结构本身。

按照阿尔都塞的意识形态理论,意识形态本身就是一种表象体系,一种结构。他说,"意识形态是具有独特逻辑和独特结构的表象(形象、神话、观念或概念)体系"②,"意识形态是表象体系,但这些表象体系在大多数情况下和'意识'毫无关系;它们在多数情况下是形象,有时是概念。它们首先作为结构而强加于绝大多数人,因而不通过人们的'意识'。它们作为被感知、被接受和被忍受的文化客体,通过一个为人们所不知道的过程而作用于人。"③ 因此,可以说,马舍雷的"文学哲学"研究所最终揭示的就是特定历史条件下,文学与哲学共同生产和再生产着的意识形态。

当然,"文学哲学"的研究不仅仅是一种意识形态批评的方法,同时也有其独立的哲学研究价值。马舍雷借用葛兰西的概念,把"文学哲学"称作一种"没有哲学家的哲学"(philosophy of non-philosophers)④。可能正是因为文学摆脱了哲学言说方式,它才具有揭示哲学话语之局限性的功能。在马舍雷看来,通过对文学的考察,哲学能够卓有成效地反思自身。因为,对于哲学家来说,读文学作品就像是"聆听一位说话的疯子,其说话方式脱离了与'正确说话'相符的规范,同时引导人们对惯用的语言实践提出质疑,这也是对思

---

① [法]皮埃尔·马舍雷:《文学在思考什么?》,张璐、张新木译,译林出版社2011年版,第168页。
② [法]阿尔都塞:《保卫马克思》,顾良译,商务印书馆2006年版,第228页。
③ 同上书,第229页。
④ Gramsci, A. *The Antonio Gramsci Reader: Selected Writings 1916 - 1935*, New York: New York University Press, 2000, p.343.

考方式提出的质疑"。因此,"文学哲学"能够凭借自身的自由游戏的特性,为哲学做出特殊的贡献,"其贡献就在文学能够恢复所有的哲学话语,以其可信形式将哲学话语恢复到历史因素中,而历史因素又在不值一提却又绝妙无伦的掷骰子之后,将哲学话语变成偶发事件和时局变幻的结果"①。

早在《文学生产理论》中,马舍雷就曾借用列宁的"镜子"的比喻来说明文学与现实的关系。他指出,文学对现实的反映是一种歪曲的反映。这是因为,文学的镜子本身是"破碎的"。与此相仿,如果说,在文学的破碎的镜子中,我们能够看到的是哲学真理的不完整的影像,那么,它所真正反映的恰恰就是真理的不完整性本身,就是哲学一再否认的自身的时空局限性。因此,通过文学,哲学能够发现自身的界限,这个界限就是它产生其中的那个历史现实。这种追根溯源的运动必然促使哲学打破永恒与无限的幻觉,不断更新自身,从而拓展自身的领域和边界。

【作者简介】陈然兴,西北大学文学院副教授,硕士生导师。

---

① [法]皮埃尔·马舍雷:《文学在思考什么?》,张璐、张新木译,译林出版社2011年版,第303页。

中国视域下西方马克思主义文学批评中的"民族"概念研究

刘 芳

工业革命后,资本主义经济在全世界范围内获得了空前的发展。随着交通、媒介的发展,世界各国各地区更加紧密地联系在了一起,经济交流、政治交流、文化交流等加速了国家、地区间的流动。信息技术的发展,"电子—数字"媒介强力介入到人的生活当中,引发了人类历史上前所未有的文化、社会变革的浪潮。在此全球化背景之下,民族与民族之间的关系变得更加紧密了,那么在不同民族文化交流的过程中,会不会导致一些民族的消亡,最后,民族概念是否还会存在,民族概念的内涵又发生了怎样的变化,这些变化对文学和文学批评又会产生怎样的影响,西方马克思又是如何看待这些问题的,这对于中国大陆马克思主义文学批评又有怎样的启示?论文将"民族"和"文学"概念结合起来通盘进行了考察,既通过文学的角度和具体文学作品形象地揭示民族性的内涵,又从民族的角度反思文学和具体的文学作品。为此,首先应该梳理民族概念本身,并将民族概念与其相近概念作了分类,另结合历史对其进行还原,以便研究进一步展开。

一

民族作为一个历史性的概念,在不同的历史时期、不同的国度有着不同的内涵。在原始社会,民族概念是指"people",这一概念所指代的是原始部落,这还只是民族概念的前身,随着部落间兼并战争的发生,民族渐趋形成。伴随民族之间兼并战争的发生,一些民族渐渐消失并融合到了更为强大的民族之中,这种消失逐渐变成了一种文化记忆、文化潜意识。在中古时期,法国的民族"Geschlecht"意指由血缘相连的亲属团体。在拉丁语中,民族"natie"几乎只在文人贵族上等社会当中使用。而我们现在所讲的民族概念则是"national"是相对全球化的"international"而言的,因此,现代意义上的民族概念它的历史并不长。"inter"是"在……间"的意思,民族概念是一个"他者"概念,同时这个概念还意味着一种相互之间的关系。在1884年之后,民族在某种程度上意味着辖设中央政府且享有最高政权的国家或政体,即国族,国族"national state"的概念则意味着民族的国家化。事实上,民族和国家并不完全统一。比如犹太人,他们有自己的民族,但却没有自己的国家。又比如,朝鲜和韩国,国家影响到民族的重构。斯大林曾在《马克思主义与民族问题》中为民族概念作出了鉴定,他认为成为一个民族意味着应该同时具备共同的语言、共同的疆域、共同的经济生活和共同的心理素质等四个方面的特征。民族概念本来带有模糊性,斯大林的民族定义似乎太过清晰反而掩盖了民族在历史发展过程中复杂的演变过程。毕竟,民族概念表现为种族、族群、部族等具体而又错综复杂的族类形式,而且,这些群体又同时分属于不同的国家。一些学者与斯大林的观点并不相同。休·希顿—沃森提到,另一些关于民族的定义如"有时区分'文化民族'(cultural nation,指通过语言、宗教、历史神话或其他文化枢纽凝结在一起的共同体)和'政治民族'(political nation,除指了文化纽带外还有拥有一个合法的国家机构的共同体)两个概念。"①《民族与国家——对民族起源与民族主义政治的讨论》从政治民族概念出发,认为民族渐渐演化成了民族主义。因为"政治民族"涉及到

---

① [英]休·希顿—沃森:《民族与国家——对民族起源于民族主义政治的探讨》,吴洪、黄群译,中央民族大学出版社2009年版,第5页。

民族间的利益问题，这并不是本文所关注的重点，本文更加关注"文化民族"的问题，进一步讲，关注地是民族性问题，因为民族性与文学有着更为紧密的联系。

民族性与族性概念有着内在的关联。显然，族性的概念范畴大于民族性。族性（Ethnicity）从文化的角度来说是种族、族群与民族共同具有的东西。族性往往是从识别度角度来讲的，如通过文化习俗、血统、宗教、地缘、食物、服饰等展示出来的气质、精神。比如，法国人的浪漫，德国人严谨，西班牙人的激情等，而民族性与时代结合得更加紧密，民族体现出的是时代性的特征，因此民族性并不意味着传统性。

身处现代社会，空间对人的影响作用是巨大的，人对民族的感知也因着空间的转化和变动逐渐变弱。究其原因是因为民族认同感的建立主要是通过共同语言、历史经验、文化感知等建立和维系的，随着工业化、城市化尤其媒介的发展，移民、侨民和难民的增多，掌握不同语言的人也变得越来越多，随着生存空间的改变，人的生存体验表现在婚姻、生活方式等方面都与古人孑然不同，这些都会影响个体对民族认同、对民族的感知能力以及民族凝聚力。可以说民族性是动态发展的，而且在动态发展过程中与社会、历史紧密地联系在了一起。

民族、民族性与民族主义不能画等号，民族主义是一个偏向政治民族层面的概念，往往在某一时期通过激发个人的民族荣誉感和民族优越感来进行政治叙事，因此，政治的民族概念具有很强感染性、匿名性和暗示性特征，勒庞（Gustave Le Bon）通过研究发现，从心理学的角度来说，群体能产生具有一致性的"集体意向"（或幻觉），受潜意识影响，人在群体当中容易受到感染，并主动效仿他人的行为，如同被催眠一般。而文化民族的概念更为强调内在的、日常生活中人对民族的依赖，比如民族文化对生活方式的塑造以及民族内部个体对一定"社会圈子"的依赖。最后，通过各种互动，在民族内部建立起了内部成员之间的意识认同，这种民族认同感客观上成了强化社会凝聚力的纽带，进而促使民族内部成员建立内部成员间的归宿感以及相互之间的认同感。当然，侧重文化的民族意识和侧重政治的民族意识、国家意识存在很大范围的重合域,但是文化的民族意识认同具有很强的自发性,主要影响领域是人的日常生活,因此具有社会学的意义,关注民族内部人的生存,尤其是人的归属感。相比而言,民族主义则受利益驱动,具有极强的政治性。事实上,"人类社会的未来结构,政治的、经济的、文化的结构,必须向理想方向进行改进,哪怕是缓慢的改进。必须授予所有民族、种族和其他少数集团最充分的文化自治权利。政治主权永远不能与族属相联系,因为这种联系会导致民族主义的危险爆发"①。

就文化层面的民族性而言,是伴随全球化进程逐步推进的,移民、侨民和难民的逐渐增多,使得不少人具有双重甚至多重的民族感,这些移民、侨民和难民在适应着移入地的生活,因此渐渐具有了与移入地一样的民族性特征,与此同时还保留着原初的民族意识。这就使得原本复杂的民族概念变得更加复杂了。

那么,总体而言,影响民族概念的因素究竟有哪些?最为核心的因素又是什么?首先,民族是一个集束性的概念,这就是说,为了被视为民族,一个群体就必须拥有'足够数量'的特征。虽然它们并不一定共享相同的一套辨识性的特性,但是所有被归于'民族'范畴的成员都将具有某些家族特征。其次,传统划分民族概念的因素大体可以分为两类。一类是客观性的因素,比如,语言、地域、共同历史、文化等;另一类则是主观性的因素,比如,民族成员希望维持其共同体的意志。事实上,民族概念的建构既需要主观因素又需要客观因素。哪方面的因素更为核心呢,通盘考虑,把一个群体界定为一个民族所必需的(虽然不是充分的)条件就是民族成员维护其共同体的意志。英国现代民族学家科本(Alfred Cobban)认为,我们能够作出的最好的表述是:"任何的地域共同体,只要其成员意识到自己作为一个共同体的存在,并希望维持他们共同体的整体性,就是一个民族。"

---

① [美]菲利克斯·格罗斯:《公民与国家》,王建娥译,新华出版社2003年版,第15页。

国家和民族统一的理想是既是民族的理想也是国家的理想,而事实上这二者存在许多重叠的区域但并不完全吻合。民族"national"作为一个集体性的名词,是团结人的产物,是从伦理层面切入的民族概念,背后是人的灵魂、精神和信仰。这是"国族""国民"概念所不能替代的,"民族"概念本身包含历时和共时双重维度,而且包含着发展的因素,具有很强的时代性。比如未来科技对民族的冲击,必将改变民族概念的内涵,甚至在未来有可能影响民族的存亡。

二

马克思指出,"阶级即民族的",这便体现了民族概念的时代性特征。恩格斯在《英国工人阶级状况》一文中进一步指出:"工人比起资产阶级来,说的是另一种惯语,有另一套习俗和道德原则,拥有另一种宗教和政治,这是两种完全不同的人,他们彼此是这样不同,就好像他们是属于不同的种族一样。"[①] 马克思所建构的民族之维是从阶级的层面来考虑的。在拉丁语中,民族"natie"几乎只在文人、贵族等上层社会当中使用。马克思"阶级即民族的"概念则是建立在资产阶级和工人阶级二分立场之上的。马克思认为工人阶级要夺取政权,先必须联合起来建构属于自己的民族。对于资产阶级和工人阶级而言,不考虑马克思民族概念的政治性因素。马克思对民族的界定说明了民族概念的时代性特征,民族的内涵随着时间的不同,其内涵也在不断变化,但是,不变的是民族依然存在。从心理学的角度来看,人天然的渴望一种归宿。另外,在马克思这里,阶级成了决定民族构成的新因素,而决定阶级的因素除了资本之外,还有习惯、情感、语言和观念等。它们在马克思建构自身民族概念当中起着关键性的作用,可以说,这些因素在未来民族建构过程中又会起到怎样关键的作用。

---

① 中共中央马克思恩格斯列宁斯大林著作编译局编译:《马克思恩格斯全集》,人民出版社1997年版,第410页。

第三编 国外马克思主义文艺与文化研究

西方马克思主义学者继承了马克思主义的批判精神,在建构民族概念的过程中与经典马克思主义紧密相连,同时结合自身实际创立了相应的民族理论。本文选取了几位具有代表性的理论家进行了考察。

首先是葛兰西,他提出了"人民——民族"的文学观。葛兰西认为建构民族概念关键在于人民。葛兰西所说的"人民"在西方主要指的是"市民"。葛兰西认为任何一个历史集团,任何秩序的确立,仅仅依靠统治阶级的暴力和国家机器忽视文化的作用是不行的。任何革命都会以紧张的文化渗透和批评作为前奏。因此,统治阶级的意识形态与广大市民和群众普遍所接受的道德、风俗以及行为准相的契合程度对革命来说至关重要。葛兰西在《狱中杂记》中详细分析了意大利知识分子为什么没有创造出属于人民的文学。而葛兰西则指出,意大利迫切需要建立"民族——人民"的文学观,从文化的角度看,这些因素在日常生活领域能否影响人民,是决定革命成功与否的关键。

汤普森指出,英国马克思主义具有很强的民族和地域特性,他站在英国文化的立场之上,将英国的现实经验和民族传统结合了起来,用"民族主义"抵抗"国际主义"。汤普森通过历史资料对英国工人阶级的历史经验作了详细地考察,帮助英国工人阶级建立起革命的信心。另外,汤普森指责安德森"想象共同体"背后蕴含的"国际主义"主张。安德森则认为,当人共享同一种文化,他们就属于同一个民族。而文化意味着一种思想、符号、联系体系以及行为和交流方式的认同,安德森认为应该打破民族主义放眼世界,集各民族之精粹来造福世界。

在英国,另一位西方马克思主义学者霍布斯鲍姆,他从历史、现实和未来不同的维度对民族概念进行了考量,他认为,1789年法国大革命后,民族与国家主权紧密相连。民族是一个具有现代性的概念,他在《传统的发明》一书中指出,民族概念"本身必须包含一种建构的或是'发明'的成分"[①],未来,随着全球化的发生和移民

---

① [英]霍布斯鲍姆,T·兰格编:《传统的发明》,顾杭、庞冠群译,南京译林出版社2004年版,第17页。

时代的到来，表征个体身份的除了民族国家的出生证明还有代表国际身份的护照，他认为，为了更好地把握民族理论的内涵应当返回到经典马克思主义理论当中去，他继承了经典马克思主义所具有的政治批评性，他认为从某种程度上来讲，民族国家就等同于资本主义国家。而且，他在马克思总体性理论的基础之上，提出了"总体性的民族观"，提倡将现代性的民族概念置于国家体制、科技发展、经济状况、历史情景与社会背景下进行了综合的考量。相比汤普森和安德森，霍布斯鲍姆既不偏于民族立场，也不偏于国际立场，他认为民族国家最终将走向全球化，两者都是世界政治发展的结果。

相比之下，米勒的民族理论显得更为温和。米勒认为"民族实际上是'互助情感'的主要来源。"[①] 米勒在安德森的基础之上提出了"信念共同体""历史共同体""积极共同体""地域共同体""文化共同体"的民族概念，他认为"人民的爱国情绪通常是潜伏的，但是需要的时候能够临时凝聚在一起。"米勒指出应该英国在建构过程中就体现了多元文化的融合。而美国、澳大利亚这些新的移民国家，正是体现了民族特征的随机应变性和互助精神。而过度强调血缘将会导致种族主义。另外，民族主义和民族观的区别在于前者为政治权威主义提供支持。在这种背景下，信奉国际主义理想的学者希望通过劝说人民放弃民族性，将自己视为人类的医院，使世界变得更加自由和平。但是，这种想法忽视了人的"根性"意识。未来，在一个高度发达的自由社会中，自由主义的盛行确实令民族的存在面临危机。有人预言未来社会民族必将消失。但是随着自由主义所带来的日益严重的弊端，反过来必然重新产生对民族的渴望。

民族最初的概念是指一群人组成一个民族，米勒引用哈耶克的"部落情绪"指出，"我们的情感仍受到适合于小捕猎群体的直觉的支配。"[②] 自由主义的盛行将消解传统的民族设置，但是自由主义的局限性欲求新的民族构成。米勒认为："民族或族群团体都是一群由

---

① [英]戴维·米勒：《民族责任与全球正义》，杨通进、李广博译，重庆出版社2014年版，第22页。
② [英]戴维·米勒：《论民族性》，刘曙辉译，译林出版社2010年版，第5页。

共同文化特征和相互承认连接在一起的人；而且他们之间没有严格的分界线。"① 因此，民族在原始的族群概念和现代的国家概念之间游离变动，族群是新的民族认同的可能来源。如果自由主义盛行，地球村出现，那么也将是新的民族诞生的过程。米勒指出"从纯粹假设的立场任何族群群体都可以被视为'潜在的民族'——就我们能够想象出致使它有民族热望的境况而言。米勒认为民族和族群可能同时存在。族群孕育了民族，民族又将走向国家。具体地，他认为民族具有五个方面的特征。第一个方面的特征，米勒引用了勒南的术语，他认为"民族是一种'日常的公民投票'；它的存在依赖于其他成员彼此归属并希望继续一起共同生活的共享信念"②。也就是说，民族是依赖民族间相互认同而存在的共同体。第二个方面的特征，是对历史延续性的认同。从这个角度来讲民族共同体是一个义务共同体，伦理共同体。如果彼此之间停止互相帮助，共同体随之瓦解。第三个特征是积极共同体。民族是一起做事、决策和达成目标的共同体，依赖那些体现民族意志的代理人，是民族成为行动的团体。第四个特征是民族渴望与国家结成亲密联系。第五个特征是共同的公共文化。

  以上几位理论家从不同的层面，不同的角度，甚至是对立的角度将民族概念的多重维度呈现了出来，对于中国大陆学者考察我们国家的民族性问题具有重要的意义。回过头来看马克思主义的民族理论，马克思认为阶级是决定民族的新因素，马克思之所以强调阶级对塑造民族的作用，是因为马克思意识到，在当时的历史语境下要想改变人民的生活现状，必须推翻资产阶级，他在《1857—1858年经济学手稿》中指出"个人现在受抽象的统治，而以前他们是互相依赖的。"马克思的这句话是对现代社会人类生存现状的揭示，发达资本主义社会以来，人类的物质财富获得了极大的丰富，商品和货币成为了人民崇拜的对象，人际关系物质化，人却变得越来越孤独。因此，虽然社会经济获得到了长足的发展，可是经济越向前走，就越会加剧人与人

---

① ［英］戴维·米勒：《论民族性》，刘曙辉译，译林出版社2010年版，第5页。
② 同上书，第23页。

之间的不平等，从而使人与人之间的关系的紧张。在当代中国语境当中，人民取代了阶级，在人民的内部存在许多不同的阶层，不同阶层之间有时流动的，因此并不存在决然的对立，而是相互转化的。因此，要将不同阶层的人团结起来，单单依靠政治的力量是不行的。就中国的文化制度而言，民族是灵魂、精神、信念、忠诚和团结的表征，因此，诉诸民族对中国现实国情来看，无疑是有益的。对于文学而言，影响民族划分的时代因素必然也会影响文学和文学批评的书写，而民族性又会影响文学的价值取向。

三

最后，"民族"究竟会不会消亡，不灭亡又会呈现出什么样新的面相。一种观点认为事物有产生必然有消亡，而有消亡不代表没有新的事物的产生。从这一宏观地角度进行考察似乎对我们预测民族未来的发展走向并没有多少建设性的意义。另一种观点则从经验的角度出来，认为一些民族在我们的历史进程中已经消亡，而且并非个例，但是这种从具体民族消亡与产生的角度出发进行的考量，并没有从民族整体出发进行考量。民族的交融对民族的发展是有益的，恐怕不存在不受外民族影响的民族，如果为了民族的纯粹性而拒绝和其他民族发生交融，恐怕只会导致民族的衰落和消亡。从民族整体出发进行考量的话，无疑，民族具有时代性、开放性和多元性的特点，因此决定民族划分的因素会必然随着时代的变迁而改变，甚至未来可能出现"民族再部落化"状况。

民族和文学、文化之间的关系如此紧密，承载、传播文学与文化的载体如果发生了技术性的变革，这必然会对民族概念产生一定的影响，与此同时文学又会发生怎样的变化值得进一步考察。事实上，在文字产生以前，无论是西方还是中国都已经产生了最初的文学形式——诗歌，当时的诗歌主要是通过口传的方式进行传播的，这种传播方式也是在当时人生活方式当中呈现出来的，而文学则成为了民族内部人与人之间情感连接的桥梁和纽带。随着印刷术和航海技术的发展,纸媒时期的文学经过翻译进入到了不同文化和文明当中,歌德曾经提出建构世界文学是希望世界人民能够通过文学获得情感的沟通。进入数字媒介时代,随着麦克卢汉"地球村"的预言,通过网络人与人之间的沟通跨越了地域甚至语言,正在形成新的共同体,影响着新的文学建构。可以说,技术切实地影响着人的生活、文学以及文化的形成,而在其中都呈现着相应时代的民族精神和民族气象,可以说,无论是人的生活、文学以及文化都是一个民族其民族精神的表征。澳大利亚作家艾力克斯·米勒从民族建构的角度写了小说《祖先游戏》,小说讲述了一位华裔来到澳大利亚后与另外几位来自不同国家的人他们一起重建构新民族的故事。一位叫凤的华裔男子因为来到澳大利亚开始新的生活,同他一样来到澳大利亚的还有被流放到澳大利亚的爱尔兰人、自愿来到澳大利亚开始新生活的德国人,以及澳大利亚土著,他们为了更好的沟通,在一起创造了新的语言。全新的地域、与过去孑然不同的语言、不同的种族,却因为他们共同希望建构新民族的意愿开始了新生活。在四个主人公当中,凤和爱尔兰人是被迫来到澳大利亚的,被迫移入的凤和爱尔兰人一方面快乐地在新的空间当中展开了新的生活,另一方面他在内心深处怀念着原初的民族,唯有自愿移入的德国人对新民族的建立感到欣喜和满足。

安德森认为民族"nation 是(理想化的)人民群体,而'国家'是这个人民群体自我实现的目标和工具。如果译为'国族'将丧失这个概念中的核心内涵,也就是尊崇'人民'的意识形态"[①]。胡亚敏指出:"'民族'是一个关系词,用来表示世界系统的各组成部分。"[②] 因此,世界和民族存在内在地存在着辩证关系。而民族作为或大或小的人类集合体,核心是个体身份的认同和人与人之间的理解。

总之,文化的民族概念具有开放性、时代性和多元性的特征,民

---

① [美]本尼迪克特·安德森:《想象的共同体民族主义的起源与散布》,吴叡人译,上海人民出版社 2011 年版,第 16 页。
② 胡亚敏《开放的民族主义——论中国当代文学批评》,《华中师范大学学报》2007年版,第 99 页。

族从部落发展而言,未来亦可产生民族的再部落化。事实已经证明,在人类历史发展的过程中,确实存在有一些民族在消失,同时又有新民族建立,民族的交融对于民族发展而言至关重要,民族与民族之间也常常借助对方的文化来发展自身,这体现了民族具有的开放性。比如,现在的英国其实是法国人建立的,法国人征服英国后,转而进入到了英国的文化系统当中。日本借鉴中国唐代时期的文化,并在此基础上更好地发展了日本文化。所以,现如今,面对全球化时代美国的文化的强势来袭,如果能够积极应对反而能够振奋我们的民族精神,是我们的民族焕发新的活力,进而革新我们的民族文化。毕竟在美国内部就包含了许许多多的民族。以此,文化的多元化是一种必然趋势。而在人类历史发展的过程,有的民族会消亡,但也会有新的民族以新的因素重新聚合成为新的民族。

【作者简介】刘芳,华中师范大学文艺学在读博士研究生。

文化政治：话语结构与理论内涵的反思

李艳丰

自20世纪60年代以来，文化政治的概念频频出现于政治、文化与文艺研究领域，成为西方马克思主义、文化研究、女性主义、后殖民主义、后现代主义、新历史主义等理论话语中的重要符码。作为一个极具"后革命"与"后马克思主义"特色的话语命题，文化政治究竟表征着怎样的经济、政治与文化隐喻，是什么样的历史变迁催生了这一"话语事件"？该如何认识文化政治的理论内涵，它是文化与政治在话语修辞上的简单耦合，还是有更为复杂、深刻的生成机制和权力逻辑？文化政治到底是政治观念还是文化理论，该如何界定其研究的对象和范围？文化政治最终试图达到怎样的理论旨归与实践效度？要想解决这些问题，需要对西方文化政治的理论与实践作全面综合的研究。本文主要对文化政治的话语结构与理论内涵展开初步探讨，以求从学理上形成对文化政治的较为清晰的认识。

文化政治理论早已遍及西方人文社会科学研究的领域，但作为当代文化研究中的一个核心概念，其话语结构、理论内涵亟待进一步的厘定和思考。伊格尔顿在《理论之后》中宣布"文化政治学"就此诞生，但认为"这个词的意义却非常含混不清"[①] 这种表述既反映出伊格尔顿的理论谨慎，也折射出文化政治理论意义的复杂性。1991年，美国的非裔女作家贝尔·胡克斯（Bell Hooks）在《向往：种

---

① [英]特里·伊格尔顿：《理论之后》，商正译，商务印书馆2009年版，第46页。

文化政治:话语结构与理论内涵的反思

族、性别和文化政治学》中思考了文化政治的概念,她认为,黑人知识分子应投身于对后现代文化实践中种族、性别、阶级不平等现象的批判,以具体的文化实践来反抗文化领域的权力压抑,应"清醒地坚持将文化研究与进步、激进的文化政治相联系,将会保证文化研究成为一个使批判性介入成为可能的领域"①。在《反抗的文化:拒绝表征》中,胡克斯提倡用文化政治抵制文化的殖民化,文化政治能起到"将思维和想象去殖民化",最终使文化研究成为"实现干预、挑战和改变的有力场所",使被殖民者能"保持一种思维模式和进步的政治观,从根本上反对殖民主义,否定形形色色的文化帝国主义表现形式","文化批评就能够成为变化的动因,能够以各种解放的方式培养批判意识"②。胡克斯主要从后殖民主义文化研究的理论视域出发,将文化政治视为黑人抵抗种族、性别、阶层等权力压迫的意识形态策略。格林·乔丹与克里斯·威登在其合著的《文化政治学:阶级、性别、种族和后现代世界》中认为,文化政治体现着某种复杂的权力关系,不平等的社会关系的合法化以及为改变这种状况而进行的意义版图的斗争往往成为文化政治关注的焦点。"谁的文化应该是正统的而谁的文化应该是从属的?什么文化应该被视为有价值的展示而什么文化应该被掩盖和隐藏?谁的历史应该被铭记而谁的历史被遗忘?哪个关于社会生活的构想应该被突出而哪个应该被边缘化?什么声音应该被听到而什么应该被迫缄默?谁应该代表谁而又以什么为由?这就是文化政治的领地。"③格林·乔丹与克里斯·威登强调文化在意义生产与分配,价值、主体性与身份建构方面的重要政治作用。克里斯·巴克认为,在文化领域里,意义和真理都是在权力模式中构成的,文化遂成为争夺意义的符号战场,文化政治则被设想

---

① Bell Hooks, *Yearning: Race, Gender, and Cultural Politics*, London: Turnaround, 1991, p. 9.
② [美]贝尔·胡克斯:《反抗的文化:拒绝表征》,朱刚等译,南京大学出版社 2012 年版,第 5—6 页。
③ Glenn Jordan and Chirs Weedon, *Cultural Politics: class, gender, ace, and the Postmodern World*, Oxford, UK: Blackwell Publishers, 1995, p. 4.

为"围绕阶级、性别、种族、性意识、年龄等方面组成的一系列集体社会斗争，试图根据特定价值观和希望的后果来重新描述社会。"① 以上理论家对文化政治的表述，使我们对文化政治的理论形态、研究对象、生成逻辑有了基本认知：文化政治将"文化场"设定为政治斗争的领地，试图从日常生活实践中发掘出权力博弈的文化策略。文化政治研究主体、性别、性、身份、阶层、族裔、地缘等问题，是一种典型的微观政治、差异政治、知识分子政治。文化政治刻意逃避着现代政治的宏大叙事逻辑，转而以文化启蒙、文化批判与文化革命的方式吹奏政治的号角，以达成人性的文化关怀与文化解放。但究竟何为文化，何为政治，何为权力？它们如何熔铸、耦合为文化政治的话语范式？解决这些问题，成为进一步理解文化政治理论的关键。

在文化政治的话语结构中，文化处于话语的轴心，它是文化政治理论得以衍生，并诉诸实践的领地。关于文化的概念，至今并未有一个盖棺之论。伊格尔顿认为"文化"是"英语中两三个最为复杂的单词之一"，威廉斯也将其描述为"英语中少数最复杂的词之一"。可见，文化的语义并不稳定，它成了一个层级的时间结构，一个历史化的隐喻性文本。在古典主义时期，文化代表美好的德行与修养。在资本主义早期阶段，文化被视为经典与高雅的文明形态。在早期马克思主义的理论中，文化更多地被视为是经济基础、政治革命的被动反映，或被视为人道主义的意识形态形式。西方马克思主义的兴起，开始彻底改变文化的语义与功能。葛兰西在总结西方和意大利无产阶级革命失败的经验教训时发现，传统马克思主义对文化自主性和重要性有所忽视，认为无产阶级要想革命成功，必须从市民社会入手，在文化、道德与意识形态层面获得"领导权"。葛兰西的文化"领导权"理论强调将市民社会作为意识形态实践的主导战场，从而使文化研究打上了政治与意识形态的烙印。英国"新左派"的文化研究，延续了葛兰西开创的文化批判路径。安德森认为，社会主义的成功必须有

---

① ［英］克里斯·巴克：《文化研究：理论与实践》，孔敏译，北京大学出版社2013年版，第460页。

文化政治：话语结构与理论内涵的反思

社会主义文化的支持，"没有革命的文化就没有革命的理论"。威廉斯重新界定了文化的内涵，认为文化是一种整体的生活方式，文化是平常的，文化观念"是针对我们共同生活状况所发生的普遍和重大变化所作出的一种普遍反映"，人性本身是一个文化所包含的"整个生活方式"的产物。将文化指认为常态化的经验，一种融贯在社会存在肌理的思想、意义与价值元素。所谓的"漫长的革命"并非是暴力革命，而是指文化革命。所谓"文化革命"，就是思想意识的更新，就是文化霸权的争夺。"霸权从根本的意义上来讲就是一种'文化'"，"霸权形式可以涉及现实的民主选举，也可以涉及'闲暇'和'私人生活'等有意义的现代生活领域。"① 弗朗西斯·马尔赫恩认为威廉斯的《文化与社会》"其原初目的并不是为了将文化思想发展为某种立场或观点，而是为了揭示其历史上一贯作为斗争场所这一事实。"② 约翰生在《究竟什么是文化研究》中直言"文化既不是自治的，也不是外在地决定的领域，而是社会差异和社会斗争的场所。"③ 当霸权的争夺、塑造与认同被视为文化，当文化转义为意识形态斗争的战场，文化同政治的耦合也就成为历史的必然。

文化成为政治的结构、载体与象征性符码，政治嵌入文化隐蔽的皱褶，弥散成权力的根须，形构出文化多元错杂的意义版图。一种别样的政治形态、政治观念与政治话语——文化"政治"就此形成。很显然，文化"政治"不同于通常所说政治文化、政治制度、现代政治之"政治"。传统意义上的政治，主要指围绕经济基础、上层建筑、国家机器、阶级革命等形成的宏大政治理念与政治实践。文化"政治"去除了总体性政治的宏大叙事逻辑，解构了国族政治的寓言结构，消弭了阶级政治的现实革命与乌托邦激情，力图在微观的生活

---

① [英] 雷蒙德·威廉斯：《马克思主义与文学》，王尔勃、周莉译，河南大学出版社2008年版，第118、119页。
② [英] 弗朗西斯·马尔赫恩：《〈文化与社会〉之今与昔》，温秀颖，孙建成译，《国外理论动态》2009第12期。
③ [英] 理查德·约翰生：《究竟什么是文化研究》，罗钢，刘象愚《文化研究读本》，中国社会科学出版社2000年版，第5页。

世界重构主体与权力的关系。就此而言,文化"政治"可谓是生活政治、差异政治与微观政治。文化"政治"关注日常生活的意义实践,强调在生活世界达成个体的救赎与解放,是一种典型的生活政治。所谓生活政治,指个体在日常生活中通过文化的方式映照出的自我与权力的关系状态。吉登斯认为:"生活政治并不主要关涉为了使我们做出选择而使我们获得自由的那些条件:这只是一种选择的政治。解放政治是一种生活机遇的政治,而生活政治便是一种生活方式的政治。""生活政治关涉的是来自于后传统背景下,在自我实现过程中所引发的政治问题。"① 作为一种生活政治,文化"政治"要求重新认识日常生活中的权力谱系,甄别主体、身份、身体、性别、性等话语中的政治意义,从而在日常生活的界域,培育出文化反抗与革命的政治力量。文化"政治"认同差异的合法性,科尔内·韦斯特在《新的差异文化政治》中指出:"新的差异文化政治的显著特点是以多样性、多元性和异质性之名抛弃单一和同质;依据具体、特别和特殊拒斥抽象、一般和普遍;通过突出偶然性、临时性、可变性、试验性、转换性和变化性实行历史化、语境化和多元化。"② 强调差异性,也就意味着反总体性与同一性,消解精英话语与特权体制。对差异性的追求,使文化"政治"带有了明显的反宏大叙事、反本质主义与后现代症候。差异政治以差异的意识形态征召、唤询主体,培育出民主、平等、互涉、交往、对话的政治情结。文化"政治"遵循后现代的知识与权力逻辑,是典型的微观政治、碎片化政治。微观政治之"微观",既可指日常生活中具体的文化场,如博物馆、电影院、高尔夫球场、滑雪圣地等,也可指具体文化实践,如青年亚文化,甚至连人的肉体与欲望,都被纳入微观政治的麾下。福柯曾言:"(必须)把政治行动从一切统一的、总体化的偏执狂中解脱出来。通过繁衍、并置和分离,而非通过部分的构建金字塔式的等级体系的

---

① [英]安东尼·吉登斯:《现代性与自我认同》,赵旭东、方文、王铭铭译,生活·读书·新知三联书店出版社1998年版,第251页。
② [英]科尔内·韦斯特:《新的差异文化政治》,罗钢,刘象愚《文化研究读本》,中国社会科学出版社2000年版,第145页。

文化政治：话语结构与理论内涵的反思

办法，来发展行为、思想和欲望。"① 文化"政治"对微观、局部、边缘的重视，体现了一种新的政治思想与政治策略，哪里有权力，哪里就有政治。文学创作、文化广场、生产消费、视像传媒、区域地缘、代际代沟、官能享受、审美快感等，都弥散着政治的气息。伊格尔顿认为"所谓微观政治现在就成了时代的命令"②，贝斯特与科尔纳也提到："早先对转换公共领域和统治制度的强调让位于新的、对文化、个人的身份和日常生活的强调，宏观政治被局部转换和主观性的微观政治所替代。"③

　　文化政治的生成，同权力在日常文化实践中的介入、繁殖、发现与抵抗等活动紧密相关。自人类文化衍生以来，权力始终没有放弃对文化世界的觊觎，特别是在后现代消费社会，权力的根须早已遍布文化的肌理。克里斯·威登指出："权力处于文化政治学的中心。权力是文化的核心。所有的指意实践——也就是说，所有带有意义的实践——都涉及权力关系。""权力已经变成了文化研究中重要的术语，并且被用来解读全部的文化实践和产品。所以，如果我们一般地把政治看作权力关系的领域，那么，政治的含义就扩展到了包括所有的社会和文化关系，而不仅仅是阶级关系"④。克里斯·巴克认为"文化领域中的意义和真理是在权力模式中形成的"⑤。如何认识文化政治话语的"权力"，它同传统的权力观有何差异性？很显然，在文化政治的理论与实践中，权力不再指称那个源自总体与中心的制度性律令，宏大政治的规训，法律的禁锢等，而是成为弥散在知识、话语之中的意义、关系与规则。这种权力观明显受到福柯思想的影响。福柯

---

① ［法］米歇尔·福柯：《〈反俄狄浦斯〉序言》，道格拉斯·凯尔纳、斯蒂文·贝斯特《后现代理论》，张志斌译，中央编译出版社1999年版，第70页。
② ［英］特雷·伊格尔顿：《二十世纪西方文学理论》，伍晓明译，北京大学出版社2007年版，第227页。
③ ［美］斯蒂芬·贝斯特、道格拉斯·科尔纳：《后现代转向》，陈刚等译，南京大学出版社2002年版，第362页。
④ ［英］阿雷恩·鲍尔德温：《文化研究导论》，陶东风等译，高等教育出版社2004年版，第229页。
⑤ ［英］克里斯·巴克：《文化研究：理论与实践》，孔敏译，北京大学出版社2013年版，第430页。

说:"如果我们在看待权力的时候,仅仅把它同法律和宪法,或者是国家和国家机器联系起来,那就一定会把权力的问题贫困化。权力与法律和国家机器非常不一样,也比后者更复杂、更稠密、更具渗透性。"① 在福柯看来,权力弥散在话语实践之中,浸入人的灵魂与肉体深处。伊格尔顿认为:"权力被镌刻在主观经验的细节里","在社会行为的美学里或期后来所谓的'文化'里,我们总是摆脱不了法律,它成了我们的生活的无意识结构。"② 权力借助知识与话语的生产,通过知识的伪装、话语的正名,实现意义分配与文化认同。萨义德指出:"知识带来权力,更多的权力要求更多的知识,于是在知识信息与权力控制之间形成了一种良性循环。"③ 权力与知识、话语的结盟,使权力更为隐蔽、合法地出入文化与意识形态的领地。文化政治的使命,正在于破除权力隐匿在文化场域的虚伪镜像,驱逐非法的监禁与奴役,恢复文化的真理维度与自然景观,以最终达成主体的觉醒与解放。

文化政治在西方语域的兴起与盛行,既是西方社会政治、经济与文化实践发展的必然结果,也是西方文化知识分子在现代性断裂、宏大叙事走向坍塌之后,从意识形态层面反思、批判资本主义体制的政治抉择。资本主义通过自我调节,强化了政治、经济与文化屏障,解除了阶级斗争与暴力革命的内在隐患,使左派的革命激情遭遇冷却。当暴力革命成为神话,街头政治也只能隔靴搔痒地触碰体制,马克思主义的信徒们不得不另辟蹊径,重新寻求抵抗与革命的策略。从卢卡奇、葛兰西到威廉斯、安德森,从新左派到文化研究,从福柯到德里达,从阿尔都塞到伊格尔顿、詹姆逊……无数知识分子手持文化这枚双刃剑,与资本主义制度展开权力的博弈。文化政治有其积极进步的

---

① [法]米歇尔·福柯:《权力的眼睛》,严锋译,上海人民出版社1997年版,第161页。

② [英]特里·伊格尔顿:《审美意识形态》,王杰等译,广西师范大学出版社2001年版,第9、32页。

③ [美]爱德华·沃第尔·萨义德《东方学》,王宇根译,生活·读书·新知三联书店1999年版,第44页。

文化政治：话语结构与理论内涵的反思

一面，它全面、深入地触及资本主义意识形态的内部，仔细甄别权力压迫的记忆与现实，以批判的方式培育反抗的经验。就此而言，文化政治可谓是知识分子反对体制收编、以道干政的有力武器。作为一种知识分子政治，文化政治亦有其消极保守的一面。由于它更多地关注文化世界的权力关系，一定程度上疏离了现实的政治实践，如工人运动、政治选举等。此外，文化政治解构总体性、悬隔乌托邦、谋求差异性认同的政治立场，也使其陷入世俗化与相对化的话语陷阱，漫无边界的游击战术与"替天行道"的政治目的，亦让文化政治的革命性大打折扣。

【作者简介】李艳丰，华南师范大学文学院副教授，山东大学文学与新闻传播学院博士后。

附录一
全国马列文艺论著研究会
第 32 届年会综述

郭勇

由全国马列文艺论著研究会与三峡大学联合主办、三峡大学文学与传媒学院承办的全国马列文艺论著研究会第 32 届年会暨"当代视野中的马克思主义文论研究"学术研讨会，于 2015 年 11 月 21—22 日在湖北宜昌召开，来自全国各地高校、中国社会科学院等科研机构的专家学者 130 余人参加了此次会议。与会代表围绕"当代视野中的马克思主义文论研究"这一主题展开热烈讨论，就马克思主义文论研究中的诸多问题进行了深入探讨。

一、马克思主义与当代文论建设

此次会议的召开，正值习近平总书记《在文艺工作座谈会上的讲话》全文发表、《中共中央关于繁荣发展社会主义文艺的意见》颁布之际，以及中共中央宣传部组织撰写的《习近平总书记在文艺工作座谈会上的重要讲话学习读本》一书隆重推出之时，意义重大。学会会长党圣元在大会开幕式致辞中认为，习近平《在文艺工作座谈会上的讲话》是关于我们党在引领全国人民实现中华民族伟大复兴中国梦的历史进程中，意识形态领域、尤其是文艺领域所担负使命与职责的纲领性文献，"讲话"充分体现了马克思主义的立场和方法，正视现实、总结成绩与不足，从强烈的问题意识出发，对当代中国社会主义文艺的性质和功能、责任和使命作出了明确的阐发，具体阐述了社会主义文艺如何以人民为中心的创作导向，如何以社会主义核心价值观、爱国主义、真善美为旨归，如何在传承弘扬中华优秀传统文化、学习借鉴世界优秀文化成果的大视野、大境界中繁荣发展当代中国社会主义文艺等一系列重大的原则性、方向性问题。党圣元指出，今天我国文艺发展已迈入多样化时代，我们一定要在"讲话"精神指引下，坚持马克思主义的理论指导，处理好守正与创新的辩证关系，要面向当下中国文艺、文化现实，努力促进马克思主义与中华优秀传统思想文化的融合，善于掌握不同国别和地域马克思主义研究的最新成果，切实推动当代中国马克思主义文论体系话语建构。

冯宪光在发言中认为，习近平总书记在文艺座谈会上提出的"历史的、人民的、艺术的、美学的"观点，是当代视野中中国化马克思主义文艺理论对经典马克思主义文论的一种新的阐释，文艺批评的理论和实践都需要秉持历史观点和美学观点的辩证融合。赖大仁认为，马克思主义文论研究不仅仅限于历史的、美学的观点，还要有"人民的"观点，在马克思主义文艺批评理论中"人民的"观点体现为"人学"观点。他认为，"人学"观点存在于马克思主义文艺批评中，体现在马克思经典作家对人、人性、异化、人的全面发展的关注上，因此，我们要在文艺批评中重视"人学"这一维度，也就是要重视习近平总书记提出的文艺批评的"人民的"观点。

丁国旗在发言中提出，马克思主义文艺观是历史唯物主义文艺观，这种文艺观的价值追求体现为现实精神、批判精神、建构精神，而现实精神又是批判精神与建构精神的基础所在。因此，今天我们一定要在坚持马克思主义现实精神的前提下，直面现实问题，切实提升我国文艺理论的现实阐释力，走理论与批评相融合的道路，不断提升我国马克思主义文艺理论的思想功能，努力建构当代中国形态的马克思主义文艺理论新体系。刘淮南结合当前文艺界缺乏"高峰"的现状指出，建构21世纪马克思主义文论确实需要增强理论与批评的现实性与针对性，从而为新"高峰"的产生提供应有的致思方式。张奎志从文学与政治的关系出发，将中国当代文学分为"大时代"、"小时代"、"微时代"三个时期，从而再次提出了文艺的政治维度。在他看来，当下我们正处于"微时代"，政治也以一种"微小化"、日常化、"无意识"的方式渗透在日常生活中，形成一种"微政治时代"。因此，今天的文学自然也就无法摆脱与政治的联系，并以独特的方式表达着某种政治的诉求。

与一些学者从理论上所做的阐释不同，凌建英特别注意到了文学理论教材与马克思主义文论研究的关系。她认为文艺理论教材的建设对马克思主义文艺学新体系的构建具有良好的理论价值和实践意义，可以很好地引导高校师生系统探索和运用马克思主义文艺理论，培养马克思主义文艺学建设的后继队伍。

二、国外马克思主义文论研究

国外马克思主义是马克思主义重要的组成部分，一直是学界探讨的热点之一。本次学会年会，欧美马克思主义文论家如伊格尔顿、杰姆逊、本·阿格等继续得到大家的重视，东欧新马克思主义、日本马克思主义也得到进一步的探讨，显示了国外马克思主义文论研究的深入与深化。

西方马克思主义是我们研究西方文化现象的重要参考，马驰依据他对伊格尔顿和本·阿格的研究，提出了重新审视后现代的问题。他认为后现代是对于本质主义的反叛，但是虽然它否定了现代性的基础和前提，却未能提供走出现代性的出路，建构一个后现代社会。因此这就要求我们要有一种批判意识、自省精神。本·阿格对批判的后现代主义的重视、对后现代与后现代主义的区分、根据感性经验对资本主义文明的解读，为我们提供了走出后现代的历史必然性路径。李世涛在发言中将后马克思主义称为"幽灵式的马克思主义"，在他看来，后马克思主义是含义丰富、充满歧义的一种理论思潮，它是西方后工业社会的的产物，在历史唯物主义、阶级观、科学社会主义、本质观等方面，后马克思主义解构并修正了马克思主义。

在西欧和美国的马克思主义之外，还有学者将研究兴趣集中在了对其他地方的马克思主义的研究上面。傅其林把目光转向对东欧的新马克思主义的研究中，他分析了斯维塔克和赫勒等的人类学戏剧理论建构、费赫尔的西方马克思主义戏剧理论阐释，以及托马斯和赫勒的戏剧作品批评实践中的后现代戏剧思想，并认为这些戏剧理论既切合戏剧样式的特性和当代性，又更新了传统的戏剧理论，给我们许多启发。梁艳萍与史歌探讨了日本的马克思主义文论研究。在梁艳萍看来，日本的马克思主义文论具有自己的实践品格，而史歌则通过对日本无产阶级文学的阶级意识分析，提出了本马克思主义的阶级意识问题先于外在身份的观点，这与中国的状况是不一样的，因为日本知识分子重视"意识纯化"，而中国更重视"阶级身份的转变"。

环境与生态，是中国和世界现正面临并亟待解决的现实问题。与会学者借助国外马克思主义文论的相关探讨，对此也展开了讨论。陈全黎认为，人对自然的审美关系和审美经验必然具有政治性，这也是西方马克思主义环境美学的基本观点。西方马克思主义环境美学将风景看成意识形态寓言，颠覆了人们对于乡村生活的美好想象，堪称"环境政治美学"。在詹艾斌看来，马克思的学说存在着丰富而深刻的生态思想，其核心指向是和谐，是唯物史观视野下的人与自然、人与人、人与社会的和谐统一。今天需要充分借鉴马克思生态思想的精神指向，建构具有丰富辩证智慧并在人本基础之上的和谐批评生态。

三、中国化马克思主义文论研究

我国学者十分重视建构本土的、中国的马克思主义文论，对中国化马克思主义理论成果的研究探讨，构成国内马克思主义研究的重要内容。本次学会年会，与会学者主要探讨了以下问题。关于毛泽东文艺思想是否具有体系性的问题，季水河认为，从表现形态看毛泽东文艺思想没有形成一个完整的体系，但由于毛泽东构建了一个思想体系，由此也确立了中国现代文学理论的体系。毛泽东的文艺思想体现为文艺反映现实生活的本质论、塑造典型的创作论、文艺作品分类的构成论、以大众和工农兵为主体的接受论，这些体系性阐释规定了20世纪40年代中期至80年代初我国文艺理论研究的主要范围和思维路径。关于我国马克思主义文论的特殊性到底在哪里的问题，胡亚敏认为，"民族"这个维度对于中国而言非常重要，但它在文学批评中处于被忽略、被遮蔽的状态。为此，她提出了在文学批评中引入民族维度的问题。她认为，文学批评的民族维度是一种学术立场，也是一种价值尺度。将民族维度运用到文学批评实践中去，是中国马克思主义文学批评特有的核心范畴之一。

张玉能在发言中认为马克思主义具有不同形态，如经典马克思主义、俄苏正统马克思主义、中国化马克思主义、西方马克思主义等，中国现代美学所面临的问题主要是它与西方美学、中国传统美学、马克思主义美学的关系问题。张慧敏主要以1942—1966年戏曲改革为中心，考察了中国马克思主义文学批评的建构过程，并提出：毛泽东的"讲话"发表以后，传统戏曲批评范式被马克思主义批评范式所代替，从而形成了马克思主义文学批评中的重要范畴改变并重塑了传统戏曲，而戏曲改革反过来又影响中国马克思主义文学批评的建构和生成这一局面。

除以上内容外，许多个案性研究颇有建树。孙文宪以"文本问题"为切入点指出，认识马克思文论研究的文本性（textuality）是读解马克思文艺理论的关键。马克思对文艺问题的论述，具有打破现代文学学科界限的跨学科性，具有不同于现代文学理论的问题意识，形成了马克思主义文论特有的研究对象和理论范畴，解读马克思文论文本需要采取"互文阅读"的方式。张进提出"事件"（event）这一概念并认为，"事件论"作为新世纪文学理论领域的"轴心概念"之一，与"作品论"和"文本论"之间形成了一种"三元辩证法"，全面彰显出"文学作品"的前景与背景、内部与外部、所说与所做、文本与实践之间普遍的"连通性"，以及这种连通性所具有的建构性和"创造性"潜质。作为事件的文学不仅以不同方式"解释世界"，它同时也在参与历史并成为实际历史进程的一部分（历史事件），进而以特定的方式"改变着世界"。除此之外，吴晓都对邓小平文艺思想的研究，陈飞龙、杜寒风对贺敬之文艺思想的研究等，都丰富了本次学会年会的研究成果。

通过本次会议的学术探讨，与会学者一致认为，在新的时代条件下要继续坚持马克思主义，特别是要紧密结合习近平总书记"在文艺工作座谈会上的讲话"来从事文论研究；马克思主义文论作为我国文艺工作的指导思想，需要我们不断地丰富发展完善，根据现实情况做出新的解读，提出新的思想，切实推进我马克思主义文论研究迈向新局面。

附录二
"当代中国马克思主义文艺批评的理论与实践"学术研讨会会议综述

张红翠

由全国马列文艺论著研究会与大连大学联合主办、大连大学文学院承办的"当代中国马克思主义文艺批评的理论与实践"学术研讨会于 2016 年 5 月 13 日至 15 日在大连举行。近年来，文学批评在商业文化和利益主义的影响下声音渐弱，而习近平总书记《在文艺工作座谈会上的讲话》、中央《关于繁荣发展社会主义文艺的意见》对文艺批评工作都非常重视，提出要把握好文艺批评的方向盘，强调运用历史的、人民的、艺术的、美学的观点评判和鉴赏作品，倡导说真话、讲道理、真批评，在艺术质量和水平上敢于实事求是，对各种不良文艺作品、现象、思潮敢于表明态度，在大是大非问题上敢于表明立场，营造开展文艺批评的良好氛围。为更好地推动当前我国文艺批评理论与批评实践研究，加强马克思主义文艺批评的学科建设，总结我国马克思主义文艺批评的经验教训、特色规律，切实提高马克思主义文艺批评对当下文艺创作实践的阐释力、有效性，来自中国社会科学院、中国人民大学、北京师范大学、复旦大学、南京大学、吉林大学、浙江大学、四川大学等高校的五十余位学者，就马列文论思想研究与批评实践中的诸多热点理论问题进行了广泛、深入而有效的讨论和交流。会议主要围绕以下几个方面展开：

探索当代中国马克思主义文艺批评学科建设的新路径。探索符合

附录二 "当代中国马克思主义文艺批评的理论与实践"学术研讨会会议综述

中国特色的、顺应当代历史要求的马克思主义文艺批评学科建设的具体路径，是马克思主义文艺工作者面临的重要历史任务。党圣元先生提出推进当代中国马克思主义文艺批评的学科建设要以习近平《讲话》精神为思想引领。党圣元指出，我们应该在反思几十年来我国马克思主义文论研究所走弯路的此基础上，实现"回到马克思"和"发展马克思"的统一，实现以马克思主义"原典精神"切入当下中国"当下现实"的理论作为，从而推进马克思主义文艺批评中国形态化和当代形态化的建设。党圣元先生认为如何在"互通、互补、互融"三个层面上对既有"相异性"又有"相通性"的马克思主义与中国传统文化两种思想资源之间实现对话，是中国当代马克思主义文艺思想工作亟待解决的问题。张永清认为马克思与恩格斯在1833—1844年之间的批评理论是马克思主义批评理论的"前史形态"。他提出将马克思主义批评理论分为五个"历史形态"——前史、初始、科学、政治以及文化形态和一个发展形态——即当代马克思主义批评理论的"中国形态"，并强调立足于当下社会现实构建具有中国特色的马克思主义批评理论。在考察了西方文论范式历时发展过程中所呈现的异质性的基础上，韩振江提出共时性译介和引进历时发展中的西方文论范式导致中国文论建设中思想范式之间的异质性问题。他认为要应对这种学科现实并建设中国文艺理论思想的开放性体系最重要的是"剥离种种历史因素而不是纠缠于历史之中。"李志宏认为应该提升马克思主义文论思想在文艺本性问题上的话语阐释效力，要在重新辨析以形式主义文艺理论关于文学内外部研究区分的理论合法性基础上，从建设马克思主义的文艺审美论开始，重新搭建马克思文艺思想中时代性、社会功利性与审美形式价值之间的内在关联，从而提升马克思主义文论思想有关文艺本性的话语阐释功效。

在马克思主义视野下聚焦当代中国文化与文艺现象。如何运用马克思的理论视野和方法解析中国当代文化经验和文艺现象是文艺批评的重要理论实践。孙士聪就中国当下文化中出现的"新小资"以及关于新小资的各方观点纷争提出了自己的看法，他认为新小资既不是当代中国社会文化权的领导者，也不是实施者，而是一种表达主义的

附录二 "当代中国马克思主义文艺批评的理论与实践"学术研讨会会议综述

游荡者亦或是投机者,而对新小资的解读必须根植于当代的社会文化现实。他指出,认为新小资掌握文化领导权的观点恰好表明中国文化理论阐释的焦虑和无所适从。张红军认为,中国当代文学评论中有明显的"去历史化"价值判断倾向,这种认定在思想上直接借自于西方以虚无主义为核心的后现代主义思潮,而并非完全是当代文学创作自觉的内在冲动。因而,应该在中国具体的文化语境和文学经验基础上认识借用西方后现代主义思想之后的负面影响,从而避免商业化、娱乐化文学生产对历史真实的"戏说"和历史理性的侵蚀解构,避免这种文化价值倾向对文学和当代青年人精神成长的伤害。王金山认为在以市场为导向的情况下,当代文艺现象呈现为价值多样化和对象多样化的整体特征,但是文艺真实性问题却因为唯物史观和主体性没有得到充分发挥而没有很好解决,从而出现难以长销的一时之作的文艺现象。

马克思主义文艺批评本土化研究。马克思主义文艺批评理论在中国本土化过程中有许多理论问题需要在中国当代的语境中具体辨析。丁国旗就学界对习近平文艺工作座谈会讲话所提出的"历史的、人民的、艺术的、美学的"四个文学批评标准做了深层辨析,认为这四个标准构成我国当代文艺批评的新标准。他认为这四个标准既符合马克思的经典思想立场和方法又直接针对中国当下历史现实,既有现实的历史针对性又有对马克思文艺思想的理论继承性,从而反驳学界对四个标准不处在同一学理层次等的诸多纷争意见,强调了四个标准的学理上的内在一致性。张宝贵认为鲁迅是现代时期马克思主义文艺思想中国本土化过程中做得比较好的人之一。鲁迅文艺思想对马克思主义文艺思想的接受和运用正好体现了异域思想在本土化过程中的三个要求:利,即异域思想能否保证中国本土利益;实,即异域思想能否解决特定时期中国本土实际问题;思,即特定异域思想能否包容本土乃至其他异域思想。张奎志认为"文学与政治"之间的关系是文学研究无法回避的重要课题。文学如何在保持文学独立性特点的情况下表达政治诉求,东西方文学有着不同的叙述策略,西方文学以"隐喻"为主要策略,而中国古典文学则以"比兴"为具体手法和叙事策略。朱首献提出了对20世纪中国文学史观中历史本质主义的反思，他认为，文学史研究应以文学为中心，历史为次要，多一些文学的关怀，少一些历史的主义。黄擎认为20世纪90年代以来我国"关键词批评"在对西方关键词批评的理论承传和批评实践中出现诸多新变，表现在：在科学发展与批评实践的流变中对关键词的意义衍生进行考辨解析，注重紧扣文学文本的批评倾向，彰显表达个人观点与批评立场的文论性。

马克思主义文艺批评的唯物史观立场及概念辨析。如何深化对马克思主义文论思想中的人民的、美的和历史的唯物史观立场的理解，建设当下文化的良好生态也是许多学者关注的问题。吴晓都重申了作为马克思主义文艺评论核心的人民性问题。他认为马克思主义文艺评论的人民性思想主要集中在"关注人民大众的阅读取向、鼓励推动时代与社会主体人民的进步创作、坚持思想标准与艺术标准的统一、对民间文艺的高度重视以及对文化载体新技术发展趋势的关注"这些重要方面。尤其是，马克思主义人民性文艺思想强调民间文艺与专业文艺之间的良性互动，这为更好理解习近平讲话中的人民性要求提供了理论参照。卢铁澎指出"美学观点与历史观点"是马克思文艺批评的方式，与批评方法与批评标准有密切联系又有区别，不能与方法与标准等同，更不能被认为是文艺批评的"最高标准"。他认为毛泽东文艺思想直至习近平文艺思想具体实现了对"美学观点与历史观点"的理论运用，是"美学观点与历史观点"在中国本土里程碑式的继承和发展。王天保提出按照批评的目的可以将马克思主义文学批评形态划分为革命性、批判性和建设性三种形态，他认为如何坚持和着力发展建设性的马克思主义文学批评精神，在当下文化环境中建设健康良性的文化氛围是马克思主义文艺批评需要长期努力的主要方向。

重审"西方马克思主义"文化理论与文艺批评。西方马克思主义越来越受到当代中国学界的重视，越来越作为一种重要的思想资源进入中国文艺批评的理论视野。作为西马重镇的阿多诺从20世纪80年代末90年代初进入中国之后，经历了未经深入理解就似乎已经过

附录二 "当代中国马克思主义文艺批评的理论与实践"学术研讨会会议综述

时的"命运"。赵勇认为,阿多诺的《文化批评与社会》既表达了流亡与回归之间阿多诺多经历的文化冲突和复杂心路,也隐藏了阿多诺文化批判理论的内在旨趣和深刻批判性。在中国当前的文化现实中,阿多诺文化批评精神和具体理论操作方法仍然具有高度的阐释效用。朱印海提出应该重视西方马克思主义在中国马克思主义文论研究中的地位,他认为西马的思想资源中有值得深入发掘的现实主义精神,对我们发展中国化马克思主义的现实主义精神具有重要的借鉴意义。傅其林认为卢卡奇在批判吸收形式主义符号学的基础上,挖掘亚里士多德修辞学、康德审美形式规范性思想、黑格尔逻辑结构模式和马克思主义主客体统一结构机制,借助于文艺审美形式的丰富多样性体悟,建构了融合形式符号的复杂结构机制与其社会—历史生成机制的马克思主义美学,在马克思主义符号学的阵地中占有规范性意义。章辉认为法兰克福学派和伯明翰学派之间在文化观念、研究方法和关注重点上都有很大差异,这决定了他们对大众文化迥异的看法。这些思想资源对中国学者在面对当代中国的媒介文化和文化产业,在发展中国文化研究学科的思路、理念、逻辑和方法时,具有重要的理论启示意义。李世涛认为,詹姆逊对新时期中国文化与文学研究的影响已经嵌入中国当代文化的版图,但是中国的詹姆逊研究仍然存在着许多亟待克服的问题。诸如研究零散、系统性差;翻译多、介绍多、浅尝辄止式的研究多,批判性的分析反思少,平等而深入的对话和探讨更是付之阙如等。

通过深入讨论和交流,学者们一致认为,在由习近平书记几次文艺讲话开启的新的历史契机下,大力推动马克思主义文艺思想是马克思主义文艺思想工作者的重要责任。在坚定马克思主义辩证唯物主义和历史唯物主义的文艺思想根本立场和方法的前提下,切实立足当下中国文艺现实和文化经验,积极开拓与"马、中、西"三大文化思想框架相一致的马克思主义文艺思想研究,从而为多元化、多角度、多语境、多资源的马克思主义文艺批评学科发展服务。同时,会长党圣元先生在闭幕致辞中也指出,近几年国内思想文化处于新的转折起点中,我们需要加强马克思主义经典作家的经典文本

附录二 "当代中国马克思主义文艺批评的理论与实践"学术研讨会会议综述

与中国马克思主义经典文本以及中国传统文化经典文本之间的打通工作,深入推进西方马克思主义文艺思想与中国现实经验的紧密结合,从而为更准确有效地解释中国问题提供更为坚实的理论基础和多样的研究视野。